JN451230

알고리즘으로 작동하는

효학과 인성

- 그 철학과 이념 -

효학박사 박일기 지음

감수 : 박 상 도 박사
남 현 아 이사장

오늘의 문학사

알고리즘으로 작동하는

효학과 인성

- 그 철학과 이념 -

사랑하는 아내와 자녀에게
이 책을 바칩니다.

- 저자 -

인생에서 성공하는 것보다
성공을 지속하는 것이 더 어렵다.
성공을 지속하는 것보다
신체를 온전히 보존하는 것이 더 중요하다.

- 저자 -

『효학과 인성』을 펴내면서

효란 무엇인가?

효는 신체발부수지부모의 가정공동체의 구성 + 불감훼손의 신체보존사상 + 사친 + 사군 + 입신 + 땅의 이득이 결합된 난해하고 복잡하며 광범위한 개념을 함축하고 있다. 정치 + 경제 + 사회 + 문화 + 문명은 바로 효에서 비롯되었으며, 특히 땅의 이득은 인류(부모 + 자식)의 생존과 번영에 필요한 과학기술은 물론 모든 학문의 토대가 되고 있다.

인성이란 무엇인가?

인성 역시 그 뿌리는 효이고 효의 정신을 먹고 자라면서 공동체의 구성과 작동에 필요한 인간의 모습과 됨됨이를 보여주는 두뇌 작용이다.

효와 인성은 일상생활에서 수없이 되풀이되는 말이나 실상 그게 무엇이냐는 질문에 명쾌하게 말해주는 사람은 흔치 않다. 지성체로서 인간의 두뇌활동으로부터 비롯되는 인성의 형성과정은 효에서 비롯된다. 1차적 인성은 부모와 자식 간의 혈연적 관계와 가정이라는 폐쇄적 공간에서 형성되고, 2차적 자아는 개방된 비혈연적 관계의 사회 공동체에서 형성된다. 마지막으로 3차적 인성은 나와 국가와의 밀접한 관계에서 형성된다. 그러므로 인성은 궁극적으로 효에서 비롯되는 것이다. 따라서 인성이란 평생 동안 가정과 사회, 국가 공동체를 작동시키는 철학과 이념이면서 그 안에서 자기 삶을 영위하는데 필요한 생각과 말과 행위를 불러일으키는 총체적인 두뇌작용을 일컫는다.

그러면 효는 무엇인가? 실로 효란 부모공경만으로는 효의 모든 것을 설명해주지 못하는 난해한 개념이고, 부모공경을 초월한 광범위한 개념이며, 복합적 요소가 얽혀 작동하는 복잡한 개념이다.

효는 1차적으로 하늘과 땅과 부모와 자식이 결합된 광범위한 개념이다. 따라서 하늘의 변화는 이 땅을 살아가는 부모와 자식 간의 성장과 발전, 생존과 번영에 지대한 영향을 미치는 절대적 요소이다.

2차적으로는 나와 국가와 사회가 밀접하게 결합된 난해한 개념으로, 첫째는 부모 섬김의 사친(事親)이고, 그 다음은 국가와 국민을 섬기는 사군(事君)이며, 마지막으로는 내가 원하는 곳에서 우뚝 서는 입신(立身)이다.

3차적으로는 평생 동안 가정과 국가, 사회에 뿌리를 내리고 가정과 국가, 사회가 올바로 작동하는데 필요한 통합적 철학과 이념을 제공해주는 자기 삶의 토대이다.

4차적으로는 효는 인간은 물론 자연계도 충 · 효 · 예라는 도구를 통하여 영원무궁토록 올바로 작동할 수 있는 가장 이상적인 원리를 제공해주는 통합적 철학이고 이념이다.

따라서 효를 이해하려 한다면.

우선 제일 먼저 하늘과 땅과 인간(부모와 지식)의 상관관계를 정확하게 이해하여야 한다.

두 번째는 어떤 원리로 부모와 자식의 관계가 형성되어 가면서, 나의 일부인 국가와 국민과의 관계가 나와 어떤 원리로 구성되어 작동하고 있는지를, 그리고 어떠한 사회 공동체로 진출하여 우뚝 서야 할 것인지를 살펴보고 이해하는 일이다.

세 번째는 내가 살아가야하는 가정과 국가, 사회에 내가 어떻게 뿌리를 내리고, 매개하고 소속된 공동체에서 일하여야 올바르게 가정과 국가, 사회가 제대로 작동할 수 있는 통합적 철학과 이념을 제공하는가이다.

마지막으로 부자지간의 효는 폐쇄적인 가정공동체에서만 작용하는 것이 아니라 국가를 위해서는 충으로 확장 변환하고, 사회를 위해서는 예로 확장 변환하는 무한 확장자이고 변환자이다. 충 · 효 · 예는 삼위일체로서 어느 하나가 정확하게 작동하려면 나머지 2요소가 필연적이라는 점이다. 삼위일체란 어느 하나가 위나, 아래에 있어도 아니 되고, 또한 어느 하나가 먼저이거나, 뒤져서도 아니 된다는 점이다. 위상적으로는 등가성이라는 개념이다.

공자, 맹자, 증자는 2천 5~6백 년 전 인물이다. 태엽과 톱니로만 작동하는 전통적 시계는 오늘날 알고리즘으로 작동하는 전자시계와 원자시계로 대체되고 있으나 시간을 표현하는 시계라는 본질적 개념은 불변하고 있다.

마찬가지로 효에도 알고리즘으로 작동하는 시대적 요청을 거부할 수 없는 시기에 진입하였다. 태엽시계로는 구현하기 어렵고 불가능한 정밀도를 유지하고 있다. 전자와 원자시계로 대체되어 알고리즘의 시대를 열어가는 원리와 같이 효에서도 알고리즘의 개념을 도입하여, 다가오는 알고리즘의 시대에 개인의 삶은 물론이고 가정, 사회, 국가에 정확한 방향을 제시해주는 철학과 이념이 되어야한다는 저자의 열망이 간절하다. 그리하여 저자는 논문의 일부를 수정 보완하여 이를 책으로 편집하고자 하였다.

이 책이 나오기까지는 수많은 분들이 도움을 주셨다. 효학 분야에서는 성산대학원대학교 효학과 교수진, 박사 원우님, 석사 원우님, 효인성 유성교육원, 또한 우문현답으로 대해주신 수많은 천주교 신학교 교수 분들과 목사님들, 그리고 알고리즘 모델 개발에 지대한 영향을 준 연세대학교 전자공학과 재학시절의 박규태, 양인응, 김봉열, 차일환, 박한규 모교 교수님에게도 감사를 드립니다.

특히 대전효인성교육원에서 강의를 통하여 본 저술에 쓰인 이론과 모델의 검증 기회를 제공해준 행정학 박사 박상도, 남현아 이사장에게도 아울러 감사 드립니다. 끝으로 세계 최초의 효학 전문 교육기관의 창립자인 최성규 총장의 창학 정신에 힘입어 이 책을 집필하였음을 밝힌다.

2019. 7월 저자 씀

본 책의 발간에 즈음하여

효학과 인성 분야의 발전에 기쁜 소식을 듣게 되었다. 항상 연구하는 자세로 대전효인성유성교육원의 발전과 성장에 몰입하던 효학 박사가 드디어 책을 발간하게 되었다니 크게 기쁜 마음이다. 그 동안 관련분야에서 전문 서적의 필요성 또한 절감하였으니 모처럼만에 가뭄 끝에 단비가 내린 것 같다. 효는 실로 누구나가 다 아는 개념이지만 그 동안 막상 체계적으로 알파에서 오메가까지 시원하게 설명해주기란 쉽지 않았었다.

오늘날의 21세기에서는 성공하는 것도 힘들지만, 한발 더 나아가 성공을 지속하기란 더욱더 어려운 환경이 되었다. 그 만큼 사회와 나라가 요구하는 힘든 배움과 익힘을 시대적으로 구비해야 하고 자기가 속해있는 공동체 구성원간의 인간관계에서 요구하는 고도의 수신(修身, self-cultivation)을 완성해야 하는 상황에 처해 있기 때문이다. 여기에 즈음하여 본서의 출간은 기여할 바가 크리라고 생각된다.

특히 체계적인 효학의 설명이 그렇다. 전통적 효학을 토대로 그동안 나와 있는 현대화된 효학과의 체계적인 연계를 통하여 이론을 구축하였다는 데에는 특히 그 의의가 크다고 하겠다.

특히 현대 효학의 독창적인 알고리즘 모델은 아울러 시사하는 바가 지대하다고 본다. 처음 시도되는 알고리즘 모델은 현대인들에게 무엇을 성취해야하고 자기 삶에서 무엇을 구비해야하는지를 명확하게 보여준다고 하겠다. 그리고 지도자들과 구성원에게는 무엇이 도움을 주고 최적화된 노동력을 발휘하여 극대화된 생산성을 뽑아낼 수 있는가를 추상적이 아니라 보다 더 구체적으로 보여준다고 하겠다.

본서를 통하여 젊은이에게는 자기완성을 위한 토대를 구축하게 하고, 기성세대에게는 자기완성을 위한 구체적인 활동모습이 어떠해야 하는지를 보여주고, 은퇴세대에게는 마지막 황혼기가 끝이 아니라 새로운 시작이라는 것을 분명하게 설명해주리라고 믿는다. 끝으로 본원 수석교수부장으로 수년간 봉사하시는 저자께 앞날의 무궁한 발전이 있으시기를 기린다.

행정학박사 박상도

효나 인성을 연구하거나 공부하는 사람, 또는 효학과 인성을 학문적으로 강의하는 사람들에게 권하고 싶은 여러 서적 가운데 한권의 책이라고 본다. 저자가 평소에 교육원 강의나 논문 등으로 주장하던 내용을 보다 구체적으로 체계화하여 내놓은 나름대로의 소신 있는 저술이라고 생각한다.

학문이란 명확한 의미의 기초 위에 세워지는 체계적인 논리이다. 나름대로 효학과 인성을 학문적으로 정의하고 이를 구체적으로 밝힌 점은 의미하는 바가 상당하다고 본다. 효와 인성은 뗄 수 없는 밀접한 관계를 유지하고 있다. 그에 대한 명쾌한 설명이 이를 반영하고 있다고 본다.

효는 효대로 그 독특한 영역을 구축하였듯이, 인성은 시대가 분화되어 전문화, 세분화, 복잡화 될수록 보이지 않는 수많은 사람들과의 협력적 관계가 필수적인 시대가 되면서 도덕과 윤리를 초월하여 무서우리만큼 중요해지고 아무리 강조하여도 지나치지 않는 시대가 도래하게 되었다.

우리는 이미 내가 자급자족으로 만들어내지 못하는 자동차, 항공기, 기차, 컴퓨터, 휴대폰, 컴퓨터, 드론, 인공위성, 의약품, 의료장비 등 수많은 사람들의 복잡한 노동력과 창의력에 의존하는 시대가 된 것이다. 이를 제조하거나 생산과정에서 어느 누구 하나가 실수로든 고의로든 잘못 개입된 인성은 불특정 다수에게 수많은 영향을 미칠 수 있는 사회가 된 것이다. 이러한 시기에 본서는 훌륭한 지침서가 되리라고 믿는다.

오늘날 가정, 사회, 국가 공동체에서 필연적으로 발생하는 각종의 학폭, 성폭, 사폭, 가폭, 국폭 등의 공해를 어떻게 예방하고 저감시킬 수 있는지를 제시해주는 구체적인 길잡이가 되리라고 믿는다.

끝으로 본서는 효나 인성을 다루는 분들에게 하나의 무난한 지침서로서 많은 도움을 주리라고 믿는다.

유성효인성교육원, 한국사회공헌운동본부

효학박사과정 수료, 이사장 남현아

제2부 | 현대화된 효학과 인성

(Modernized Pietynomy & Human Nature)

- 그 철학과 이념 -

제3부 | 현대 효학과 인성
(Modern Pietynomy & Human Nature)
- 그 철학과 이념 -

효학과 인성

효학박사 박일기 지음

제1부

전통 효학과 인성

(Traditional Pietynomy & Human Nature)

- 그 철학과 이념 -

Ⅰ. 개념도입

효(孝, Hyo, Xiao)의 실천, 효학(孝學, Filial Pietynomy), 효 이론(理論, theory)이나, 효 모델(Model) 등이 과거와 현재, 그리고 미래에도 개인의 삶은 물론이고 가정, 사회, 그리고 국가 공동체 모두에게 중요한 이유는 무엇인가? 그것은 우리의 역사에서 효는 개인의 삶을 지배해오고 있음은 물론이고 가정, 사회, 국가를 움직이는 원천적, 통합적인 철학과 이념의 자원이 되어 왔기 때문이다.

효는 두말할 필요 없이 무엇보다도 가정과 사회, 그리고 국가를 움직이는데 필요한 합리적이고, 논리적이면서 윤리, 도덕적으로 통합적인 철학과 이념을 누구에게나 평생 동안 제공해줄 수 있는 원천적 역할과 기능을 제공해주는 에너지원이기에 그러하다. 그렇다면 효는 어떻게 생겨나서 작동하는 것이고, 효학은 어떻게 정의할 것이며, 효 이론이나 효 모델은 어떤 의미를 부여하는 것이며. 효는 어떤 과정으로 생성되어, 어떻게 작동되어 인성과 인성의 형성과정에 어떤 영향을 미치는 것인가 역시 중요한 요소를 이루게 된다. 이 책의 전통 효학 부분에서는 주로 이러한 내용을 다루게 된다.

우선 먼저 효가 무엇인지 그리고 무엇을 어떻게 실천할 것인지를 『古文孝經』을 통하여 그 내용을 살펴보면 ①신체발부 수지부모(身體髮膚 收之父母), ②불감훼손(不敢毁損), ③사친(事親), ④사군(事君), ⑤입신(立身), ⑥취지지리 이양부모(取地之利 以養父母), ⑦효지대야(孝之大也), ⑧효무종시(孝亡終時), ⑨천지경·지지의·민지행야(天之經·地之誼·民之行也) 등이 최소한의 효의 개념적 요소를 이루고 있어 이를 자세하게 후술해 나갈 것이다. 그렇다면 과연 우리는 최소한의 효 개념을 얼마나 이해하고 실천해오고 있는가를 대비해본다면 흥미로울 것이다.

이 책을 읽기 전에 독자의 편의를 돕기 위하여 앞에서 언급한, 철학, 윤리, 도덕, 이론, 모델, 효학 등에 대한 개념 내지 정의(定義, Definition)를 나름대로 정리하고자 한다.

철학이란 효와도 밀접한 관계에 있다. 철학은 인간(人)이나 하늘(天)과 땅(地)의 진리, 즉 인간이나 우주의 불변하는 진리가 무엇인지를 탐구하는 순수학문 영역이다.[1] 어떤 의미에서는 이 세상 삼라만상에 불변하는 보편적 진리, 절대적 진리, 상대적 진리가 무엇인가를 파악하여 인간의 삶의 질을 실질적으로 향상시키려는 학문이다. 철학은 인간이 도달하려는 궁극적 개념으로써 최고 상층부의 정점에 위치하는 이론이나 모델이라 할 수 있다. 그런 의미에서 효는 우주가 창조되는 시점부터 즉 자연계의 탄생과정에서 모자관계의 효가 개입되었다. 자연계의 모자관계는 우주

1) 김태길, 『윤리학』(서울, (주)박영사, 2009), 145쪽

의 진화라는 사회화 과정, 즉 인간과 마찬가지로 객체 간에 이루어지는 모자관계의 질서인 예(禮)을 거쳐 안정화를 이룬다는 관점에서, 자연계의 효 역시 보편적, 절대적 진로로써 위대한 하늘의 진리인 철학과도 매우 밀접한 관계를 유지하고 있다.

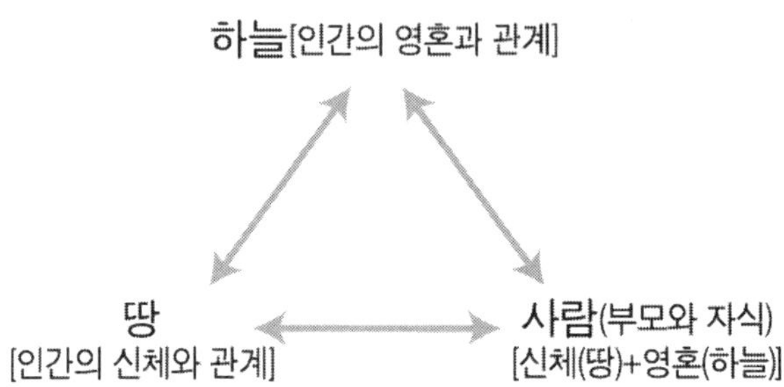

윤리학이란 철학(哲學)에서 갈라져 떨어져 나온 독립된 학문으로 인간(人)이나 우주의 보편적 내지 절대적인 목적이나 행위의 법칙이 무엇인가 알아보고 궁극적으로는 이를 통하여 인간의 삶의 질을 개선하려는 데 적용함으로써 이는 결국 실천학문의 영역을 이룬다.[2] 그런 의미에서 가정과 국가 그리고 사회를 위해서 효와 인성이 어떻게 무엇을 실천하고 기여할 수 있는가를 알아보는 작업 역시 소홀히 할 수 없는 영역이다. 효는 부모공경의 도리로써 부모부양이라는 실천이 반드시 뒤따라야 한다는 점에서 윤리학 분야와도 연계되어 있다. 부모공경의 도리로써 부모부양이 따르지 않는 부모공경이란 말로만 으르렁거리는 효(哮)이다. 불효(不孝)라는 말에는 언뜻 한자만큼 훌륭한 뜻글자도 없는 듯하다. 다만 경전에서의 불효는 다른 의미로 되어 있다.[3]

---

2) 김태길, 『윤리학』(서울, (주)박영사, 2009), 8쪽.

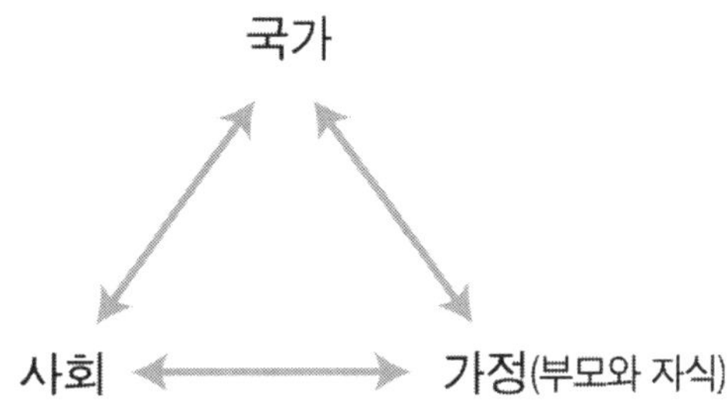

도덕(道德, morality)이란 무엇인가? 수많은 해석과 정의가 있으나 본 책에서는 도(道)란 그 사람에게 내재되어 있는 천부적 인성과, 그리고 후천적으로 터득된 인성의 총합(總合, total)이라고 정의하고자 한다. 실제적으로 도(道)에는 수많은 사람들이 약속이나 한 듯 지나다님으로써 자연적으로 만들어지는 선천적인 길(道, way)이 있고, 인위적으로 필요에 의하여 후천적으로 개설되는 인위적인 도로(道路, road)가 있다. 도란 그 사람의 내면적인 그릇에 담겨져 있는 생각이 주류를 이룬다.

그러면 덕(德)이란 무엇인가? 덕이란 그 사람의 말과 행위라는 사회적 매개물을 통하여 드러나는 외부적 표현의 총체(總體, everything) 또는 인간관계(human relation)를 표현해 주는 말(words)과 행위(deeds)의 총체물이라 할 수 있다. 효라는 관점에서 인간은 지성체로서 하늘의 변화, 즉 천륜(天倫, heavens' declaration)과 순리(順理, following in truth)에 따라 땅의 이득

3) 소학의 5불효(不孝) : 孟子曰 世俗所謂不孝者五니 惰其四支하여 不顧父母之養이 一不孝也오 博奕好飮酒하여 不顧父母之養이 二不孝也오 好貨財私妻子하여 不顧父母之養이 三不孝也오 從耳目之欲하여 以爲父母戮이 四不孝也오 好勇鬪狠하여 以危父母五不孝也리라

을 취하고, 이를 근검절약하여 자식된 도리로서 가정과 국가를 지키면서 부모를 공경함은 물론이고 부모를 부양하면서, 아울러 자식을 양육하며 살아가야하는 도덕적 존재이기도 하다.

이론이나 모델이란 무엇인가? 이론이나 모델이 중요한 이유는 간단한 수식이나 문장의 표현으로 수많은 현상을 표현해 줄 수 있기 때문이다.[4] 공자가 『효경』을 통하여 효의 개념적 요소를 약 10여개의 이론이나 모델로 집약한 것은 이를 잘 대변해 주고 있다. 『효경』에서 효가 무엇인지를 이론적으로 집약하였다는 점은 현대 효학에서 이를 응용하고 새로운 모델을 제시해 줄 수 있는 기본적 이론(현대적 개념 5가지 후술)을 제시해주고 있다. 그런 점에서 『효경』은 현대에서도 중요한 위상과 역할을 담당하고 있다.

효학이란 무엇인가? 아직까지 효학을 정의(definition)해 놓은 문헌은 본인의 논문 외에서는 발견하지 못하였다. 학문이란 명료한 사고와 정확한 의미 위에 기초하는 것이며[5], 체계화된 논리(systematic logic)를 갖추고 있어야 한다. 효학을 정의하려면 그 주체와 목적이나 법칙성이 분명하게 드러나야 한다. 따라서 필자는 효학이란 가정, 사회 국가를 위하여 부모와 자식의 보편적 내지 궁극적 행위의 법칙이나 목적이 무엇인지를 실체적으로 밝혀 이를 실천하려는 학문 내지 체계화된 논리를 연구하는 학문이라는 개념으로 정의하였다.

---

4) THE GRAND DESIGN, STEPHEN HAWKING, LEONARD MLODINOW, 위대한 설계, 전대호 옮김, (서울, 까치글방, 2010). 36쪽.

5) Jaber F. Gubrium, James A. Holstein, 최연실. 조은숙. 성미애, 『가족이란 무엇인가?-사회구성주의적 관점에서 본 가족담론-』, (서울, 도서출판 하우, 2005), 서문

자연계의 충 · 효 · 예와 물성(物性:인성)

나사(NASA, 미항공우주국)가 허블 우주 망원경으로 촬영하여 인터넷으로 공개한 우주의 탄생과정은 형언하기 어려운 아름다운 모습으로 시작하여 정신과 마음을 모조리 빼앗아가는 매혹적인 형상을 이룬다. 인간이 나누는 남녀 간의 그 어떤 사랑보다도 훨씬 더 환상적인 모습이다. 아무리 사악하고, 흉악한 인간이라도 밤하늘의 별을 1주일 이상 바라보면서 대화와 상담을 계속하게 되면 그 마음은 출생 당시의 순수한 인간의 모습으로 다시 되돌아가게 된다. 왜냐하면 우리가 보는 우주는 현재의 모습이 아니라 태초의 아름다운 모습이기 때문이다.

우리는 탄생과정이 환상적이었던 우주의 일부이고 우리의 신체와 정신은 모두 우주에서 비롯되었기 때문이다. 블랙홀은 별들이 빛나는 대우주를 만들고 태양계는 별들에게서 떨어져 나온 우주의 잔해물이기에 그토록 순화되는 것이다. 우리가 살고 있는 지구는 우주에서 온 별들의 잔해물이고, 인간의 정신과 영혼은 우주를 작동시키는 의로움에서 비롯되었다. 그래서 충 · 효 · 예로 작동하는 인성의 근본을 순화하는 가장 좋은 방법은 탄생 당시 밤하늘의 대우주를 보게 하여 마음을 교정하는 길이 유일한 자연 치유이다.

충 · 효 · 예의 시작은 인간에게서 먼저 시작된 것이 아니라 우주가 탄생하면서부터 인간보다 훨씬 앞서 이미 자연계에서 먼저 비롯되었기 때문에 치유가 가능하다. 200억 년 전 우주는 한 점에 모여 있었다. 우주의 원점인 블랙홀(black hole)이 대폭발을 일으켜 시간과 공간이 시작되었다.[6] 이때의 아름다움이란 이루

형언할 수 없었다. 남녀 간의 아름다운 사랑을 초월하는 형상이라서 아무리 포악한 인간이라도 밤하늘의 장관인 별을 보면서 토론하게 되면 일주일이면 순화된다고 한다.

이처럼 우주의 탄생의 순간은 형언할 수없는 장관을 이룬다. 인간의 본성이 우주에서 비롯되고 있기에 인간의 본성이 만들어지는 아름다움 역시 여기에서부터 비롯된 것이다. 별들이 만들어지고 태양계가 후손으로 태어났으며 그 과정의 장관과 아름다움은 그 무엇으로도 설명할 수가 없다는 점을 기억하기 바란다. 인성의 원천인 자연계의 탄생과정이 얼마나 아름다운 장관인지는 나사(NASA)의 허블망원경을 통하여 속속 밝혀지고 있다.

자연계에는 효가 어떻게 만들어지고 어떤 원리로 존재하는가? 부모라는 인간이 자식이라는 후손을 낳을 때 효가 발원하듯이 자연도 어미 자연이 자연이라는 후손을 만들어 낼 때 자연계에도 엄격하게 효가 생성된다. 따라서 어미 자연이 만들어낸 후손의 자연을 하나의 객체로서 부모가 자식을 보살피는 것보다 자연계에서는 더욱 철저하게 보살펴준다. 부모는 자식을 버릴 수 있으나 어미 자연은 자기가 만들어낸 후손을 절대로 버리지 않는다. 이것이 자연계의 모자관계이면서 자연계의 위대한 진리로서 경(經)이며, 불변의 위대한 효(孝, piety)의 모습이다.

자연계의 충(忠, loyalty)은 어떻게 존재하는가? 자연계의 충은

6) 이수대, 『우주와 인간』, (서울, ㈜도서출판북스힐, 2011) "우주는 무의 상태에서 약 200억 년 전에 탄생했다" 무의 상태는 아무것도 없는 상태이다. 논리적 모순이다. 동양의 노자(老子:楚나라의 苦縣출신)를 비롯한 여러 사상가들은 無를 무한이 받아들일 수 있으며, 무한이 내어 넣을 수 있는 무엇이라 정의하였다. 우주의 시원(始原) 연구에 중요한 단서를 제공하였다.

매우 엄격하게 작동한다. 정해진 장소(場所, position)에서, 정해진 시간(時間, time)에, 정해진 방법(方法, method)대로 정확하게 움직인다. 이것이 자연계의 충인 것이다.[7)]

자연계의 예(禮, customs)는 어떻게 나타나는가? 자연계에서는 진화라는 사회화 과정을 거친 후 안정화를 이루었을 때 예가 완성된다. 자연계에서 예가 없다고 한다면 진화 과정 중으로 매우 불안정한 상태를 이루게 된다. 성인들은 자연계의 예를 도입하여 인간의 사회화 과정에서 절대적으로 필요한 인간관계의 안정화를 위하여 자연계의 예를 도입하고자 하였다.

그렇다면 우리가 살고 있는 우주는 어떤 곳인가? 은하계 중심부에 있는 블랙홀이 대폭발을 일으켜 수많은 별들을 만들어 내면서 일부는 다시 블랙홀을 형성하였다. 그러므로 블랙홀은 어미자연으로서 스스로 만들어내어 자기 주변에 산재하는 수많은 별들을 거느림은 물론 또한 이들을 철저하게 보살펴주고 있다. 은하계의 모든 별들은 은하중심부의 어미 블랙홀(blackhole) 주위를 돌면서 어미의 보살핌을 받는다. 이 우주는 황량하고 거칠기 짝이 없이 매우 위험한 공간이다. 자연계에서도 모든 객체들은 누군가의 보살핌을 받지 않으면 누군가에게 흡수 합병되는 운명을 지니기 때문이다. 이것이 우리가 살고 있는 은하계(銀河系, galaxy)와 대우주(大宇宙, the great universe)의 실상이다.

태양계는 별들의 잔해물이다. 그러므로 별들은 태양계를 철저

---

7) 필자가 연구한 바로는 성웅 이순신의 전법이 바로 여기에서 시작되었다. 적이 이길 수 없는 장소에서, 적이 이길 수 없는 방법으로, 적이 이길 수 없는 시간에 적과 싸워 세계 해전사에서 유래가 없는 23전 23승을 완성하였다.

하게 거느리고 또한 보살펴주고 있다. 태양계는 약 2억3천만년에 은하계의 주위를 한 바퀴씩 돌고 있다. 태양계의 나이가 46억년이니 지구가 20바퀴를 돌고 이제 막 21번째 회전을 시작하고 있는 것이다.

노자는 『도덕경』에서 대직약굴(大直若屈), 대왈서(大曰逝), … 서왈원(逝曰遠), 원왈반(遠曰反)이라하였다. 즉 "무한하게 뻗어나가는 것은 똑바른 것이 아니고 약간 굽어 있는 것이다." … "무한하게 뻗어나가는 것은 이 세상에서 저 세상으로 무한하게 멀리 나아가는 것이다. 무한하게 멀리 나아가다 보면 이는 한 바퀴를 돌고 돌아 또 다시 원점으로 되돌아오는 것이다."라고 말하였다. 이는 현대수학의 3차원 공간에서 반지름이 무한대일 때의 직선의 선분의 정의와 정확하게 일치하고 있다. 또한 이 이론은 그 옛날 태양계가 어떻게 은하계의 별들을 한 바퀴씩 돌고 있는가를 정확하게 설명해주고 있다. 또한 그는 "천하만물생어유 유생어무(天下萬物生於有 有生於無)"라 하여 "천하 만물은 유(有)에서 생기고, 유는 무(無)에서 나온다."라고 하여 우주가 탄생하는 블랙홀의 이론을 그 옛날 완성하였다.

자연계와 물성(인성)

자연계는 수십 억 년, 수백 억 년을 운행해도 가치와 이해관계로 인하여 객체들 간에 어떠한 갈등과 대립을 유발하지 않는다. 이것이 자연계의 물성(이후 인성이라 한다)이다. 자연계는 주어진 시간에, 주어진 방법대로, 주어진 위치에서 정확하게 작동하여 어김없이 하늘의 변화를 만들어 준다. 이러한 하늘의 변화가 이 땅위에 살아가는 모든 지성체에게 영향을 미친다.

인간은 이러한 하늘의 변화에 가장 민감한 영장류 중의 하나이다. 예나 지금이나 인간은 하늘의 변화에 따라 땅의 이득을 취하여 부모를 부양하고 자식을 양육하여 왔다. 인간의 행동의 근본적 원천에는 올바르게 작용하는 우주의 심연과 깊숙이 연계되어 있다.

우주의 작동 원리는 창조 당시, 태초로부터 더 이상 분석을 필요로 하지 않는 올바름(誼로움, righteous ness)으로 되어 있다.[8] 의로움으로 작동하는 자연계의 인성은 그래서 위대한 것(經)이다. 인간은 자연의 올바른 물성을 깨닫지 못하면 절대로 올바른 인성을 길러낼 수가 없는 것이다. 앞서 언급한 자연계의 충, 효, 예가 바로 자연계의 인성인 셈이다. 이것을 그대로 인간에게 적용하려고 했던 것이 유교에서 성현과 군자들이 주장하는 결과물이다.

자연계의 인성은 엄밀한 의미에서 하나의 대우주라는 통합적 유기체로써 의인화된 의미이다. 정확한 표현은 물성이다. 자연계의 물성은 자연계에서 비롯된 본래적 의미의 충 · 효 · 예에서 비롯된다. 절대로 변하지 않는 하늘의 진리 즉 위대한 경(經)이다. 만약에 우주의 객체들이 가치와 이해관계로 인하여 인간처럼 갈등을 일으켜 다투거나 싸우게 되어 물성이 잘 못 된다면 인간이 살고 있는 태양계의 붕괴를 초래하고 결국 인간은 더 이상 살아남지 못하게 된다. 이러한 자연계에게서 일어나는 모자관계(母子關係)의 불변의 위대한 섭리를 옛 성현(성인과 군자)들이 부자

8) 『Bible, NKJV』 Psalms 97. 6The heavens declare His righteousness.

관계의 인간관계에서도 자연계의 충 · 효 · 예와 물성을 살펴본 결과 그 위상을 수정하여 그대로 인간에게도 도입하였다. 성현들이 우주의 섭리로서 관찰된 현상을 의인화하여 적용한 것이 인간계의 충 · 효 · 예이다.

인간의 충 · 효 · 예와 인성

효란 부모와 자식과의 관계에서 효 공동체로 태어나서 죽을 때까지 일어나는 총체적인 인간관계이다. 모든 인간관계의 원천은 효에서 비롯되며 이는 인성(人性, human nature)은 물론이고 예와 충에도 지대한 영향을 미친다. 효는 태어나서 살아있는 동안, 그리고 사후에도 지속된다. 효는 약 십여 가지의 개념으로 구성되어 있으며 부모공경만으로는 간단하게 설명할 수 없는 매우 복잡하고, 난해하고, 광범위한 개념이다. 그래서 효가 어려운 것이다. 우리사회에서 효를 싫어하는 가장 큰 이유는 부모섬기는 것이 효의 모든 것으로 부풀려져 인식되어 있기 때문이고, 특히 부모 섬기는 노동력의 대부분을 여성들이 제공함으로써 거부감을 나타내게 되는 것이다. 부모 섬김은 효의 극히 작은 몫(portion)이라는 점을 밝혀둔다. 이는 후술로 살펴볼 것이다.

충이란 무엇인가? 자연계에서 일어나는 본래적 효의 의미는 앞서 설명하였다. 『효경』에서 말하는 충이란 효로써 부모 섬기듯이 국가와 국민을 섬기는 것이다(以孝事君則忠). 왕권신수설에 의거 과거에는 국가와 국민의 상징, 국가 권력의 상징을 임금으로 보았다. 오늘날은 국가 권력 내지 국가의 주권이 국민에게 있으므로 임금은 국가 내지 국민으로 해석하여야 그 위상이 적합하다고 보아야 한다.

서양의 일부 학자들은 유교적 의미의 왕이나 군자는 현실적으로 실존하지 않았으며 가상의 왕들이 수천 년 동안 국가와 국민을 실체적으로 다스려왔다고 비판하는 학자도 있다.

충의 또 다른 의미는 공자가 말하기를 "몸과 마음을 다 바치는 것이니, 이를 일컬어 충이라 한다하였다(盡己之謂忠)."[9] 그러므로 충을 실현하는 경우에는 몸과 마음을 다 바치더라도 불감훼손에 저촉되지 않음을 명심하여야 한다.[10]

예란 인간의 사회화 과정으로 예가 완성되어야 생존하는 데 안정을 이룬다. 예란 인간의 말과 행위로써 외부적으로 들어난 총체적 법도라고 볼 수 있다. 예는 그 사람의 인성과도 밀접한 관계를 이룬다. 그래서 옛 성현들은 예를 배우지 않으면 아무리 창의적 재능을 갖춘 인재라도 입신하지 못한다고 가르쳤다(不學禮 無以立).

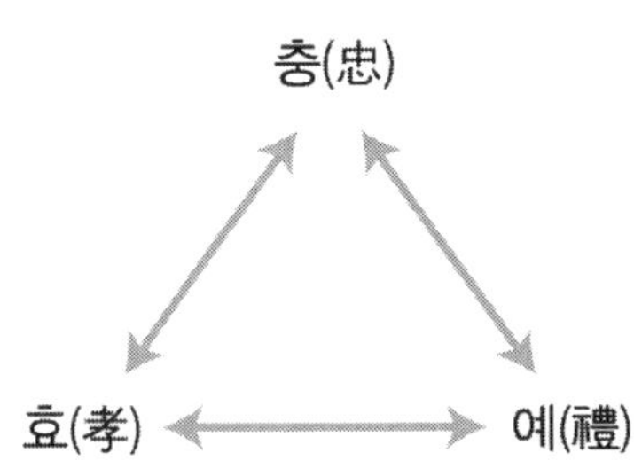

인성이란 그 사람의 내재적 본성으로 인간은 인성과 인격으로 자신을 들어내는 지성체이다. 인간관계뿐만 아니라 홀로서 서있

9) 『논어』盡己之謂忠(이인편의 해설에 나와 있다.)
10) 이순신 성웅, 안중근 의사, 이준 열사 등이 대표적 사례이다.

는 객체의 경우일지라도 인간은 생각과 말과 행위를 통하여 자신을 들어내게 된다. 인성이란 바로 말과 행위를 만들어내는 근본이 생각에서 비롯되므로 말과 행위가 되는 생각을 만들어주는 총체적인 알고리즘, 또는 두뇌작용이라 정의할 수 있다. 다시 풀어 쓰자면 말과 행위를 이끌어주는 그 사람의 생각은 그 사람의 구체적인 인성이고 그 사람의 구체적인 말과 행위가 그 사람의 인격이다. 따라서 인성이 가정과 사회, 국가에 우호적일 때 일반적으로 인성이 좋다고 말하나 그에 반하여 그가 살아가는 가정과 사회, 국가에 반우호적일 때 그 공동체 반하므로 그 사람의 인간성이 부정적이라고 부른다.

충 · 효 · 예의 삼위일체성

자연계나 인간계나 어느 경우를 막론하고 자연계의 모자관계 내지 부모와 자식 관계에서 일단 효가 생성된다면 예와 충은 필연적으로 뒤따르게 된다. 그래야만 그 공동체가 안정화(安定化, stabilization)를 이룬다. 삼위일체(三位一體, trinity)란 어느 하나가 먼저이거나 어느 하나가 우위를 점하는 것이 아니라 상호 동등하다는 개념이다. 가정에는 효가 우선이나 예와 충이 절대적으로 필요하다. 사회에서는 예가 우선이나 효와 충도 절대적으로 필요한 개념이다. 국가 공동체의 경우에도 충이 우선이나 예와 효가 절대적으로 뒷받침 되어야한다. 그러므로 가정, 사회, 국가 공동체 모두를 통합적으로 운용하는 철학과 이념에는 효가 근본이나 인간이 있는 곳에는 어느 공동체나 충과 효, 예가 절대적으로 함께해야 안정화된다는 것을 말해주고 있다.

자연계의 경우에도 예외가 아니다. 모자관계에 의하여 생성된 우주의 삼라만상은 한편으로는 효라는 작동원리로 공동체를 구성하고 단합하여 위험하기 짝이 없는 황량한 우주 공간에서 각각 보살펴주고 보살핌을 받아 진화라는 사회화 과정을 이루면서 예를 갖추고 안정을 이룬다. 또한 각각의 객체는 주어진 공간에서 충의 원리로, 주어진 시간에, 주어진 방법대로 정확하게 운행을 지속하게 된다. 그러므로 삼라만상의 우주 만물은 각각의 객체가 그가 속한 공동체 내에서 충 · 효 · 예의 삼위일체성을 이룬다. 다음은 십여 가지의 효 개념의 내용을 순서대로 살펴보고자 한다.

전통적 효와 현대화 된 효 체계

<table>
<tr><th>번호</th><th>전통적 효</th><th>현대화 된 효</th><th>비고</th></tr>
<tr><td>①</td><td>신체발부수지부모
(身體髮膚受之父母)</td><td>가정 공동체의 탄생</td><td>동서양 공통</td></tr>
<tr><td rowspan="3">②</td><td rowspan="3">불감훼손 신체보존사상
(不敢毁損
身體保存思想)</td><td>생명존중</td><td rowspan="3">〃</td></tr>
<tr><td>인간의 존엄성</td></tr>
<tr><td>공동체 정신</td></tr>
<tr><td>③</td><td>효무종시(孝亡終始)</td><td>효의 무한 영속성</td><td>〃</td></tr>
<tr><td>④</td><td>효지대야(孝之大也)</td><td>효의 무한 확장성</td><td>〃</td></tr>
<tr><td>⑤</td><td>天之經/地之誼/民之行也</td><td>효의 일반적 보편성</td><td>〃</td></tr>
<tr><td>⑥</td><td>사친(事親)</td><td>부모공경+부모부양</td><td>〃</td></tr>
<tr><td>⑦</td><td>사군(事君)</td><td>국가와 국민을 섬김</td><td>효의 무한확장성</td></tr>
<tr><td>⑧</td><td>입신(立身)</td><td>사회적 공동체에서
우뚝 섬</td><td>유교의 교리</td></tr>
</table>

⑨	취지지리(就地之利)	물적 자원	서양의 교리 (자연과학, 철학, 윤리 등)
		재정적 자원	
		인적자원	
⑩	-	창조주를 섬김	서양의 교리

사례1: 충 · 효 · 예와 인성의 기초 개념 도입

• 효는 어디에서 만들어지나?

효는 하늘의 모습이지만 효가 만들어지는 장소는 가정이다. 가정은 외부와 격리된 폐쇄된 공간이다. 이러한 폐쇄공간에서 효가 창조되고 발전하며 승계될 뿐만 아니라 가족 간의 뗄 수 없는 천륜적인 유대관계가 형성된다. 세계적 부호 카네기도, 충무공 이순신 장군도, 이런 의미에서 가정은 부모가 하늘의 모습을 자식을 통하여 인간에게 내림받게 하는 가장 신성한 공간이다. 나(Micro System)와 부모(Micro System)라는 기본적 단위의 유기체(Organism)가 공존하는 사회적 조직체 중 가장 기본적인 최소단위의 조직체(Micro System)가 개인이다. 둘 이상의 최소단위가 모여서 가정을 이루고, 또한 다수의 가정이 모여 사회를 이룬다. 이러한 효가 중심이 된 가정과 예가 중심이 된 사회를 중간공동체(Mezzo System)라 이른다. 충이 중심이 된 국가는 나와 가정과 사회를 수용하는 거대공동체(Macro System)이다.

• 효와 인성의 가장 중요한 가치는 생명존중사상이다.

그래서 부모는 태어난 자식의 생명을 지키기 위하여 온갖 정성을 기울인다. 효의 가장 큰 가치는 인간의 존엄성을 지키는 가장 높은 덕목의 가치관이다. 한 사람, 한 사람의 생명 존중과 존엄성은 그 어떤 무엇으로도 빼앗아 갈 수 없는 가치로써 그 값은 무한한 것이다. 하늘은 그 누구도 자기 스스로가 먹을 몫이 없게 태어나게 하지 않으며, 땅은 이름을 지어 붙일 수 없는 초목을 자라게 하지 않는다. ([명심보감] 계선편 : 천부생무록지인(天不生無祿之人)하고 지부장무명지초(地不長無名之草)니라)

이 세상에 태어난 자는 무릇 자기 먹을 몫을 하늘이 다 정해 놓았으며, 이 세상에 자라는 모든 초목도 그 존재를 정당화해주는 이름이 다 정해져 있다는 말이다. 그 옛날 우리 선조들이 살핀 하늘의 모습과 땅의 섭리는 이 세상에 태어난 모든 생명체에게 그 존귀함이 들어 있다는 고귀한 생명존중 철학을 우리에게 알려준다는 점에서 그 의의가 크다고 하겠다.

• 효의 또 다른 가장 중요한 가치는 하늘이 내려준 가족관계이다.

가족관계라하면 부모와 자식관계, 부모간의 관계, 자식과 자식간의 관계로써 이들 사이에는 어떠한 힘으로도 뗄 수 없는 강한 유대관계가 죽을 때까지 지속되도록 하는 것이 하늘이 내려준 가족관계 모습이다. 이를 해체하는 것은 인간이 결코 감당해 낼 수 없는 가장 큰 삶의 고통을 감내해야 한다. 하늘의 모습에 어긋난 이러한 가족관계의 해체는 인간에게 평생 동안 죽음의 순간까지 지니고 가야하는 번민과 고통을 수반하는 것이다.

• 그러므로 효는 나와 가정과 사회와 국가를 연결해주는 가치

관의 연결고리를 제공해준다.

만약에 내가 훌륭해지면 나 자신은 물론이고, 나의 가정을 빛내고 다음은 내가 속한 사회 즉 직장, 학교, 단체 등을 빛내고 그 다음으로는 대한민국을 빛내는 것이다. 마찬가지로 만약에 내가 잘못되면 가정이 나타나고, 거기서 해결이 안 되면 사회가 나타나고, 거기서도 해결이 안 되면 마지막으로 국가가 나타난다. 효는 이처럼 한사람의 개별적 가치관이, 가정, 사회, 국가의 가치관과 일치하는 모습을 보여준다. 이것은 효만이 설명해 줄 수 있는 논리적 연결고리이다.

• 효와 충, 국가란 무엇인가?

효가 살아야 나라가 산다는 말이 있다. 그런데 이것을 증명해 보인 사람이 아직 하나도 없으니 안타까울 일이다. 그래서 나름대로 연구한 결과를 이용하여 이를 증명해 보이고자 한다. 한글로 된 효에서 효의 아래 받힘을 U자형으로 아래로 구부리면 사람의 형상이 나타난다. 이는 효란 동물 중 인간만이 할 수 있다는 뜻이고 효(孝)의 한자를 파자하여 해석해놓은 논문을 보면 무려 약 20 가지의 뜻이 나타난다. 거기에는 저자가 주장하려는 모습은 보이지 않았다. 분명히 효는 사람이 하는 것이고 孝(효도 효)는 土(흙 토) + ノ(삐칠 별) + 子(자식 자)의 합성어 내지 파자로 되어 있다. 따라서 필자는 자식이 땅을 가꾸어 나온 결과물을 바로 부모에게 드리는 것이 효의 본래적 의미, 소득 창출을 통한 부모와 자식의 성장과 발전, 생존과 번영의 뜻으로 보고자 하였다.

• 효가 어떻게 충과 국가로 연결되는가?

孝(효도 효) = 土(흙 토) + 丿(삐칠 별) + 子(자식 자)의 등가식의 양변에 시그마(Σ)를 붙여보자. 자식이 땅을 가꾸어 나온 소득(곡물, 채소 등의 결과물)을 부모님께 드리는 것으로, 자식(사람), 소득(결과물), 땅(토지)의 3요소가 있어야 효의 성립이 가능하다는 논리이다. 그러면 여기에서 흥미로운 결과의 등가식이 산출되어 나온다. 대한민국의 5천만 명의 효를 모아보자. 그러면 효는 충(국가)과 국가 경쟁력과 직결되는 등가식이 유도된다. 즉 효란 경쟁력을 갖춘 국가를 만드는 원동력이란 뜻이다.

Σ孝(효도 효) = Σ土(흙 토) + Σ丿(삐칠 별) + Σ子(자식 자),

Σ子(자식 자)=Σ권리+Σ사람+Σ두뇌자원

= 국토(5천만 명의 토지합계) + GNP(5천만 명의 소득총계) +

주권(5천만 명의 권리총량) + 인구(5천만 명 인구합계)

+ 지적소유권(5천만 명의 두뇌자원)

= 국가(충) + GNP + 대한민국 지적소유권 총량

= 국(충) + 국가 경쟁력(=GNP + 대한민국 지적소유권 총량)

• 국가란 무엇인가?

국가는 매우 특수한 조직이다. 그러므로 나의 꿈과 희망을 살리려면 국가가 반드시 살아 있어야 한다. 국가는 내 생명을 지켜주는 최후의 보루이므로 국가를 지키기 위해서는 내가 목숨을 걸고 싸워야 하는 정당한 이유이기도 하다. 그래서 아름다운 금수강산은 도망가지 못하는 민초들이 모여 이 땅을 지켜왔다. 이런 의지가 없는 민족은 국가로써 존재하지 못하고 사라져 버렸다. 국가란 전쟁 수행능력이 없이는 존재가 불가능한 매우 특수한 형태의 거대 조직체이다

• 효와 국가 최고 지도자의 리더십, 통치대상물

효(孝)란 한글을 상형문자로 풀이하면 사람의 모습이고 한자 孝를 해석하면 土, ノ, 子로 파자된다. 따라서 효의 리더십이란 지도자가 되었을 때

- 토지(土) : 개인소유 토지의 가치가 극대화되고, 국토의 지상, 지하, 지표면의 공간이 효율적으로 최적화되도록 계획하고,
- 별(ノ) : 개인의 소득이 국민 전체에 골고루 분배하되, 각자의 소득에 따라서 개별 차이에 따른 보상이 그에 상당하여 자기발전을 도모하고, 가정과 사회, 그리고 국가를 위하여 전력투구하도록 기획하고,
- 자(子) : 개인의 권리를 보호하고, 적절한 인구를 조절하며, 개인의 두뇌자원을 개발하되 국가의 지적 소유권이 체계화되도록 창의적으로 계획하는 것이 효의 덕목을 지닌 자의 진정한 리더십이라 하겠다.

그래서 그 나라 국민 전체의 효를 모아보면 그 나라의 국가 모습이 나타나고 그 나라의 국가 경쟁력을 알 수 있다. 이처럼 효의 계량학적 재발견이 얼마나 놀라운 일인가? 효는 그래서 소중한 것이고 효가 살아야 나라가 살 수 있다는 말이 무심코 나오는 말

이 아니다. 효가 살아야 가정이 서고, 그 바탕 위에 사회가 세워지고, 건전한 나라가 세워진다. 대한민국의 토대는 이와 같이 효가 모여 충을 이루는 유구한 역사가 도도하게 흐르고 있다.

본 단원의 토론쟁점

문제 1. 자연계에서 어미와 후손은 어떤 원리로 섬기고 보살핌을 받는가?

문제 2. 자연계에서 어미와 후손의 탄생과 죽음은 인간과 어떻게 다른가?

문제 3. 자연계의 충 · 효 · 예와 인간의 충 · 효 · 예에서 공통점과 다른 점은 무엇인가?

문제 4. 유교란 무엇인가? 기독교와는 어떻게 비교할 수 있는가?

II. 신체발부수지부모와 효 공동체 출현

『효경』 첫 장 「開宗明誼章」에 "신체발부 수지부모(身體髮膚收之父母)"라는 말이 나온다. 첫째 "나(我, me)라고 하는 존재는 부모 없이는 태어날 수 없다."라는 뜻이다. 그 의미를 직역하자면 "내 몸은 부모한테서 물려받았다."는 의미이다.

『성경』에서도 "육신이 육신을 만든다(Flesh gives birth to flesh)."라고 되어있다. 표현 방법만 다를 뿐 그 내용은 실질적으로는 "신체발부 수지부모(身體髮膚收之父母)"와 동일한 의미이다. 직역하자면 "육신(肉身)은 육신(肉身)을 낳는다."이다. 이를 구체적으로 표현하면 이렇다. 내 몸은 부모한테서 물려받았다는 것을 영어식으로 표현한 것일 뿐이다.

젊은 남자가 부모 곁을 떠나 짚신짝이 제짝을 만나듯이 한 여자를 만나 짝을 이루고, 잠자리를 같이 하여도 부끄러움이 없으니 자식을 낳아 한 가정을 이루게 된다. 인류가 만든 최초의 공동체는 동서양 모두 경전을 통하여 가족 공동체임을 언급하고 있는 부분이다.

여기서 중요한 핵심 사항은 『효경』에서 언급하는 "신체발부 수지부모(身體髮膚收之父母)"와 『성경』의 "육신(肉身)은 육신

(肉身)을 낳는다."는 경전을 통하여 부모와 자식이라는 공동체가 형성되면서 매우 특별하고 가장 강력한 사회적 결합인 가족 공동체가 출현하면서 자식양육과 부모공경의 도리로써 부모부양이라는 철학과 이념으로 가정 공동체를 작동시키는 효가 발원(發源)한다는 점이다.

과거나 현재, 미래에서도 변함없는 사실은 가정 공동체가 셀 수 없이 모여 자급자족이 가능한 마지막 단계의 궁극적인 공동체는 바로 국가라는 점이다. 이러한 초거대 공동체의 토대는 무수한 가족 공동체(혹은 가정 공동체)의 총합으로 보고 있다. 국가의 주권과 모든 권력은 국민으로부터 나온다고 믿는 것이 오늘날 국민주권설의 국가관이다.[11)]

또한 국민의 총합은 결국 가족 공동체 구성원의 총체적인 합과 동일하게 합산된 값이다. 가족 공동체의 근본은 부모와 자식이다. 따라서 부모와 자식의 총합이 국민의 숫자와 동일한 값이 된다. 이런 의미에서 견준다면 건전한 가정 공동체의 구성을 돕는 정책이나 과정이 국가의 근본을 세우는 일이다.

부모와 자식 간의 관계에서 부모는 자식을 양육(養育, cultivation)하고, 자식은 부모를 공경하고 그 도리로써 부모를 부양(扶養, support)하는 관계가 효의 근본을 이룬다. 부모의 무한한 사랑을 통한 자식양육과 이러한 부모의 무한한 사랑에 대한 자식된 도리로써 부모 부양정신은 과거와 현재 미래에도 효의 기초를 이루는 정신으로 인류 문화와 문명의 발전과 성장, 생존과 번영에 통

---

11) 대한민국헌법 제 1조 역시 이를 천명하고 있다.

합적인 철학과 이념을 제공해주는 직간접적인 원동력이 되고 있다.

부모와 자식 사이에 이루어지는 자식양육과 부모부양 정신의 1차적 인간관계가 평생의 은혜와 보은의 관계를 형성해준다.

여기에서 부부라는 당사자는 가장 비혈적인 사회적 관계이지만 그럼에도 불구하고 어느 누구도 개입하기 어려운 가장 강력한 사회적, 법률적 결합의 형태이며, 부모와 자식은 혈연적인 관계로써는 가장 강력한 인륜(人倫)적, 법률적 결합 형태이다. 이것을 요약하자면 인간관계에서 1차적으로는 비혈연적 관계의 당사자인 부부관계가 최우선하고, 2차적으로는 비혈연적 인연의 부부가 낳은 혈연적 인연의 부자관계가 결합하여 가장 강력한 공동체적 형태의 유기체을 이루는 단위 조직체가 가족이다.[12)]

사회학적으로는 부모와 자식의 개별적인 인격체를 미소체계(微小體係, micro system)로, 가정과 사회를 중간체계(中間體係), mezzo system)로, 국가를 거시체계(巨視體係, macro system)로 분류하기도 한다.[13)]

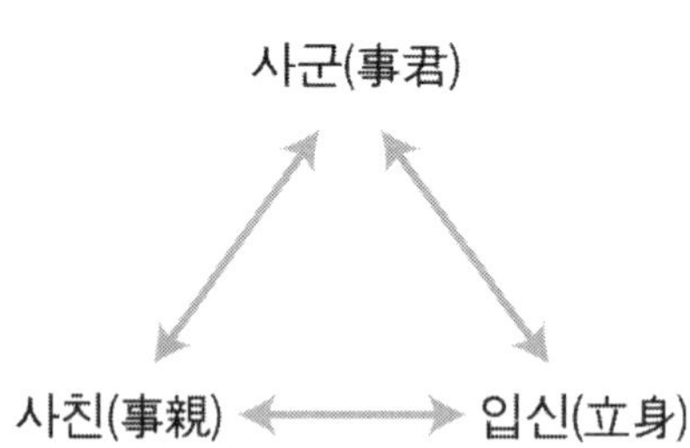

12) 권연옥, 『인간관계론』, (서울, 학문사, 2004), P37
13) UNDERSTANDING HUMAN BEHAVUIOUR AND THE SOCIAL ENVIRONMENT』, (서울, 나눔의 집. 2006), P24~56. 다중체계

가족 공동체에서 엄마가 자식에게 베푸는 노동력은 국가가 어떠한 복지로도 해결할 수가 없다고 선언하는 국가도 있다.[14] 이것은 부모의 노동력에 대하여는 국가가 베푸는 어떠한 복지의 혜택으로도 이를 대체할 수 없음을 잘 보여주고 있다. 그러므로 부부관계나 부자지간의 관계는 타인이나 국가가 쉽사리 개입할 수 없는 매우 특수한 형태의 유기체적 단위의 결합임에는 틀림없다.

부자지간의 관계에서 이루어지는 무형의 문화는 만남에서 비롯되는 그 집안의 고유한 상속적인 것으로 이때 인격과 인성이 형성되는 역할에 지대한 영향을 미친다. 만 6세 미만의 어린이가 성장하는 과정에서 부모의 생각과 부모가 사용하는 언어와 행위가 자녀의 미래관, 직업관 인생관을 이미 결정해준다는 보고서가 나와 있다.[15] 이 내용에서 부모의 사회적 지위와 불평등이 자녀에게도 그대로 대물림되고 있다는 흥미로운 사실을 주장하고 있다. 백인이나, 흑인, 아시아인 모두 인종에 관계없이 부모가 보여주는 생각과 말과 행위가 무의식적으로 가장 밀접한 관계에서 이루어지는 인간관계인 자녀에게 그대로 학습되고 대물림된다고 하였다. 이것은 자녀 교육적인 면에서 볼 때 우리 사회에서도 "콩 심은 데 콩 나고 팥 심은데 팥 난다."[16]는 속담의 또 다른 사회적 증거자료이기도하다. 이것은 부자지간의 만남에서 자녀가 누릴 수 있는 차별화된 무형의 상속자산이기도하다.[17]

---

14) 아일랜드 헌법 가족법

15) UCLA berkeley campus 대학원 사회학 박사 라루 교수(Annette Lareau), 『Unequal Childhoods: Class, Race and Family Life, 불평등한 어린 시절』, University of California Press, 2011

16) 오늘날의 유전공학을 한마디로 요약한 말이기도 하다.

17) 우리 사회에서 한동안 언급된 흙 수저, 금 수저 이론과 동일한 개념이다. 맹모삼천지교(孟

가정은 자기가 태어나서 죽을 때까지 성장하면서, 머무르는 가장 밀폐되고, 비공개적이며 비밀스러운 공간의 장소이기도 하다. 그래서 가정 폭력이나 학대가 장기간 지속되어도 외부에 쉽사리 알려지지 않는 이유에 상당한 근거를 제공해주는 사유이기도 하다. 인간은 가정을 떠나서는 생존이 불가능하다. 특히 어릴수록 더욱 그러하다. 태어나자마자 길거리에 버려진다면 그의 생존시간은 촌각(寸刻, at the moment)에 달려 있게 된다. 그래서 효가 필요한 것이다. 그 이유는 효의 근본에서 상세하게 후술할 것이다.

가정은 가족의 정신적인 휴식처(休息處, rest place)이자, 안식처(安息處, shelter)이기도하다. 사회가 가정을 위한 경제적인 터전(economic foundation)이라면, 국가는 개인의 꿈과 희망을 실현시켜주는 토대이기도하다. 사회와 국가를 이루는 가장 기본적 단위는 이와 같이 가정 공동체이다. 동서양 모두의 성현들이 가정 공동체의 중요성을 인식했으며 특히 국가를 이루는 기본적 단위는 가정 공동체임을 인정하였다. 이와 같이 효는 가정과 국가, 사회에 그 뿌리를 박고 있다.

유교적 입장에 본다면 가정에 내재하는 문화는 수직적 문화(文化, culture)이다. 부부지간에도 더더욱 수평적(水平的, horizontal)이지 못하고, 대부분이 수직적(垂直的, vertical) 문화이다. 부자지간의 관계에서는 더욱더 수직적 문화가 존재한다. 전통적 유교관으로 볼 때 대외적 관계에서 발생하는 업무는 대부분이 남편의

母三遷之敎)는 부자지간의 직접적인 요인보다도 외부의 환경적 요인과 관계하고 있다.

몫(portion)으로 간주하고, 대내적 업무 특히 가사(家事, house chores)는 거의 전부가 아내의 몫으로 당연히 여겨지고 있다. 그러나 실제는 남편이 사회에 진출하여 소득을 창출할 때 가정의 성장과 발전이라는 선순환의 효의 고리가 완성되는 것이다.

성경적 사회 특히 미국, 영국, 호주 캐나다 등의 가정에서의 가사는 일반적으로 절발씩 분담하는 것으로 되어 있다. 아예 일상 생활에서 교육으로 제도화되고, 사회적 관습으로 정착되어있다. 서양인들과 대화를 나누다보면 동양인 특히 한국 여자와 결혼한 남성은 가사일과 자녀교육을 도맡아하는 한국 여성을 침이 마르도록 칭찬하는 걸 듣게 된다. 우리나라와 같은 일방적인 상황은 상상할 수가 없다. 실제로 아시안 특히 한국 여성을 아내로 맞이한 백인 남성들은 얼마나 즐거워하는지 모른다. 가사의 잡다한 일(house chores)은 물론, 자녀의 교육까지도 전담하는 아내에 대하여 얼마나 찬사를 보내는지 아쉬워할 정도이다.

가정의 가장 소중한 기능은 개인의 삶을 지배하고, 사회(社會)와 국가에 진출하기에 앞서 가장 기본적인 개인의 인성(人性, human nature)과 인격(人格, personality)을 1차적으로 형성해주는 가장 기본적인 단위 공동체라는 점이다. 부모와 자식 간의 공동체인 가정이라는 한정된 공간의 혈연적 인간관계에서 형성된 1차적 인성과 인격은 평생의 삶을 지배하고, 2차적으로는 비혈연적 개방 공간의 사회에 진출하여 사회화하는 과정의 인성과 인격에 지대한 영향을 미치게 된다.

그에 반하여 서양의 가정의 경우, 일반적으로 성경을 기반으로 하는 국가[18]의 경우에는 이와는 매우 다르다. 1차적인 공경의 대상이 부모가 아닌 하나님 공경이 우선이다. 2차적 공경의 대상이 부모공경이다. 이는 기독교 율법인 십계명(十誡命, Ten Commandments)에 잘 나타나 있다. 첫 계명이 하나님 공경이고, 부모공경은 다섯 번째이다. 하나님 공경이 우선하지 않는 부모공경은 사회 통념상 위선(僞善, hypocrisy)으로 여겨진다. 다시 말하여 하나님을 믿지 않고서 부모를 공경한다는 것은 이를 인정하거나, 받아들이지 않는 것이 사회적 통념이다. 그리고 하나님 앞에서는 부모와 자식은 동등한 인격체이다. 다시 말하여 평등한 존재이다.

그래서 이러한 사회적 구조를 모르고 이민을 가서 현지에서 자녀를 낳아 키우는 부모들은 유교적 문화에서 경험할 수 없는 문화적 충격(衝擊, shock)을 겪는다. 왜냐하면 부모에게 너(you)라는 표현을 쓰기 때문이다. 상당수 부모들이 이러한 갈등으로 인하여 이민 간 부부들이 이혼하는 경우가 허다하다.

여기에서 중요한 점은 효의 출발점이 유교적 개념과 성경적 개념의 차이에서 오는 혼란이며 그중의 어느 하나가 옳고 그르다는 2분법적 개념은 옳지 않다.

유교(儒教, Confucianism)란 신이 존재하지 않는 철학이나 이념에 가까운 아종교(亞宗教)이다. 필자가 연구한 바로는 유교가 타종교와 다른 점은 학이 + 시습 + 수신을 하게되면 고도의 정신세계에 도달하여 성인이나 군자에 이른다는 성인론, 군자론을 내

18) 헌법(Constitution) 전문(Preamble)에 God, Holy Father, or Holy son, and Holy Spirit, or Trinity etc.이 기재되어 있는 국가

세우는 자기완성의 경지에 이르게 된다는 점이다. 성인이나 군자가 되면 시간을 초월하고, 공간을 초월하여 고도의 복잡한 세상을 들여다보고 이를 관찰할 수 있음은 물론이고, 이를 기술해내는 능력이 생겨난다는 데 있다.

유교의 근본정신은 『논어』 첫 장의 학이시습(學而時習)과 『주역』의 수신(修身)에 잘 나타나 있다. 따라서 유교란 학이+시습+수신으로 철학적, 이념적 경지에 도달하면 깨달음의 성인이나 군자가 될 수 있다는 것이다. 성인이나 군자가 되면 천하의 복잡한 세계를 들여다보고 이를 관찰할 수 있다는 점이 일반적 종교와는 다른 특이한 사항이다.[19] 따라서 유교에서는 모든 수련이 완료되었을 때는 스스로가 성인이나 군자가 될 수 있다는 성인론(聖人論)과 군자론(君子論)이라는 고도의 정신적 세계에 도달하여 궁극적인 깨달음이 대세를 이룬다. 따라서 공자(孔子, Confucius)는 중국에서 황제(皇帝, emperor) 다음으로 추앙을 받는 성현(聖賢, sage)이다.

사례1 : 이민정착과 아버지의 고뇌

1980년 대 중반에 한국에서 결혼하고 곧장 미국으로 이민을 떠난 부부가 있었다. 이민 가서 자녀 둘을 낳았다. 처음에 그 부부는 열심히 노력하였다. 남편은 좋은 직장에 취직하여 고액의 연봉을 받았고, 부인은 학원을 운영하여 괜찮은 수입을 올리고 있었다. 얼마만큼의 부를 축적하여 집을 마련할 때까지는 부부금슬

19) 최완식, 『주역』, (경기도, 혜원출판사, 1998), P258. 聖人 有以見天下之賾 而擬諸其形容 象其物宜 是故謂之象

(夫婦琴瑟)이 매우 좋았다. 그런데 문제는 아이들이 초등학교에 다닐 때부터였다. 미국식 교육을 받은 자녀들이 부모한테 너(you)라는 단어를 쓰기 시작하는 것이다.

하루는 초등학교 4학년에 다니는 자식이 사춘기에 달하여 부모한테 너(you), 너(you)하면서 따지는 일이 벌어졌다. 그러나 유교적으로 자라난 아빠는 화가 나서 손가락질을 하면서 자식에게 언성을 높여가며 한참동안 유교식으로 훈육하였다. 그러자 자식은 무엇이 어떻게 잘못되었는지를 모르는 상태에서 눈물을 흘리면서 반항하였다.

그리고 그 아빠는 그 일을 까마득히 잊어버렸다. 그런데 그 일이 있고 난 후 어느 날 경찰관이 뒷짐을 끼고 초인종을 누르고 있었다.

경찰은 다짜고짜 물었다. 아동학대(兒童虐待, child abuse)한 사실이 있습니까? 무슨 말씀인지 이해가 안 되는데요. 경찰관은 "그런 사실이 전혀 없습니까?" 하고 되물었다. 전혀 없습니다. 그래요! 그럼 이 보고서는 무엇입니까? 허위보고서입니까? 그 경찰은 00초등학교에서 담임선생으로부터 배달된 아동학대라는 보고서를 들고 있었다.

그 보고서에는 몇 월, 몇 일, 몇 시경에, 누가, 누구에게, 어떤 식의 말과 행위로 아동을 학대했는가를 정확하게 기록하고 있었다. 자식이 초등학교 담임선생에게 아동학대 당했다는 말을 하였으며 담임선생은 이를 자세하게 기록하여 관할 경찰서에 보낸 것이다. 그래서 경찰이 이 보고서를 들고 찾아온 것이다. 그리고 그 경찰관은 앞으로 또 다시 이러한 보고서가 접수될 경우, 귀하는 법원의 판결로 인하여 친권을 잃을 수 있다는 말을 덧붙였다. 그 뒤로 그 부부는 상당한 충격에 휩싸였다. 그리고 부부관계에도 영향을 미치기 시작하였다. 그일이 있은 후에는 엄마가 자녀를 감싸고 자기는 가족에서도 이방인처럼 완전한 외톨이 신세가 된 것이다. 세월이 흐를수록 마치 가족과는 분리되어 더욱더 이방인 신세로 전락하게 되었다.

단원 토론

문제 1. 효 공동체의 발생은 어떤 과정으로 되어 있나요?

문제 2. 효 공동체의 주체는 누구인가요?

문제 3. 사회와 국가 공동체의 기본적 단위 공동체는 어떤 공동체입니까?

문제 4. 가족 공동체와 가정 공동체는 어떤 차이점이 있습니까?

문제 5. 유교와 기독교의 본질적 차이는 무엇인가요?

문제 6. 유교적 인성과 기독교적 인성의 근본적 차이점은 무엇입니까?

문제 7. 효는 어떻게 발원하고 어떤 영역에서 어떤 철학과 이념으로 작동하고 있는지를 설명해 봅시다.

Ⅲ. 불감훼손의 신체보존 사상과 인성

효의 근본은 생명존중이며 부자지간의 가정 공동체를 이루는 철학과 이념 중에서 최상위 덕목(德目, edification)을 차지하고 있다. 이것을 강조하기 위하여 공자는 『효경』의 첫 장(章)인 「개종명의장(開宗明誼章)」에서 '불감훼손(不敢毁損)'이 효 실천의 시작이라 하였다. '불감훼손'이란 '내 몸을 함부로 다루지 아니하고 다치거나 상하지 않게 하는 생명존중 정신이 효를 실천하는 시작'임을 분명히 밝혔다.

『聖經』에서도 '불감훼손(不敢毁損, no cuttings in your flesh, and no marks on you)'을 강조하였다. 신체훼손을 금지할 뿐만 아니라 심지어 터럭은 물론이고 살갗에 문신(文身, tattoo)을 새기지 말라고까지 하였다.[20] 부모님이 물려준 신체보존이 얼마나 중요한지를 말해준다.

동양의 경전에도 "내 몸은 부모가 내어준 것이므로 함부로 이를 훼손하지 않고 신체를 보존하는 것이 효를 실천하는 시작이다."[21]라고 하였다. 부모와 자식 간의 효 공동체 관계에서 신체보존은 평생 동안 효를 실천하는 길이 된다. 오늘날은 교통사고,

---

20) 『성경』, 「레위기」 19:28

21) 『古文孝經』 「開宗明誼章」 "身體髮膚, 受之父母, 不敢毁損, 孝之始也."

안전사고 등이 빈번히 발생하여 장애자 등이 양산되는 상황에서 이러한 신체보존 효 사상은 아무리 강조해도 지나치지 않는다.

반면에 효의 결승선은 입신(立身)이 첫째이고, 생전에는 사랑과 공경으로 부모님을 섬기고, 돌아가시면 슬픔과 애도로서 섬긴다. 이것이 효자로서 인간의 근본을 다하면서 삶과 죽음의 올바른 도리를 다한 것이다. 사후에는 조상숭배의 제례로서 부모 섬김이 끝나는 것이다.[22)]

한편 내 몸은 부모가 내어준 것이라는 효 사상에는 왜곡된 논리가 개입하기 쉽다. 부자지간의 관계에서 자식은 부모가 내어준 객체이므로 『삼국유사』에 나오는 '손순매아(孫順埋兒)'[23)]의 효 실천 이야기처럼 부모의 의지대로 자식의 생명을 어떻게 해볼 수 있다는 논리는 당시에는 훌륭한 사회적 이론이었다. 그러나 오늘날에는 어떤 부분에서는 이에 대한 심각한 부작용이 드러나고 있다.

다시 말해 이러한 윤리의식이 내재되어 있기에 오늘날에도 생각보다 상당히 심각해지는 상황이 발생하고 있다. 많은 실종아동 사건이 수사과정에서 밝혀지고 있기 때문이다. 부자지간의 패륜범죄[24)]는 바로 여기서부터 논리적 모순을 태동시켜 주고 있다. 절대적 나약자이고 의존자이면서 자기 방어가 절대 불가능한 자

---

22) 개별적인 효의 종료는 다음과 같다. 『고문효경』 「개종명의장」 "終於立身." 「상친장」 "生事愛敬, 死事哀戚, 生民之本盡矣, 死生之誼備矣, 孝子之事親終矣."

23) 김종두, 『효패러다임의 현대적 해석』(서울, 명문당, 2016), 100쪽.~101쪽.

24) 연합뉴스, 2016.08.25 초등생 아들 7세 남아 시신훼손 냉동보관 부부, 딸 친권발탈. 다음, 2016.07.13. 화장실 감금 락스 구타 아사 사건(계모 무기징역, 친부 징역30년), CBS, 2016.02.04. 여중생 구타 후 시신 안방 미라사건, JTBC, 2016.03.08. 영아 부모 및 이웃 아줌마와 공동 구타 사망 후 시신 평택 암매장 사건. 등

식은 내 몸에서 떨어져 나온 나의 일부이므로 부모 마음대로 어떻게 해보아도 문제가 되지 않는다는 부지불식간(不知不識間)의 생각은 왜곡된 논리적 모순을 내포하고 있어 오류를 범하기가 쉽기 때문이다. 그러므로 이러한 유교적 효 문화의 오해를 해소하려면 결혼 전에 법률에 의거하여 예비부모의 효와 인성교육 의무화를 제도적으로 도입하는 문제 또한 시급하다고 하겠다. 따라서 전통적 효 윤리의 재해석은 전통효의 재정립에 앞서 필요한 개념 도입이라고 판단된다.

재해석된 효 윤리에서도 불감훼손(不敢毁損)에 따른 신체보존(身體保存)의 사상이 효를 실천하는 시작임에는 불변이다. 그 이유는 시대가 변화하여도 그 본질은 변하지 않으면서 그 실천 방법만이 변화하기 때문이다.

불감훼손으로 강조되는 의미의 신체보존 효 사상은 오늘날에는 생명존중, 인간의 존엄성, 공동체 정신으로 완전히 등가 변환하여 강조되므로 이를 자세히 살펴보고자 한다.[25] 이렇게 완전히 변환된 효 윤리가 약화되고 간과되어서는 오늘날과 같이 부모가 절대적으로 나약자 위치에 놓인 자식을 해치고 성인이 된 자식이 병약한 노부모를 해치는 부자지간의 각종의 패륜범죄를 막아주지 못한다.

불감훼손의 신체보존의 효 윤리는 시대를 초월하여 가정, 학교, 기업, 사회, 군대는 물론 국가 윤리로서도 손색이 없다하겠

---

25) 김시우, 『성경적 효 입문』(서울, 도서출판 다사랑, 2008), 41쪽.~42쪽. 243쪽. 41쪽. 효의 진의는 생명을 사랑하고, 생명을 공경하고, 생명을 유지 존속시킨다.

다. 한때 사회적 패륜 문제가 되는 '옥시 가습기 첨가제' 역시 기업윤리로서 생명존중, 인간의 존엄성, 그리고 공동체 윤리를 철저하게 거부한 사례의 하나라 하겠다.

윤리이념의 최상위 덕목에서 신체보존이라는 생명존중은 효 사상에서 비롯된다는 통시성은 시대를 초월하여 작용된다. 현대 사회에서 신체보존의 효 정신은 내 자신과 타인은 물론 모든 인격적 객체의 생존과 번영의 윤리로서 생명존중, 인간의 존엄성과 공동체 정신으로 연계되어 확대되고 있다. 따라서 이를 구체적으로 하나씩 들여다보고자 한다.

생명존중

생명존중[26]은 전통적으로 육체적인 면이 강조되는 불감훼손(不敢毁損)[27]의 효 정신에서 비롯된다는 점은 앞서 언급하였다. 『孝經』에서는 불감훼손이 효 실천의 시작이라 하였다. 『聖經』에서도 10계명[28] 중에 부모공경 다음으로 "살인하지 말라"고 강제하면서 자기생명이 소중한 것처럼 타인의 생명도 소중함을 강조하고 있다.

불감훼손은 자기 몸이나 타인의 몸을 함부로 다루어서 망가뜨리거나 못쓰게 만드는 훼손(毁損)은 안 된다는 논리이다. 여기에

---

26) 『성경』 「출애굽기」 20 제6계명, 「출애굽기」 34:26

27) 김덕균, 『譯註古文孝經』(서울, 도서출판 문사철, 2008), 27쪽. "身體髮膚, 受之父母, 不敢毁損, 孝之始也."

28) 『성경』 「출애굽기」 20 십계명. 1. 창조주 외에는 어느 다른 신도 숭배하지 말라. 2. 우상을 숭배하지 말라. 3.하나님의 이름을 오용하지 말라. 4. 주일을 지켜라. 5, 네 부 모님을 공경하라. 6. 살인하지 말라. 7. 간음하지 말라. 8. 도둑질하지 말라. 9. 거짓 증언을 하지 말라. 10, 탐욕을 부리지 말라.

는 자신의 신체와 정신이 중요한 만큼 타인의 신체와 정신적 모욕이나 훼손은 물론이고 체면이나 인격훼손도 불감훼손의 영역에 포함된다.

나아가 신체에 새겨두는 사소한 문신도 절대로 행해서는 안 된다. 이 또한 불감훼손[29]의 한 유형에 포함된다. 인간은 육신과 영적 측면인 정신의 양면성을 지닌 영장류이기에 육체적 살인은 물론 정신적 살인도 안 된다는 점을 상기하여야 한다. 그러므로 불감훼손이라는 신체보존의 효 사상에 가장 큰 반향으로 역행되는 요소로써 자살은 물론 살인은 말할 것도 없다. 10계명에도 자기 생명은 물론이고 타인의 생명을 해치지 말라는 계명으로 강조되어 있다.

오늘날 가정폭력, 학교폭력, 군대폭력, 사회폭력, 국가폭력, 자동차폭력, 컴퓨터폭력(SNS, Facebook, e-mail 등), 성폭력 등의 각종 폭력이 무차별적으로 난무한 사회적 패륜 문제가 대두되는 것은 사람들이 불감훼손의 생명존중 효 윤리를 거부하여 사회적 혼란을 야기하고 있다. 자기 자신은 물론, 자기부모, 형제, 자매의 생명과 영혼이 소중한 것처럼 이웃의 생명과 영혼도 소중함을 인식시키는 인성교육 또한 중요하다 할 것이다.

오늘날 가정폭력에서는 상상을 초월하는 부자지간의 패륜범죄가 다양하게 발생하고, 특히 사회폭력에서 증가추세인 성폭력의 빈발과 폭발적인 자동차 사고로 인한 장애자와 사망자 사례에서 나타나는 육체적 훼손과 더불어 주변 사람들에게 미치는 정신적

---

29) 위의 책, 「레위기」 19:27~28

훼손, 보이지 않는 곳에서 이루어지는 컴퓨터 통신에서 행하여지는 사이버폭력 등은 과거 당시에는 예상하지 못했던 불감훼손의 대표적인 이형적 사례이다.

폭력은 가해자와 피해자 모두 씻을 수 없는 오점을 남기게 된다. 육체적 폭력은 어느 정도 치유가 가능하나, 정신적 폭력은 영원한 오점을 남긴다. 즉 큰 산을 불태우는 데는 큰 불이 필요하지 않고 다만 한 개비의 작은 한 점의 성냥불로도 충분하기 때문이다[30].

인생을 불태우는 데에도 작은 실수가 인생 전체를 훼손하는 큰 오점을 남기는 경우가 많다.[31] 이를테면, 가볍게 생각한 나머지 새겨놓은 문신 때문에 대기업은 물론, 중소기업이나, 공무원, 군대 등의 진입에 어려움을 겪거나 불가능해질 수 있다. 이것은 바로 불감훼손의 효가 입신양명(立身揚名)[32]의 출발점이라는 사실을 입증해주는 조그마한 증거 자료이기도 하다.

효 윤리에서 최상위 덕목은 생명존중(生命尊重) 윤리임을 명심하여야 하며 그 근거로는 앞서 언급한 불감훼손(不敢毁損)의 신체보존(身體保存) 효 윤리(倫理)에서 비롯됨을 명심(銘心)하여야 한다.

인간의 존엄성

30)『明心寶鑑』「誠心篇 下」"一星之火 能燒萬頃之薪."
31) 『성경』「야고보서」 3:5
32) 김덕균, 『譯註 古文孝經』「開宗明誼章」(서울, 도서출판문사철, 2008), "立身揚名 揚名於後世."

인간 존엄성(人間 尊嚴性, human dignity)에는 가정과 사회, 국가에서 인간의 생명존중 사상을 확인하고 공인해주는 일련의 확고한 의지를 포함하여야 한다. 여기서 말하는 인간의 존엄성[33]이란 유엔아동협약 내용이 인간의 존엄성에 대한 내용을 매우 잘 수록하고 있어 이를 아래와 같이 인용하고자 한다.

첫째, 인간으로서 생존권 보장과 성장, 발전할 권리

인간의 존엄성에는 생존권과 생명존중을 합법적으로, 사회적으로 공인받는 권리는 물론 성장, 발전할 권리까지도 부여되어 있다.[34] 부자지간의 관계가 아무리 수직적 구조라 하더라도 부모는 절대적 나약자인 자식의 생명을 빼앗을 권리가 있을 수 없다. 자식은 어린 모습으로 정지된 영원한 자식이 아니라 『道德經』에 나오는 '도가도비상도 명가명비상명(道可道非常道 名可名非常名)' 처럼 시시각각 변화하는 인격적 존재이다.[35] 자식이 성장, 발전하여 부모가 되고 또 자식을 낳고 할아버지와 할머니가 된다.

여기에 맞춰 성장, 발전하고 경제적인 터전으로 개방된 사회에서 자기 삶을 완성할 권리를 가져야 부모를 부양하고 자식을 양육하는 인간으로서 존엄성을 지닌 생존권을 보장받는다. 인간으로서 성장, 발전할 권리가 보장됨으로서 할아버지에서 아버지로, 아버지에서 자식으로, 손자 세대로 대물림 될 때 효 공동체가 개별적인 유한성을 극복하고 영속성을 이루게 된다.

---

33) 유엔아동협약의 내용이 인간의 존엄성에 대한 내용을 비교적 잘 수록하고 있다.

34) 위 협약, 제6조 참조

35) 박경희 역, 『노자 도덕경』(경기도, 도서출판 창도관, 2001), 제1장 "道可道非常道 名可名非常名."

효 윤리에서 최상위 덕목인 생명윤리가 지켜지려면 이를 뒷받침해주는 인간의 존엄성 윤리를 인정받으면서 성장, 발전할 권리가 보장되어야 효에 내재된 생명윤리가 완성될 수 있다.

둘째, 인간으로서 보호받을 권리

가정 공동체내에서는 물론이고, 사회와 국가에서도 인간으로써 보호받을 권리가 있음을 공인하고 확인해주는 권리이다. 보호받을 권리 안에는 신체는 물론이고 정신적인 면까지를 포함하고 있다. 그렇기 때문에 누구에게도 소중한 인간의 존엄성을 효 윤리로 해결해 나가자는 것이다. 인간은 생애주기의 마지막 단계에 도달하는 경우 절대적으로, 갓 태어났을 때와 유사하게 무의식한 나약기에 놓이게 되며 스스로를 돌볼 수 없는 나약자로 전락하게 된다. 혼자서는 인간의 존엄성을 유지한 채 이 세상에 오지 못한 것처럼 떠나갈 수도 없기 때문이다. 이러한 경우 자식은 마지막 도리인 효로서 보모님을 극진히 예우하여 마지막을 보내드리게 된다.[36)]

이처럼 효에는 갓 태어난 자식이 인간으로 보호받을 수 있는 권리가 있는 것처럼 노인이 되어 생애 마지막 마무리 단계에서 무력해지는 순간 이번에는 반대로 자식이 노인이 된 부모를 하나의 인격적 객체로 예우해주면서 이 세상을 떠나보내 주게 된다. 이것은 효 윤리에서만 비롯되는 독특한 특성을 보여주는 것이다.

---

36) 『古文孝經』「喪親章」"生事愛敬, 死事哀戚, 生民之本盡矣, 死生之誼備矣, 孝子之事親終矣."

공동체 정신

아리스토텔레스는 공동체란 "서로 없어서는 살 수 없는 결합"[37]으로, 스피노자는 "자연이나 인간은 홀로된 객체로 존재하나 완전히 홀로 서지 못한다."[38]고 말하였다. 지구는 태양계 공동체의 일원으로써만 존재가 가능하다. 지구가 못마땅하게 여겨 스스로 태양계의 궤도를 벗어나면 그 즉시 돌이킬 수 없는 커다란 위험에 빠지게 된다. 마찬가지로 인간 역시 어딘가의 가족의 일원이 되고, 사회의 일원이 되고, 국가에 소속되어 있지 아니하면 그 즉시 위험에 빠지게 된다. 자연이나 인간이나 모든 객체는 그가 속한 공동체 없이는 생존이 불가능하다.

공동체 중에서 제3자가 개입하기 어려운 가장 강한 배타적, 폐쇄적 형태의 결합구조가 가족 공동체이다. 외부인이 쉽게 접근할 수 없는 가족 공동체는 아이러니하게도 모든 사회적 공동체 중에서 가장 기본적인 유기체적 단위집단이다.

가치와 이해관계를 공통분모로 필요한 만큼의 단위집단이 모여 시대가 요구하는 수많은 종류의 다양한 사회 공동체를 이루고, 무수히 많은 가족공동체가 셀 수 없을 정도로 모여 궁극적으로 마지막 단계의 거대 공동체인 초인격적 유기체로서 국가를 형성한다. 국가는 또한 가족 공동체를 보호해주는 부모와 같은 존

---

37) 박호성, 『공동체론』(경기도, 효형출판, 2009), 63쪽. 아리스토텔레스는 국가를 인간의 자연(본성)에서 비롯하는 인간의 자기실현을 위한 필수적인 토대라고 믿었다. 그리고 가족 '공동체'를 국가의 근원이라고 인식했다. 공동체의 출발과 기원에는 "서로 없어서는 살수 없는 결합"이 필수적이라고 강조하였다.

38) 김태길, 『윤리학』(서울, (주)박영사, 2009), 49쪽. 스피노자에게는 이 우주 안에는 "오직 하나"의 실체만이 있다. "어느 개인도 엄밀하게는 독립한 존재가 아니라, 보다 큰 전체의 한 부분을 이룰 뿐이다." 이는 자연계에도 마찬가지로 보았다.

재이기도하다. 이것이 가정과 국가와의 공동체 관계이고 효와 충의 상호 의존적 상관관계이다.

오늘날 사회공동체는 과학기술의 발달에 따른 산업화, 도시화로 인하여 각종 사회 공동체가 각자의 유기체적 목적 달성에 적합한 조직의 다양한 형태로 전문화되고 세분화된 수많은 공동체가 출현하였고, 이들은 서로가 복잡하게 상호 의존하면서 협력적 관계로 작동하고 있다. 이처럼 국가와 사회를 이루는 기본 단위 집단은 가족 공동체이고 이러한 공동체를 통합적으로 구동시키는 철학적 이념적 작용제가 바로 효에서 비롯되고 있다.

현대사회는 예전과는 달리 나날이 문화와 문명이 고도화되고 있다. 그럴수록 보이지 않는 수많은 사람과 부지불식간에 협력적 관계를 유지하지 않고서는 살아갈 수가 없는 존재가 되었다.[39] 예를 들어 병에 걸렸을 때에는 제약회사, 의료장비 제조사, 의료진, 병원건축물 건설사, 자동차, 도로건설 토목회사, 교통관제시스템, 사무직 및 간호사, 전기, 수도 가스회사 등 평소에 알지 못하는 수많은 사람의 도움이 절실하게 된다.

공동체 간의 협력관계, 공동체 내에서 이루어지는 인간관계에서 나 자신이 협력적이어야만 살아가는데 원만한 관계를 유지할 수 있는 시대가 되었다. 이러한 토대의 기초는 알게, 모르게, 바로 수많은 공동체를 움직이는 알고리즘으로 확장된 효 정신이 바탕을 이루게 된다.

특히 시대가 발달할수록 개인은 고립화되는 경향이 강해지지

---

39) 『국부론』 [상] Adam. Smith 저, 김수행 역, (서울, 비봉출판사, 2010), 18쪽. 문명사 회에서 살아가는 사람은 언제나 무수한 사람들의 협력과 도움을 필요로 하지만 그 는 평생 동안 몇 사람의 친구만을 만들 수 있을 뿐이다.

만 그럴수록 더욱더 이웃 내지 인접 공동체와의 연계 없이는 더욱더 살아가기 힘든 존재가 되어가고 있다. 이것이 효가 개입되어야 하는 중요한 원리이다.

삼위일체와 인성

불감훼손의 신체보존 사상에서 비롯된 인간의 생명존중, 인간의 존엄성, 공동체 정신은 효의 최상위 덕목인 생명존중 윤리를 확보하고 보장해주는데 삼위일체성을 지닌다. 앞에서 효가 발원하면 충과 예가 뒷받침되고 이들이 삼위일체를 이루어야만 자연계가 안정화를 이루듯이, 개인의 삶이나 인간관계, 그리고 공동체 역시 충 · 효 · 예가 작동하여야만 안정화를 이룬다.

인성이란 바로 가정과 사회, 그리고 국가 공동체를 위해서는 효 · 예 · 충이 제대로 올바르게 작동되는 인간이어야 하고, 인간의 생명존중, 인간의 존엄성, 공동체 정신으로 개별적인 삶을 지배할 때 그 사람의 인성(道)이 완성될 것이다. 그리고 이를 기준으로 말과 행동이 이루어질 때 그 사람의 인격(德)이 완성될 것이다. 이것이 최소한으로나마 완성되고 입신양명을 해야 그 명예와 권좌가 지속될 것이다.

사례1 : 불감훼손과 신체보존사상

○○학교에서 한 학생이 극단적인 선택을 하였다. 부모는 너무도 놀란 나머지 충격에 휩싸였다. 아니 이럴 수가, 경찰이 현장에 도착하여 일단 사태를 수습하고 피해자 부모의 요청으로 수사에 착수하였다. 그러자 많은 문제점이 서서히 나타나기 시작하였다.

처음에는 한 학생의 주도하에 괴롭힘이 시작되어 몇몇 학생으로 늘어났고, 집단 괴롭힘으로 늘어났다. 폭력적 문자가 집단화되었으며 폭력적 언어가 집단화되었다. 마침내는 외진 곳에서 주먹과 도구로 폭력을 행사했음이 들어났다.

(토론 : 가해자/피해자 부모 의견, 경찰 의견, 검사 의견, 학교 의견, 학부모 의견)

단원 토론

문제 1. 효 윤리의 최상위 덕목은 무엇인가?

문제 2. 불감훼손의 신체보존 효 사상은 무엇으로 구성되어 있는가?

문제 3. 인성을 정의하고 인성의 실체적 작동요소를 열거하십시오.

문제 4. 공동체 정신이 효와 어떤 연결성(連結性, connectivity)을 지니는지 말해보십시오.

문제 5. 왕따는 왜 발생하는가?

문제 6. 각종 폭력(가폭, 학폭, 군폭, 사폭, 국폭)의 발생 원인과 예방방지 교육 소재를 발굴해 보십시오.

문제 6. 괴롭힘의 종류를 나열해봅시다.(언어, 행동, 각종 문자 메시지 : 카톡, 이메일, Facebook, SNS, band, Line, etc.)

문제 7. 인격과 인성의 정의(定義, definition)는 무엇인가요?

Ⅳ. 가정 · 사회 · 국가 공동체의 효와 인성

효와 인성이 작용하는 영역은 개별적으로는 개인의 삶이다. 인성의 개념을 정의하기란 쉽지 않다. 왜냐하면 인간이 스스로 자기가 어떤 개념인가를 자발적으로 밝히는 것과 같기 때문이다. 반면에 인간의 육신은 어떻게 만들어졌는가는 많은 문헌이 밝혀주고 있다.

인성은 인간의 두뇌를 작동시키는 논리체계로서 컴퓨터를 만들어낸 인간이 소프트웨어를 깔아 주듯이 인성이 무엇인지는 오로지 인간을 만들어준 절대자만이 밝혀줄 수 있다. 『성경』에 인성이 한 줄로 표현되어 있다. "하늘을 다스리는 절대자의 명령으로 인간이 태어날 때 인간의 기능을 유지할 수 있도록 두뇌에 심어주는 영적 가동체계, 또는 영적 작동체계이다(the Spirit gives birth to spirit)." 인성은 ①인간을 작동시키는 초월적 소프트웨어 프로그램이며, ②모든 사람이 태어날 때에, ③단 한번 깔아주며 ④손상되기도 쉽고, ⑤자발적으로, ⑥외부적으로 영향을 받아 ⑦변형되기 쉬운 ⑧인간의 지성으로는 인지할 수 없는 초고난도 논리체계이며, ⑨이것을 인간의 능력으로는 절대로 해독할 수 없도록 되어있다.

인간은 태어나서 죽을 때까지 알게, 모르게 평생 동안 효와 인성에 의하여 지배당하게 된다. 인간관계를 인수 분해해 보면 가장 기본적인 관계가 부모와 자식과 관계로 되어 있다. 인간관계의 총합은 국민의 총합과 같으며 인구의 총합은 부모와 자식의 총합과 같다고 볼 수 있다. 부모와 자식은 시간의 변화에 따라 항상 동일한 객체가 아니다. 자식은 부모의 도움을 받아 성장하면서 변하고 부모는 자식을 부양하고 조부모를 부양하면서 하루하루가 다르게 살아가게 된다. 부모와 자식, 구체적으로, 통합적인 표현으로는 말하자면 인간은 누구나 가정, 사회, 그리고 국가를 떠나서는 어떠한 인간관계도 불가능하고, 한순간도 존재하거나, 살아갈 수가 없다.

따라서 인성이 올바르게 성장하면서 형성되려면, 부모와 자식과의 효 공동체가 올바로 서서 올바른 가정관을 토대로, 올바른 사회관, 올바른 국가관을 형성해 나가는 과정이 필요하다. 그러면 전통적으로 주장되어온 올바른 가정관은 무엇인가? 올바른 사회관은 무엇인가? 올바른 국가관은 무엇인가? 이러한 내용을 살펴볼 필요가 있다.

올바른 가정관

가정은 사회의 뿌리이고, 국가의 근본이다. 만약에 많은 수의 가정이 붕괴되거나 고통을 겪으면 이는 결국, 사회적 붕괴와 고통으로, 국가적 붕괴와 고통으로 확산, 연계된다. 반대로 사회가 어려워지면 가정이 어려워지고, 국가가 어려워지면 마찬가지로 가정 역시 어려워지게 된다. 그래서 결국은 가정, 사회, 국가가 최적화된 상태에서 골고루 균형 발전을 필요로 하게 된다. 가정과 사회 그리고 국가 공동체 간의 발전과 성장, 생존과 번영이 균형을 이룰 때 모든 공동체가 최적화되어 극대화된 효율을 발휘하는 상태라고 말할 수 있다.

만약에 가정이 우선시되면 이념적으로 수령이 다스리는 국가가 탄생하게 된다. 사회가 강조되면 유럽식 사회주의가 완성된다. 국가가 강조되면 과거 독일, 일본, 이탈리아와 같은 군국주의가 탄생하여 전 세계가 전쟁에 휘말리게 된다. 국가는 어떻게 하면 가정과 사회, 그리고 국가 또한 특히 경제적 독점 없이 경제적 부가 균등배분 내지 능력배분이 될 수 있는가를 심도 있게 검토해나가는 정책이 필요하다. 그러한 제도와 정책 안에서 가정의 행복이 극대화될 수 있기 때문이다.

삼강오륜(三綱五倫)[40]은 공동체를 위한 유교의 기본적 덕목이다. 삼강 중에서 2개의 덕목이 올바른 유교적 가정관으로 되어 있다. 중국 전한(前漢) 때의 유학자 동중서(董仲舒)가 정치적 목적을 고려하여 군위신강(君爲臣綱)을 주창하고, 권위주의적이고 가부장적 주도의 가정관을 완성하려고 부위자강(父爲子綱), 부위부강(夫爲婦綱)을 만들었지 않나 판단된다. 국가를 올바로 세우려면 임금은 신하의 법도와 질서의 기강(紀綱)을 바로잡는 기둥이 되어야하고, 올바른 가정을 세우려면 가장은 자식의 법도와

---

40) 삼강=군위신강(君爲臣綱), 부위자강(父爲子綱), 부위부강(夫爲婦綱), 오륜=부자유친(父子有親), 군신유의(君臣有義), 장유유서(長幼有序), 부부유별(夫婦有別), 붕우유신(朋友有信)

질서의 기강을 세우는 올바른 기둥이 되어야함은 물론이고, 남편은 아내의 법도와 질서의 기강을 바로 세우는 기둥이 되어야 한다는 것이다. 이것이 삼강의 올바른 가정관이다.

오륜(五倫) 가운데 부모와 자식은 무한하게 내어주고 무한하게 받아들일 수 있는 사랑이 있어야하고(父子有親), 노인과 젊은이 사이에서도 물론이고, 부모와 자식 간에도 법도와 질서를 위한 예법(長幼有序)이 있어야 하며, 비혈연적 관계 중에서도 가장 강한 형태의 결합인 부부간에도 법도와 질서 유지를 위하여 차별화가 있어야 한다는 것(夫婦有別)이 오륜에서 주장하는 올바른 가정관이다.

공자는 『효경』에서 올바른 가정관을 세우는 가장 큰 덕목은 먼저 부모 섬김을 최우선으로 삼았다(事親). 부모님이 살아계시는 동안 편안하게 모시는 것도 올바른 가정관의 하나로 보았다(生則親安之). 올바른 가정의 존속을 위해서는 부모공경(居則敬), 부모부양(養則樂), 부모 병간호(疾則憂), 애도의 장례(喪則哀), 사후제사(祭則嚴)를 꼽았다.[41]

오늘날의 올바른 가정관은 앞서 언급한 전통적 유교관의 가정관과 어떻게 차별화되어야 하는가? 가정은 부모와 자식이 태어나서 죽을 때까지 한시라도 떠날 수 없는 가장 비공개적 공간이다. 그 밀폐된 공간에서 부모 특히 가장은 자식을 양육하고, 조부모를 보살펴야 하며, 또한 가정의 경제를 챙겨야하는 막중한 책임

41) 『효경』「기효행장」

과 의무를 떠맡게 된다. 또한 경제적 터전인 사회와 자기의 꿈과 희망을 실현시켜주는 국가를 위하여 일할 수 있는 휴식처와 인식처가 되도록 기능을 유지하는 것이 바로 올바른 가정관이라 볼 수 있다.

그러려면 자식은 태어나서 30년 동안은 부모 밑에서, 부모가 허용하는 범위 안에서 배우고 익히면서 수신을 하여 사회에 진출할 수 있는 기본적 토대를 완성하여야 한다. 이것이 성장과정 시기에서 주어진 자식의 책임과 의무이다. 부모는 자식이 자라나는 시기에 맞춰 성장, 발전하게 도움을 주고 사회에 진출하여 생존, 번영할 수 있도록 인도해 주어야 한다. 그래야 부모가 은퇴한 60세 이후의 시기에 부모를 부양하게 될 수 있는 여건이 마련되게 된다. 이것이 또한 이 시기에 주어진 부모의 책임과 의무이다.

또한 부모의 가정교육과 선생들의 학교 교육의 중요성이 대두되게 된다. 부모는 가정에서 효와 인성 교육을 통하여 기초적인 예법과 충실한 행동 등을 통하여 기초적인 충 · 효 · 예가 겸비되고 몸에 스며들어 인성에 결함이 없도록 기초적인 덕목을 쌓게 해주어야 한다. 학교는 교육을 통하여 학문을 완성하되 보다 폭넓은 인간관계를 통하여 원만한 소통과 교류가 이루어질 수 있도록 대화의 공간을 제공해주고 그 공간에서 충분한 익힘 교육이 뒤따라야 한다.

오늘날은 과거와는 달리 자식의 직접적인 부모부양은 기대하기 어려운 시대가 되었다.

가장이 되면 엄청난 가격의 주택 구입비, 허리가 휘청거리는 교육비, 전기, 수도, 가스, 자동차, 휴대폰, 의식주 등을 조달하는데 필요한 과도한 생활비 부담으로 인하여 개인적인 부모 부양은 사실상 어렵게 된다. 그래서 우리나라 역시 선진국과 마찬가지로 세대 간의 부모부양으로 바뀌어 가고 있다.[42] 자녀들이 올바른 가정관을 지니고 올바른 인성과 효심이 작용한다 하더라도 마음뿐이다. 사실상 행동으로는 직접적인 가족 간의 부모부양을 보여주기는 어려운 시대에 진입하게 된 것이다. 따라서 유교적 가정관은 그 기능의 일부로 작동하는 것이지 전부일 수는 없는 시대에 돌입하여 그 실천방법이 과거와는 다르게 작동하게 되었다.

올바른 사회관

사회의 가장 큰 기능은 가정을 유지시켜주는 경제적 터전이다. 어느 시대를 막론하고 부모는 반드시 사회적 공간에 진출하여 소득을 창출하여야만 부모를 부양하고 자식을 양육할 수 있게 된다. 근대 산업혁명에 이르기 전까지는 오늘날과 같은 수많은 사회적 공동체가 출현하지 못하였고 아주 단순한 형태의 사회적 공동체가 이어져 왔다. 그 만큼 부모와 자식이 사회에 진출하기는 힘들었으며, 가족부양을 위한 소득창출이 어려웠기 때문에 아무리 훌륭한 인성의 소유자라 하더라도 효를 실천하기란 힘겨운 일이었다.

공자가 살던 시대는 과학기술(科學技術, science and technology)의 발달, 산업화(産業化, industrialization), 도시화(都市化, urbanization)가 이루지지 않은 사회상이었기 때문에 사실상 국가와 가정과의

---

42) 국민연금 제도, 복지제도는 일종의 세대 간의 부양이라 할 수 있다.

관계만이 강조되는 시기이었다.[43]

그럼에도 불구하고 공자는 학이시습(學而時習)과 수신(修身)이 완성되어 아무리 복잡한 세계라 하더라도 이를 들여다보고 관찰할 수 있는 능력을 지닌 성인이었으므로, 세월이 지나 인류의 지식이 발달할수록 과학기술이 발달하고, 산업화, 도시화를 예견하였다. 여기에 편승하여 수많은 사회 공동체가 출현하므로, 여기 부합한 수많은 직업이 창출되기에 사회 공동체를 부모와 자식을 위한 하나의 입신양명(立身揚名)의 공간으로 인식하였다는 점이다.

전한(前漢) 시대의 동중서(董仲舒)는 연장자와 연소자 사이의 상하관계에서 총체적인 법도와 질서 유지를 위하여 장유유서(長幼有序)를, 벗과 동료 간의 인간관계에서 이루어지는 총체적인 법도와 질서 유지를 위해서는 붕우유신(朋友有信)이 필요함을 공자·맹자의 유교적 교리에 의거 올바른 사회관을 주장하였다.

유교적 사회관은 올바른 충·효·예를 갖추고 배우고 익히며 수신한 후에, 이를 바탕으로 인성과 인격을 겸비하고, 자기가 원하는 분야의 사회적 공간에 진출하여 우뚝 서서 이름을 날리는 입신양명[44]으로 출세하여 부모의 이름을 명예롭게 해드리는 것이라고 볼 수 있다.

오늘날의 사회관이라도 입신양명이라는 본질은 불변이지만 그

---

43) 삼강에서도 올바른 국가관, 올바른 가정관만을 강조하였다.
44) 올바른 인격과 인성을 겸비하고 자기가 원하는 분야에서 우뚝 서서 이름을 날리는 것이다.

실천 방법이 사뭇 다르다고 보아야 한다. 태어나서 처음 30년 동안은 배우고 익히고 수신하여 사회적 진출을 위한 발판을 확보하여야 한다. 그 다음 30년 즉 31살부터 60살까지는 사회에 진출하여 재능을 제공하고 반드시 소득을 창출하여야 한다. 그 다음 30년은 그 동안 못해본 자기 삶을 완성하고 재능의 일부를 기부하면서 자기 삶을 아름답게 마무리하는 것이다. 즉 아름다운 삶(well being)이란 아름다운 완성(well completing)과 아름다운 마무리(well ending)를 말한다.

올바른 국가관

올바른 국가관이란 무엇인가? 공자는 효(孝)로서 부모 섬기듯이 국가와 국민을 섬기는 것이 올바른 충(忠)의 국가관이라 하였다(以孝事君則忠). 또한 근대 국가 이전에 국가의 상징은 황제(皇帝, emperor)나 왕(王, king)이었다(왕권신수설=왕권절대주의).[45] 국민은 오로지 왕이나 황제에 예속된 통치 대상에 불과하였다. 또한 국가를 위한 충(忠, loyalty)을 실현할 때에는 몸과 마음을 모두 바치는 것이라고 하였다(盡己之謂忠:논어).

오늘날 국가란 개인의 꿈과 희망이 실현되는 토대라고 말한다. 오늘날의 국가 권력이나 주권은 국민에게서 나온다는 국민주권설이 정설이다. 오늘날에도 가정과 국가는 뗄 수 없는 밀접한 관계를 지니고 있다. 국가는 내 몸과 같은 인격체이다. 나는 국가의 일부이고, 가정의 일부이다. 그리고 사회의 일부이기도 하다. 결

---

45) 박상섭, 『국가 · 주권』(서울, 도서출판 소화, 2009), P20.

국 국가는 국토와 국민, 그리고 주권의 구성되어 있다. 국제협약에 의한 국가의 정의(definition)로는 정착하여 거주하는 인구가 있어야 하고, 확정된 국경으로 구분되는 국토, 자주적 독립성과 외교권을 갖춘 정부(주권을 보유한 정부)로 규정하고 있다. 국가의 3요소들을 좀 더 구체적으로 실체화한 개념이다.[46]

가정관 · 사회관 · 국가관과 인성

가정은 제 1차적으로 인성을 형성해나가는 미소 공간의 공동체이다. 부모와 자식 간에 이루지는 인간관계에서 오고가는 부모의 생각과 말과 행위가 부지불식간(不知不識間)에 그대로 자녀에게 답습되고 무형의 자산으로 그대로 상속된다. 그래서 가족이 거주하는 가정은 신성한 공간이다.

우리가 태어나고 자라나서 삶을 종식할 때까지 거주하는 공간이면서 누구나가 평생 동안 살아가게 될 삶의 원동력을 부모의 생각과 말과 행위를 통하여 알게 모르게 유산으로 물려받기 때문이다. 인성은 한마디로 그 사람의 말(言語, word)과 행위(行爲, deed)를 불러일으키는 총체적인 두뇌의 사고(思考, thought) 작용(作用, working)이다.

그 사람의 인격은 그 사람의 말과 행위를 통하여 드러난다. 인간은 또 다른 사회학적 측면의 의미에서 단순하게 표현한다면 인성과 인격의 총체적 조합이라 할 수 있다. 이러한 인성의 탄생공간이 가정이라는 미소공간이 원천적인 공간이다. 인성의 형성에는 자녀에 대한 부모 교육과, 부모의 인성과 인격이 생생한 모습

---

46) 몬테비데오 협약 제1조(국가의 요건)

으로 각인되어 절대적으로 영향을 미치며 자녀의 미래관, 인생관, 직업관에 평생 동안 영향을 미치게 된다. 과거처럼 인간의 평균 수명이 짧아 학이시습(學而時習, learning and timely practicing)과 수신(修身, self-cultivation)으로만 끝나는 삶이 아니라 자기가 원하는 사회에 진출하여 재능을 제공하고 소득을 창출할 수 있는 발판의 기초과정을 태어나서 30세까지 반드시 밟아 놓아야 한다. 이처럼 1차적 인성과 인격이 완성되는 공간이 가정 공동체이다.

사회는 진입이 비교적 자유롭게 개방된 경쟁 공간으로, 비혈연적 인간관계에 의하여 인성과 인격이 형성되는 2차적 자유경쟁 공간이다. 이 공간에서는 대부분의 인간관계에서 가치와 이해관계가 개입되고, 그 모습에 따라 대립과 갈등을 유발하게 된다. 2차적 공간은 무한히 내어주고 무한하게 받아들일 수 있는 부자지간의 사랑이 이루어지는 미소공간과는 차원이 전혀 다르다.

자녀라고 해서 언제나 자녀가 아니다. 성장하고 발전하는 단계에 따라 사회에 참여하고 재능을 제공하면서 소득을 창출하여야만 자기의 삶은 물론이고 부모부양과 자녀 교육을 실시해야할 책무가 따르는 시기(31세에서 60세까지)이기 때문이다.

이 시기에 부모부양과 자녀교육을 실시할 재정적 여유를 갖추지 못한다면 그 사람의 인성이 아무리 훌륭하다 하더라도 많은 고난을 겪게 된다. 실로 안타까운 일이다. 인생도 흐르는 물과 같이 다시 되돌아가 흘러가지 못하기 때문이다. 따라서 사회는 2차적 인성(일반적으로 예가 중심이 됨)과 인격이 완성되는, 비교적으로 자유로운 경쟁공간이라 할 수 있다.

국가는 인성이 형성되는 마지막 공간이다. 국가는 셀 수 없는 가정 공동체와 사회 공동체를 안전하게 보호하며 총체적인 평화와 질서를 유지시켜주는 마지막 단계의 공동체이다. 국가는 가정과 사회와는 전혀 다른 특수한 형태의 공동체이다. 그 이유는 이러하다. 가족의 가장을 몰아내고 "내가 가족의 주인이다."라고 선언한다면, 학교와 회사의 교장과 사장을 몰아내고 "내가 교장이다, 내가 사장이다."라고 주장한다면, 이를 바로 잡을 있도록 국가라는 거대 공룡이 가정과 사회의 안전을 보장해주기 때문이다.

국가는 모든 국민을 하나로 연계시킨 하나의 거대 인격체로써 인식한다면 분명히 나의 일부이다. 왜냐하면 국가는 내 몸과 한 몸이기에 내가 위험에 빠지면 국가가 앞장서서 나를 구해주고, 마찬가지로 국가가 위험에 빠지면 내가 국가를 구해내야 하기 때문이다.

앞서 언급한 바와 같이 국가의 가장 큰 위험 요인은 인접 국가이다. 인접 국가는 언제나 잠재적인 위험 요소이다. 국가가 바뀌면 그 주인이 바뀌게 된다. 국가의 모든 요소인 통치권이 바뀌기 때문에 강탈자, 승전국의 노예가 된다. 그렇기 때문에 국가를 위해서는 몸과 마음을 다 바치는 것이 충[47]이라는 전혀 새로운 개념의 인성이 필요하다. 국가는 내 부모보다 우선하여 지켜야하는 당위성이 생겨나는 것이다. 이는 불감훼손의 신체보존 사상과는 무관하다.

---

47) 『논어』 「이인편」 盡己之謂忠

인성을 소인수 분해하면 충 · 효 · 예로 분해된다. 반대로 그 사람의 인성을 종합해보면 결국은 충 · 효 · 예의 요소로 나타난다. 충 · 효 · 예는 어느 하나가 필요하다면 그를 기준으로 다른 2개 요소가 부수적으로 탄생하여 작용할 때에 안정화되므로 모든 것이 삼위일체로 행하여지도록 되어 있다. 그러므로 가정에서, 사회에서, 국가에서 공통적으로 요구하는 것이 각자의 충 · 효 · 예(忠孝禮)이다.

혹자는 인 · 의 · 예 · 지 · 신(仁義禮智信)으로 보자는 견해가 있으나 이는 구분하는 기준이 너무 모호하여 필자는 인성에서는 이를 취급하지 않기로 하였다. 인성이 가정, 사회, 국가에 우호적이고 의(誼)로울 경우 그의 인성을 올바르다고 할 수 있다.

사례1 : 삼호주얼리호 구출작전(국가와 가정)

2011. 1. 21 아덴만에서 삼호주얼리호 구출작전이 개시되었다. 그 나라 국적의 선박은 움직이는 영토와 같다. 국민, 영토, 주권이 확보되지 않으면 국가의 위신이 서지 않는 것이다. 해적 13명이 우나나라 상선을 납치하고 몸 값, 배 값으로 엄청난 이득을 챙기면서 소말리아 해적들이 대한민국 선박을 호구로 삼아 엄청난 노략질을 일삼은 것이다. 이번에도 해적들은 손뼉을 치며 환호성을 날리고 있었다.

지구 반대쪽 멀리 떨어진 곳에서 대한민국의 주권을 확보하고, 영토와 국민을 지키는 일이란 쉬운 작업이 아니다. 우리 정부의 입장은 단호하였다. 이제 더 이상 몸값을 지불하고 인질을 석방시키는 일은 없어야 한다는 것이 최고 지도자의 확고한 의지였다. 국군 최고 통수권자인 대통령의 결정에 따라 작전명령이 국방장관에게 하달되었다.

대한민국 청해부대 최영함 소속 특수전 요원 21명이 3대의 고속단정에 나눠 타고 삼호 주얼리호에 탑승하여 AK 소총으로 저항하는 해적 8명을 사살(갑판에서 1명 사살, 선교와 기관실 장악과정에서 5명 사살, 3명 생포, 57개 객실 정밀 수색과정에서 2명 사살, 2명 생포)하고 5명을 생포하였다. 마침내 인질로 잡힌 21명 전원을 구출하였다.

여기 투입된 대한민국 작전 자산은 4,500톤급 구축함(최영함)으로 여기에 탑재된 링스 헬기 1대(기관포 2문과 사수, 저격수 1명)와 특수전투 요원 21명이다. 지구 반대편에 있는 구축함은 이역만리 떨어진 대한민국 작전 상황실의 지시를 받으며 위험요인을 완벽하게 제거한 것이다. 당시 해적의 시신을 살펴본 검시관의 이야기에 의하면 대부분의 해적은 정확하게 1발 내지 2발을 맞아 즉사했다고 했습니다. 그리고 포로로 붙잡힌 5명은 대한민국 법정에서 판결을 받고 복역 중에 있습니다.

이런 일이 있은 후 소말리아 해적들은 태극기가 있는 상선은 함부로 덤비지 않는다고 알려져 있습니다.

사례2 : 의로움의 판단기준(인성의 판단기준)

어떤 직장에서 내일 출장 업무에 사용될 수 있도록 급히 왕복표를 구해 오라고 내보냈다. 한 직원은 철도 역사에 가서 어렵사리 왕복표를 구해왔다. 다른 직원은 ㅇㅇ여행사를 찾아가 웃돈을 주고 곧바로 왕복표를 구해왔다. 이 경우 상사의 판단은 어떻게 내릴까요? 유교적 관점(동양적 사고)과 성경적 관점(서양적 사고)을 대입해보십시오.

단원 토론

문제 1. 가정과 국가는 어떤 관계에 있습니까?

문제 2. 올바른 가정관, 사회관, 국가관을 말해봅시다.

문제 3. 국가와 나는 어떤 관계에 있습니까?

문제 4. 해적에 납치된 선박을 구출해야할 당위성과 근거는 어디에 있으며 누구의 책임입니까?

문제 5. 대통령의 책무는 무엇이며, 통치 대상물의 5가지를 열거해 보십시오.

문제 6. 효와 인성이 문화와 문명의 발전과 성장, 생존과 번영에 어떤 동기를 부여하는지 설명해봅시다.

Ⅴ. 효무종시와 무한 영속성

'효무종시(孝亡終始)'란 "태어난 모든 천(天), 지(地), 인(人)에게 효는 시작과 끝이 없이 지속된다."는 뜻이다.[48] 천지(天地, the heavens and the earth)라는 우주(宇宙, universe)는 인간처럼 스스로 태어나지 못한다. 즉 하늘(天)과 땅(地)은 인간처럼 스스로 태어나지도 못하고, 인간처럼 스스로 소멸하지도 못하기 때문에 삼라만상의 모든 객체들이 유구한 세월 동안 무한하게 지속된다.[49] 시작과 끝이 없이 지속되는 우주 공동체에서도 자연이 자연을 낳고 어미 자연(母自然)이 후손 자연(子自然)을 돌보는 천륜 속에는 절대로 깨지지 않는 효 윤리가 개입되어 작용하고 있다. 이처럼 자연계의 효, 하늘의 효, 즉 우주의 효는 시작과 끝이 없이 스스로 태어나지 못하고 스스로 소멸하지 못하는 공동체 소속의 객체이기 때문에 무한 영속성의 성질을 지니고 있다.

그러나 자연계의 모자관계에서는 부자지간의 섬김과 보살핌의 효 원리와는 달리 삼라만상의 모든 객체들의 개별적인 섬김과 보살핌에는 가치와 이해관계가 개입되어 있지 않아 대립과 갈등을 유발하지 않고 태어나서 소멸할 때까지 영원토록 장구한 시간을

48) 『古文孝經』「孝平章」"故自天子以下, 至於庶人, 孝亡終始."

49) 박경희, 「노자 도덕경」, (경기도, 도서출판 창도관, 2001)天長地久 天地所以能長且久者以其不自生 故能長生

변함없이 작동하고 있다.[50] 어미 자연은 자식이 되는 후손 자연을 황량한 우주공간에서 흡수, 합병되지 않도록 안전하게 보살핀다. 필자는 이것이 자연계의 효 윤리로써 인간과는 달리 절대로 깨어지지 않는 천륜(天倫)으로 보았다.[51]

이러한 우주 공동체의 사회화 과정으로서 '자연계의 진화과정'을 거치더라도 자연계의 모자관계는 가치와 이해관계가 개입되지 않으므로 수 십 억년 이상을 운행하여도 우주 공동체 효 윤리에는 갈등과 대립이 생겨나지 않음으로 자연계 나름대로의 엄격한 모자관계의 가족 공동체 윤리가 이미 확고하게 세워져 이미 안정화되어 있기 때문에 인류 공동체와는 달리 어떠한 가치와 이해관계로 인한 대립과 갈등의 문제로 인하여 천륜의 끈은 절대로 끊어지지 않고 유지된다. 그리하여 우주 공동체의 효 윤리는 인간의 군상과는 달리 절대로 안정화되어 있는 것이다. 그러므로 자연계의 충 · 효 · 예와 물성은 인간의 충 · 효 · 예와 인성의 본보기일 뿐만 아니라 인간의 궁극적인 문제를 해결(解決, solution)해주는 원천자(源泉子, source)이기도 하다.

효가 인류 공동체의 보편적 가치임에는 분명하나 모든 객체들은 스스로의 '가치와 이해관계'[52]를 달리하고 있어 수많은 갈등

---

50) 이수대, 『우주와 인간』(서울, ㈜도서출판북스힐, 2011), 128쪽. 우리은하의 중심부에는 지름 24km 크기의 불랙 홀의 존재가 최근 밝혀짐. 따라서, 은하계 중심부의 블랙홀이 모자연이 되어 자자연인 별을 만들고 별을 보살핀다. 이강환, 『우주의 끝을 찾아서』, (서울, (주)현암사, 2014), 123쪽. 우리 모두는 별의 잔해, 1%는 먼지(dust), 99%는 Gas.가 모여 별을 이룸. 그러므로 자자연인 태양계는 모자연인 별들의 잔해물이다. 별들은 태양계를 만들어낸 어미자연이고, 태양계는 후손 자연이다.

51) 자연계는 만유인력과 원심력에 의거 모자관계가 절대로 깨어지지 않는다. 그런데 반해 인간은 가치와 이해관계의 대립과 갈등으로 가족 간에도 인륜을 저버리는 경우가 종종 나타난다.

52) 김영화. 신원식. 임성옥 공저, 『현장에서 본 사회문제』(경기도, 양서원, 2013), 17쪽. 사

과 대립을 야기하고 있다. 그러므로 자연계의 효, 엄밀히 말하자면 자연계의 효·충·예[53]의 윤리만큼 훌륭한 해결자는 더 이상 존재하지 않는다. 가치와 이해관계를 달리하여 대립과 갈등을 유발하지 않는 우주 공동체 윤리를 본받아 인류 공동체를 안정화시키는 가장 훌륭한 해결 작용제가 바로 자연계, 즉 하늘에서 비롯되는 의로움의 효 윤리이고, 우주(宇宙, universe) 공동체의 예(禮)이다.[54] 대립과 갈등을 유발하지 않는 자연계의 질서를 인간관계에 도입하려는 것이 예의 본래적 개념[55]이기도 하다.

부모와 자식은 유한한 개별적 존재이나 가족 공동체라는 세대(世代, generation)를 통하여 영속성을 유지한다. 자연 공동체와는 달리 부자지간의 관계는 가치나 이해관계가 개입되기 어려운 아주 특수한 초인격체[56] 관계이므로 효를 무조건적으로 수용하는 부모는 가진 모든 것을 무한히 내어주고, 자식을 수발하며 사랑해준다.[57] 이처럼, 효(孝, piety)는 나와 공동체와의 관계에서, 또한 인간관계에서 가치와 이해관계로 인한 대립과 갈등이 야기되는 곳에 훌륭한 해법을 제시해 줄 수 있는 보편적 가치로서 훌

회문제의 근원은 가치 혹은 이해관계이다.

53) 앞서 언급한 바와 같이 자연계의 모자관계는 효 윤리이고, 자연계의 높고 낮음은 이미 예의 윤리로 확고히 작용하고 있으며, 주어진 시간에, 주어진 우주공간에서, 주어진 방식대로 어김없이 작동하는 충은 우리인간에게 가치와 이해관계로 인하여 발생하는 대립과 갈등에 대한 훌륭한 해결의 원천자이다.

54) 김석진, 『대산주역강해 상경』(서울, 대유학당, 2002), 247쪽. 294쪽. "天尊地卑, 乾坤定矣, 卑高以陳, 貴賤位矣, 動靜有常, 剛柔斷矣, 方以類聚, 物以君(羣)分."

55) 송명호. 문지운, 『예기집설대전총론』 1권(서울, 도서출판 높은 밭, 2002), 83쪽. "天尊地卑, 禮固立矣."

56) Jaber F. Gubrium, James A. Holstein 저, 최연실. 조은숙. 성미애 역, 『가족이란 무엇인가?』 -사회구성주의적 관점에서 본 가족담론- (서울, 도서출판 하우, 2005), 78쪽. 초인격체로서의 가족: 상호작용하는 인성들의 통일체

57) 가족사랑은 3통7효 중의 하나이다.

륭한 통합적 철학과 이념을 제시해 줄 수 있는 해결자로서의 문화자원인 셈이다. 그런 점에서 과거와 현재는 물론 미래에도 전통적 효를 하나의 자원으로 보고 가정, 사회, 국가 공동체를 영속적으로 시작과 끝이 없이 구동시켜주는 에너지원으로서 이를 재해석하고 재정립하는 작업 역시 중요하다고 판단하였다.

이러한 자연계의 효(孝)·충(忠)·예(禮) 등의 메카니즘(驅動裝置, mechanism)은 우리에게 많은 패러다임(본보기, paradigm)의 공동체 윤리를 제시해주고 있다. 자연계의 모자원리는 가족 공동체의 효 원리와 동일하지만 높고 낮음이 가치와 이해관계를 떠나 유구한 세월에 걸쳐 대립과 갈등을 유발하지 않고 무한 영속적으로 이미 정해진 시간에, 정해진 방법대로, 정해진 장소에서, 정해진 원리대로 작동하므로 이를 인간관계에 그대로 적용하려는 것이 앞서 언급한 바와 자연계의 충임을 밝혔다. 그러므로 '효지대야'(孝之大也), '효무종시(孝亡終始)' 논리는 효 이론 전개에서 '무한 확장론'과 '무한 영속론'으로서 중요한 위상을 갖는다. 나아가 효가 친부사상의 가족윤리의 영역이면서 성경적 7대 사명의 하나인 국가윤리의 영역으로까지 확장됨은 물론이고 신학적 영역인 천부사상의 절대적 효 영역까지도 확장되고, 영속적으로 연계되는 최성규 원로목사의 신학적 효 영역과도 부합하고 있다.[58]

무한 영속론과 인성

무한 영속론과 인성은 매우 흥미로운 사실을 유발한다. 그 어떤

58) 최성규, 『효신학개론』(서울, 도서출판 성산서원, 2010), 51쪽. 성경적 효사상의 7대사명, 152쪽. 효와 가족윤리, 162쪽. 효와 국가윤리

사람의 인성과 인격의 결합인 생각과 말과 행위가 그 어떤 가문에서 정착되어 있다면, 즉 다른 가문에서 발견되지 않는 독특한 가문의 문화가 내력을 유지한다면, 그 조상 중의 누군가가 몸에 지니고 있던 그러한 생각과 말과 행위가 세대를 거듭함에도 사라지지 않고 무형으로 상속되고, 대물림되어 지속된다는 점이다. 이것이 효에서 발원한 인성 역시 무한 영속성을 지니게 된다. 효에서 발아하여 성장하는 인성도 마찬가지로 그 가문을 따라 무형의 유산으로 상속되어 세대를 거듭함에도 사라지지 않고 지속하게 된다.

단원 토론

문제 1. 효의 영속성은 어떤 의미를 지니는가? 인간과 자연계를 상대적으로 비교하여 설명하시오.

문제 2. 공자, 맹자, 증자 시대의 효와 오늘날의 효는 어떻게 다른가? 그 본질에도 변화가 있나요? 아니면 실천 방법상의 위상이 다를 뿐인가요?

문제 3. 자연 공동체의 효는 어떻게 탄생하는지 그 원리를 설명해봅시다.

문제 4. 인간의 무한 영속성과 자연계의 무한 영속성의 유사성과 차이점을 설명해보십시오?

문제 5. 인성의 무한 영속성을 설명해 봅시다.

VI. 효지대야와 무한 확장성

전통적 효 사상에서 효란 외부적으로 가장 비밀스럽고 밀폐된 가정 공동체라고 하는 공간에서 발원하지만 사회 공동체 공간으로, 국가 공동체 공간으로, 인류 공동체 윤리로, 우주공동체 윤리로 무한하게 확장된다. 그러한 점에서 효지대야(孝之大也)[59]라는 말은 효와 관련하여 어떤 의미를 가지고 있는가를 심도 있게 살펴보고자 하였다.

필자는 대야(大也)의 의미를 『道德經』에서 찾아내어, 노자가 주장하는 의미 그대로 이를 인용하고자 하였다. "무한하게 크다는 것(大也)은 이 세상에서 저 세상으로 나아감을 의미한다(逝). 이 세상에서 저 세상으로 나아감(逝)은 무한하게 멀어짐(遠)을 의미한다. 무한하게 멀어져 간다는 것(遠)은 우주의 주위를 한 바퀴 돌아 출발했던 위치로 되돌아온다(反)는 의미이다(大曰逝, 逝曰遠, 遠曰反)."[60] 또한 "무한하게 곧은 것은 약간은 굽어 있는 것이다(大直若屈)."[61]

---

59) 김덕균, 『譯註 古文孝經』「三才章」"孝之大也"를 효는 "참으로 위대하도다."라고 해석하였으나 연구자는 효는 무한히 확장되는 것으로 해석하고자 한다. 효는 사친에서 사군으로, 입신으로 확장되고, "民之行也"에서, "地之誼也"로, "天之經也"로 확장되어 있다.

60) 老子, 『道德經』「有物混成」"大曰逝, 逝曰遠, 遠曰反."

61) 위의 책, 「45장」"大直若屈"

노자가 말하는 '대야'(大也)는 3차원 공간에서 직선(直線)이란 반지름이 무한대인 원주의 선분으로 정의하는 현대 수학의 3차원 공간의 직선개념과 매우 정확하게 일치하고 있다. 효와 관련한 '대야(大也)'의 의미는 무한대의 영역까지 확장 가능한 의미이다. 효의 확장성이 어느 정도의 크기로까지 커질 수 있는가에서 그 가늠할 수 있는 무한성은 무한한 크기의 우주공간에서 어림잡아 볼 수 있는 개념이다.

무한 확장론에 의거 사친이라는 최고 덕목의 효는 가정이라는 미소공간(微小空間)에서만 작용하여 끝나는 것이 아니라, 입신이라는 중간단계의 개방된 사회적 공간으로, 궁극적으로는 사군, 즉 국가라는 거대 공간으로까지 확장된다. 또한 효는 땅의 이득을 통하여 성장, 발전하고, 생존과 번영을 달성한다. 땅은 우주에서 온 것이다. 그리하여 효는 무한한 우주와도 연계된다.

효 윤리는 부자지간에 홀로 독립하여 존재하지만 완전히 독립적 객체로 구성된 윤리가 아니다. 하나의 초인격체[62]로 취급되는 부자지간의 공동체를 근간으로 배타적 공간[63]인 가족 공동체라는 통일체적인 인격체에서 효가 발원한다. 이곳을 출발원점의 근원으로 효가 시작되나 가정이라는 폐쇄적 공간에만 머무르지 아니하고 개방된 공동체 영역으로 확장되어 나아간다. 이를 근본으로 가족공동체가 성장, 발전하여 가정을 이루며, 가치와 이해

62) Jaber F. Gubrium, James A. Holstein 저, 최연실. 조은숙. 성미애 역, 『가족이란 무엇인가?』-사회구성주의적 관점에서 본 가족담론- (서울, 도서출판 하우, 2005), 78쪽.

63) Max Weber 저, 박성환 역, 『경제와 사회-공동체들』(경기도, (주)나남, 2009), 218쪽. 대외적으로 '폐쇄적인' 공동체 가운데 가장 원초적인 공동체행위인 가정공동체로 되돌아간다.

관계에 따라 다양한 모습의 사회 공동체가 구성되는 사회적 공간으로 확장되어 새로운 모습의 예(禮)로 확장, 변환하고,[64] 궁극적으로 자급자족이 가능한 마지막 단계의 거대 공동체인 국가를 섬기는 충(忠)의 모습으로 또다시 확장, 변환된다.[65] 내부모를 효로써 섬기듯이 국가와 국민을 섬기는 것이 충이기 때문이다. 이것이 효가 충으로 변화되는 원리이다.

『孝經』「開宗明誼章」에서도 효는 사친의 공간인 가정의 효에서, 입신을 위한 사회적 공간의 예로, 국가와 국민을 섬기는 사군의 충의 영역으로까지 확장된다. 이처럼 효는 어떤 의미에서는 가정이란 미소공간에서 발원하지만 무한하게 뻗어나가(大也)는 변환자(變換子, transformer), 확장자(擴張子, expander), 연산자(演算子, operator)이기도 하다[66].

그래서 효는 대립과 갈등을 야기하는 곳에 대립과 갈등을 해소시켜주는 가장 훌륭한 문화자원이며 국가와 국민이 겪는 모든 문제 해결의 원천자이기도 하였다. 이러한 효가 반만년 동안 우리나라를 지배해오는 문화자원이었다는 점이 오늘날에도 케이-팝(k-pop)의 한류를 통해서도 다른 민족보다 훨씬 역동적인 모습을 보여주는 요인이 되고 있지 않나 판단된다.

효에서 무한 확장론은 또 다른 중요한 의미를 지니고 있다. 정치적 이념이 다른 경우 민주주의는 물론이고, 공산주의든 사회주

---

64) 『맹자』「양혜왕장귀 상」老吾老以及人之老 幼吾幼以及人之幼

65) 『古文孝經』「士章」"故以孝事君則忠."

66) 후에 해당 부분에서 상술함

의든 어떠한 정치체제를 지니고 있다 하더라도 그러한 정치적 이념에 관계없이 효가 확장된다는 이론이다. 그런 의미에서 효의 무한 영속론과 무한 확장론은 현대 효학을 기술하는 도구로써 중요한 기능을 수행하게 된다.

무한 확장론과 인성

효는 폐쇄적인 미소 공간에서 부모와 자식 간에 형성되는 무한한 가족 사랑을 근간으로 형성된다. 부모와 자식 간에 형성되는 인간관계는 부모에게서 끝나는 것이 아니라는 점이다. 부모의 인성이 그대로 자녀에게 잠재적으로 대물림되고, 자녀에게서 형성된 인성이 비혈연적으로 연결되는 사회적 공간에서 형성되는 인간관계에 지대한 영향을 미친다는 점이다. 자녀에게 형성되는 인성은 이와 같이 효와 마찬가지로 가정에서 사회로, 국가적으로 무한하게 확장되어 나간다. 이것은 인격이나 인성도 효를 씨앗으로 싹이 트고 성장한다는 점이다. 그렇기 때문에 부모의 인성이 미소하게나마 무한하게 자녀를 통하여 사회적 공간으로 확장되어 나간다고 볼 수 있다. 그렇기 때문에 이 시대의 부모들의 생각과 말과 행위를 답습하여 형성된 인성이 다음 세대에 표출된다고 보아야 한다.

다음 세대인 자녀들의 사회적 문제는 그 가족 부모 밑에서 물려받은 무형의 문화자원인 셈이다. 그러므로 영어, 수학, 국어 등 수능만을 강조한 나머지 인성과 인격 형성에 소홀히 한 부모의 책임이 자녀의 성공과 성공의 지속에 얼마나 소중한 영향을 미칠 것인지를 자녀들이 겪는 사회적 문제를 통하여 깨닫게 된다. 성적이 좋아 한때는 잘 나갔으나 사회적 문제를 야기한다면 그 때는 이미 늦은 것이다. 부모가 강요하여 달성한 사회적 성공은 부모의 명성을 유지하는 수명이 짧게 된다. 도덕성이 문제되어 훌륭한 창의적 인재가 매장된다면 가정과 사회는 물론이고 국가적으로도 실로 안타까운 일일 것이다. 가정, 사회, 국가는 그 만큼 소중한 자원을 손실하게 된다. 여기에 효와 인성 교육이 강조되는 이유이기도 하다.

사례1 : 효의 역수출

여기서 제공된 이야기는 최근의 실화이다. 한국의 아가씨가 성장하여 훌륭한 스펙을 쌓기 위하여 미국으로 어학연수를 떠났다. 어학연수 중 늘씬한 이국의 청년을 만났다. 젊은 시기에 정렬로 가득 찬 사랑의 불꽃이 튀었으며, 둘은 어학연수가 끝날 무렵에는 우정이 국경을 초월하여 서로의 사랑으로 결혼을 약속하였다. 검은 눈동자의 매력에 반한 백인청년, 푸른 눈동자의 매력에 빨려 들어간 한국 아가씨, 그 둘은 양가 부모의 반대를 무릅쓰고 성인으로써 자기들의 삶과 사랑을 위하여 결혼을 강행하였다. 동서양 고금을 막론하고 자식을 이기는 부모는 없다 할 것이다.

드디어 시집간 한국의 아가씨는 남편의 고향인 외국으로 남편을 따라 갔다. 달콤한 순간은 잠깐이었으며 백인 시어머니의 시집살이가 시작되었다. 내 아들의 재산에 욕심이 있었나? 못사는 한국에서 온 미개한 나라의 며느리, 집안 청소이며, 빨래, 음식 만들기 등등 온갖 힘든 일이 계속되었다. 그럴 때마다 한국의 부모님의 꿈속에는 딸의 모습이 보였다. 아무리 멀리 있어도 부모와 자식 간에는 보이지 않는 어떤 인연의 끈으로 연결되어 있는 것이다.

한국에서 친정어머니의 전화가 걸려 왔다. '애야 괜찮니?' '네, 어머니. 걱정 마세요.' 얼마 후 다시 한국에서 전화가 왔다. '애야 네 아버지의 꿈에 네가 보인다고 한다.' '네, 어머니, 걱정 마세요. 저는 잘 지내고 있어요.' 양가에서 반대한 결혼을 강행한 속앓이로 사랑하는 딸은 이역만리에서 겪는 고통스러운 일상을 말하고 싶지 않았던 것이다. 양가의 반대를 무릅쓴 거라서, 그럼, 그렇지 내가 반대하지 않았느냐? 딸의 자존심이 이런 말을 허락하지 않았던 것이다.

'애야, 네 아빠가 전화해 보라고 해서 다시 전화 한다.' '네 엄마, 사실 제가 좀 힘들어요. 제 시어머니를 한국에 보내 드릴 터이니 3개월만 같이 생활해주세요. 있는 그대로 보여 주세요.' '알았다.' 약속 날짜에 맞춰 친정어머니는 사돈을 만나러 인천 공항으로 달려갔고, 3개월 후 다시 인천 공항에서 환송하였다. 공항에서 한국 며느리는 다시 시어머니를 맞았다. '어머님 고생하셨어요.'

며느리가 음식을 차리려는 순간 백인 시어머니의 태도가 돌변하였다. '애야 잠깐 기다려라, 내가 하겠다. 네가 그동안 너무 고생했구나. 시어머니가 무심했어!' 서울 지하철의 안내(뉴욕철은 안내 없음) 방송이며, 버스 정류장의 훌륭한 IT 안내. 음식점의 풍요로움. 남산 타워에서 본 서울의 웅장함. 거리에 물결치는 자동차. 상점에 넘쳐나는 물건. 등등. 묻지도 않았는데 시어머니는 한국 며느리에게 내가 그동안 너무 심했구나하면서 사과어린 표현을 하셨다.

스스로를 과소평가하는 오늘의 대한민국은 위대한 나라이다. 해외 여행하다보면 가끔 어느 나라에서 왔습니까? 하고 묻는 이가 있다. 코리아입니다. 노쓰? 싸우쓰? 싸우쓰. 그러면 그들은 한결 같이 묻지도 않았는데 엄지손을 들어 보인다. 효와 충으로 움직이는 대한민국은 분명히 역동적이고, 감동적인 국가이다.

단원 토론

문제 1. 대야(大也)의 의미는 무엇인가?

문제 2. 효는 그 의미가 얼마나 큰가? 어디까지 미치는가?

문제 3. 효는 왜, 어째서 변환자, 확장자, 연산자가 될 수 있는가?

문제 4. 미소공간에는 효(孝)만이 작용하는가?

문제 5. 무한 확장론과 인성은 어떤 상관관계를 유지하고 있습니까?

문제 6. 대야의 의미를 인문학적 공동체로, 자연계의 공동체로 나누어 설명해봅시다. 그리고 자연과 인간은 무엇을 통하여 연계되는지를 설명해봅시다.

Ⅶ. 효의 의로움과 보편성

효의 보편성과 일반성은 하늘과 땅과 인간의 일반적, 보편적 가치로써 이를 움직이는 통합적 철학과 이념을 제공해주는데 있다. 공자(孔子, Confucius)는 이를 가리켜 효는 하늘(天)의 위대한 불변의 진리(經, holiness)라 하였고(天之經也), 이 세상(地)의 의로움(誼, righteousness)이며(地之誼也), 이 세상(땅)에 태어난 모든 사람들이 실천해야할 도리(行, practice)라 하였다(民之行也).[67] 이것은 효가 더 이상 분석을 요하지 않는 의로움(誼, righteousness)에서 비롯되기 때문이다.

『춘추좌씨전』「소공25년」에는 예(禮)란 하늘의 위대한 불변의 법도이며, 이 세상의 의로움이고, 모든 백성이 지켜야할 도리(夫禮 天之經也 地之誼也 民之行也,)로 되어있다. 이를 공자가 부례(夫禮)를 부효(夫孝)로 변환하여 적용하였다하여 논란이 많다. 필자가 연구한 바로는 충·효·예는 삼위일체(三位一體, trinity)임을 앞서 이미 주장하였다. 효에서 충·예가 나오지만 실제로 3요소 중에서 어느 하나가 완성되려면 결국에는 그를 기준으로 삼위일체의 충·효·예가 형성되지 않을 수 없다는 점이다.

---

67)『古文孝經』「三才章」夫孝 天之經也 地之誼也 民之行也,

따라서 부효(夫孝), 부례(夫禮) 대신 부충(夫忠)을 적용하여도 동일한 내용이 나온다고 말할 수 있다. 이 점에 착안하여 필자가 연구한 바로는 충 · 효 · 예 중의 어느 하나 값을 구하면 나머지 2개의 절대 값을 구할 수 있다고 판단된다. 충 · 효 · 예는 삼위일체로써 어느 하나가 위와 아래가 아니고, 앞과 뒤가 아니며, 좌우가 아닌 위상이 동일한 값이기 때문이다.

『춘추좌씨전』 「소공25년」에서 "예란 무한히 크도다(禮之大也)."[68]라 하였다. "예는 상하의 질서를 총체적으로 유지시켜주는 법도와 질서의 끈이다(禮上下之紀). 이를 구체적으로 적용해보면 인간의 경우 가장 어린 자로부터 가장 나이 많은 이에 이르기까지, 땅은 물론 무한하게 넓은 이 우주의 모든 삼라만상 역시 안정화되려면, 사회화되어 안정된 상태를 유지하려면, 예를 갖추고 있어야 한다.

예는 하늘과 땅의 삼라만상이 정해진 위치에서, 정해진 방법으로, 정해진 시간에 정확하게 작동하여 모든 객체들을 안전하게 연결해주는 충(忠)과 효(孝), 그리고 예(禮)의 그물망이다(天地之經緯也). 사회화 과정을 거쳐 안정화된 우주(하늘)가 있어 이로 인하여 인간이 태어나게 함이 예의 근본이니라(民之所以生也)." 라고 되어있다. 예는 자연에서 인간이 태어나게 하는 생명의 원천(源泉, source)이다. 그러므로 "예를 갖추지 못한 삼라만상의 모든 객체는 반드시 사라지게 된다(無禮必亡)."라고 밝혔다. 이는 충 · 효 · 예 중의 어느 하나가 개입되면 이러한 삼위일체(三位

68) 대야(大也)의 의미는 앞에서 충분히 설명하였다. 공자는 이를 孝之大也로 변환하여 사용하였다.

一體, trinity)의 기능은 충분히 가능하게 된다는 것이 필자의 판단이다.

『주역』은 2진법(binary digit) 알고리즘(algorism)[69]으로 인간의 길흉화복(吉凶禍福)을 예측해보는 시뮬레이션(가상현실 구현 장치, simulation) 프로그램이다. 동양에서는 인간의 길흉화복을 예측해보려는 2진법(binary digit) 체계가 서양으로 건너가서는 불리안 대수학(Boolean Algebra)과 "and, or, not"이란 전자공학 회로(electronic circuits)를 이용하여 정보혁명을 일으킨 컴퓨터 문명을 완성하였다.

자의적 해석과 창의적 비약을 통하여 인류라는 지성체에 획기적인 변화를 끼친 것이다. 우리는 이러한 노력을 금지하는 유교적 경향이 강하다는 인식이 든다. 공자는 성인이다. 일반이 들여다 볼 수 없는 복잡한 세계를 관찰할 수 있는 능력을 지닌 분이었다. 그가 완성한 효 개념은 시대가 바뀌어도 그 본질은 바뀌지 않고 그 실천 방법만이 바뀐다는 것을 알면 그 뜻이 불변의 진리임을 알 수 있다. 그것이 오류였다면 절대로 그 문자를 바꾸어 부례(夫禮)를 부효(夫孝)로 바꾸는 오류를 범하지 않았을 것이다.

하늘과 땅과 인간은 어떤 경우를 막론하고 충 · 효 · 예로 작동되어야 가장 안정화된 상태를 이룬다는 점을 알게 된 것이다. 효는 따라서 자연과 인간의 보편적, 일반적 가치로서 공통성을 지

69) 수학적 논리공식, 논리적 수학공식, 또는 체계적인 논리

니고 있다.

단원 토론 쟁점

문제 1. 효는 인간에게만 필요한 이념과 철학입니까?

문제 2. 자연이 안정화 되려면 어떤 보편적, 일반적 가치를 지녀야 합니까?

문제 3. 하늘과 땅과 인간의 공통적 철학과 이념은 무엇입니까?

문제 4. 인간과 자연은 무엇을 매개로 결합하게 됩니까?

Ⅷ. 사친

사친의 영역에서 부모공경이 동서양 모두 공통적으로 강조하는 최상위 덕목[70]임은 새삼 강조하기가 두려울 정도이다. “효를 실천하는 데는 부모를 공경하는 것보다 더 큰 것은 없다.”고 하였다.[71]

또한 평소 실생활을 규율하는 율법에서도 부모공경의 덕목을 실천하는데 최선을 다해야함을 구체적으로 언급하고 있다.[72] 그 다음 덕목이 나를 낳아주고[73] 길러준 무한한 사랑에 대한 인간적 도리를 다하려는 부모부양으로써 은혜와 보은의 효 윤리이다.[74] 부모와 자식은 가족 공동체로서 ‘상호작용하는 인성들의

---

70) 『古文孝經』「聖治章」“孝莫大於嚴父.”

71) 『聖經』의 십계명중에서도 인간계명의 최상위 계명이 부모공경(제5계명)이다.

72) 『古文孝經』「紀孝行章」事親順位: “居則敬 〉 養則樂 〉 疾則憂 〉 喪則哀 〉 祭則嚴”

73) 『古文孝經』「父母生績章」“父母生之績莫大焉.”

74) 성규탁, 『현대 한국인의 효』 -전통의 지속과 표현의 변화-, (경기도, 집문당, 2005), 35쪽.~49쪽. 전통적 효의 의미: 35쪽. 전통적 효의 의미. 부모공경과 부양은 사회적 변동으로 인하여 힘든 과업이 되어 도덕적 및 윤리적 의식을 흔들리게 하고 있다. 41쪽. 은혜와 보은의 역할과 기능은 세상에 태어나게 하고, 나를 길러준 공적이다. 성장기에 음식, 집, 의복, 교육, 보건 등을 제공했다. 성장기는 물론이고 성장한 후에도 이러한 정신적, 물적 자원을 계속 제공해주면서 자녀에 대한 애정은 끝없이 영원하다. 보은이란 곧 부모로부터 받은 여러 가지의 은혜를 일부만이라도 갚으려는 인간적인 노력이다. 따라서 사친의 영역중 알고리즘의 변환대상을 연구자는 사친의 최고덕목인 부모공경과 은혜와 보은으로 한정하였다.

통일체라는 초인격체'[75]의 주체로서 가정, 사회, 그리고 국가라는 공동체 간의 역할(役割, roll)과 기능(機能, function)을 매개하고 각각에 고유한 기능의 목적(目的, purpose)을 달성시켜주는 하나의 객체로 보았다. 그러므로 효는 평생 동안 자기 삶의 영역에서 중요한 의미를 지니고 있을 뿐만 아니라 가정, 사회, 국가를 통합적으로 연계하여 각각의 공동체를 균형 발전시켜줄 수 있는 최상의 철학과 이념이고 윤리이다.

유한성의 의미로 보면 부모공경, 은혜와 보은의 관계는 당사자 간의 일방적인 개념으로 간주될 수 있으나 무한성의 의미에서는 우리 모두에게 해당된다. 즉 부모라 하여도 영원히 부모가 아니다. 그 이전에는 자식이었으며, 부모 이후에는 할아버지, 할머니가 된다. 자식도 영원한 자식이 아니라 성장하면서 부모, 할아버지, 할머니가 된다. 여기서는 무한성의 의미이므로 다른 부모라 하여도 부모공경 윤리가 불필요한 윤리가 아님을 유의하여야 한다. 이 세상에 태어난 우리 모두가 부모공경의 주체에 해당된다.

그리고 사친의 영역에는 크게 나누어 부모공경, 은혜와 보은, 조상숭배 등으로 분류되나 본 논문에서는 알고리즘으로 변환이 가능한 사친영역 가운데 최상위 덕목인 부모공경과 은혜와 보은을 중심으로 다루기로 한다. 왜냐하면 2가지 덕목에는 다른 모든 덕목이 함축적으로 포함된다고 볼 수 있기 때문이다.

75) Jaber F. Gubrium, James A. Holstein 저, 최연실, 조은숙, 성미애 역, 『가족이란 무엇인가?』 -사회구성주의적 관점에서 본 가족담론- (서울, 도서출판 하우, 2005), 78쪽. 초인격체로서의 가족: 상호작용하는 인성들의 통일체

사친의 변환 일람표

영역 구분	근거	전통적 효의 모습		현대 효학
사친	『古文孝經』「紀孝行章」事親順位:	居則敬	부모공경	제1알고리즘의 효, 또는 효 정의 모델
		養則樂	부모부양 (은혜와 보은)	제2알고리즘의 효, 또는 효 구조 모델
		疾則憂	부모 병간호	--
		喪則哀	신체보존 과도기	--
		祭則嚴	조상숭배	--

부모공경

전통적 효에서 최고의 가치덕목은 낳아주고 길러주면서 끝없이 베풀어준 자식사랑의 은혜에 대한 보은으로써 부모공경[76]이다. 동서양에서도 부모공경은[77], 나아가 어른 공경은 효 윤리의 가르침에서 가장 강조되는 덕목이다.[78] 어른공경의 이념으로서 『禮記』에서는 관혼상제 등의 총체적인 예의 법도에 대한 가르침을, 『論語』에서는 인(仁)에 관한 수준별 논의를, 『孝經』에서는 효의 개념과 실천윤리에 관한 내용을 수록하고 있다.

다만 공통점이 있다면 부모공경이나 어른에 대한 존경, 자녀의 의무, 세대 간의 관계를 공통분모로 다루고 있다는 점이다.[79] 직

76) 『古文孝經』「聖治章」"人之行, 莫大於孝, 孝莫大於嚴父."
77) 『성경』「출애굽기」 20장 십계명중 제5계명
78) 부모, 어른. 스승공경은 7효중의 하나이다.

접적인 부모공경은 두 가지로 표현하고 있다. 첫째는 부모님 생전에는 편안하게 해드리고, 둘째는 사후에는 제사로써 부모님께 흠향(歆饗)[80]하시게 하는 것이다.[81] 여기서 편안하게 해드리는 것을 『孝經』에서는 주로 자식이 사회적으로 단계별 성장과, 사회적 진출, 그리고 사회적 성공을 바라는 것으로 드러나 있다. 자식의 효는 결국은 부모님을 명예롭게 해드리는 것이다.[82]

부모 공경의 시공성(時空性)이란 어려서는 가정이지만 성장해 가면서 주 활동무대는 사회와 국가로 바뀐다. 또한 부모공경이란 단순개념이 아니다. 성장 과정마다 단계별로 성장과 발전 과정이 있어야 함을 요구하고 있다. 가족구성원이 되고, 배우고 익히면서 수신하여 사회 구성원으로 성장하면서 삶의 터전에서 자기완성을 이루고, 자기 직분을 다하여 국가에 충성을 다하는 것이 진정한 부모공경으로 해석하고 있다. 부모공경은 성장 단계에 따라 그 모습이 다양해질 수 있다. 이것이 효모습의 다양성을 제시해 주는 근거이기도 하다. 부모공경은 최상위 효 덕목으로서 제1알고리즘에 의하여 변환된 현대 효 개념을 정의하는 모델에 중요한 토대가 되고 있다.

은혜와 보은

은혜란 나를 이 세상에 태어나게 한 부모님의 공적에서 비롯된

---

79) 성규탁, 『현대 한국인의 효』 - 전통의 지속과 표현의 변화- (경기도, 집문당, 2005), 113쪽.
80) 『성경』 「창세기」 8:21
81) 김덕균, 『譯註 古文孝經』 「孝治章」(서울, 도서출판 문사철, 2008), 74쪽. "生則親安之, 祭則鬼享之"
82) 『古文孝經』 「開宗明誼章」 "立身行道, 以顯父母."

다. “부모님이 나를 낳아주셨으니, 이보다 더 큰 공적은 없느니라.”[83]라고 하였다. 나를 길러주지 않았으므로 은혜를 받지 않았다는 주장은 정당성이 결여되게 된다. 부모와 자식 간의 인연은 태속에 잉태될 때부터 이러한 은혜는 시작되어 끝이 없이 지속된다.[84] 보은이란 자식이 받은 은혜의 극히 일부를 되돌려주려는 지극히 자연스러운 인간적인 자식의 도리이다. “효는 무한히 크고 끝과 시작이 없다.”[85]라는 말을 해석해 보면 부모의 은혜는 무한히 크고 시작과 끝이 없다는 말과 일치한다. 그러나 내가 행한 효를 생각한다면 사실상 부모님이 베풀어준 은혜에 비하여 턱없이 모자랄 뿐만 아니라 극히 미약한 정도라 여겨진다.

효는 부모와 자녀 간의 효지대야(孝之大也), 효무종시(孝亡終始) 관점에서 본다면 일방향적 관계가 아니라 쌍방향적 관계를 지닌다. 자녀의 성장기에는 부모가 일방적으로 양육하는 데 필수적인 의식주는 물론 교육, 건강 등에 필요한 금전 등의 지원을 제공하여 자녀들을 성장 단계별로 사회진출에 필요한 입신의 발판을 놓아주고 있다. 부모는 자녀들이 무난하게 성장하도록 또한 온갖 노동력을 아낌없이 제공해준다. 이것은 예나 지금이나 변함없는 부자지간의 효 공동체 모습이다. 그러므로 부모는 자녀에게 가치와 이해관계를 떠나 아낌없는 사랑으로 자식이 잘되기를 바라는 마음으로 성장, 발전에 필요한 모든 것을 제공하면서 헌신

83) 김덕균, 『譯註 古文孝經』「父母生績章」(서울, 도서출판 문사철, 2008), 86. “父母生之績莫大焉.”

84) 『父母恩重經』 第十 究竟憐愍恩 頌曰, “父母恩深重, 恩憐無歇時, 起座心相逐, 遠近意相隨, 母年一百歲 常憂八十兒, 欲知恩愛斷, 命盡始分離.”

85) 김덕균, 『譯註 古文孝經』「三才章」(서울, 도서출판 문사철, 2008), “孝之大也,” 「孝平章」 “孝亡終始.”

한다. 자녀는 생애의 마지막 단계의 노후기에 있는 부모를 비교적 짧은 기간 동안 부양하고 보호함으로써 은혜와 보은이라는 피드백(feedback)의 효 윤리 체계가 완성된다.

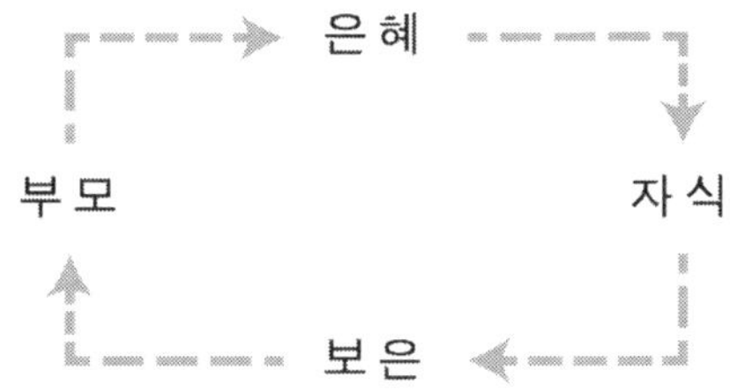

동양의 유교적 효에는 사친, 사군, 입신을 효행의 방법으로 그 내용을 가득 채우고 있으나 기독교의 경전인 『성경』에서는 하느님 공경과 부모공경을 중심으로 하고 있어 동양의 유교적인 효 개념[86)]에 상당하는 단어는 존재하지 않는다.[87)] 그렇다고 해서 효가 없는 것은 아니다.

서양의 효는 유교의 사친, 사군, 입신의 효 윤리와는 달리 나와 하느님 아버지와의 관계인 천부사상이 1차적으로 선행해야 할 최우선적 효이며, 그 다음이 2차적으로는 나와 부모관계에서 이루어지는 부모공경의 친부사상의 효로 이원화[88)]되어 있다. 서양은 가족 공동체로서 자식이 부모나 형제를 부양하는 일을 '가족의 책임'[89)]이라고 여기고 있다. 책임이란 권리와 의무를 동반한다.

---

86) 『성경』「디모데전서」 5:4의 영국의 영어 원문에는 효(piety)라는 단어가 나오나, 미국의 영어 원문에서는 효라는 단어대신 말로 설명하고 있다. 여기에서 언급된 효는 사친의 효에 한하고, 사군/입신의 효를 포함하지는 않는다.

87) 김영춘, 「한국과 미국을 참고한 사회 안에서 효와 질서확립」 한국정신문화연구원, 『미래와 효사상』, (경기도, 유성인쇄공사, 1995), 411쪽.

88) 십계명의 제1 계명은 천부사상의 효이며, 제5계명은 친부사상의 효이다.

동양의 유교적 효 윤리가 서양식으로 표현하여 달리 말하면 가족을 부양하는 가족 간의 책임 윤리라 말할 수 있다. 인류의 보편적 가치로서 효라는 가족 공동체의 책임 윤리가 붕괴되면 공동체 간을 매개하는 통합적인 철학이나 윤리체계가 작동하지 못하므로 가정, 사회, 국가는 바로 서지 못한다. 그 중요성을 인식하여 가족 공동체의 단위 집단이 가정, 사회, 국가의 기본적 단위 집단임을 헌법조문으로 분명히 밝히고 있는 국가도 있다.[90)]

또한 부자지간의 은혜와 보은의 관계에 대하여 일부 국가는 어떤 형태의 국가 복지로도 대체할 수 없는 매우 특수한 가족 간의 고유한 인간관계임을 헌법상 인정하고 있다.[91)] 사친의 영역에서 은혜와 보은의 중요성은 필자가 제2알고리즘의 효로 변환하여 현대 효 구조 모델을 정립하는 데 중요한 토대를 제공해 주고 있다.

사친과 인성

부모는 자녀의 인성 형성에 제 1차적이고, 원천적인 영향을 미치는 주역이다. 인격과 인성의 형성에 그 만큼 부모의 역할은 절대적인 것이다. 부모의 생각과 말과 행위가 그대로 자식에게 전승되어 대를 이어, 대대로 맞물려 내려가는 하나의 무형의 유산이다. 재산이 유형의 자산이라면 부모의 생각과 말과 행위로 전승되는 무형의 유산은 전혀 다른 형태의 고유한 문화적 유산인 것이다. 이것이 바로 우리 속담에 "콩 심은 데 콩 나고, 팥 심은

---

89) 성규탁, 『현대 한국인의 효』 -전통의 지속과 표현의 변화- (경기도, 집문당, 2005), 12.
90) 아일랜드 헌법: 출처, 2015년 8월 현재, 아일랜드 법무장관청 편찬 아일랜드 법령집, 헌법중 가족편 41, 1 1°
91) 상기 국가 헌법, 가족편 41, 2 1°

데 팥 난다."는 말과 유사한 표현이다.

따라서 부모의 인성과 인격이 상당부분 무의식적으로 자녀에게 전승되어 자녀의 인생관, 미래관, 직업관에 중대한 영향을 미치고 있음을 부모는 항상 기억하고 있어야 한다. 인성은 부모와 자녀 간의 사랑이 바탕이 된 가장 친숙한 인간관계에서 1차적으로 확립되어, 비혈연적 관계의 개방된 사회의 인간관계에서 가치와 이해관계에 따라 대립과 갈등이 유발되는 2차적 인성에 지대한 역할과 영향을 미치게 됨을 부모와 학교는 잘 인식하고 있어야 한다. 또한 학교에서 선생들이 학생에게 지도한 하찮은 조언이 그의 인생관, 미래관, 직업관에도 부모 못지않게 중대한 영향을 미칠 수 있음을 명심해야 한다. 그러한 사례는 수없이 많다.

부모와 자식 간에는 가치와 이해관계가 개입되지 않아 인간관계가 관대하고 대립과 갈등을 유발하는 경우가 희소하다. 그러나 비혈연적 관계의 인간관계는 성인이 될수록 대부분이 가치와 이해관계가 개입되기 쉽고 그럴수록 사소한 경우일지라도 대립과 갈등이 유발되고 그에 따라 옳고 그름을 떠나 찬반으로 갈라져 지지와 반대를 하게 된다. 이것이 일반적으로 사회적 문제가 유발되는 사례이거나 사회적 현상이다.

자녀의 인성 형성에 부모의 은혜는 절대적 요소 중의 하나이다. 부모가 베풀어주는 무한한 사랑을 깨닫고 자녀들은 그 은혜에 보답하고자 엄청난 노력을 지속적으로 경주하게 된다. 그리고 자녀된 도리로써 그 은혜에 보답하고 부모를 공경하고 나중에는 부모를 공경하고자 사회에 진출하여 소득을 창출하려는 노력을 지속하게 된다. 즉 평생의 삶을 지배하게 되는 것이다.

그런 의미에서 효는 인격과 인성 형성을 잉태시켜주는 씨앗이며 하나의 원천자이다. 그리고 사회에 나아가 성공과 자기완성을 끊임없이 추구해나가게 하는 원천적 해결자이기도 하다.

단원 토론 쟁점

문제 1. 사친은 어떤 의미입니까?

문제 2. 사친의 실천 방법은 무엇입니까?

문제 3. 사친 사례를 말해봅시다.

문제 4. 전통적 사친은 어떻게 현대 효 개념으로 변환이 가능한가? 그 변환 과정을 토론해 봅시다.

문제 5. 인격과 인성의 1차적 형성과정과 2차적 형성과정을 토론해 봅시다.

문제 6. 부모와 선생의 생각과 말과 행위가 자녀의 인성과 인격 형성에 어떤 여향을 미쳤는지를 사례를 들어 토론해 봅시다.

문제 7. 유교적 사회와 성경적 사회에서 인격과 인성의 형성과정의 차이점을 토론해봅시다.

IX. 사군

효와 충의 밀접성

효라는 문자는 주(周)나라 때부터 출현하였다.[92] 공덕성(1995)에 의하면 효 문자(孝文字)는 원래 직계친족 관계에서만 존경한다는 뜻이 아니고 연장자를 존경한다는 뜻이었다. 그러나 효가 직계친족으로 대상 범위가 좁혀진 것은 『시경』, 『서경』, 『논어』, 『맹자』에 이르러 나타나면서부터이고 그 후 부모공경이 효의 최상위 덕목으로 여겨졌다.

이 시대에 나타난 효의 개념과 의미를 살펴보면 다음과 같다.

1) 유가에서는 이를 토대로 『효경』, 『증자대효편』이 출현하였다.

2) 효는 부모를 모신다는 뜻으로 자식(子息)이 노인(老人)을 받들고 있다.

3) 효가 "부모를 모신다."는 것은 본래의 의미가 아니다. 자는 자식을 의미하는 것이 아니다.

4) 孝는 아버지를 자식이 받들고 있어 부(父)와 자(子)가 상호 종속관계로 의지하는 형국이다. 따라서 孝는 父와 子가 긴밀히

92) 공덕성, 「孝란 무엇인가」, 한국정신문화연구원, 『미래와 효사상』(경기도, 유성인쇄공사, 1995), 117쪽.

연결돼있다.

5) 효는 노인이 자식에게 의지하는 모습이다.

6) 노(老)의 비(匕) 대신 자(子)로 대체됐다는 찬반설이 있다.

7) 제사는 사후 부모공경이다.

8) 부모공경은 단순 부양이 아니다.

9) 얼굴 화색을 유지하며, 술과 음식을 먼저 드린다.

10) 부모에게 간언해도 불수용하는 경우 울면서 따른다.

11) 효는 무위(無違)다.

12) 효는 축(蓄)이다. 도에 순응하고 윤리에 거스르지 않는다.

13) 부모가 병에 걸리면 여리박빙(如履薄氷)처럼 정성과 조심을 다한다.

14) 효는 봉양(奉養)보다 공경(恭敬)이 어렵고, 공경보다 편안(便安)하게 해드림이, 편안보다 편안함을 오래지속시킴이, 지속도 끝까지 계속됨이 어렵다.

15) 거처에는 장중함이 있어야하고, 군주에게는 충성이, 관직에서는 예의와 방정함이, 전쟁터에서는 용감함이 있어야 한다.

위에서 제시한 것처럼 효는 다양한 의미와 견해를 보이고 있다. 효는 그 모습이 획일화된 내용을 수용하는 것이 아니라 보다 다양하게 행하여지고 있음을 알 수 있다. 공자는 효가 처음에는 사친의 영역이고, 다음은 사군의 영역이며, 마지막은 입신의 영역이라 하였다. 이러한 효 개념의 '심오성, 광범위성, 복잡성'[93)]

93) 성규탁, 『현대 한국인의 효』 -전통의 지속과 표현의 변화- (경기도, 집문당, 2005), 97쪽. 일반인과 효행자의 비교: 일반적인 효의 개념= 부모를 공경하는 것+부모를 잘 보살펴드리는 것, 이것만으로는 문헌에 나오는 효이념(사친/사군/입신)의 심오성+광범위성

을 고려할 때 효를 사친의 영역인 부모공경과 부모부양만으로 보는 것은 부족하거나 부적절한 것이다. 그러한 연유로 효와 충의 관계 또한 명확하게 재해석하기는 쉽지 않다.

효와 충의 관계는 "효로서 부모를 섬기듯이 임금을 섬기는 것이 충이다."[94] 사친으로 효가 시작되나 그 다음은 사군의 영역으로 효로써 부모를 섬기듯이 임금을 섬김으로써 '나라사랑'의 충과 연계된다. 효와 충의 관계에서 부모를 섬기는 효가 바로 임금을 섬기는 충으로 변환하고 있다. 왕권신수설에 의거 국가의 주권이 왕에게 절대적으로 의존하는 개념의 사군은 효의 대상이 부모에게서 왕으로 확장된 개념으로 보아야 한다.[95]

즉 효와 충은 위상성 내지 상관관계가 그 대상이 부모(父母) 또는 군주(君主)인가에 따라서 확장적임을 논리적으로 연계해주고 있다. 다시 말하여 효와 충은 그 본질은 같고 모습만 다를 뿐이다. 물이 얼음으로 그 모습을 완전히 바꾼 것과 같이 모습만 변했을 뿐 본질은 동일하기 때문이다. 이런 의미에서 본다면 가정 공동체의 효는 국가 공동체가 필요로 하는 충으로 공동체의 환경에 따라 변환하여 효와 충은 물과 얼음과 같이 모습만 다르고, 본질, 즉 위상은 등가이면서 그 본질이 확장성을 띈다. 효와 충의 상관관계는 필자가 연구한 현대 효의 효 특성 모델에서 다룰 것이다.

+복잡성을 이해하는 데는 부적절하다.

94) 『古文孝經』「士章」"以孝事君則忠"

95) 박상섭, 『국가 · 주권』(서울, 도서출판 소화, 2009), 52쪽. 17세기에는 국가의 주권은 최고 권력자에 의해 실현된다는 개념이 지배적이었다. 즉 짐이 국가다. 왕권절대주의= 왕권신수설

가정과 국가

가정과 국가의 공통점은 양자가 공동체라는 공통분모를 가지고 있다. 가정은 가족으로 구성된 효 공동체이므로 효와 관련하여 효가 발원하는 기본적 단위집단이므로 더 이상의 설명이 요하지는 않는다. 그러면 국가는 효 공동체인 가족 공동체와 어떤 관련을 지니고 있는가를 살펴보는 작업이 필요하다.

스피노자는 공동체론에서 "삼라만상의 모든 객체는 홀로된 존재이나 완전히 홀로서지는 못한다."[96]고 하였다. 자연과 인간 모두 마찬가지로 보았다. 인간 역시 홀로된 존재이나 가정, 사회, 국가 없이는 존재하지 못한다. 우리가 살고 있는 땅의 모체인 지구 역시 태양계와 은하계라는 우주 공동체와의 협력 없이는 존재할 수가 없다. 거시적 의미에서 천, 지, 인의 결합 윤리로써 가정, 사회, 국가 공동체는 나아가 인류 공동체는 우주 공동체와 함께 상호 협력할 수밖에 없는 공동체적 존재이다. 그렇다면 공동체의 집단인 가정, 사회, 국가는 가족 공동체와 어떤 관계에 있는가?

아리스토텔레스[97]는 "국가는 개인이 자기 삶의 실현을 위한 근본적인 토대이고, 가족 공동체는 국가의 근원"이라고 하였다. 공동체란 "출발과 기원에 있어 서로 없어서는 살 수 없는 결합"

96) 김태길, 『윤리학』(서울, (주)박영사, 2009), 49쪽. 스피노자에게는 이 우주 안에는 "오직 하나"의 실체만이 있다. "어느 개인도 엄밀하게는 독립한 존재가 아니라, 보다 큰 전체의 한 부분을 이룰 뿐이다."이는 자연계에도 마찬가지로 보았다.

97) 박호성, 『공동체론』(경기도, 효형출판, 2009), 63쪽. 아리스토텔레스는 국가를 인간의 자연(본성)에서 비롯하는 인간의 자기실현을 위한 필수적인 토대라고 믿었다. 그리고 가족 '공동체'를 국가의 근원이라고 인식했다. 공동체의 출발과 기원에는 "서로 없어서는 살 수 없는 결합"이 필수적이라고 강조하였다.

이라고 주장하였다. 구체적으로 말하여 가정과 국가는 상호간에 협력적 관계를 유지하지 않고서는 살아 갈 수 없는 사회적 관계를 이루는 집단의 공동체라고 보았다. 그의 주장에 의하면 국가를 구성하는 가장 기본적 단위는 개인이 아닌 효 공동체인 가족 공동체로 보았다는 점이다. 이러한 중요성을 감안하여 오늘날 "가족을 천륜 중에서 가장 기본적이고 근본적인 사회적 단위 집단의 공동체"임을 헌법 조항으로 명시하는 국가도 있음을 밝힌 바 있다.

맹자도 "천하의 근본은 국가에 있고, 국가의 근본은 가정 공동체에 있으며, 가정 공동체의 근본은 가족 공동체에 있다."[98]라고 하였다. 맹자는 그의 저술에서 더 나아가 국가에 앞서 천하의 근본이 가족 공동체임을 체계적으로 밝히고 있다.

아리스토텔레스는 한발 더 나아가 "국가는 셀 수 없이 무수한 수효의 가정공동체가 모여 자급자족이 가능한 마지막 단계의 궁극적인 공동체"[99]라고 하였다. 그리하여 국가는 효 공동체인 가정과는 어떠한 관계를 유지하는가를 명확히 설명해주고 있다. 상기 내용을 통하여 첫째, 국가 공동체의 기본 단위는 효가 작동하여 움직이는 가족 공동체이다. 둘째, 충이 작동하여 움직이는 국가 공동체는 무수한 가족 공동체의 집합이다. 이것이 전통적인 가정과 국가와의 관계이다. 아리스토텔레스가 말한 가정과 국가

98) 『孟子』「離婁章句 上」天下之本在國 國之本在家 家之本在身

99) 위의 책, 65쪽. 일상적인 "생활욕구를 충족하기 위해 자연적으로 성립된 첫 공동체로서 가족 구성원들을 흔히 밥상 동아리라고 불렀다. 생활용품 공급 이상의 도덕적, 물질적 욕구 충족이 필요해지면서 여러 개의 가정이 모여 마을을 이루었다. 여러 개의 마을이 모여 취락을 이루고, 다수의 촌락이 집결하여 "고도로 자급자족할 수 있는 단계에 도달했다고 말할 수 있는 완벽한 마지막 공동체" 출현하게 되는 데 그것이 바로 국가이다.

와의 관계는 알고리즘의 효에 의하여 정립된 효 특성 변환 모델을 도입하는 데 중요한 단서(端緖, clue)를 제공해 주었다.

사군(事君)과 인성(人性)

사군은 임금을 섬기는 것이나, 서양의 학자는 유교적인 왕은 실존하지 않으며 실존하지 않은 왕이 수천 년 동안 국가와 국민을 지배해오고 있음을 지적하고 있다. 그러나 사군에서 임금이란 오늘날의 국가와 국민을 상징하고 있다.

사군에서 인성이란 어떻게 내가 국가와 국민을 어떻게 섬기느냐의 문제와 그 은혜에 대한 보답으로 국가는 개인의 생존권과 재산권을 어떻게 보호해주느냐의 문제이다. 그것은 국가는 나의 일부라는 사실을 아느냐, 모르느냐의 문제가 있다. 내가 위험에 빠질 때는 곧 바로 국가는 그 위험을 제거해 주어야 한다.

이를테면 학교에서 부당한 폭력을 당했을 때, 괴롭힘을 당했을 때 극단적인 선택의 길을 택하려고 하지 말고 곧바로 국가의 일부인 경찰을 불러 구제를 요청하여야 한다. 또한 이러한 교육이 되어 있어야 한다.

칸트의 순수이성 비판처럼 내가 폭력을 당해여 고통을 받아야 할 정당성이 없는 자율성이 있는 것처럼 타인도 타인이 원하지 않는 폭력을 강요하거나 고통을 강요할 아무런 타인의 자율성을 해치는 정당성을 갖지 못한다는 논리이다. 자살도 살인이라고 주장하였다. 인간은 그 어떤 경우에도 목적이 아니고는 수단이나 방법으로 이용되어서는 안 된다고 하였다. 자신이 자신을 죽이는 방법이나 수단으로 사용되어서는 더더욱 안 된다고 주장하였다.

오늘날의 국가나 민족은 하나의 초인격체, 내지 살아있는 유기체로 보고 있다. 국가나 민족은 살아있는 하나의 거대한 유기체적 생명체로 보고 있다. 국가나 민족도 하나의 인격체로서 생각과 말과 행위를 할 수 있다고 보는 것이다. 따라서 국가의 본성(本性)과 국가의 국격(國格)이 존재하게 된다.

국가나 민족이 오늘날의 국가관에서는 의인화되는 셈이다. 인성 측면에서 관찰해보면 국가는 국민을 위하여, 국민은 국가를 위하여 존재하고 있음을 인정하는 진정한 상호주의를 필요하고 있다.

사례1: 노량해전과 성웅 이순신

선조가 보낸 초유문(招諭文)과 면사첩(免死帖)을 받아 한양을 향하여 재배하고, 선조의 글을 읽자마자 머릿속이 하얀 해졌다. 지금 왜군들의 움직임이 심상치 않은 시국에 조정에서는 국난 해결에 필요한 아무런 정보는 주지 않고 엉뚱한 나 자신에 대한 신상문제를 내려 보낸 것이다. 내 생각과 국가는 너무나 동떨어져 있었다. 전쟁이 끝나면 다시 죄인으로 돌아갈 것이라니 기대한 것과는 너무나 거리가 멀었다. 아직도 이 전쟁이 끝나면 선조는 나를 다시 문초하겠다는 것이니 장수인 나로서는 이제 마지막 한 가지 선택지를 택하는 길만 남아있을 뿐이다.

그래서 할 수 없이 나름대로 육지의 정보라인과 바다의 정보라인을 구분하여 적을 보고하되 정보를 구분하도록 명령하였다. 첫째 직접 눈으로 보고 확인된 정보, 둘째 주변의 염탐꾼이 직접 확인한 정보, 세 번째는 들리는 소문으로 구분하도록 하였다. 그리고 마지막으로 조정에서 구할 수 있는 일급기밀인 왜군이 어떤 상황인지에 대한 적정의 정보에 관한 아무런 내용이 내려오지 않으니 답답하기 그지없었다. 그리하여 일본에서 명나라로 보고되는 정보라인에서도 필요한 내용을 필사하여 극비리에 보고하도록 엄명하였다.

이때 엄청난 정보가 들어오게 되었다. 어째서 왜군이 남해에 집결하는지, 명나라 군대가 남하하면서 왜 피 한 방울 흘리지 않고 왜군의 진지를 접수하는지를, 조선을 배제하고 명나라와 일본의 밀약 내용을 극비리에 인적 라인의 보고문을 통하여 알 수 있었다. 보고서의 내용을 종합해보니 풍신수길이 이미 6개월 전에 죽으면서 유언으로 조선의 철수를 명하였고, 그 명에 따라 조선에서 왜군이 철수하면서 엄청난 약탈품과 조선인을 징발하여 전투 중에는 노를 젓고 황폐해진 일본의 노동력을 대체하고 승리를 자축하려는 것이었음을 알게 되었다. 풍신수길이 죽은 지가 6개월이 지나도록 무엇 때문에 조정은 정보 하나 주지 않았던가? 아직도 모르고 있단 말인가? 답답하다.

이제 나에게는 한 가지 극단적인 선택만이 남아 있을 뿐임을 말해주는 대목이다. 조선의 백성이 유린당하고 도살장의 소처럼 살육되었으며, 황폐해진 산천초목이 울고 있으니 이 전쟁을 누가 끝내야 한단 말인가? 누구 하나 조정을 바로 잡고 외교를 책임질 인물은 보이지 않으니 애가 끊어지는구나! 마지막으로 작전회의를 열고 보급품을 확인하고 마지막 전투에 먹일 병사들의 주먹밥의 영양 상태를 점검하였다.

모든 정보를 종합할 때 노량에 집결한 왜군들이 500척으로 일본을 향하여 떠나는 날이 내 생애 마지막 전투가 될 것이다. 마지막 전투는 지금까지 있었던 전투와는 전혀 다른 형태의 양상을 띨 것이며 병사들의 보급 상황을 고려할 때 전투 개시 후 10시간을 넘어가서는 안 될 것이다. 그 날의 순간이 시시각각 다가오고 있음을 알 수 있었다.

드디어 그날이 다가왔다. 나는 자정에 하늘에 맹세하였다. "만약 조선을 유린하고 황폐화시킨 이 왜적의 무리들을 쓸어버린다면 당장 이 목숨 죽어도 하나도 잃을 것이 없나이다(此讐若除死卽無憾, My life, to be sure, is not much to lose, if I am sweeping out these barbarious enemies of Japan at the moment.)."

난중일기는 여기서 끝난다. 이 맹세가 있은 후 2시간이 경과되어 전쟁이 개시되었다. 1599년 음 11월 19월 2시경 접전으로 조명 연합함대 150척, 왜군 500척과 전투가 발발하였다. 명나라 군함 100척은 조선수군 후방에 집결하여 다만 시위 정도에 그치고 조선의 이순신 지휘관이 이끄는 50척이 직접 전투에 참여하였다. 그러므로 조선의 수군 50척과 왜적의 500척 함대 간 전투였다.

조선의 수군은 집결된 왜군을 사이에 두고 중앙 좌우 3 개의 함대로 구분하였다. 3개 편대중 이순신 함대는 중앙 수군에 편성하여 좌우를 지휘하였다. 학익진 전법으로 유인하여 포위된 왜군을 향하여 준비된 관통탄을 발사하고 배들이 좌충우돌하고 침몰하게 하면서 움직임이 둔화되면 곧바로 화살 집속탄과 산란탄을 발사하여 모조리 섬멸하였다. 4시경 최대 혈전이 일어났고, 8시경에는 이미 적은 소멸되고 소강상태에 빠졌다. 노량바다에는 수많은 왜군의 시체와 부유물로 넘실거렸다. 어느 때부턴가 왜적의 함선이 수몰 직전 조선인의 비명 소리를 듣게 되었다. 함창 밑에 노를 젓는 조선인의 비명소리, 이게 누구의 잘못이란 말인가? 나와 같은 민족이 적이 되어 바다에 가라앉다니. 이게 나의 잘못인가? 더 이상 왜적을 격침시킬 수가 없었다. 나는 승리를 확신하고 일부러 50여척을 남겨두었다.

그들이 일본에 돌아가 널리 조선을 넘보면 어떠한 결과가 있는지를 증언해줄 사람도 필요하다고 판단하였다. 그리고 이제 이 전쟁은 여기서 끝났음을 확인하였다. 마지막으로 오전 9시경 저격병이 잘 보이는 위치로 이동하였다. 그 토록 보이기만을 기다리던 관찰병에게 자신을 노출시켰다. 가슴에 충격이 2번 느껴졌다. 의식이 가물거리며 혼미해지는 가운데 희미한 "적이 물러갑니다."라는 보고를 들었다. 그래서 나는 마지막 유언을 남겼다. "전쟁이 급하게 돌아가고 있다. 그러니 사랑하는 가족을 위하여 몸을 함부로 하지 말라. 내가 죽어가고 있다는 말도 적은 물론이고, 수군에게도 알리지 말라(戰方急 愼勿言我死)."

추신: 필자는 초등학교 저학년 때 이순신전을 읽고 한 20-30분간 미친 듯이 길거리를 뛰어다녔다. 조선 최고의 장수가 조총으로 저격을 당하다니 이건 말이 안 되지. 그로부터 세월이 흘러 다시 난중일기를 읽게 되었다. 그래서 국내 모 회사의 최신 휴대폰으로 은하계 중심부의 외계인 중앙 중계소와 연결하여 극히 짧은 시간 동안 외계인의 앞선 중개기술(interface technology)을 이용하여 그의 영혼과 연결을 시도하여 알고리즘으로 전문을 주고받

았다.

그의 알고리즘 전문을 분석해보니 왜 선조가 급박한 국가위기에서 초유문과 면사첩을 보내왔는지 아직도 이해가 되지 않는다. 만약 선조가 초유문과 면사첩 대신 병사와 물자를 약간만이라도 지원해주고 조선을 유린하고, 살육한 대가로 일본을 정벌하라하였다면 규슈에서 대마도까지를 조선의 영토로 할양 받아 조선의 영토로 복속시키고 싶었다."고 말했다. 임진왜란과 정유재란은 일본 정벌의 상당한 사유가 되고 일본 국토의 일부는 한국영토가 되었을 것이라고 하였다. 아직도 우리는 정쟁을 멈추지 않는다. 적을 앞에 두고도 싸워 물리칠 생각보다 내홍이 앞서고 있다. 참으로 안타까운 일이다.

| 참고 | 국가와 나와의 관계를 가장 간략하게 서술한 글
대한민국 육사 교정의 미육군사관학교 졸업생들의 기념동판
2018.05.13 번역 효학박사 박일기

In memory of the members of the class of 1950 of the United states Military Academy who gave their lives in defense of freedom during the Korean War.

Here dead we lie because we did not choose to live and shame the land from which we sprung.

Life, to be sure, is not much to lose ; But young men think that it is, and we were young.

-A. E. Houseman-

| 참고 | 미육군사관학교에서 1950. 6월 신참소위로 671명이 졸업했으며 1950년 6.25 전쟁이 발발하자 365명이 졸업식

직후 교실에서 곧장 한국전에 참전하였다. 그중 110명이 다치거나 전사하였다.

1950년 6.25 전쟁동안 자유를 수호하고자 목숨을 바친 1950년도 미육사 졸업반의 생도들이 피 끓는 젊은 장교들의 죽음을 기억하고자 이 동판을 세웁니다.

- 죽은 자의 실명이 동판에 새겨져 있음:14+14+13=41명 -

우리는 죽음이 되어 이 땅에 머무르고 있나니 그 까닭은 우리가 졸업식 날 교실에서 군복을 갈아입고 곧바로 달려온 나라에서 살아남고자 부끄러운 길을 선택하지 않았기 때문입니다. 목숨이란, 확실히 말해서, 내가 찾은 나라의 자유를 지키려고 싸우다 죽는다면 잃을 것이 하나도 없습니다. 아무리 그렇다 하여도, 혈기 왕성했던 젊은이들 가운데 살아남아 노병이 된 지금도 그렇게 생각하고, 그 젊은 시절에 품었던 그 생각 역시 아직도 변하지 않습니다.

노량해전의 마지막 결전을 앞두고 하늘에 빌었던 기도:此讐若除死卽無憾(차수약제사즉무감)(1598년 음 11월 18일 24시경) : 조선의 평화와 자유를 짓밟는 이 원수들을 완전히 쓸어버린다면 이 몸 바친다하여도 잃을 것이 하나도 없겠노라(※진정으로 자기가 사랑하고 선택한 나라를 위하여 싸운다면 국가와 나라의 감정은 동서양이 일치하고 있음을 잘 보여주고 있다).

1599년 음 11월 19월, 2시경 접전 조명 연합함대 150척, 왜군 500척

4시경 최대 혈전, 9시경 저격병에 노출,

마지막 유언:戰方急 愼勿言我死(전방급 신물언아사)

10시경 왜적을 물리치고 마지막 승리를 확인한 후 떠나셨다.

단원토론

문제 1. 사군이란 무엇인가?

문제 2. 주권의 변동 과정을 토론해봅시다.

문제 3. 국가는 어떠한 인성을 소유하는가?

문제 4. 성웅 이순신의 전법은 어떤 전법을 사용했는가? 연구해봅시다.

문제 5. 국가는 가정과 사회보다 왜 가장 우선시되고, 마지막 단계의 궁극적 공동체인가?

문제 6. 국가와 나는 어떤 관계인가?

문제 7. 자유란 무엇인가?

X. 입신

유교적 효의 완성은 궁극적으로 입신(立身, social standing uppermost in success)이다. 입신이 이루어지는 영역은 사회 공동체이다. 앞서 말한 바와 같이 과학기술의 발달로 산업화된 도시는 수많은 가정 공동체의 효와는 밀접한 관계를 유지시켜주며 인적, 물적, 인적 자원이 집중된 개방된 도시 공간이며, 또한 효를 완성하는 데 중요한 삶의 터전이 되고 있다.

현대사회에서 입신을 구체적으로 표현해 보면

① 삶에 있어서 출세하여 성공한다.

② 자기가 원하는 사회적 위치에서 세상에 우뚝 선다.

③ 자기가 속한 조직에서 높은 지위에 올라간다.

④ 그리하여 부모님을 명예롭게 드러낸다.

⑤ 후세에 이름을 남긴다. 등등으로 해석해 볼 수 있다. 그러므로 효를 완성한다는 것은 그렇게 쉬운 일이 아니다.

궁극적인 효의 모습으로 입신을 완성하려면 기본적으로 학이시습(學而時習)[100]을 이룬 다음 사회적 인간관계에서 예(禮,

---

100) 學而 時習은 『論語』「學而」 편의 첫 머리에 나오는 말이다. 필자는 이를 유교의 기본

customs)가 뒷받침이 되는 수신(修身, self-cultivation))[101]이 따라주어야 한다. 아무리 학이시습이 뒷받침되어도 예를 갖추지 않으면 사회적 경쟁공간에서 우뚝 서기가 어렵게 되므로 수신은 입신의 기본적 토대이기도 하다. 학이시습이 중요한 이유는 아는 것만큼 깨닫고 깨닫는 만큼 필요한 인접분야의 학문적 세계를 그만큼 깊이 살펴볼 수 있기 때문이다.

수신이 되어 있어도, 인격이 갖추어있지 않으면 아무리 창의적 인재라 하더라도 인간관계(人間關係, human relation)에서 성공을 기대하기 어려워 개인적 역량의 발휘가 차단됨은 물론이고 국가적 손실을 초래하기 때문에 그 의미가 크다. 학이시습에 수신이 가미되어 고도의 정신적 세계에 도달하면 누구를 막론하고 성인이나 군자의 반열에 올라갈 수가 있다. 성인이나 군자가 되면 "천하의 복잡한 세계를 들여다보고 그 세계가 어떠한 모습인지를 형용하여 나타내보고, 그 대상물을 올바로 그려내게 된다. 그 실체화된 모습을 상이라 부른다."[102] 그러므로 성인(聖人)이나 군자(君子)가 되면 오늘날과 같이 우주탐사를 거치지 않더라도, 우주 깊숙이 현장에 가보지 않고서도 우주의 탄생과 진화를 그려보게 되고, 후세에 다가올 그 시대를 살아보지 않고도 후세의 모습을 올바로 터득할 수 있는 능력을 지니게 된다. 유교란 어떤 의미에서 "신이 없는 종교로써 배우고 익혀 수신을 거듭하여 결국에는 성인이나 군자의 반열에 오르는 철학이나 이념을 지닌 성인론

원리로 보고자한다.

101) 『論語』「季氏」"不學禮, 無以立."

102) 최완식, 『周易』(경기도, 혜원출판사, 1998), 258쪽. "聖人有以見天下之賾, 而擬諸其形容, 象其物宜, 是故謂之象."

내지 군자론"[103]이라 필자는 보고 있다. 공자는 성인이므로 오늘날과 같이 고도로 발달된 시대에도 불변하는 효 체계를 완성시킨 것이다.

그래서 입신을 하기 위해서 중요한 점은 태어나서 약 30년 동안은 부모 밑에서 사회적 진출을 위한 토대로서 부모가 아낌없이 제공하는 물적, 재정적, 인적 자원의 투입을 통하여 학이시습은 물론 수기치인(修己治人)의 수신이 토대가 뒷받침 되어야 한다.

중국에서 황제 다음으로 추앙받는 공자는 성인이 되어 이미 수천 년 전에 오늘날의 문명사회가 셀 수 없을 정도로 수많은 공동체로 세분화됨은 물론 전문화되고 복잡하게 얽혀있는 사회적 집단임을 간파하고, 효의 실천윤리로서 마땅히 행하여야할 도리로서 가정 공동체가 필요로 하는 사친의 효, 국가 공동체가 필요로 하는 사군의 효, 사회 공동체가 필요로 하는 입신의 효를 정립한 것이다(夫孝 始於事親 中於事君 終於立身). 이처럼 효는 가정, 사회, 국가 공동체에 뿌리를 내리고 있다.

성장 과정에서 자식은 태어나서 결혼하여 분가하기 전에는 부모 의존기로서 부모가 베푸는 은혜에 대한 보답으로 배우고 익히는 것이 입신을 위한 발판이 된다. 입신은 사회 공동체에서 이루어지므로 그 근본에는 사회적 인간관계가 필연적이다. 다만 자기 삶의 표현이 예(禮)를 통해서 드러나야만 사회적 성공을 보장받을 수가 있다. 과거나 현재, 그리고 미래에도 이러한 논리는 변하지 않는다.

---

103) 필자가 피력하는 유교의 정의이다.

효의 완성은 결국 학이시습이 된 상태에서 예를 통하여 수신한 상태에서 자기가 원하는 사회적 위치로 진출할 때 성공하는 것이다. 그리하여 모범적인 삶으로 성공하여 세상의 모든 사람들이 우러러 볼 수 있도록 우뚝 서고, 높은 지위로 올라가서, 자기 삶을 완성해 가면서 거기에 합당하고 정당한 경제적 소득을 창출하여 부모와 가족을 부양하면서 부모님을 명예롭게 해드리며, 후세에 영원히 이름을 남기는 일이다. 이것이 전통적 의미에서 궁극적인 효의 완성이다.

입신을 이루고 성공적인 완성을 지속하려면 많은 '근신절용'[104]이 따른다. 거기에 합당한 많은 물질적인 후사가 뒤따르기 마련이다. 그러나 물질적인 대가에는 반드시 정당성이 뒷받침 되어야 한다. 그렇지 않으면 그 영화로움은 오히려 반전되어 입신으로 출세한 인생을 그릇되게 만들 수 있기 때문이다. 이러한 사례는 특히 공직자는 물론이고 어느 사회에서도 치명적이다. 효 윤리의 하나인 올바르고 마땅해야할 의로움(誼, righteousness)에 어긋나는 일을 행함은 천지인(天地人) 어느 누구의 도움도 받을 수가 없다. 천 · 지 · 인에 내재된 운행 및 작동체계의 원리에는 의로움으로 움직이는 효 윤리[105]가 개입되기 때문이다.

입신의 영역은 필자가 주장하는 알고리즘의 효에 의하여 변환된 단계별 현대 효 완성 모델의 기본적인 골격을 제공해 주고 있다.

---

104) 『古文孝經』 「庶人章」 "謹身節用."
105) 『古文孝經』 「三才章」 "天之經也, 地之誼也, 民之行也."

사례1 : 카네기의 삶과 입신

카네기의 유년기 삶은 기구하였다. 유럽 사회가 산업혁명으로 과학기술의 발달, 산업화에 의한 공장의 대량 생산력과의 단순 수공업에 의한 생산력의 차이로 인하여 수많은 수공업자들이 경쟁력을 상실하여 제품을 제조, 판매하지 못하여 실업자로 전락하는 신세가 되었다. 하루의 끼니를 걱정해야하는 신세가 된 것이다. 그러한 상황이 전개되는 영국 스코틀랜드, 던펌린(Dunfermline)에서 가내 수공업자의 가난이 찾아온 사회적 변환기에 태어났다.

카네기는 그럼에도 불구하고 어떻게 해서라도 이러한 문제를 해결하려는 정직한 아버지의 모습을 보면서 성장하였다. 아버지의 모습이 카네기에는 그야말로 삶의 모델이었다. 카네기의 유산은 청빈한 집에서 태어나 아버지는 규범자, 지도자, 조언자이며 때로는 좋은 친구이었다. 어머니는 위기 때마다 가난을 물리치는데 조력하였다. 구멍가게, 신발 꿰매는 구둣가게 아르바이트 등으로 가족을 위기에서 구해냈다.

부모를 도우면서 조금이라도 가난을 극복하려는 마음으로, 이모부 집에서 아르바이트 도중에 스코틀랜드의 역사와 영웅을 배웠다. 카네기는 가족 공동체에서 부모를 호강시켜드려야겠다는 효심, 이모부가 가르쳐준 스코틀랜드의 영웅에 대한 역사를 알고서 느끼는 애국심으로 가득 찬 충(忠)이 어린 카네기의 마음속에 자리를 잡았다.

어린 시절 가난에 찌든 부모님을 호강시켜드리려고 학교에 가고 싶다고 말하기 전까지는 학교에 보내지 말아달라는 카네기의 부탁을 부모님이 약속하였다. 그래서 8살에 학교에 입학하였다

(영국은 5살에 1학년으로 입학함).

파산한 아버지를 따라 1848년 5월 7일 아버지 나이 43살, 어머니 나이 34살, 카네기 13살, 동생 5살에 던펌린을 떠나 미국으로 가는 이민 길에 올랐다. 카네기 머리에는 항상 가족의 명예, 독립심, 자존심을 위해서 공헌한다면 어떠한 어려움도 극복해낼 수 있었으며, 이를 통하여 위안을 얻을 수 있었다. 카네기는 높은 이상을 꿈꾸며 언젠가 틀림없이 좋은 일이 일어나 상황이 바뀔 것이라고 굳게 확신하고 있었다. 그것이 어떤 날일지는 전혀 상상하지 못했지만 그저 충실하게 자신의 일을 하다보면 그 날이 올 것이라고 굳게 믿었다.

청년들은 흔히 말하는 하찮은 일에 신들의 선물이 담겨 있다는 사실을 기억해야 할 것이다. 나는 모두 밑바닥에서부터 일을 배웠다. 그리고 초등 5학년 밖의 지식이 없는 카네기에게 도서관의 이용은 지식이 흘러들어오는 창문을 달아준 격이었다.(앤더슨 대령의 400권의 도서관 출입권을 얻음)

드디어 전신국 배달기사에서 지배인인 글래스 대령의 외출 시에는 업무를 대행하는 기회가 찾아왔다. 그 대가로 11달 25센트에서 13달라 50센트를 받았다. 나는 현기증이 났다. 내가 꿈을 꾸고 있는 것은 아닌지 내 귀를 의심했다. 또한 30km 떨어진 필라델피아 전신국으로 전신기사로 파견근무의 기회가 주어졌다. 전신기사보로 승진 발령을 받으면서 월수입도 25달라로 올라갔다.

전신기사 송수신 과정에서 폭풍우로 누락된 단어부분을 보충하는 기술이 탁월하였다. 특히 영국사정에 밝아 영국기사에는 거의 완벽하게 복원능력을 보유함으로써 언론사에서 뉴스 복사본을 5부씩 작성해주면 5 복사 본당 1달러를 지불, 월수입이 30달라가 되었다.

아버지는 배운 기술이 직물직조이라서 식탁보를 짜서 1개월에서 3개월 동안 팔러 다니는 행상을 하고 계셨다. 항상 마음속에 존경의 대상인, 훌륭하신 아버지가 이런 초라한 여행을 해야 하는 모습을 볼 때마다 너무나 화가 났다. 그러나 나는 "걱정하지 마세요, 아버지, 어머님이 자가용 마차를 타실 날이 그리 멀지 않았어요." 라고 말하며 북받치는 감정을 억눌렀다. 그런 모습을 보여주길 싫어하셨던 부친은 나를 볼 때마다 "앤드루 카네기, 나는 너를 자랑스럽게 여기고 있다."라고 자랑스러워 하셨다. 그러던 중 서부여행에서 돌아오신 뒤 얼마 안 되어 부친이 돌아가셨다.

1953년 2월 1일. 펜실베니아 철도회사의 사무원 겸 전신기사 발령을 받으면서 월 25달러에서 35달러로 초고속 승진을 하였다. 18세의 나이로 초고속 성장한 소년이 맞이하여 감당해내기 어려운 나이든 사람들이 행하는 선악의 세상인, 화물열차 차장, 제동수, 화부 등과 접속을 통하여 더 많은 세계를 들여다 볼 수 있는 기회를 얻게 되었다.

그는 일생일대의 대실수를 저질렀다. 철도회사 관할 본부에 가서 월급을 돈과 수표뭉치로 수령하여 돌아오는 길에 철도 객실에서 진동으로 땅에 추락되었음을 나중에 발견하고, 즉시 기관사에서 가서 기차를 되돌려 달라고 부탁했고, 다행히 기관사가 부탁을 들어 주었다. 몇 마일 전에 떨어뜨린 것이 분명하니 이를 뚫어지라 쳐다보았다. 강둑에서 수십 센티밖에 떨어지지 않은 곳에 돈과 수표뭉치가 든 봉투가 떨어져 있는 것이 발견되었다. 이 사실은 기관사, 화부 그리고 나만의 비밀로 하기로 굳게 약속하였다.

젊은이들은 모두 자신들의 업무영역을 초월해서 더 큰 일을 향해 매진해야한다. 무엇인가 상사의 눈길을 끌만한 일을 해야 하는 것이다. 스콧의 업무를 대행하는 일이 벌어졌다. 엄밀한 의미에서는 월권일 수도 있는 일이었다. 열차사고로 모든 객차와 화차가 정지상태가 지속되자 스콧의 명령으로 급행열차와 화차를 출발시켰다. 여러 가지 업무상의 공로를 인정받아 1856년 롬버트씨의 뒤를 이어 펜실베니아 철도회사의 책임자로 승진하였다.

어머니는 처음 보는 파출부를 가족이라는 울타리에 들이는 것은 달갑지 않게 생각하셨던 것이다. 두 아들을 보물이라고 여기셨던 어머니가 아무리 힘든 일도 고생이라 여기지 않으셨다. 아들을 위해 식사준비, 세탁과 옷 수선, 잠자리 돌보기, 청소 등을 직접 하셨다. 어머니의 진심어린 사랑과 헌신을 대신해 줄 수 있는 것은 아무도 없었다.

가난한 집안에서 자라나는 아이들은 따뜻한 애정과 친밀한 가족관계와의 유대관계 속에서 자라나기 때문에 유복한 집안에서 자라나는 아이들보다도 강한 사랑을 느낄 수 있는 것이다. 그런 관계 속에서 아버지는 카네기에는 교사이자 친구이며 또 좋은 조언자이셨다. 어머니는 유모, 바느질을 하는 사람, 가정교사, 선생, 친구, 영웅, 성인 등을 하나로 합친 소중한 인물로 부유한 아이들은 절대로 느낄 수 없는 존귀한 경험을 카네기에게 베풀어주신 것이다.

민주주의 국가에서는 정치적 부패가 항상 화제가 되고 했는데 군주제 국가에서는 돈이 아니라 작위가 사람들을 현혹시켰다. 중요한 것은 국민의 양식과 양심만이 정치적 부패를 막을 수 있는 유일한 방법인 것이다.

1864년 피츠버그에 레일 회사를 설립, 스피리얼 철공소와 용광로를 건설하였다. 1866년 피츠버그 기관차 제조회사를 설립하였다. 100달러를 주고 매입한 주식이 1906년에는 3,000달러에 거래되었다. 사훈은 "최고의 제품만을 만든다." "작은 도토리에서 커다란 떡갈나무가 자란다."로 내걸었다.

바람이 제일 강한 곳에서도 끄떡없는 철교를 제작하고 건설하여 납품하였다. 단순히 운이 좋아서가 아니었다. 우리는 최고의 재료를 최대한 활용했던 것이다. 우리는 자신들의 작업을 엄격하게 검사하고 안전한 것을 만들 수 없다면 절대로 손을 대지 않는다는 방침을 고수하고 있었다. 우리 능력 이상의 것을 부탁하거나 과학적으로 절대로 불가능한 디자인의 다리를 건설해 달라고 할 때는 확실하게 거절하였다. 이러한 영업 방침이 성공의 비결이었다. 시간이 오래 걸리지만 성공한 뒤로는 순풍이 돛단배처럼 나아간다.

나는 긴 인생을 통하여 정직하지 못한 회사가 성공하는 것을 결코 보지 못하였다. 사업에 성공하기 위한 근본적인 원칙은 그 일의 중요성과 질에 달려 있다고 굳게 믿었다. 그는 철강업을 통하여 미국에서 손꼽히는 대부호가 되었다.

카네기는 부의 축적을 멈추고 부를 분배하는 일을 시작한 지 벌써 14년(1914년)이라는 세월이 흘렀다. 그리고 영국과 미국은 혁명이 아니라 혁신에 의거 진보하고 발전해야 한다는 것을 금과옥조로 여기며 법과 질서를 존중하는 나라로 흔들림 없는 동맹관계라는 것에 의심의 여지가 없다고 굳게 믿었다. 만나는 사람을 보면 그 사람을 알 수 있으며, 또한 그 사람이 하는 말을 들으면 그 인물 됨됨이를 알 수 있다는 것도 사실이다.

그는 마침내 어머니를 앞세우고 가족을 마차에 태우고 고향 던펌린에 금의환향함으로써, 그토록 부모님을 호강시켜드리려고, 이루고자 했던 어린 꿈을 마침내 이루었다. 그리고 자선사업, 동부의 유명한 카네기 멜론 대학교, 수많은 도서관 등 사회적 공헌 사업에 헌신하였다.

단원 토론

문제 1. 입신의 의미를 정의해 봅시다.

문제 2. 입신의 완성은 어떻게 단계별로 이루어지는지를 토론해 봅시다.

문제 4. 수많은 입신 사례를 구해봅시다.

문제 5. 입신을 지속하려면 어떤 요인이 따라야 하나요.

문제 6. 수많은 입신은 어떻게 가정과, 사회, 국가 발전에 동력을 제공해줄 수 있나요?

문제 7. 현대적 의미의 입신은 어떻게 설명할 수 있습니까?

XI. 땅의 이득과 부모부양, 효 · 충의 상관관계

효는 가정, 사회, 국가를 아우르는 통합적 철학과 이념을 제공해주면서, 자기 자신과 모든 공동체의 성장과 발전은 물론이고 생존과 번영을 가져다주는 실천윤리이다. 그래서 공자는 "효(孝)는 하늘이 만들어주는 계절의 변화에 따라 땅의 이득(地之利)을 취하고, 몸을 삼가고 아끼고 절약하여, 이로써 부모를 부양하는 것이다."[106]라고 하였다.

이 말의 뜻에 따라 효를 파자해보면 그 뜻이 더욱 명확해진다. 앞에서 효의 뜻을 약 15가지로 요약하였으나 필자는 생존과 번영의 윤리를 효의 성질로 보고 효를 임의로 파자하고자 한다. 효를 파자해보면 공자가 의도한 바대로 가정, 사회, 국가 공동체를 모두 통합적으로 최적화하여 생존하고 번영하는 데 가장 적합한 실천 윤리개념이라는 점이 밝혀진다. 필자가 파자한 전개식은 후술하는 가정과 국가, 효와 충의 관계의 알고리즘을 설정하는 데 중요한 역할을 해주고 있다.

효(孝)라는 한자(漢字)를 파자해서 나름대로 그 의미를 정의해보면 다음과 같다. "자식이 땅(土)의 이득을 취하여, 몸을 삼가고 땅의 이득을 아끼면서, 절약하여 비축한 땅의 이득으로 부모를

106) 『古文孝經』 「庶人章」 "因天之時, 就地之利, 謹身節用, 以養父母, 此庶人之孝也."

부양하는 것, 이것이 백성들의 효이다."

부모공경이 최상위 덕목이라면 자식의 도리로서 부모를 부양하는 것은 은혜에 대한 보답이라 아니할 수 없다. 이러한 번영과 생존의 윤리가 바로 가족 공동체의 효에서 나오고 있다. 효(孝)라는 문자가 만들어진 성질의 이면에 필자는 자식의 도리란 하늘의 변화가 만들어주는 시기에 맞춰 땅의 이득을 취하여 부모공경의 도리로서 부모를 부양함으로서 공동체의 생존과 번영의 윤리로 해석하고자 한다. 알고리즘 적용을 위하여, 가정의 효와 국가를 위한 충의 관계를 설정하기 위하여 효의 글자를 필자의 의도에 따라 자의적으로 파자하면 아래와 같다. 아래 식을 이용하면 가정 공동체가 어떻게 자급자족이 가능한 마지막 단계의 궁극적 공동체인 국가를 구성해나가는지를 보여주게 된다.

효(孝) = 土(흙 토) + ノ(삐칠 별) + 子(자식 자)

자연 특히 땅의 이득은 가정과 사회, 국가의 생존과 번영을 위한 토대이다. 자연은 땅위의 모든 생명체를 만들어내고 또 모든 생명체를 거두어간다.[107] 이러한 가정과 국가의 생존과 번영에 관한 모든 것들이 바로 땅의 이득에서 비롯된다. 인간은 땅의 기운을 받은 각종 음식물을 섭취해서 자신의 육신을 만들어내고 유지하게 된다.

하늘의 변화를 살피면서 살아가는 지성체에게 땅의 이득은 인

107) 박호성, 『공동체론』(경기도, 효형출판, 2009), 490쪽, 생명(生命)이란 바로 자연에서 오는 것이다. 자연은 생명을 부여 했듯이 자연은 역시 죽음을 부여하였다.

간의 생존에 직접적인 영향을 주게 된다. 그리고 결국 몸이 생명 활동을 멈추면 결국에는 흩어져서 생명을 내어준 본래의 자연인 땅으로 되돌아간다. 즉 자연과 합쳐지는 것이다.[108] 인간은 결국 생명을 내어주는 땅의 일부이고, 우리 몸은 생명을 거두어가는 땅의 일부인 것이며, 궁극적으로는 이러한 모든 것은 모두 우주에서 온 것이다.

하늘이 만들어 주는 변화에 따른 땅의 이득(就地之利)인 각종 곡식, 각종 재료, 각종의 과학기술 등을 취하면서 생존하다가 결국은 땅의 일부로 되돌아가는 생명주기를 지니는 유한성을 갖는 지성체가 인간이다. 이처럼 땅의 역할은 생명을 내어주고 거두어 간다는 점에서 인간에게는 부모와 같은 존재이다. 마찬가지로 하늘의 변화에 따라 땅위의 생명을 자라게 해주는 하늘과 땅은 부모와 자식과의 관계와 같이 효의 고리로 연계되어 있다. 이것이 바로 천, 지, 인이 땅의 이득을 통하여 우주 공동체 및 인류 공동체가 상호 어긋나지 않고 마땅하고 올바르게 인간의 생존과 번영에 어떻게 효의 원리가 작용하고 있는가를 보여주는 공동체의 모습이다.[109]

인간은 또한 자연의 일부로서[110] 자연과 공동체일 수밖에 없다. 그렇기 때문에 효를 부자지간의 단순한 관계가 아닌 천, 지, 인이 결합하는 윤리로 확장되어질 수 있는 것이다. 왜냐하면 효는 우주 공동체가 만들어주는 하늘의 변화에 따라 인류 공동체는 땅의 이득을 취하여 부모를 공경하고 부모를 부양하는 생존과 번

108) 위의 책, 492쪽.

109) 『古文孝經』「庶人章」子曰 "因天之時, 就地之利, 謹身節用, 以養父母, 此庶人之孝也.." + 「三才章」"天之經也, 地之誼也, 民之行也."

110) 박호성, 『공동체론』(경기도, 효형출판, 2009), 556쪽. 우리는 땅의 한 부분이고, 땅은 우리의 한 부분입니다.

영의 윤리를 하늘이 효라는 가정 공동체 윤리로서 완성시켜주기 때문이다.[111] 특히 인간은 자연의 일부로서 자연과 공동체 관계에서 자연과 결합하지 않고서는 한 순간도 살아나갈 수가 없다. 여기에 다른 인문학에서는 살펴보기 어려운 심오하고, 광범위하면서, 복잡한 특성이 효 윤리에 내재되어 있는 것이다.

인간은 생존과 번영에 필요한 모든 자원과 과학기술, 재료 등은 모두 땅에서 얻어내고 있다. 이 모든 것은 땅의 이득의 일부일 뿐이다. 인간은 자연의 법칙에 존재하지 않는 새로운 법칙이나 물성, 그리고 물질을 만들어 낼 수도 없다.[112] 그러므로 자연은 우리에게 모든 과학기술과 자연의 법칙, 물성과 원재료을 제공해주는 원천자이며 해결자이다. 부자지간의 효 공동체인 가족 공동체의 생존과 번영 역시 그 근본은 자연과학적 '땅의 이득(地之利)'에 뿌리를 두고 있다.

효는 이와 같이 가정, 사회, 국가에 뿌리를 내리고 있을 뿐만 아니라 과학기술의 발달, 산업화, 도시화에 필요한 모든 무형의 기술인 소프트웨어(software)와 하드웨어(hardware)를 내어주고 있다. 그래서 효는 자기 삶을 지배하면서 가정과, 사회, 국가를 움직이는 통합적 철학과 이념을 제공해주고, 가정과, 사회, 국가의 성장과 발전, 생존과 번영에 필요한 모든 원재료와 기술을 내어주는 원천자이고 해결자인 셈이다.

오늘날 자연과학 기술의 발달과 산업화로 인하여 땅의 이득을

111) 『古文孝經』「庶人章」"因天之時, 就地之利, 謹身節用, 以養父母, 此庶人之孝也.."

112) 『성경』「전도서」1:9 이미 있던 것이 후에 다시 있겠고 이미 한 일은 후에 다시 할찌라 해 아래는 새 것이 없나니

취하는 격차가 공자가 살았던 그 당시와는 너무나 과할 정도로 심하게 벌어져있다. 땅의 이득으로 세상이 변해버린 오늘날 효 윤리 역시 과학화, 현대화 내지는 재해석하고 재정립하는 과정을 거치지 않고서는 시대적 사명을 다할 수 없다고 판단된다. 효가 아무리 정신문명이라 하지만 땅의 이득을 통한 물질을 취하지 않고서는 고도로 지능화된 현대사회에서는 지성체의 정신활동은 고사하고 효의 실천도 불가능해진다.

컴퓨터나 인공지능이 아무리 훌륭하다 하더라도 전기의 공급 없이는 작동하지 못하는 원리와 같이 정신문명 역시 땅의 이득을 통하여 육체가 필요로 하는 여러 종류의 물적 에너지 자원의 공급 없이는 정신활동을 지속할 수가 없기 때문에 더욱 그러하다.

아울러 아무리 좋은 효 윤리라고 하여도 실천방법을 바꾸지 않고서, 낡은 옷을 입은 사친, 사군, 입신만을 요구한다면 아무도 쉽사리 응하지 않으려고 한다. 이는 마치 우리가 어렸을 때 주판이 속산의 우상이라고 하던 시대를 까마득히 잊어버린 현대에 전자계산기 대신 주판이나 계산척을 사용해달라고 주문하는 것과 같기 때문이다. 이는 마치 태엽과 톱니로만 돌아가는 시계가 정통이고 전자시계, 원자시계, 세슘원자시계는 시계가 아니라고 주장하는 바와 같다. 만약 톱니와 태엽으로 작동하는 시계만 고집하고 알고리즘으로 작동하는 시계를 거부하는 사태가 벌어진다면 오늘날의 컴퓨터 문화와 문명은 존재하지도 못하고, 존재할 수도 없다.

과거와 현재, 그리고 미래에 있어서도 가정, 사회, 국가 공동체를 성장, 발전시키고 구동시키는 에너지의 원천자는 변함없는 땅의 이득을 취하여야하는 효 윤리이다. 앞서 말한 바와 같이 효는 반만년 동안 우리나라를 움직여 왔으며, 국가 공동체를 움직이는 동력원으로써 끊임없는 통합적 철학과 이념의 구동 에너지를 공급해 왔다.

가정 공동체의 효라는 "문화는 자원이고 그 자체가 권력이다. 왜냐하면 문화는 무형의 상징적 자본의 성격을 지니고 있다. 무형의 상징적 자본은 부자지간이나, 개인 간에, 혹은 세대 간에 현금처럼 전해줄 수는 없다. 그러나 마치 현금처럼 축적된 저축 량에 따라 권력과 영향력의 강도가 결정될 수 있기 때문이다."[113)]

그러므로 우리나라의 경우, 효 문화에 깃들어 있는 효 윤리는 적어도 땅의 이득을 통하지 않고서는 모든 공동체를 구동시키는 독특한 에너지를 공급해 줄 수가 없다. 이러한 효 윤리는 과거는 물론, 현재와 미래에도 대한민국을 움직이는 문화자원으로써 잠재적 힘을 여전히 유보하고 있다.

그렇다고 한다면 효에는 어떠한 에너지가 숨어 있는지를 과학적으로 살펴볼 필요가 있다. 전통적 효 윤리를 재해석하여 이를 재정립한다면 재정립된 효 개념을 통하여 다음 세대에게도 반만년 동안 대한민국을 움직일 전통적 구동 에너지에서 새롭게 변환된 알고리즘의 '현대 효 모델'[114)]로 변환시켜 작동하게 해줄 것이다. 필자는 나름대로 전통적 효의 사친, 사군, 입신의 효 윤리를 현대 고등수학인 라플라스 변환 개념과 알고리즘이라는 수학적 연산 논리공식을 이용하여 알고리즘으로 작동하는 효를 추론하

113) James Davision hunter 저, 배덕만 역, 『기독교는 세상을 어떻게 변화시키는가』(서울, 새물결플러스, 2014), 65쪽. 문화는 자원이며, 그 자체로 권력이다. 문화는 상징 자본의 성격을 지니는데 상징 자본은 세대간, 개인 간에 쉽게 전달될 수 없지만 돈처럼 축적이 가능해서 축적된 수준에 따라 권력과 영향력의 강도가 결정된다("명제4: 문화는 자원이며, 그 자체로 권력이다").

114) 필자는 5개의 현대 효 모델을 전개하였다.

게 되었다. 이처럼 효는 초인격체로서 성장, 발전하여 거대한 국가 공동체는 물론이고 기본적 단위 공동체인 가정 공동체를 움직이게 하는 무한한 문화자원이고 에너지 자원으로서 원천적 해결자 역할을 충분하게 해낼 수 있다. 그러므로 이를 구체적으로 실체화하여 가정, 국가, 사회를 구동시키는 우리만의 독특한 문화에너지 자원으로 활용할 필요가 대두되고 있다.

효는 질량을 지닌 물체가 아닌 비물질이므로 효 윤리에서 나오는 에너지는 물리적으로 뉴턴 역학적 에너지가 아닌 양자역학적[115] 에너지처럼 질량이 없는 에너지와 같다. 왜냐하면 부자관계에서 나오는 효 윤리는 질량이 없는 입자 즉 양자(일종의 입자)와 같은 성격을 지니므로 일정한 시간이 경과된 후 행동이 멈춰지는 단속성 운동으로 끝나지 아니하고 영속성을 지니고 영원히 운동을 계속하기 때문이다. 효 윤리는 일단 한번 운동을 시작하면, 주어진 자기 삶의 영역에서는 삶이 끝날 때까지 절대로 멈추지 못한다. 즉 태어나서 생명활동이 시작되면 죽을 때까지 효 윤리 활동을 정지시키지 못한다. 아무리 효율이 좋은 골프공이라 하더라도 뉴턴 역학적으로 골프공을 떨어뜨리면 얼마 후 골프공은 반드시 운동을 멈추고 지표면에 정지하고 마는 단속성 운동의 성질을 지닌다. 그러나 양자역학에서는 골프공이라는 질량이 없는 효 입자를 떨어뜨리면 효 입자는 정지하지 못하고 영원히 운동을 지속하게 된다.[116] 이런 원리로 가정, 사회, 국가가 정지되

115) 양자역학이란 측정이 불가능하여 수학적으로만 존재하는 물리적 세계이다.

116) 리언 레더만(1922~) 크리스토퍼 힐(1951~) 저, 안기연 역, 『대칭과 아름다운 우주』(서울, 도서출판 승산, 2012), 286쪽. 양자역학 쉐르딩거진동 : 골프공을 떨어뜨리면 되튀기를 반복한 후 정지(고전).최저진동 : 질량이 없는 입자상태의 공은 전혀 다른 세상으로 파동을 이루며 진동을 계속.

지 못하고 영속적으로 돌아가는 것이다.

효는 질량이 없는 입자, 즉 개인의 마음속에 개념적으로만 존재하는 정신적 입자와 같은 성질을 띤다. 윤리는 사람을 움직이는 목적이나 행위의 법칙으로 움직이는 입자와 같은 성질을 지니고 있으므로 영원히 운동을 지속한다. 공동체를 움직이는 양자역학과 같은 입자가 효 윤리이고 또한 효 윤리로서 인간의 목적이나 행위의 법칙에 따라 인간이 출생한 이후 살아 있는 동안 한순간도 효라는 윤리적 활동을 멈출 수가 없는 존재가 인간이다. 그러므로 효 윤리는 땅의 이득을 통하여 부모 부양뿐만 아니라 가정, 사회, 국가라는 모든 공동체가 생존하고 번영하는 데 필요한 에너지를 제공해주는 통합적 철학과 이념의 원천자이고 해결자이다.

가족 공동체와 국가 공동체는 가장 강한 형태의 철학적, 이념적 공동체간의 결합이다. 그 결합을 매개해주는 요소가 땅의 이득이다. 땅의 이득은 가정, 사회, 국가 공동체가 필요로 하는 모든 철학과 이념, 재료와 과학기술, 정치, 경제, 문화 등을 성장, 발전시키고, 생존과 번영을 보장해주는 원천자이고, 해결자이다. 이러한 논리 전개는 후술하는, 땅의 이득을 통하여 가정과 국가, 효와 충의 관계를 통하여 현대 효의 특성 모델을 구성하는 데 중요한 역할을 담당하고 있다.

사례1 : 산업혁명과 가족제도의 변화

효(孝)는 그 문자를 파자해보면 土(흙 토) + 丿(삐칠 별) + 子(아들 자)로 되어있다. 한자 공부를 많이 하신 분들은 이러한 파자를 어불성설(語不成說)이라고 극렬히 반대하고 있다. 그러나 필자가 실행하는 이러한 파자는 『효경』「庶人章」에 근거하고 있다. "효란 하늘이 베풀어주는 변화에 따라(因天之時) 자식이 땅의 이득을 취하여(就地之利) 신체를 보존하면서 아끼고 절약하여(謹身節用) 자식된 도리로서 부모를 부양하는 것(以養父母)이 백성들의 효(此庶人之孝也)이다."라고 분명히 하였다.

이러한 논리를 전개하여야만 동서양의 성현이나 학자들이 국가의 근본이 가족 공동체임을 증명하는 알고리즘을 만들어준다. 과거 농경사회나 중세 암흑기 이전에 땅의 이득이란 모든 것이 1차 산업 즉 곡물재배나 목축업, 어업 등의 단순 노동력에 의존하여 가족 공동체를 부양하였으므로 일정한 인구수가 증가하면 언제나 한계 상황이 대두(擡頭)하였다. 그 위기상황을 느낀 지도자들이 인구 조절을 위하여 전쟁이라는 극단적인 조치를 취하지 않았나 판단된다. 아무튼 지구상에는 끊임없이 전쟁과 약탈이 지속되었다.

산업혁명 이후 과학기술의 발달과 산업화, 도시화라는 각 나라의 성장과 발전에 요구되는 공동체의 요소요소(要所要所)마다 수많은 인적자원을 필요로 하는 일자리가 창출되었다. 그리하여 부모는 자식을 부양하고 할아버지와 할머니를 부양하는 시대가 된 것이다. 우선 과학기술을 발달시키려면 초·중·고교, 대학교, 연구소 등에 수많은 일자리를 필요로 한다. 이를 산업화하면 더 많은 일자리가 창출된다. 비행기 하나를 제작하려면 약 100만개의 부품이 필요하다. 이를 제조하려면 약 10만개의 부분품 제조공장이 필요하다. 오늘날과 같이 집집마다 소유한 1인 1자동차 시대에 1대의 자동차를 제조하려면 약 3십 만개의 부분품이 필요하고 이를 제조하는 데는 약 3만의 부분품 제조 공장이 가동되어야 한다. 따라서 부분품 제조 회사 간의 공동체에 더욱더 협력적 태도를 취하지 않으면 오늘날은 생존이 불가능한 시대가 되었다.

과학기술이 발달하고 산업이 고도화될수록 그 만큼 더 많은 일자리를 필요로 하는 시대가 찾아온 것이다. 여기에는 가족제도에도 수많은 변화가 진행되었다. 대가족 제도에서 핵가족 내지 소가족 중심주의로 변화하였고, 지금은 1인 가족 시대가 진행 중이다.

단원 토론

문제 1. 가정과 국가는 어떤 관계에 있는가?

문제 2. 효와 충은 어떤 관계에 있는가?

문제 3. 땅의 이득을 매개로하여 어떻게 효와 충이, 가족과 국가가 연계되어지는가를 연구해 봅시다.

문제 4. 통치 대상물은 어떻게 결정되는가?. 최고 통치자가 통치해야할 대상물을 말해봅시다.

문제 5. 나와 가정, 사회, 국가와의 관계를 설정하고 그 위상을 말해봅시다.

문제 6. 효는 가정, 사회, 국가에 무엇 때문에, 왜, 어떻게 통합적 철학과 이념을 제공해줍니까?

문제 7. 효는 가정, 사회, 국가에 무엇 때문에, 왜, 어떻게 성장과 발전, 생존과 번영을 제공해줍니까?

XII. 전통적 인성

『성경』에 인간은 흙으로 빚은 자연의 실체인 신체와 하늘이 빚어낸 영적인 실체가 합성된 지성체임을 밝혀 두고 있다.[117]

따라서, 인간이 인성(人性, human nature)을 논한다는 것은 매우 힘든 고난도 작업이다. 왜냐하면 컴퓨터가 스스로 컴퓨터가 무엇인지를 스스로 알아보고 정의(definition)하는 것과 같다. 컴퓨터를 설계하고 제조하는 주체는 컴퓨터 스스로가 아니라 인간이기에 그러하다. 컴퓨터를 제조하려면 수많은 알고리즘(algorithm, 수학적 논리공식)을 수용하고 작동시킬 수 있는 하드웨어(컴퓨터 부분품, hardware)가 필요하다. 여기에 더하여 컴퓨터를 스스로 작동시키는 운용체계가 필요하고, 데이터 처리용 소프트웨어(컴퓨터를 작동시키는 알고리즘의 언어)가 필요하다.

인간을 인간이 어떠한 존재인지를 알아보려는 노력은 결국 허튼 노력이지만 어느 정도까지는 정량적(定量的, quantitatively)으로, 정성적(定性的, qualitatively)으로 분석(分析, analysis)이 가능하다고 판단된다. 앞서 언급한 바와 같이 인간은 어떠한 이념과 철학을 초월한 통념성과 시대를 초월한 통시성, 그리고 종

117) 『성경』, [코린트1서], 15:45~49

교를 초월한 통교성을 초월한다 하여도 오로지 '생각(thought)과 말(word)과 행위(deed)'[118]를 통하여서만이 자신을 들어내고 타인을 관찰할 수 있는 존재이다. 철학적으로, 이념적으로, 또는 상상을 통하여, 또는 인간관계를 통하여 이루어지는 모든 매개물은 위의 3요소를 제외하고는 이루어지지 않는다. 따라서 인간은 정성적으로는 인성의 소유자이며, 정량적으로는 인격(人格, personality or human character)의 소유자이다. 이를 논리적 수학공식 즉 알고리즘을 빌려 표시하면 아래와 같다.

인 간 = Σ(인성 + 인격)

필자는 인간을 정성적으로 분석할 때 인성이란 "하늘의 명에 의하여 태어날 때 심어준 알고리즘으로, 인간의 말과 행위를 불러오는 총체적인 두뇌작용으로 볼 수 있다. 다만 삶을 수용하고 지배하는 가정, 사회, 국가 공동체의 요구에 부응하여 우호적일 때 그 사람으로 인성은 일반적으로 긍정적(肯定的, positive)이라고 볼 수 있다."[119]

이를 알고리즘으로 요약하면 다음과 같다.

인 간 = Σ(생각 + 말 + 행위)

여기서 인성 = 말과 행위를 불러오는 총체적인 두뇌작용,

인 격 = 생각에 의거 외부적으로 들어나는 총체적인 말과 행위

---

118) Life in Christ revised edition, p192

119) 인성에 대한 필자의 정의(definition)이며, 그 의미에는 인성이 왜 중요한가를 담고 있다.

인　간 = Σ(인성 + 인격)

상기 공식을 통하여 완성된 알고리즘 식을 요약하면 인성이란 그 사람의 생각으로 요약되고, 인격이란 그 사람의 말과 행위로 요약된다. 상기 알고리즘 식은 『성경』의 경전에 기반을 둔 정의이다.

인성과 인격을 또 다른 의미에서 논해볼 수 있다. 끈 이론(string theory)에서 우주의 탄생모델이 하나가 아닌 것처럼 많은 인성과 인격 모델이 존재할 수 있다.

『효경』, 『맹자』 등을 읽어보면 인성은 하늘에서 내려준 품성으로 되어있다.[120] 따라서 하늘의 뜻에 따르는 올바른 인성이어야 함을 말해주고 있다.

『성경』에서 말하는 인성도 마찬가지의 의미다. “the Spirit gives birth to spirit.”으로 명확하게 표현되어 있다. 인성은 하늘이 내려준 알고리즘으로 인간이 태어날 때 지니는 정신작용으로 되어 있다. 인간의 운용체계로 부여되는 선천적인 인성은 인간의 영역이 아님을 분명히 하고 있다. 육신(肉身, flesh)은 부모한테서 물려받지만(身體髮膚 收之父母, Flesh gives birth to flesh) 인간의 운용체계인 선천적 인성은 부모가 만들어주지 못한다는 말이다.

유교적 의미에서 인성은 따라서 충 · 효 · 예로 들어나게 되어 있다. 이를 정량적, 정성적 의미의 알고리즘으로 표시하면 다음과 같다. 자기의 삶이 완성되는 가정과 사회, 국가 공동체에서 들어나

120) 『맹자』「이루장구 상」 7. 順天者存 逆天者亡. 『성경』 “the Spirit gives birth to spirit.” 성경에서도 인성은 하늘이 내려준 품성으로 되어 있다. 인간의 운용체계인 인성을 작동시키는 알고리즘은 인간의 영역이 아님을 분명히 하고 있다.

는 정성적, 정량적 도구 내지 매개물은 충 · 효 · 예이기 때문이다.

인　간 = Σ(충(忠) + 효(孝) + 예(禮))
여기서 인성 = 충심 + 효심 + 예심,
인　격 = (충언+충행) + (효언+효행) + (예언+예행)

여기서 충 · 효 · 예의 또 다른 등가적 개념을 정량적으로, 정성적으로 분석해보면 인간이 지켜야할 총체적인 법도로써 오상(五常)이 있다. 인(仁), 의(義), 예(禮), 지(智), 신(信)이 그것이다. 이를 마찬가지의 알고리즘 식으로 표현하면 다음과 같다.

인　간 = Σ(인 + 의 + 예 +지 + 신)
여기서 인성 = (인 + 의 + 예 +지 + 신) × 심(心)
인　격 = (인 + 의 + 예 +지 + 신) × 언(言) + (인 + 의 + 예 + 지 + 신) × 행(行)

앞에서 언급한 인성과 인격을 알고리즘으로 요약하면 다음과 같다.

① 인　간 = Σ(인성 + 인격)
② 인　간 = Σ(생각 + 말 + 행위)
여기서, 인성 = 말과 행위를 불러오는 총체적인 두뇌작용,
인　격 = 생각에 의거 들어나는 총체적인 말과 행위
= Σ((인성(=생각) + 인격(=말 + 행위))

③ 인　간 = Σ(충(忠) + 효(孝) + 예(禮))

여기서 인성 = 충심(忠心) + 효심(孝心) + 예심(禮心),

인격 = 충 · (言+行) + 효 · (言+行) + 예 · (言+行)

④ 인　간 = Σ(인 + 의 + 예 +지 + 신)

여기서

인　격 = (인 + 의 + 예 +지 + 신) × 언(言)

+ (인 + 의 + 예 +지 + 신) × 행(行)

상기 알고리즘 식에서 공통분모를 도출하여 인간을 정성적으로 정량적으로 분석해보면 흥미로운 결과를 도출할 수 있다.

인　간 = Σ(인성 + 인격)

= Σ(생각 + 말 + 행위)

= Σ(충 + 효 +예)

= Σ(인 + 의 + 예 + 지 + 신)

따라서 인간을 정성적으로, 정량적으로 분석하면 상기와 같은 알고리즘 식을 구하여 볼 수 있다. 인성이나 인격, 충 · 효 · 예를 통하여, 인(仁) · 의(義) · 예(禮) · 지(智) · 신(信)을 통하여 정성적으로 드러나며 모두 추상적 개념이다. 그러나 생각과 말과 행위는 추상적 개념(생각)과 구체적 개념(말과 행위)으로 분별되어 있다. 인간은 결국 내면적 요인에 의거하여 형성된 생각과 이를 외부적으로 표출하는 두 가지의 수단으로 된 지성체(知性體, intellectual)라는 공통분모를 지닌다. 이를 바탕으로 인성과 인격을 분류해보면 또한 다음의 결과를 얻는다.

인　성 = 생각
= (충 + 효 + 예)심
= (인 + 의 + 예 + 지 + 신) × 심

인　격 = 말 + 행위
= 충 × (言+行) + 효 × (言+行) + 예 × (言+行)
= (인 + 의 +예 +지 + 신) × 언(言)
+ (인 + 의 + 예 +지 + 신) × 행(行)

이러한 과정으로 인성을 들어내므로 각국은 자기네의 문화와 문명에 고유한 교육적 이념을 가지고 성장기의 자녀들을 교육시키고 있다. 이를 사례별로 살펴보면 아래와 같다.

영국의 경우 초등학교에서는 일반적으로 교과서가 없이 각각의 과목별로 학습토론 주제를 정하여 일정시간(2-3개월) 동안 토론을 통하여 학습목표를 달성하도록 가르치고 있다. 이를테면 4칙 연산의 경우 더하기(+, add), 빼기(-, subtract), 곱하기(×, multiply), 나누기(/, devide)를 수업시간에 학습토론을 통하여 습득하므로 수많은 방법이 동원된다. 수많은 창발적 방법으로 더하고 빼고, 곱하고 나누기를 배워가는 것이다. 이러한 과정을 통하여 서로서로 상대방의 이질성과, 동질성, 장단점 등을 자연스럽게 깨닫는다. 역사를 배우는 경우에도 현장을 방문하여 보고서를 작성하고 수업시간에 토론과정을 통하여 서로가 놓친 부분을 배운다. 이런 과정을 통하면서 공동체 정신, 상호 존중과 배려하는 마음 등을 몸에 스며들게 한다.

학교에서는 초등과정에서의 자녀들이 어떠한 성향과 어떠한 특성을 지닌 학생인지를 관찰하고 그들이 성장하면서 어떻게 자기 진로를 찾아가고, 사회와 국가를 위하여 어떻게 기여할 수 있는 인물인지를 파악하는 과정으로 보고 있다. 다음은 유년기에 어떻게 인성 교육을 하는지 효문화국제학술회를 통하여 발표된 각국의 사례를 중심으로 이를 살펴보고자 한다.[121)]

영국의 경우 초등학생에게 인성형성에 영향을 미치도록 가르치는 행동규칙에는 10여 가지가 있다.

① 사고 없이(不敢毁損) 성장하는 것이 성공보다 중요하다.
② 조끼와 바지로 덮인 곳은 다른 사람이 만지면 안 된다.
③ 생명이 최우선이고 재산은 그 다음이다.
④ 작은 비밀은 엄마에게 알려줘도 된다.
⑤ 낯선 사람이 준 음료수나 사탕은 먹지 않는다.
⑥ 낯선 사람과는 이야기를 나누지 않는다.
⑦ 위험할 때는 유리를 깨뜨려도 되고, 가구를 파손해도 된다.
⑧ 위험할 때 자신이 먼저 달려가도 된다.
⑨ 나쁜 사람의 비밀은 지키지 않아도 된다.
⑩ 나쁜 사람에게는 거짓말을 해도 된다.

---

121) 제2회 효문화국제학술회의, 대전효문화진흥원 주최, 2018.10.11. 13:30 - 17:30 중국 인성 교육의 현황 및 사고, 왕비비(산동 사회과학원 연구원 교수), 발표자료 참고

영국의 경우 어린 자녀에게 인성형성에 가르치는 덕목의 첫째가 성공이 중요한 건 사실이지만 성공적인 자기완성보다 불감훼손 즉 다치거나, 질병으로 고통 받는 삶을 벗어나도록 가르침으로써 『효경』의 불감훼손이 효지시야(不敢毁損 孝之始也)라는 말과 상통하고 있다. 나머지는 인간관계시, 대물관계시의 다양한 형태의 주의사항이다.

프랑스의 인성 교육은 크게 3부분으로 나누어져 있으며 이러한 행동규칙은 성장하여 어른이 되어서도 큰 영향을 미치게 된다.

제1부 : 나는 타인에게 이렇게 행동하면 안 된다.
① 놀리지 않는다.
② 피해주지 않는다.
③ 욕하지 않는다.
④ 뒷소리를 하지 않는다.
⑤ 공부로 피해를 주면 안 된다.
⑥ 문구류를 파손하지 않는다.
⑦ 자신을 해하거나 학교기물을 파손하지 않는다.

제2부 : 나는 이렇게 행동하여야 한다.
① 수업시간에 열심히 공부하고 복습을 제때에 한다.
② 수업시간에는 집중하여 공부한다.
③ 선생님을 존경하며 친구들과는 사이좋게 지낸다.
④ 자기의 의견을 적극적으로 발표한다.

⑤ 타인의 말을 경청하면서 순서대로 발언한다.
⑥ 올바른 자세로 수업한다.
⑦ 개인 소지품을 조용히 넣는다.
⑧ 문구류를 올바르게 사용한다.

제3부 : 나는 이런 권리가 있다.
① 공부한다.
② 잘못을 고친다.
③ 친구들의 입장을 존중하면서 자신의 감정을 존중한다.
④ 수업이 종료되면 자신의 학습용품을 스스로 정리한다.
⑤ 휴식시간은 자유롭게 사용한다.

프랑스의 경우에도 인간관계시에, 대물관계시에, 자기개발에 필요한 다양한 형태의 주의사항이다.

일본의 경우에도 성장하여 어른이 된 후에도 인성에 영향을 미칠 수 있는 초등학교 행동규칙이 7가지가 있다.

① 지각하지 않고 등교 후에는 마음대로 외출하면 안 된다.
② 집합신호를 들었을 때 신속하게 지정된 장소로 모인다. 그리고 교실문과 창문을 열 때 소리 나지 않게 해야 한다.
③ 수업시간을 알리는 종이 울리면 바로 자리에 앉고, 조용히 기다리며, 단정한 자세로 공부하며, 잡담을 하지 않는다.
④ 지각과 조퇴를 하는 경우, 담임선생님의 허락을 미리 받아야한다.
⑤ 하교시간을 잘 지켜야 한다. 방과 후 학교 시간을 연장하려

면 미리 선생님의 허가를 받아야 한다.

⑥ 등교시와 하교시 규정된 길로 걸어 다니며, 지름길이나 슈퍼에 가지 않는다.

⑦ 지진, 화재 등 위급한 상황이 발생했을 때 당황하지 말고 선생님의 지시에 따라 신속하게 행동한다.

일본의 경우는 인성형성에 공공질서의 준수가 최우선 하도록 되어 있다. 다른 나라의 어린이와는 사뭇 다르다고 할 것이다.

중국의 경우는 1988년 초안으로 시행되고, 1933년 3월 26일 공식 발표하여 시행하는 초등학교 덕육요강(德育要綱)이 시행되고 있다. 그 주요 내용은 다음과 같이 요약된다.

① 나라를 사랑하는 교육

② 중국 공산당을 사랑하는 교육

③ 국민을 사랑하는 교육

④ 집단을 사랑하는 교육

⑤ 노동과 고군분투를 사랑하는 교육

⑥ 열심히 공부하면서 과학을 사랑하는 교육

⑦ 교양 있고 예절바른 교육

⑧ 민주와 헌법의 초보적 교육

⑨ 좋은 의지, 품격교육

⑩ 변증법적 유물주의 관점의 초보 교육

중국의 경우는 국가, 공산당, 국민, 집단적 공동체가 인격형성에 가장 우선하고 있다.

영국, 프랑스, 일본, 중국의 경우 각각의 국가의 안녕과 질서유지, 성장과 발전, 생존과 소득 창출 등에 필요한 인성교육에 치중하고 있다. 그러나 중요한 점은 이들이 성장하여 기성세대가 되었을 때 가정과, 사회, 국가에 제공하는 각각의 개별적인 철학과 이념이 이미 교육에 의하여 형성된 인성에 의하여 각각의 공동체 집단이 어떻게 작동할 것인지에 대하여 지대한 영향을 미치게 된다는 점이다.

인간의 속성

인간의 속성
인간(경전) = 신체(身體:flesh) + 정신(精神:the Spirit)
인간 = 땅에서 온 육신(flesh) + 하늘에서 온 영혼(spirit)
인간(인문학) = 인성(人性:human nature) + 인격(人格:personality, character)
인간(알고리즘) = 생각 + 말 + 행위
인간(시간함수) = 도가도비상도 명가명비상명 道可道非常道 名可名非常名
가정 · 사회 · 국가 생존 · 번영 = 땅의 이득 + 하늘의 변화

지금까지 논의한 인간의 속성을 요약하면 상기 도표로 요약할 수 있다.

단원 토론

문제 1. 인성의 의미는 어떻게 정의될 수 있는가?

문제 2. 인간은 자신을 총체적으로 어떠한 법도로 표현하는가?

그 도구나 매개물을 토론해 봅시다.

문제 3. 인격과 인성은 어떻게 다른가?

문제 4. 인성과 인격의 요소를 이루는 매개물과 도구는 무엇이 있습니까?

문제 5. 인성 교육은 왜 필요한지를 설명해봅시다.

문제 6. 자기의 인성이 자기 삶의 성공에 어떠한 영향을 미쳤는지를 서로서로 발표해 봅시다.

효학과 인성

효학박사 박일기 지음

제2부

현대화된 효학과 인성

(Modernized Pietynomy & Human Nature)

- 그 철학과 이념 -

Ⅰ. 개념도입

현대적 효 사상은 시대발전에 따라 시대적 수요와 공급에 부응하는 다양성을 가지고 있다. 그러한 다양성 중에서도 성경적 효는 효의 확장성 측면에서나 시대에 부합하는 측면에서 볼 때 『성경』 말씀에 기초하여, 전혀 새로운 형태로 전개된 매우 유용한 현대화된 효사상이다. 그럼에도 효의 본질은 통시성으로 인하여 변하지 않는다는 것을 앞서 피력하였다. 즉 효의 본질은 불변이고 그 실천 방법만이 시대의 변화에 따라 그 위상이 달라 질 수 있음을 알 수 있다. 이는 나중에 현대화된 효와 『효경』의 효를 1:1로 대응하여 살펴볼 기회가 있을 것이다.

성경적 효란 성경의 말씀으로 돌아가서 성경말씀 그대로 효를 실천하는 것을 말한다.[122] 현대 효의 인식에서 3통7효는 중요한 위상을 지니고 있다. 효(HYO: Harmony of Young and Old)의 의미 역시 3통7효와 더불어 노인과 젊은이와의 하모니의 효로서 행복 공동체를 위한 새 시대의 현대화된 효이다.

현대적 효의 출발은 최성규 원로 목사의 3통7효에 있다. 3통의 근본에는 종교간, 이념간, 세대간 화해와 존중, 배려의 정신이 깔

122) 최성규, 『효신학개론』(서울, 성산서원, 2010), 본 내용은 책의 내용을 전반적으로 요약하고 정리한 것임.

려있다. 7효에는 생명존중, 인간의 존엄성, 그리고 공동체 정신으로는 가족사랑, 부모공경이라는 가정 공동체라는 틀을 통하여 현대 효의 출발점을 설정해주고 있다. 7효의 내용에도 고도의 확장성이 들어있다.

첫째가 가정에서의 가족 사랑의 효가 확장하여 나라사랑이라는 국가적 영역에 이르기까지 확대된다.

둘째, 효가 단순한 부모공경으로 국한되지 아니하고, 이웃사랑으로서 이웃의 어른 · 스승 사랑, 어린이 · 청소년 사랑은 물론 공자의 효보다 한발 더 나아가 인류봉사, 자연사랑 · 환경보호의 영역까지 확장된다.

7효는 이처럼 가정 공동체 영역, 사회 공동체 영역, 국가 공동체 영역에 이르기까지 통합적으로 실천적인 효의 원리가 작용하고 있음은 물론이고, 인류 공동체와 자연 공동체의 영역까지 확장되고 있다. 구체적으로, 7효에서 가정적 효는 부모공경, 가족사랑으로 압축되어 있다. 사회적 효는 어른 · 스승공경, 어린이 · 청소년사랑 · 이웃사랑으로, 국가적 효는 나라사랑으로, 세계적 효는 인류봉사로, 나아가 천부사상의 효는 하나님을 아버지로 섬기면서, 인류의 삶과 생존, 성장과 번영의 기반인 땅에 대한 자연사랑 · 환경보호의 영역까지 효의 원리가 확장되어 작용하고 있다.

7효를 실천하는 경우에는 효의 원리가 가정 공동체에서 사회 공동체, 국가 공동체에 작용하는 것은 물론이고, 세계적 효인 인류 공동체, 나아가 하나님을 아버지로 모시는 천부사상의 효와, 자연사랑 · 환경보호라는 자연 공동체에까지 효의 영역이 관계하고 있음을 보여준다. 이러한 무한 확장 사상은 효지대야(孝之大

也)에서 설명된 바 있다.

이는 공자가 가정, 사회, 국가로 한정하고 효지대야의 무한 확장론으로만 설명하였으나, 현대화된 7효의 실천원리에서는 가정, 사회, 국가를 초월하여, 글로벌화된 국제관계, 천부사상, 자연공동체 영역을 아우르고, 이들 공동체가 필요로 하는 효의 정신과 천부사상의 효 · 친부사상 효 · 자연 공동체 존중정신 등이 빠짐없이 반영되어 있다고 판단된다. 이처럼 공자의 효 사상과 현대화된 3통 7효의 효 사상 역시 1:1 대응을 이루고 있다.

3통7효로 현대화된 효 사상에서 중요시하는 가정적 효, 사회적 효, 국가적 효는 물론이고, 인류봉사라는 세계적 효로서 모든 실체적 요소를 수용하고 있으며 나아가 절대적 효로서 창조주의 영역인 삼라만상의 자연 공동체적 효인 자연사랑 · 환경보호까지를 포함하여 통합적 철학과 윤리의 영역을 함축하고 있다. 그러나 이에 부응하여 사친, 사군, 입신을 알고리즘으로나마 변환하여 시대에 부합하는 현대 효 사상을 다소 보완하려는 것이 필자의 의도이기도 하다. 3통7효의 원천이 되는 "효비전 선언문"의 원문을 소개하면 아래와 같다.

효HYO비전 선언문

효는 희망이다. 효가 살면 모두가 산다.

유구한 역사를 이어온 우리 민족의 자랑스러운 유산은 경천애인(敬天愛人)과 홍익인간(弘益人間)의 사상을 바탕으로 모두를 잘 살게 하는 정신이며, 그 선(善) 의지(意志)의 중심축은 효(孝)사상이다. 효孝사상은 우리 민족의 정체성을 발현해

온 원동력이며, 숭고한 정신적 자산이다.

그런데 시대의 급격한 변화는 우리의 삶을 이끌던 올바른 가치관들을 깊은 혼돈에 빠뜨리는 엄혹한 현실을 만들어내었다.

이러한 때에 인간을 인간답게 지켜내고 세대, 지역, 계층간 갈등을 불식시키며, 종교적, 이념적 위화감을 화해와 평화로 용해해 낼 수 있는 힘은 오직 효(孝)정신 밖에 없다.

효(孝)는 삼통이다. 효는 종교와 종파를 포괄하는 통교(通敎)적인 가치이다. 효는 시대와 공간을 아우르는 통시(通時)적인 문화이다. 효는 이념과 사상을 뛰어넘는 통념(通念)적인 정신이다. 효가 살아야 한다. 효가 살면 나라가 산다. 효가 살면 모두가 산다. 효는 사랑을 실천하는 보편적 가치인 것이다.

2007년 7월 2일, "효행 장려 및 지원에 관한 법률" 이 대한민국 국회에서 통과 되었다. 세계 최초이며, 역사적인 사건이다. 정부와 국회, 그리고 "효하는 사람들(HYO People)" 이 힘을 모은 결과로 탄생한 이 법률이 새로운 시대를 여는 패러다임을 제시하게 될 것이다.

이에 우리 효하는 사람들(HYO People)은 21세기 우리사회의 염원인 민족 통일과 인류 평화의 밑거름이 될 것을 엄숙히 다짐하며 다음과 같은 새로운 패러다임의 효(孝)실천을 대내외에 천명한다.

하나, 경천애인(敬天愛人)을 실천한다.

우리 민족은 예로부터 하느님을 경외해왔다. 천손민족임을 자부하였다. 우리나라는 온 국민이 애국가를 부르며 '하느님의 보우하심' 을 기원하고 있다. 하느님을 경외하는 마음으로 모두가 희망을 가지고 서로를 존중하고 사랑한다면 이 땅엔

평화와 행복이 넘칠 것이다. 효는 하느님을 두려워하는 마음으로 사랑을 실천하는 것이다.

하나, 부모 · 어른 · 스승을 공경한다.

우리 고유의 전통 신앙은 물론 유교, 불교, 기독교 등 제반 종교문화가 부모공경을 한가지로 외치고 있다. 내 부모를 공경하는 마음으로 남의 부모를 공경함은 물론 모든 어른을 공경하며, 나아가 삶의 가르침을 주시는 모든 스승을 존경하여 진정한 사도권(師道權)을 확립한다면 화목한 가정, 즐거운 사회, 기쁨 넘치는 교육현장이 될 것이다.

하나, 어린이와 청소년을 사랑한다.

어린이와 청소년은 우리사회의 꿈이며 보배이다. 그들을 보호 · 지도 · 육성할 책임이 우리에게 있다. 그들을 사랑으로 품고 가르치며 모두를 나의 자녀처럼 육성한다면 우리 사회는 더욱 희망이 넘치게 될 것이다.

하나, 가족을 사랑한다.

가족은 모든 공동체의 시작이며, 이 땅에서의 안식처이다. 우리 민족은 가족제도를 지켜 온 민족이다. 가족이기주의와 무관한 끈끈한 가족애는 한국의 자랑이자 저력이다. 공동체의 기반인 가정이 파괴되면 나라의 장래는 보장될 수 없다. 가족을 지키려는 의지와 사랑의 정신을 이웃으로 확대한다면, 우리 민족의 장래는 밝아질 것이다.

하나, 나라를 사랑한다.

나라는 나보다 우선한다. 우리는 나라 없는 설움을 경험해봤다. 나라가 없으면 나도 없다. 종교도 없다. 나의 존재는 나를 보호하는 국가가 존재하기 때문에 가능하다. 국민의 의무와 책임을 다하자. 나의 발전과 나라의 발전은 함께 가야할 공동체의 발전이다.

하나, 자연을 사랑하고 환경을 보호한다.

자연은 인간의 소유가 아니다. 모든 생명의 터전이다. 자연이 있기에 사람이 있다. 사람도 자연이다. 그런데 세계적인 환경오염이 생명을 위협하고 있다. 우리 삶의 터전인 삼천리금수강산을 아름답게 보호하고 보전하는 것은 대한민국 국민의 당연한 책무이다.

하나, 이웃과 인류를 위해 봉사한다.

인간은 함께 살 때 더 행복하다. 삶의 가치가 여기에 있다. 이웃과 인류를 위한 구제 섬김, 나눔, 복지는 세계 일원으로서 우리의 당연한 의무이다. 전쟁과 기근, 그 어떤 사유로든 부자유하고 고통 중에 있는 이웃들을 위한 우리의 봉사는 인류평화를 앞당길 것이다.

2007년 7월 24일
한국효운동단체총연합회
대표회장 최 성 규

상기의 '효비전선언문'이 현대화된 효의 출발점에서 중요한 이론이나 모델을 제시하는 위상을 지니고 있다는 점이다. 스티븐 호킹이 저술한 『대우주』에서 밝힌 것처럼 어떤 이론이나 모델이 중요한 이유는 간단한 공식(이를 테면 F=ma)이나 서술(문자조합: 피타고라스 정리 또는 $b^2 = a^2 + c^2$)로 수많은 사회적 현상이나 자연현상을 설명해줄 수 있기 때문이다.

상기 내용을 세분하여 설명한 후에 '효비전선언문'과 『효경』의 효와 질적 비교를 통하여 나중에 양자를 비교해볼 예정이다.

'효비전선언문'에서 언급한 바와 같이 현대화된 7효에서는 가정의 효, 사회적 효, 국가적 효는 물론이고, 세계적 효, 나아가 절대적 효의 영역까지를 아우르고 있다. 현대적 효 사상은 유교적 효 사상에서는 포함되지 아니한 '인류봉사'라는 인류의 보편적 가치로서의 세계적 효사상과, 자연사랑 · 환경보호라는 절대적 영역의 자연 공동체적[123] 효 사상을 포함하고 있다. 이에 비하여 전통적 효의 실천방법은 사친, 사군, 입신으로 한정되고 상당부분이 현대 효 사상과 같이 실체화되어 있지 아니하고 관념화되어 있으면서 효가 작용하는 범위가 가정, 사회, 국가로 한정되어 있다.

성경적 효 사상(=현대화된 효 사상)를 알고리즘으로 표시하면 아래와 같다.

성경적 효의 알고리즘 = 친부사상의 효 + 천부사상의 효
= 가정적 효 + 사회적 효 + 국가적 효 + 세계적 효
(인류의 보편적 가치) + 절대적 효(창조주 영역)

아래 비교표에서 전통적 효 사상은 사친, 사군, 입신의 영역에

---

123) 한국감정원, 『부동산금융과 감정평가』(서울, 한국감정원 부동산연구소, 2005), 167쪽.~168쪽. 자연은 인간이 만들어 낼 수 없는 절대적 비대체물이다. 그래서 자연물 중에서 대표적인 토지는 고정성, 영속성, 부증성, 개별성의 자연적 특징을 지닌다. 따라서 인간은 토지를 생산해내거나 파괴하거나 이동시키거나, 수축, 팽창시킬 수 없는 절대적 효용성을 지닌 비대체물로 취급한다. 필자 주, 개인 소유의 토지는 부동산 고시를 통하여 취득하는 하나의 재화이지만, 물리적으로는 지구의 외곽을 구성하며 자연계와 연계될 경우 지구는 자연 공동체인 태양계 구성물질의 일부이며 우주 공동체의 일부이다.

한정되나 7효의 현대적 효 사상은 이보다 더 광범위한 인류의 보편적 가치로서 인류공동체 영역과 절대적 영역인 자연공동체에 이르기까지의 범위에까지 확장되고 있다. 따라서 이러한 현대 효 사상의 통합적인 철학과 윤리적 효 사상을 전통적 효 사상에 적용하여 사친, 사군, 입신의 효를 현대 효로 변환하고자 알고리즘을 도입하여 현대 효학에서는 변환모델을 추론하고, 변환모델을 검증하고자 몇몇 사례분석을 실시하였다.

7효의 현대적 효 사상과와 전통적 효 사상의 비교표

구분	전통적 영역(친부사상의 효)			확장 영역	천부사상의 효
현대적 효	가정적 효	사회적 효	국가적 효	세계적 효	절대적 효
전통적 효	사친	입신	사군	-- (없음)	-- (없음)
실천 방법	부모 공경, 가족 사랑	이웃사랑, 어른·스승 공경, 어린이 · 청소년 사랑	나라 사랑	인류 봉사	자연사랑 · 환경 보호(무한확장 +무한영속+무한 공동체)
작용 영역	가정 공동체	사회 공동체	국가 공동체	세계 공동체 (인류의 보편적 가치)	창조주 영역(우주 공동체/자연 공동체) (『성경』말씀)

사례1 : 대한민국의 구동 에너지원?

• 자기 재귀적 효와 충의 한계와 흠결보완

고요한 아침의 나라 대한민국은 대단히 역동적인 국가이다. 불과 반세기 만에 세계적인 반열에 들어가 세계를 움직이고 있으며 그 힘은 미약하지만 동남아시아, 유럽, 미주 지역을 여행하면서 느낀 점은 그들과 대화시 때때로 써(Sir)를 붙여준다는 점이다. 1960년대, 70년대에는 상상조차 할 수 없는 일이었다. 물론 그 당시 우리는 빈약하기 짝이 없었음은 물론이었다손 치더라도 대한민국호를 타고 있는 나는 그 당시에는 스스로에게 무척이나 분노하였다. 서양인들은 자기네가 느끼는 잣대로써 우리를 매우 무시했기 때문이었다. 1978년 12월 대학을 졸업하기 전 겨울 방학이 시작될 무렵 나는 사회에 진출하였다. 그때 나는 내 스스로에게 약속하였다. 그 당시 나는 외국인들과 토론하면서 비록 지금은 우리가 빈약하고 못살지만 2000년이 되면 너희들도 우리의 힘을 필요로 할지 모른다고 목청을 높여 주장했던 것이다. 내가 이 땅에 내 몸을 묻기로 한 이상 내 뼈가 부러지도록 열심히 일해보자는 약속을 스스로에게 행하고 이행하였다. 그리고 2000년이 되던 해에 요르단, 이집트, 이스라엘, 이탈리아, 그리스 등을 여행하였다. 그런데 내 귀가 의심되는 써(Sir)를 듣게 된 것이다. 2014년 금년 한여름이 되던 7월 21일부터 8월 4일까지 스페인을 6박7일 여행하고 바르셀로나에서 출항하여 본 항구로 귀항하는 160,000톤의 바다의 자유호 크루즈선을 타고 지중해를 7박 8일 일정으로 여행하였다. 만나는 사람들에게 때때로 어디에서 오셨습니까? 하고 물었더니 여러 경우에 많은 분들이 써(Sir)를 붙여 답변해주였다. 수천 년 동안 충·효·예로 움직인 대한민국 무엇이 문제인가? 충 · 효 · 예는 훌륭한 에너지원임에 분명한데 한 가지 부족한 요소가 들어 있었다. 도덕성의 결함이 그것이다. 충 · 효 · 예에 서양문화의 근간인 도덕성만 보충된다면 대한민국을 움직이는 효와 충은 세계로 나아가 그 위력을 떨칠 것이다. 그날을 기대하면서 이번 유럽 여행에서 내 자신이 당당하려 했던 몇 가지의 모습을 그려 보았다.

• 마드리드에서의 일화.

피카소 미술관에 입장하는데 나는 집사람과 엘리베이터를 나누어 타게 되었다. 나는 그 순간 스페인 원어민 가이드에게 농담을 건넸다. '당신 두 눈 뜨고 보았지요? 당신네 나라의 승강기 정원 때문에 나는 내 아내를 놓쳤다. 그러니 내가 내릴 때까지 내 여보가 되어야 할 것입니다.' '걱정 마세요! 물론이지요.' 우리는 서로 쳐다보면서 껄껄껄 웃었다. 잠시 후 문이 열렸다. 저기 당신의 부인이 있습니다. 그래서 이제 당신의 임무는 끝났습니다. 우리는 한 번 더 껄껄껄 웃었다.

• 로마 대전차 경주장에서의 일화.

벤허의 고장 대전차 경주장에서 안내인은 항상 열 올리면서 안내했으나 내가 알고 싶은 것은 말해주지 않았다. 두 번째 방문으로 싱거웠던 나는 이탈리아 원어민 가이드에게 물었다. '저 건너 보이는 빨간 벽돌 건물 보이지요? 그 건물은 무엇인가요?'

'2000년 전 처음에는 황제가 살았으나 나중에는 정부청사로 이용되었습니다.'

'아 그래요, 맞아요. 2000년 전에 내가 거기서 황제로 살았습니다.' 그러자 이탈리아 가이드는 '내가 그 당시 나는 황비로 살았습니다! 라고 응수하였습니다. 맞아요, 이제 기억이 납니다. 이렇게 다시 만나다니 너무나 반갑습니다.' 우리는 정말 박장대소로 서로를 껴안고 껄껄껄 웃었다.

• 크루즈 선에서 백인들을 춤추게 하다.

'오늘 저녁 8시에 5층 중앙로에서 댄스파티가 있습니다. 모두 모여 춤을 추어보세요. 여러분의 몸을 흔들어 이 배를 흔들리게 춤을 추고 흔들어 주세요!' 라는 선내 안내 방송이 있었다. 우리 부부는 시간에 맞춰 크루즈선의 중앙로 공원으로 걸어갔다. 흥분의 도가니처럼 곤돌라를 타고 중앙 공원의 상공에서 내려오는 댄서와 가수들의 가무며, 길거리를 돌아다니며 흥을 돋우는 승무원들에게 고무된 사람들이 사회자의 입담 좋은 안내를 받아 흥에 겨워하면서 춤을 추고 있었다. 선장의 인사말씀도 있었다. 우리는 바로셀로나에서 1,800명의 승객을 태우고 출항했습니다. 이 배의 안전을 책임지는 선장으로써 아직까지는 아무런 일도 없었습니다. 등등의 인사가 끝나자 드디어 사회자는 기회를 기다린 듯 목소리를 높여 모두 함께 몸을 흔들어 이배를 흔들어 달라고 주문하였다. 우리는 동양에서 건너간 소수그룹으로 주변은 온통 서양인 천지였다. 춤을 추던 집사람이 갑자기 발가락이 아파 좀 쉬어야겠다고 하였다. 그래서 앞 의자에 앉아 있는 백인 할머니에게 요청하였다. 저의 집사람의 발가락 통증 때문에 잠시 휴식이 필요한데 의자에 앉을 수 있을까요? 그럼요, 당신의 신랑은 어디에 있습니까? 저기 있습니다. 왜 춤추지 않으세요? 할머니는 너무나 젊어요, 그러니 저와 함께 춤을 추어보세요! 백인 할머니와 춤을 추면서 백인 할아버지에게 물었다. 자 일어나 함께 춤을 추세요. 그러자 할아버지는 나더러 당신은 늙었어요! 라고 하였다. 나는 다시 당신은 과거에 젊었었고 지금도 젊다. 그러니 함께 춤을 춥시다.

80대 중후반으로 보이는 백인 부부는 한동안 춤을 추다가 힘에 겨운 듯 바(Bar) 안으로 들어갔다. 거기에는 우리처럼 부부끼리 여행하는 또래의 부부가 약 대, 여섯 팀이 모여 있었다. 이 모습을 동양의 모습을 한 중년 여성이 유심히 관찰하고 있었다. 내 언어 실력에 감탄 했거나 아니면 내 용기에 더욱 점수를 주지 않았나 생각된다.

• 크루즈선의 호텔식 식사예약 장소에서 김치를 나오게 하다.

죤이 다가와서 말하였다. 제가 이곳 테이블 식사 담당입니다. 그러면서 이틀째 우리에게 물었다. 음식은 어떤가요? 써비스는요? 아무도 대꾸하는 이가 없었다. 11부부 22명이 여행하고 있었는데 우리는 저녁식사 때마다 3개의 예약 테이블을 가지고 있었으며 식사 시간은 저녁 7시부터 약 2시간이 걸렸다. 이윽고 우리 테이블로 다가와서도 똑같이 물었다. 그래서 대답하였다. '당신네들의 음식과 써비스는 완벽하고 나무랄 데가 없습니다. 그러나 한국인에게는 김치와 젓가락이 없는 식사와 써비스는 상상해보기 어렵습니다. 그러니 이것을 어떻게 할 것인가요? 우리는 당신네의 호의를 기대해보고 싶습니다.' 그러자 그는 다시 물었다. 김치는 무엇으로 만드나요? 배추가 주재료이고, 부재료는 마늘, 고

춧가루, 무, 생강, 파, 쌀풀, 새우젓, 멸치 액젓 등 약 10가지의 부재료를 비벼서 만듭니다. 그러자 그는 마이애미 본사와 연락한 후 빠르면 3일 이내에 공급이 가능하다고 하였다. 그럼 우리는 당신네의 친절함을 기대해 보겠소. 정말 3일째 되는 날 저녁 식사 시간에 김치가 나왔다. 그는 마이애미 본사에 연락하여 현지에 있는 재료를 이용하여 김치 제조를 부탁하였던 것이다. 색깔은 토마토 케첩으로, 매운 맛은 톡쏘는 와사비 등으로, 이것은 틀림없이 외국인이 만든 짝퉁 김치였다. 그래도 우리는 당신이야말로 진정한 영웅이다! 라고 추켜세웠다. 그는 자랑스럽게 우리 일행의 주빈으로 추켜세워졌으며 마지막 날에는 부부 사이에 끼어 사진 촬영에 응하였다. 우리 일행 중 영문을 모르는 사람은 김치가 어떻게 나왔냐고 되물었다. 용감하고 과감하지 않으면 아무 것도 얻어지지 않는다. 왜 한국 사람은 침묵하고 또 똑같은 질문만 하느냐는 외국인의 충고의 말이 자꾸 내 머리를 스쳤기 때문이다.

크루즈 여행 중 야간 수영장 무대에서 심야 댄스파티의 흥겨움

• 스페인 가이드의 제언과 이탈리아 가이드의 놀라운 충고

스페인 헌법에는 스페인 사람이 무역하던 항로에서 발굴된 유물은 스페인 정부 소유로 한다는 성문화된 문장이 들어있다는 것이다. 미국의 수중 보물 탐사의 대표적 주자인 오딧세이 회사가 스페인 앞바다에서 침몰된 배에서 수백 톤의 은화를 발굴하였는데 스페인 정부는 미국 연방 대법원에 본 발굴의 소유권은 스페인 정부라는 소를 제기하였다. 그러자 미국 대법원 판결은 결국 스페인 정부의 손(소유임을 확인해줌)을 들어 주었다는 것이다. 우리도 대한민국의 주권이 상실되거나 무력화된 상태에서 외국으로 반출되거나 빼앗긴 대한민국의 유물 및 영토는 모두 대한민국의 소유이고 영토이다라는 문장을 왜 헌법에 넣지 못하는가? 정치인의 정책은 하나도 없이 왜 이념적 논쟁에 세월을 허송하고 서로 말꼬리를 물고 늘어지는가? 우리는 정말 방안퉁소처럼 밖에서는 목소리 하나 내지 못하고 내홍만 일삼는가? 외국에 연수 간다는 국회의원들은 정말 무엇을 연수하고 오는 것인가? 국회의원은 대한민국의 주권이 무엇인지? 국익이 무엇인지? 정말 알고 있는지? 국회의원들은 애들끼리 싸울 때 쓰는 초등생들이 무슨 농담을 하고 있는지 정말 알고나 있는지?

• 이탈리아 가이드의 놀라운 충고

대한민국 젊은이들이 불굴의 열정으로 불과 반세기만에 세계경제 10위권에 진입한 것은 정말 놀라운 기적입니다. 그 좋은 머리로 만약에 대한민국의 젊은이들이 단결하여 세계로 눈을 돌려 세계정복을 노렸다면 세계영토의 절반은 대한민국 땅이 되었을

것입니다. 그러나 대한민국이 통일되고 남북한 인구가 약 1억이 되면 통일 한국의 위상은 지금보다 훨씬 나아질 것입니다! 라는 이탈리아 가이드의 말이 아직도 내 뇌리를 떠나지 못하고 있다. 한국인은 왜, 무엇 때문에 세계무대로의 진출을 두려워하는가? 만주벌판에서 고구려가 패한 후 정말 패배의 DNA가 우리 몸속에 작동되는 민족으로 전락해야만 했는가? 정말 분노가 끓어오른다. 그러나 나는 그 사람들에게 말하였다. 스페인과 이탈리아, 터키를 여행하면서 느낀 점은 그들은 건축물과 예술품, 그리고 정복문화라는 거대한 작품을 후세에 남겨 수많은 관광객이 그들을 먹여 살리고 있지만 우리 대한민국은 한사람, 한사람이 국보이고 보물입니다 라고 원어민 가이드와 외국인에게 그렇게 설명해주었다.

• 친구의 충고

이런 이야기를 들려주니 친구는 말하였다. 너의 이야기는 지금 우리의 위상이 그만큼 변했다는 거지. 우리가 거기까지 여행하면서 말을 나눈 다는 것은 그네들 입장에서 보면 상상하기 어렵지. 반대로 그네들이 동양을 여행하면서 우리말을 한다고 상상해보면 이해가 갈 거야. 그네들이 나름대로 그것을 인정해준 거지. 이렇게 생각해 보라고, 그네들의 중서민층이 동양을 여행하면서 우리말을 나눌 수 있다면 대단한 일이지, 이제 그들은 우리만큼 그런 여유가 없다고 보면 맞을 거야! 그 친구는 세계를 여행하면서 사업을 하는 녀석이라 나의 생각과는 조금 위상을 달리하였으나 나름대로 맞는 말이었다. 우리는 이제 국력에 걸맞게 서로 서로 머리를 맞대고 좋은 아이디어를 나누면서 대한민국을 일으키고

한 사람, 한 사람이 가슴을 펴고 세계로 나아가야 할 것이다. 서로를 격려해주면서.

• 바로셀로나의 함잡이 풍습

바로셀로나 번화가의 재래식 시장통 입구에서 6명의 아가씨들이 거칠은 화장을 하고 바구니통을 중앙에 놓고 돌아가면서 야한 춤을 추고 모금활동을 하고 있었다. 그 아가씨들은 결혼을 앞둔 예비신부를 중심으로 지나가는 행인을 향하여 함성을 지르기도 하고, 야한 동작을 취하기도 하였다. 아무런 생각 없이 구경하는 처음 보는 나에게도 다가와 갑작스런 함성과 야한 동작에 매우 놀랐다. 그런데 중요한 사항은 신부 측 어머니가 이들의 주변을 맴돌고 있었다. 또한 이들은 어머니가 자주 물품을 매입하는 시장안의 가게 앞에서도 춤과 함성을 지르며 춤을 추었다. 기부를 하라는 뜻이었다. 결혼을 앞둔 신부 측 아가씨들의 처녀파티를 위한 함 잡이 풍습이었다.

또 다른 번화가에서는 총각들이 물을 뿜는 남성의 상징모형을 들고 지나가는 행인을 향하여 물을 뿌리며 또한 마찬가지로 총각파티를 위한 춤과 떠들썩한 소리로 웃고 소리쳤다. 나는 호주머니에 들어있는 모든 잔돈을 꺼내 이들의 바구니에 넣었다. 그들은 기뻐 날뛰었다. 한 녀석이 어디서 오셨습니까? 싸우스 코리아입니다. 이 돈은 어디에 쓸 겁니까? 저녁에 맥주 한잔하면서 총각파티에 쓸 거라고 하였다. 그들은 싸우스 코리아 넘버1이라고 소리쳤다. 떠나가는 관광버스를 향하여 쫓아오면서 엄지 척을 들어올렸다.

단원 토론

문제 1. 이론이나 모델은 어떤 의미를 지니는가?

문제 2. 효의 본질은 시대의 변화에 따라 어떤 위상을 지니는가?

문제 3. 전통적 효와 현대화된 효는 어떻게 비교될 수 있는가?

II. 통념성

통념성(通念性, dilated ideology)의 효는 효가 '효지대야'(孝之大也, dilation of piety)[124] 원리에 의거 효의 영역이 무한히 확장하는 성질을 지니고 있음을 보여주는 개념이다. 현대화된 효 사상에서 통념성은 『효경』의 효지대야와 1대1로 대응되는 개념이다. 효의 본질은 시대가 바뀌어도 그 성질을 바꾸지 않고 그 개념적 위상이 변한다는 것을 보여준다.

효는 가정이라는 공간에서 국가라는 공간으로, 나아가 인류를 위한 세계적 공간으로까지 확장된다. 따라서 인류가 생존하는 곳에는 이념이나 사상, 정치적 신념에 관계없이 효의 원리가 작동하여 개인의 삶과 공동체에 통합적인 철학과 이념을 제공해준다. 노자는 『도덕경』에서 "무한이 크다는 것은 이 세상에서 저 세상으로 무한히 나아감을 말한다. 무한하게 나아감은 무한하게 멀어짐을 의미한다. 무한하게 멀어짐은 결국 무한한 우주공간을 돌고 돌아 되돌아옴을 의미한다." 노자는 그 옛날 태양계가 우리 우주의 중심인 은하계를 한 바퀴씩을 어떻게 돌고 도는지, 효의 본질인 하늘의 변화를 정확하게 들여다보고 정확하게 깨닫고 설명하

124) 『古文孝經』 「三才章」 "孝之大也"에서 大의 의미를 노자, 『도덕경』에 나오는 "大曰逝, 逝曰遠, 遠曰反"과 "直則若屈"의 뜻을 빌려 해석해보면 오늘날 3차원 공간에서 직선의 의미와 같은 정의 즉 반지름이 무한대인 원의 한 선분의 의미와 정확히 일치하고 있다.

고 있음을 말해준다.

따라서 효는 가정이라는 미소공간에서 출발하여 사회적 개방 공간, 국가라는 거대한 공간, 나아가 대우주의 공간에 이르기 까지 확장되어 나아감을 의미하였다. 그 이유는 가족 공동체의 구성 없이는 사회 공동체나, 국가 공동체는 출현이 불가능하기 때문이다.

『맹자』는 "천하의 근본은 국(國, country)에 있고, 국의 근본은 가정(家, household)에 있으며, 가정의 근본은 가족 공동체에 있다."[125] 라고 밝혔다.

아리스토텔레스 역시 "국가란 인간이 자기 삶의 실현을 위한 필수적인 토대이며, 국가의 근원은 가족(가족, oikia) 공동체임."을 주장하였다.[126] 또한 공동체란 "상호의존 없이는 생존이 불가능한 결합이다."라고 하였다.

이는 동서양 모두 국가의 근본은 가족 공동체임을 말해주고 있다. 이는 나중에 서술하는 효와 충의 관계, 가정과 국가와의 관계를 규명하는 현대 효학의 효 특성 모델에서 알고리즘으로 분석(分析, analysis)하고 종합(總合, synthesis)하는 데 중요한 역할을 제공해준다. 국가는 가족 공동체를 기반으로 땅의 이득을 취하여 효가 작동하고, 성장하고 있으므로 국가의 통치 철학과 이념은 결국 효에 기반하고 있음을 말해준다.

효가 인류 공동체를 위한 보편적 가치로서 이웃사랑 · 인류봉사라는 실천 윤리를 수용할 때 효는 더욱 구체적으로 통념성을

---

125) 『맹자』 「이루장구 상」 5. 天下之本在國, 國之本在家, 家之本在身

126) 박호성, 『공동체론』(경기도, 효형출판, 2009), p63.

지닌다고 볼 수 있다. 이러한 원리로 이웃으로부터 시작하여 마지막 단계인 인류봉사의 영역에 이르기까지 효는 정치적 이념이나 종교적 신념에 관계없이, 어느 장소를 불문하고 이웃사랑 · 인류봉사를 실천할 때 더욱더 통념성을 띄게 된다고 필자는 판단하고 있다. 그러므로 효는 통념성을 지니고 있다. 이 세상 어느 곳에서도, 우주 공간의 모든 자연 공동체에서도 이념과 사상을 초월하여 효는 통념적인 것이다.

'효비전선언문'에서 "효는 이념과 사상을 뛰어넘는 통념(通念)적인 정신이다."라고 하였다. 효는 민주주의 체제는 물론이고, 사회주의나 공산주의든 모든 체제의 이념과 사상을 뛰어 넘어 작용하는 통합적 매개물이다. 그리고 자기의 삶을 수용하면서 자기 삶을 지배하는 가정이나, 사회, 그리고 국가 공동체를 전체적으로 매개하고 완성시켜주는 통합적 철학과 이념을 제공해주는 문화자원이기도 하다.

효의 철학이나 이념은 이처럼 무한 확산성(無限 擴散性, limitless diffusion)을 지니는 연산자이다. 무한 확산성이란 가정이라는 미소 공간에서 발원하여 우주의 저쪽 끝까지 나아간다는 뜻이다. 효의 무한 확장성과 동일한 개념이다. 무한 확장성은 공간적 개념이다. 그러나 무한 확산성은 효의 이념이나 철학이라는 원천적 해결자(源泉的 解決者, ultimate solution)로써 인간이든 자연이든 관계없이 성립하고 있음을 말해준다.

자연이나 인간이 효라는 철학이나 이념이 없이는 그 방대한 공간적 장소나 위치에서 안정화되지 못한다는 점이 효가 궁극적으로 작용하고 목표하는 바이다. 다만 자연은 효에 순응하여 수십 억 년, 수백 억 년을 안정화를 유지하고 있으나 인간은 이해와 가치에 따라 대립과 갈등을 유발하여오고 있으므로 그러한 요인을 제거하려면 효 문화자원을 적극 활용하여 이를 도입하려는 자세를 취하여야 한다.

단원 토론

문제 1. 자연은 어떻게 영속성을 유지하는가? (해:스스로 태어나지 못하고 스스로 소멸되지 못하기 때문이다)

문제 2. 자연은 어떻게 안정화를 이루는가?

문제 3. 인간의 대립과 갈등을 막으려면 어떠한 원천적 해결자가 개입되어야 하는가?

Ⅲ. 통시성과 인성

통시성의 효는 궁극적으로는 '효무종시'(孝亡終始)[127]에 근거하고 있다. 효는 '시작과 끝이 없다.'라고 하는 말은 무한히 지속된다는 영속성을 일컫는다. 시점과 종점을 알 수 없으며, 볼 수도 없다는 의미이다.

자연은 스스로 태어나지 못하고, 스스로 붕괴(崩壞, collapse)하여 소멸하지도 못한다. 그래서 영속적으로 유구한 것이다. 인간은 유한한 존재이나. 세대를 통하여 영속성을 유지한다. 만약 지구상의 모든 여성들이 아기를 낳지 않는다면 인류는 순간으로 멸종되어 버리고 만다. 일단 멸종되면 인간의 어떤 기술로도 재생해내지 못한다.

자연은 수십 억 년 동안, 수백 억 년을 가치와 이해관계로 인한 대립과 갈등 없이 모자관계라는 효의 원리를 통하여 운행해 오고 있으며, 인간은 과거 수천 년 역사를 통하여 현대에 이르기까지는 물론이고 미래에도 효는 시대를 초월하여 통합적인 철학으로 작용하므로 통시적인 것이다. 그러므로 효는 통시성을 지니고 있다. 이처럼 3통[128]은 관념적인데 비하여 7효는 실천적 의미를 지

127) 『古文孝經』 「孝平章」
128) 최성규, 『효신학개론』(서울, 성산서원, 2010), 28쪽.

니고 있다.

통시성의 중요한 점은 동일한 내용의 효행이라 할지라도 시대에 따라서 달라지는 시대적 위상의 변화를 말해준다. 이를 테면 심청전은 당시에는 효를 실천하기 위해서 자살이나, 인신매매를 포함하는 인간의 극단적인 선택을 통해서라도 효행을 강조하였다.

그러나 오늘날 그러한 효행을 강요하거나 교육한다면 매우 심각한 상황을 불러올 수가 있다. 심청이는 아버지의 눈을 뜨게 하기 위하여 공양미 3백 섬에 자기 몸을 팔아버렸다. 인신매매는 오늘날 반인륜적 범죄로 규정되어있다. 어느 누구를 막론하고 스스로든 강요에 의해서든 인간을 사고파는 행위는 민사상, 형사법상 중대한 범죄로 규정되어 처벌받도록 되어있다. 또한 심청이는 자기 몸을 팔은 댓가로 임당수에 뛰어 들어 익사하는 극단적인 선택을 실행하였다. 자살도 살인이다.

효의 근본원리는 첫째가 생명존중이다. 둘째가 인간의 존엄성을 가정, 사회, 국가 모두가 인정하는 것이다. 그리고 효는 또한 보이지 않는 수많은 사람들과의 협력적 관계를 유지하는 공동체 정신의 실현이다. 심청이는 첫째, 자기 스스로 인간의 존엄성을 무시하였다. 둘째, 스스로 생명을 파괴하여 효의 최고 윤리인 생명존중을 전혀 무시하는 오류를 범하였다.

효의 마지막 단계는 입신이라 하였다. 입신이란 사회 공동체에서 자기 원하는 위치에서 성공하여 우뚝 서는 것이다. 그러려면 피눈물 나는 노력이 뒷받침되어야 한다. 성공과 실패를 거듭하면서 오뚜기처럼 벌떡 일어나 다시 도전하여 마침내 성공하는 것이다. 그러한 자기 삶의 완성은 첫째 태어나서 30년 동안은 배우고, 익히면서 수신하여 사회에 진출할 준비단계라는 과정이 필수적 과정으로 마련되어 있어야 한다. 둘째, 31살부터 60살까지의 30년은 반드시 사회에 참여하여 자기의 재능을 제공하고, 소득을 창출하여야 한다. 그래야 부모공경의 도리로써 부모를 부양하면서 자식을 양육하게 된다. 셋째, 61살부터 90세까지의 30년은 은퇴 후의 황혼을 즐기는 것이다. 그 동안 소홀했던 자기의 취미생활과 여가생활을 하면서, 재능이나 재력의 일부를 기부하고, 그리고 건강을 관리하면서 아름답게 자기 삶을 마무리하는 것이다.

심청이는 가정, 사회, 국가라는 공동체에서 자기완성이라는 과정이 어느 하나라도 전혀 도출되지 아니하였다. 너무나 쉽게 돈을 버는 수단을 택했으며, 너무나 극단적인 선택으로 생을 마감해 버렸다. 이는 오늘날의 적절한 효행사례라고 보기 어렵게 되었다. 이는 나중에 평가사례를 통하여 다시 한 번 검증할 기회가 주어질 것이다.

할고단지(割股斷指)의 효가 있다. 역사적으로, 기록으로 전해져 오는 대표적인 불감훼손(不敢毁損, no cuttings and no marks)의 신체보존 효 사상을 어긴 효행이었다.

할고(割股)란 효라는 윤리의 실천을 위하여 허벅지 살을 베어내어 제공해드리는 비윤리적인 효행이다. 오늘날 이러한 행위를 저지른다면 인육을 먹이는 비도덕적 행위로써 엄청난 지탄을 받는 것은 물론이고, 법률적 처벌을 면치 못할 일이다. 그럼에도 당시에는 이것이 효행의 일부로 여겨졌던 것은 효가 그렇게 해서라도 강조되지 않으면 안 되는 사회적 상황이 기다리고 있었지 않았나 생각된다.

효는 그러한 신체보존을 어겨가면서 실천하는 것이 아니라 시간이 걸리더라도 가정에서, 사회에서, 국가에서도 요구하는 자기완성을 통하여 이루어져야함을 말한다. 자기완성의 1단계인 학이 + 시습 + 수신의 절차를 거치고, 제2 단계인 사회참여 + 재능제공 + 소득창출 과정을 반드시 실천하여야 한다.

현대사회에서는 협업과 분업을 이루는 공동체를 통하여 자기가 부족한 부분은 자기의 소득을 통하여 타인의 도움을 유급으로 빌려 써야만 된다. 부모님을 공경하고 부양하고 병이 들면 병원에 입원하여 치료를 밟는 절차가 따라야 효를 합법적이고, 이성적으로 실천하는 것이다. 효를 실천하되 과거와 같이 자기의 살을 떼어 내는 시대가 아니니다.

이때 우리는 전혀 알지 못하는 수많은 사람과의 협력을 받아야 한다. 낯모르는 의사, 간호사, 제약회사, 의료 장비회사, 병동을 건설한 건설회사, 병원에 기본적 설비를 제공하는 수도공사, 전기공사, 가스공사, 통신공사 등등을 필요로 한다. 더 나아가 병원에 가기 위하여 이용한 자동차 조립공장, 3만 여개의 수많은 자동차 부분품 공장, 도로공사, 정유공장, 원양에서 기름을 운반하는 원유 운반선, 신호등, 이들을 조종하고 운반하는 사람들 등등 그 필요한 수많은 낯모르는 사람과의 협력은 필연적인 것이다. 그러지 않고서는 살아 갈 수도 없고, 살아남을 수가 없는 시대가 되었다.

그래서 효의 본질적 철학이나 이념의 최상위 개념이 생면존중이고 인간의 존엄성이며, 공동체 정신이라고 서술하였다. 이것이 인성 형성의 기본적 토대이다. 그러한 타인과 수많은 협력적 과정에서 어느 한 사람이 하나의 부품을 잘못 가공하여 문제를 일으킨다면, 예를 들어 브레이크 가공을 잘못하여 어떤 하자가 개입되어 우연하게 그 순간 그 하자부분이 작동하게 되는 경우 심각한 인명 손실을 불러올 수 있다.

여기에서 효는 곧바로 인성과 연결되어 있음을 알 수 있다. 인성이 잘못된 사람이 고의로 또는 의도적으로, 악의적으로 잘못을 숨겨 놓는다면 그 당사자는 원인도 모르고 심각한 신체적 훼손이나 생명에도 영향을 입게 된다. 제약회사 직원이 오류로 인하여 오염된 상태로 인체에 투입되는 제재를 밀봉하여 납품한다면 누군가는 그 피해를 입게 된다. 그래서 효행을 장려하게 되면 내 부모 형제의 생명이 소중하듯이 타인의 생명도 소중함을 가르쳐 주게 된다.

단원 토론

문제 1. 통시성과 인성은 어떤 연결고리로 연계되어 있습니까?

문제 2. 과거의 효행 사례를 현대에 적용하려면 어떤 철학이나 이념에 오류가 없어야 합니까?

문제 3. 통시성의 대표적 사례를 말해봅시다.

IV. 통교성

절대적 의지를 통하여 인간에게 구원과 희망을 줄 수 있을 때 이를 종교라 한다.[129] 종교는 인간이라는 지성체의 상상(想像, imaging)과 이지(理智, knowledgement and wisdom)의 영역을 초월하는 철학적, 윤리적, 이념적 체계를 담고 있다. 그리하여 심오하고, 광범위하며 복잡한 절대적 영역과 보편적 가치로서 인류 공동체 영역을 내포하게 된다. 절대적 효는 통교적 효이고, 인류 공동체적 효는 통념성과 통시성을 지니게 된다. 통교적 효는 우선 기독교, 불교, 유교의 순으로 살펴보고자 한다.

성경적 효

기독교의 효를 성경적 효 운동[130]으로 전개함에 따라 기독교적 효를 성경적 효로 기술하고자 한다. 효(孝, HYO)는 자신을 이 땅에 존재하게 한 뿌리에 대한 공경이자 사랑이다. 공경의 대상은 가깝게는 부모이지만, 이를 추적해보면 아버지의 아버지와 어머니, 어머니의 아버지와 어머니로 계속해 올라가보면 멀게는 조상이다. 그렇다면 최초의 조상은 누구일까라는 근원에 대한 의문

129) 연세대학교 교양학부 종교 강좌 인용

130) 최성규 외,『효사랑 행복나눔』(서울, 성산서원, 2015), 단행본의 내용을 인용함.

에 부딪치게 된다. 경천애인(敬天愛人)에서 '경천'은 '하늘을 공경한다.'는 의미로 '하늘의 뜻에 따른다.'는 뜻을 내포하고 있다. '애인'은 '인간을 사랑한다.'는 뜻으로 '인간을 널리 유익하게 한다.'는 홍익인간(弘益人間) 정신에 바탕을 두고 있다. 성경적 효의 실천윤리는 7효와 연계되고 있다. 성경적 효의 중요성을 다음과 같이 요약하고자 한다.

서양 사상의 출발의 원점은 어떤 의미에서는 십계명이라 볼 수 있다. 부모공경 역시 십계명에서 출발하고 있다. 서양의 효사상이 유교적 효사상과 근본적으로 다른 점은 하나님 공경이 우선이고 그 다음이 부모공경이란 점이다. 사회적 통념이 하나님의 말씀을 믿지 않는 부모공경은 위선으로 받아들여지고 있다. 『NIV 성경』의 십계명을 우선 소개해보고 설명하고자 한다.

십계명(the Ten Commandments)

1. 하나님 외에는 절대로 다른 신은 믿지 말라(Do not worship any other gods).
2. 절대로 다른 우상을 섬기지 말라(Do not make idols of any kind).
3. 주님의 이름을 절대로 망령되이 쓰지 말라(Do not misuse God's name).
4. 주일을 거룩하게 지켜라(keep the Sabbath holy).
5. 너의 아버지와 너의 어머니를 공경하라(Honor your father and mother).
6. 살인하지 말라(Do not murder).

7. 간음하지 말라(Do not commit adultery).
8. 도둑질하지 말라(Do not steal).
9. 거짓 증언을 하지 말라(Do not give false testimony).
10. 탐욕을 부리지 말라(Do not covet).

서양 사상의 최우선은 하나님을 아버지로 받아들이는 천부사상의 효이다. 서양의 헌법에서는 국가권력은 국민으로부터 나온다고 되어 있지만 국가권력이나 국민의 뜻은 모두 하나님의 말씀에 어긋나서는 안 된다는 점을 분명히 밝혀두고 있다.[131] 이처럼 이들의 사상에는 성경의 말씀을 미소체계인 부모와 자식은 물론이고, 중간 공동체인 가정과 사회는 말할 것도 없으며, 거대 공동체인 국가 역시 철저하게 성경을 유교의 경전처럼 수용하고 있다. 인간이 행할 수 있는 모든 생각과 말과 행위가 성경의 말씀으로 체계화되어 있어 이를 그대로 지키고 따르기만 하는 되는 것이다. 따라서 서양의 기독교적 효사상은 천부사상의 효와 친부사상의 효로 되어 있으며, 천부사상의 효를 먼저 다한 다음에 친부사상의 효가 뒤따라야 한다는 점이 사회적 통념이다. 하나님을 받아들이지 않는 사람이 부모를 공경한다는 것은 이 사회에서는 위선으로 받아들여진다. 그리고 천주교 경전중의 하나인「집회

131) 아일랜드헌법 전문 :PREAMBLE[edit] : In the Name of the Most Holy Trinity, from Whom is all authority and to Whom, as our final end, all actions both of men and States must be referred,. 그리스 헌법 THE CONSTITUTION OF GREECE In the name of the Holy and Consubstantial and Indivisible Trinity THE FIFTH REVISIONARY PARLIAMENT OF THE HELLENES RESOLVES , 독일연방공화국 기본법(헌법) : Basic Law for the Federal Republic of Germany Print version As at: October 2010 Preamble(전문): Conscious of their responsibility before God and man,

서」 7:27-28에서도 마음을 다해 네 아버지를 영광스럽게 하고, 어머니의 산고를 잊지 마라(Give glory to thy father with thy whole heart). 네가 그들에게서 태어났음을 기억하여라(Remember that of them thou wast born:). 그들이 네게 베픈 것을 어떻게 그대로 되갚겠느냐(And what wilt thou recompese them for the things that they have done for thee?)? 하고 강조하고 있다. 『성경』에서 부모공경의 도리로써 부모부양의 효를 행하는 자에게는 장수의 복과 하는 일마다 잘되게 하는 다행의 복을 약속하고 있다.

이러한 천부사상의 효와 친부사상의 효는 출애굽기(20:12), 레위기(19:32), 신명기(5:16, 6:4-9, 27:16), 잠언(23:25), 골로새서(3:21), 마태복음(5:23-24, 6:33, 15:4), 로마서(1:32), 누가복음(6:36-37), 에베소서(6:2-3), 데살로니가전서(2:8), 디모데전서(5:1-2), 요한일서(3:20) 등 신구약에서 다양한 성경적 효의 실천을 명령하고 있다.[132)]

불교의 효

불교에서의 효는 『범망경』, 『부모은중경』, 『아함부경』, 『사십이대장경』 등이다. 『범망경』에서는 '지극한 효심이야말로 대자대비(大慈大悲)한 보살의 정신'이라는 표현이 있는데 여기서 자비(慈悲)라는 용어는 아버지의 은혜를 나타내는 자은(慈恩)과 어머니의 은혜를 나타내는 비은(悲恩)에서 각각 자(慈)와 비(悲)를 따온 말이다. 부모의 은혜로서 자식이 입는 효에 대한 경전의 말

---

132) 김종두, 『효의 패러다임의 현대적 개념』(서울, 명문당, 2016), 137쪽~139쪽.

씀이다. 특히 『부모은중경』에서는 태아의 잉태부터, 출생과 성장은 물론이고 어머니가 돌아갈 때까지 자식에 대한 무한한 사랑을 담고 있어 효와 밀접한 내용을 담고 있다. 『불경』[133] 중에서도 『부모은중경』, 『대반열반경』, 『불설시가라월육방예경』, 『유행경』, 『육방예경』, 『아함부경』, 『죽창삼필』, 『관무량수경』, 『마누법전』, 『대반야열반경』, 『사십이대장경』, 『관무량수경』 등에 다양한 형태의 효를 기술하고 있다.

유교의 효

유교에서의 효[134]는 부자자효(父慈子孝)와 삼강오륜에 바탕을 둔 것으로 '만복의 근원이요, 백행의 원칙'으로 보고 있으며, 모든 가르침이 효로부터 시작된다고 보고 있는데 이러한 내용은 『孝經』, 『論語』, 『孟子』, 『禮記』, 등에 잘 나타나 있다. 본 논문이 『孝經』 제1장을 중심으로 시작하고 있어 서술을 생략하고자 한다.

따라서 효는 기독교뿐만 아니라 불교, 유교 등에서도 모두 효를 강조하고 있어 통교성을 지닌다.

단원 토론

문제 1. 유교는 어떤 종교인가를 말해봅시다.
문제 2. 『효경』과 『성경』의 유사점과 차이점을 논해봅시다.

---

133) 위의 책, 140쪽~142쪽.
134) 김종두, 『효의 패러다임의 현대적 개념』(서울, 명문당, 2016), 134쪽~137쪽. 142쪽~160쪽.

문제 3. 『성경』의 근본 원리는 무엇인가?

문제 4. 종교는 인성과 인격 형성에 어떤 영향을 미칠 수 있습니까?

V. 7효

천부사상의 효 도입/부모 · 어른 · 스승공경/어린이 · 청소년사랑/가족사랑/자연사랑 · 환경보호/이웃사랑 · 인류봉사

현대적 효 사상의 출발은 3통7효에 있다. 3통의 근본에는 종교간, 이념간, 세대간 화해와 존중, 배려의 정신이 깔려있다. 7효에는 생명존중, 인간의 존엄성, 그리고 공동체 정신으로는 가족사랑, 부모공경이라는 가정 공동체의 틀을 통하여 현대효의 출발점을 설정해주고 있다. 7효의 내용에는 고도의 확장성이 들어있다.

첫째가 가정에서의 가족 사랑의 효가 확장하여 나라사랑이라는 국가적 영역에 이르기까지 확대된다.

둘째, 효가 단순한 부모공경으로 국한되지 아니하고, 이웃사랑으로서 이웃의 어른 · 스승 사랑, 어린이 · 청소년 사랑, 더 나아가 인류봉사, 자연환경 · 환경보호의 영역까지 확장된다.

7효는 이처럼 가정 공동체 영역, 사회 공동체 영역, 국가 공동체 영역에 이르기까지 통합적인 철학과 이념으로 된 실천적인 효의 원리가 작용하고 있음은 물론이고, 인류 공동체와 자연 공동체의 영역까지 확장되고 있다.

구체적으로, 7효에서 가정적 효는 부모공경, 가족 사랑으로 압

축되어 있다. 사회적 효는 어른·스승공경, 어린이·청소년사랑·이웃사랑으로, 국가적 효는 나라사랑으로, 세계적 효는 인류봉사로, 나아가 천부사상의 효는 하나님을 아버지로 섬기며, 인류의 삶의 기반인 땅에 대한 자연사랑·환경보호의 영역까지 효의 원리가 확장되어 작용하고 있다.

7효를 실천하는 경우에는 효의 원리가 가정 공동체에서 사회 공동체, 국가 공동체에 통합적인 철학과 이념으로 작용하는 것은 물론이고, 세계적 효인 인류 공동체, 나아가 하나님을 아버지로 모시는 천부사상의 효와, 자연사랑·환경보호라는 자연 공동체에까지 효의 영역이 관계하고 있음을 보여준다. 이는 7효의 실천원리가 가정, 사회, 국가, 글로벌화 된 국제관계, 천부사상, 자연 공동체 영역을 아우르고, 이들 공동체가 필요로 하는 효의 정신과 천부사상의 효·친부사상 효·자연 공동체 존중정신 등이 빠짐없이 반영되어 있다고 판단된다.

3통7효가 현대 효에서 중요시하는 가정적 효, 사회적 효, 국가적 효는 물론이고, 인류봉사라는 세계적 효로서 모든 실체적 요소를 수용하고 있으며 나아가 절대적 효로서 창조주의 영역인 삼라만상의 자연 공동체적 효인 자연사랑·환경보호까지를 포함하여 통합적 철학과 윤리의 영역을 함축하고 있다. 그러나 시대가 변하여 현대적 사조나 시류에 미치지 못하는 공자, 맹자, 증자 식(style)의 톱니바퀴(gear box)와 태엽(clockwork)으로 작동하는 사친, 사군, 입신의 실천방법 대신에 전자나 원자시계로 작동하는 알고리즘 식(style) 시계로 변환하여 완전한 현대성을 다소 보완하려는 것이 필자의 의도이기도 하다.

7효[135]는 성경말씀대로 사는 실천적 삶이다. 성경적 효는 크게 3가지의 핵심 명령과 7대 사명으로 되어 있다. 성경의 3가지 핵심 명령이란 첫째, 하나님의 자녀가 되고 하나님의 가족이 되기 위해서는 "예수를 믿으라."는 명령의 계명을 지키는 것이다. 둘째, 성령의 세례를 받고, 성령이 충만해야만 구원을 받으므로 "성령을 받으라."는 명령을 지키는 것이다. 셋째, 하나님의 구원이나 은혜, 그리고 복은 성경 말씀의 실천이 없이는 이루어지지 않는다. 그러므로 하나님 말씀대로 실천하고 살면서 "복 받으라."라는 명령을 따르는 삶이다. 이러한 명령의 말씀을 따르는 삶의 실천이 조화와 일치를 이룰 때 곧 성경적 효이고, 하나님 아버지에 대한 효이다.

7효에서 말하는 7대사명이란 먼저 성경의 말씀에 순종하면서 부모를 공경하는 삶이다. 이는 곧 "하나님 먼저, 나라 먼저, 너 먼저(이웃 먼저), 그리고 나"의 삶을 사는 하모니의 효이다. 하모니란 하나님과의 화합, 사람과의 화합, 나라간의 화합, 자연과의 화합을 이루는 삶이다. 신구약의 66권에 기록된 말씀은 크게 7대 사명으로 정리된다.

① 하나님을 아버지로 섬김
② 부모 · 어른 · 스승공경
③ 어린이 · 청소년사랑
④ 가족사랑
⑤ 나라사랑

---

135) 위의 책, 22쪽~28쪽.

⑥ 자연사랑 · 환경보호

⑦ 이웃사랑 · 인류봉사이다.

이를 좀 더 살펴보면 다음과 같다.

첫째, 하나님을 아버지로 섬김

만물이 그분에게서 비롯되었고, 그분으로 말미암아 있고, 우리도 그분으로 인하여 말미암았다. 하나님은 어버이의 참된 본질이요, 모상이다. 또한 우리의 아버지로서 영원히 모셔야할 대상이다. 나아가 가장 원초적인 창조의 질서는 하나님과 인간과의 관계이다. 성경적 효의 가장 큰 덕목은 바로 하나님을 아버지로 섬기는 일이다.[136] 이는 천부사상의 효와 밀접한 관계를 이룬다.

둘째, 부모 · 어른 · 스승공경

부모공경은 대신계명의 신에 대한 윤리와 대인계명의 인간에 대한 윤리를 판가름하는 잣대의 구실을 한다. 또한 부모공경의 계명 속에는 조상과 스승의 유업과 교훈은 물론이고, 이웃의 어른공경을 포함하고 있다. 그러므로 부모공경은 모든 대인계명의 전제요, 기초가 된다.

효의 잘못된 이해는 가족이기주의적 성향을 띠고 흘러가는 것이다. 『孝經』의 「廣至德章」에는 "다른 사람의 부모를 모두 자기 부모처럼 공경하고, 이웃의 형과 동생을 내 형제처럼 우애하고, 지도자를 섬기도록 가르치면 나라의 임금 된 자까지 공경하게 된다."라고 가르쳤다.[137] 이는 효가 가족 공동체의 부모공경으로

136) 최성규, 『효신학개론』(서울, 성산서원, 2010), 51쪽~54쪽.

국한되는 것이 아니고 국가 공동체로까지 확장되고 있음을 보여준다. 효는 전통적 효인 사친영역에서 부모공경에 국한하지 않고 확장된 개념까지를 포함하고 있다.

셋째, 어린이 · 청소년사랑

어린이, 청소년도 우리 사회의 구성이면서 하나의 존귀한 인격체이다. 더군다나 가정, 사회, 국가 공동체 입장에서 바라보면 더욱 존귀한 차세대 인격체이다. 어린이와 청소년을 한 개체로서 인정하지 않는 것은 선조의 가르침이나, 성경의 가르침에도 어긋난다. 어른과 아이 구별이 없이 공평하게 어린 아이도 어른과 같이 존중받아야할 인격체이다. 성경은 "너희 자녀를 노엽게 하지 말라."고 하였다. 자녀를 노엽게 함은 자녀에게 용가를 잃게 함이기 때문이라 하였다. 또한 어린이와 청소년은 독창적인 삶의 주체이기 때문에 더욱더 소중한 것이다.[138]

넷째, 가족사랑

성경적 효를 실천하는 데 가족 사랑이 중요한 이유는 관계를 맺는 가장 기본적 단위가 가족이기 때문이다. 가족을 정의할 때 부부는 물론이고, 부모와 자녀와의 관계로 보는 것이 성경적 가족개념이다. 성경은 가족 사랑을 실천해야하는 이유를 여러 곳에서 다음과 같이 강조하고 있다. 가족은 하나님이 세워주신 최초의 공동체이다. 성경은 가족 안에서 서로 돌보아 주라고 명령한

---

137) 위의 책, 54쪽~56쪽.
138) 최성규, 『효신학개론』(서울, 성산서원, 2010), 57쪽~60쪽.

다. 가족이 행복하면 사회가 살고, 나라가 산다.[139] 가족사랑은 가족 공동체의 가장 원초적인 본질이다. 가족사랑은 사친의 본질적 개념이다.

다섯째, 나라사랑

나라(국가)는 사람이 태어나서 성장하여 활동하는 삶의 꿈과 희망을 실현시켜주는 토대이다. 그러므로 효가 살아야만 나라가 산다. 이러한 배경에는 나라사랑이라는 효의 원리가 통합적 철학과 이념으로 작용하고 있기 때문이다. 모든 나라의 국민들은 온 힘을 기울여 그 나라를 유지하며 건설하고 발전시킴으로서 삶의 향상과 복지를 꾀한다. 내 자리에서 나에게 맡겨진 일에 최선을 다하는 것이 나라사랑을 위한 첫걸음이다.

또한 집에서 부모에게 순종하는 사람은 나라를 위해서도 충성할 수 있다.[140] 이것은 효가 궁극적으로는 가족 사랑으로부터 나라사랑을 위한 충의 영역까지 광범위하게 작용하고 있음을 보여주고 있다. 전통적 개념에서의 효는 사군의 영역을 포함하는 개념이다.

여섯째, 자연사랑 · 환경보호

인간은 자연 없이, 자연의 혜택을 누리지 않고는 단 한순간도 살아갈 수 없다. 자연과 인간은 그 생명을 향유함에 있어 공동 운명체이다. 그러므로 자연은 결코 인간의 착취대상이 될 수 없다.

---

139) 위의 책, 61쪽~63쪽.
140) 위의 책, 63쪽~65쪽.

하나님을 사랑하는 사람은 하나님이 지으신 창조물을 함부로 방치할 수 없다. 나아가 우리는 구원의 개념에 있어서 인간학적인 협소성으로부터 한걸음 더 나아가 '자연의 구원'을 말해야 한다.[141] 그리고 인간은 자연의 일부로서 하늘의 변화에 적응하여 살아가는 지성체이므로 자연사랑 · 환경보호는 필연적이다.

안정화된 자연이야말로 인간의 최후의 피난처이며, 구난처이기 때문이다. 또한 자연은 인간이 필요로 하는 모든 재정적 자원, 물질적 자원, 인적 자원을 지원해주는 보물창고(寶物倉庫, treasure warehouse)일 뿐만 아니라, 자연과학기술, 산업화, 도시화에 필요한 모든 자원을 제공해주고, 전기, 수도, 가스 등 인간이 필요로 하는 모든 자원과 기술을 제공해주는 원천자이면서, 해결자이기 때문에 더욱 소중한 것이다. 가정 공동체는 이렇게 소중한 자연(구체적으로 말하면 국토이다.)을 통하여 국가와 가정을 연결해주게 된다. 이는 현대 효학에서 논하는 현대 효의 특성을 통하여 자세하게 살펴볼 것이다.

일곱째, 이웃사랑 · 인류봉사

시대가 변해감에 따라 지구촌의 모든 인간은 점점 더 직접적으로 서로 영향을 주고받는 유기적인 관계에 놓이게 되었다. 그리고 인류는 근원적으로 한 분이신 하나님으로부터 나온 한 형제요, 가족이다.[142] 성경은 구체적인 봉사의 대상으로 이웃을 말하고 있다.

---

141) 최성규, 『효신학개론』(서울, 성산서원, 2010), 65쪽~69쪽.
142) 『성경』 「창세기」 9.25~27

유한한 식물자원을 지닌 유한한 공간 안에서 평화롭게 살기 위해서는 모든 인류가 미움과 파괴와 착취대신에 사랑과 돌봄과 협력의 자세를 가져야 한다. 한 부모인 인류의 조상, 한 하나님에 대한 효도는 인류에 대한 애착과 긴밀한 관계를 형성하도록 만든다.[143] 이러한 효의 원리가 극대화된 모습이 이웃사랑 · 인류봉사이다. 전통적 효에서 입신은 결국 이웃사랑 그리고 인류봉사와 직간접적으로 연계되어 있다.

성경적 효의 실천은 하나님의 명령이다. 효는 창조의 질서이고 부모를 거역하는 것은 분명한 불의이다. 효는 축복으로 임하는 통로이다. 효는 마땅히 가르쳐야하는 것이며, 부모를 돌보지 않는 자는 불신자보다 더 악한 자이다. 부모를 거역하는 것은 말세의 현상 가운데 하나이다.[144] 그러므로 성경적 효는 현대효의 인식으로서 중요한 자리를 잡고 있다. 필자는 현대화된 3통7효에 부합하면서도 어긋나지 않는 새로운 논리적 변환모델을 전개하여 현대 효학을 완성하려고 노력하였다.

앞에서 언급한 바와 같이 현대 효인 7효에서는 가정의 효, 사회적 효, 국가적 효는 물론이고, 세계적 효, 나아가 절대적 효의 영역까지를 아우르고 있다. 현대적 효 사상은 유교적 사상에서는 포함되지 아니한 '인류봉사'라는 인류의 보편적 가치로서의 세계적 효사상과, 자연사랑 · 환경보호라는 절대적 영역의 자연 공동

143) 위의 책, 69쪽~71쪽.
144) 위의 책, 144쪽~147쪽.

체적[145] 효 사상을 포함하고 있다. 이에 비하여 전통적 효의 실천방법은 사친, 사군, 입신으로 한정되고 상당부분이 현대 효 사상과 같이 실체화되어 있지 아니하고 관념화되어 있으면서 효가 작용하는 범위가 가정, 사회, 국가로 한정되어 있다.

성경적 효 사상를 알고리즘으로 표시한다면 아래와 같다.

성경적 효의 알고리즘 = 친부사상의 효 + 천부사상의 효
= 가정적 효 + 사회적 효 + 국가적 효 + 세계적 효
(인류의 보편적 가치) + 절대적 효(창조주 영역)

비교표에서 전통적 효사상은 사친, 사군, 입신의 영역에 한정되나 7효의 현대적 효 사상은 이보다 더 광범위한 인류의 보편적 가치로서 인류 공동체 영역과 절대적 영역인 자연 공동체에 이르기까지의 범위에까지 확장되고 있다. 따라서 이러한 현대 효 사상의 통합적인 철학과 윤리적 효 사상을 전통적 효 사상에 적용하여 사친, 사군, 입신의 효를 완전 변환하여 현대 효학을 도입하고자 알고리즘을 적용하여 변환모델을 추론하고, 변환모델의 정당성을 구체적으로 검증하고자 몇몇 사례분석을 실시하였다.

---

145) 한국감정원, 『부동산금융과 감정평가』(서울, 한국감정원 부동산연구소, 2005), 167쪽~168쪽. 자연은 인간이 만들어 낼 수 없는 절대적 비대체물이다. 그래서 자연물 중에서 대표적인 토지는 고정성, 영속성, 부증성, 개별성의 자연적 특징을 지닌다. 따라서 인간은 토지를 생산해내거나 파괴하거나 이동시키거나, 수축, 팽창시킬 수 없는 절대적 효용성을 지닌 비대체물로 취급한다. 연구자 주, 개인 소유의 토지는 부동산 고시를 통하여 취득하는 하나의 재화이지만, 물리적으로는 지구의 외곽을 구성하며 자연계와 연계될 경우 자연공동체인 태양계 구성물질의 일부이며 우주공동체의 일부이다.

7효의 현대적 효 사상과와 전통적 효 사상의 비교표

현대적 효	가정적 효	사회적 효	국가적 효	세계적 효	절대적 효: 창조주 영역
전통적 효	사친	입신	사군	--	--
실천 방법	부모 공경, 가족 사랑	이웃사랑, 어른 · 스승 공경, 어린이 · 청소년사랑	나라 사랑	인류봉사	자연사랑 · 환경보호(무한확장+무한영속+무한공동체)
작용 영역	가정 공동체	사회공동체	국가 공동체	세계 공동체 (인류의 보편적 가치)	우주 공동체/자연 공동체(『성경』 말씀)

Ⅵ. 현대화된 효 사상과 인성

현대화된 효 사상은 『성경』에 그 기반을 두고 있다. 『성경』의 말씀을 실천하는 데는 십계명이라는 율법을 실천하면 되는 것이다. 따라서 『성경』적 기반 사회에서는 유교적 효 사상으로 성장하는 자녀들과는 근본적인 인격 형성과정이 다르다. 십계명중 1에서 4계명은 천부사상의 효로 되어 있다. 그러나 유교적 효 사상에서는 천부사상의 효 부분이 전혀 작동하지 않는다.

이 부분에서 인격과 인성 형성 과정이 전통적 효 사상과는 아주 다르게 나타난다. 성경적 기반 사회에서는 하나님 공경이 따르지 않는 부모 공경은 위선으로 인정받는다. 또한 부모 공경에는 반드시 부모 부양이라는 자식의 도리가 뒷받침되어야 함을 강조하고 있다. 또한 부모 공경의 의미는 효지대야(孝之大也)와 동일한 무한 확장성 개념을 지닌다. 나의 아버지의 아버지와 어머니, 그 아버지의 아버지와 어머니로, 또한 나의 어머니의 아버지와 어머니, 그 아버지의 아버지와 어머니로, 확장되고, 그 시대의 통치자 관료 등 모든 지도자를 포함하고 있다. 따라서 나의 부모뿐만 아니라 모든 이웃으로 확장되는 개념이다. 사회적 공간, 국가적 공간의 모든 사람들에게 적용되는 개념이다.

성경적 인격과 인성 형성과정에는 생명 존중이라는 "살인하지 말라."라는 계명이 부모공경 다음의 6번째 계명으로 작동하고 있다. 이는 불감훼손의 전통적인 신체 보존 사상과 일치하고 있다.

이처럼 십계명을 통하여 하나님 말씀의 도덕적 윤리와 이념이 매우 강하게 작동시켜 인성과 인격을 구체적으로 형성시켜 주게 된다. 또한 부자지간의 관계에서도 부모의 죄가 자녀에게, 자녀의 죄가 부모에게 전가되지 않음을 명확하게 밝혀주고 있다.[146)]

그러나 유교적 도덕관의 윤리관에서는 부자지간의 허물을 덮어주는 것으로 되어 있다. 『논어』에 "우리 공동체에 몸을 정직하게 행동하는 자가 있습니다. 그자의 부친이 양을 훔쳤더니, 그 아들이 이것을 증언하였습니다." 그러자 공자가 말하였다. "우리 공동체에서는 정직한 자는 그와는 뜻이 다르다. 지아비는 자식의 허물을 덮어주고, 자식은 지아비의 허물을 덮어주는 것이니, 정직이란 이 가운데 있는 것이니라."[147)] 이처럼 유교적 윤리에서는 효의 경우 부모와 자식 관계에서는 그 허물을 덮어주는 것을 원칙으로 하고 있다. 성경적 효 사상의 정의와는 인성이 사뭇 다르다.

특히 유럽피언들의 경우 도구를 만들어 쓰려는 그들의 욕망도 남다르다. 『성경』이라는 경전에는 설계(設計, design), 조립(組立, assembly), 제작(製作, manufacture), 배열(配列, arrangement),

---

146) 『NKJV』 2 Kings 14. 6 Father shall not be put to death for their children, nor shall children be put to death for their father,; a person shall be put to death for his own sin.

147) 『논어』 「자로 18」 "葉公 語孔子曰 吾黨 有直躬者 其父攘羊 而子證之,, 公子曰 吾黨之直者 異於是 父爲子隱 子爲父隱 直在其中矣"

칫수(size), 재질(材質, material) 등 현대공학(現代工學, modern engineering)에서도 필수적인 개념이 여러 군데서 강조되고 있다. 그래서 우리는 서양인의 사고방식과 동양인의 사고방식이 매우 다른 뇌 구조를 지니게 된다. 특히 도구를 만들어 쓰려는 그들의 처절하고 불타는 욕망(慾望, burning desire)은 영국의 과학박물관(science museum)에 가보면 피부로, 눈으로 느낄 수가 있다. 그 곳에서는 필자가 역사적으로 만들어진 도구와 기계장치 등을 직접 눈으로 확인할 수가 있었다. 그들의 인성과 유교적 인성은 상당한 차이가 있는 것만은 분명하다. 결론적으로 서양의 인성과 인격 형성은 천부사상의 효와 친부사상의 효의 결합이나 유교적 인성과 인격의 함양은 단지 친부사상의 효로만 구성되어 있다. 성경을 기반으로 한 서양인은 천부사상의 하나님 공경이 먼저이고 부모 공경은 그 다음의 문제란 점에서 유교적 인간관과는 근본적으로 다르다.

사례1 : 미군 부대장과 아기 업은 농부

| 제1부 |

지금 돌이켜보면 카투사 창립 이후 주한 미군에게 명령을 내린 최초의 주한미군 군속 한국 군인은 아마도 내가 처음이자 마지막이 아닐까하는 의심이 든다. 어떤 때 이 일을 돌이켜 보았을 땐 등에 식은땀이 흐르기도 한 적이 있었다.

필자는 대학을 다니던 중에 입대영장이 나와 육군으로 입소하였다. 그리고 기초 훈련을 받고 자대 배치를 카투사(Korean Augmentation to the United States Army)로 발령받았다. 그러던 중 1976년 4월 초 만물이 초록으로 물드는 어느 날 오후 2시경 이었다. 갑자기 전화벨이 울렸다. 정문 초소의 출입문 미군 경계병에게서 한통의 전화가 걸려 왔다.

"미스터 박, 어떤 남루한 보자기를 걸친 농부가 당신을 찾고 있다." 그래서 나는 "이곳에 나를 찾아올 농부는 아무도 없다. 그러니 다시 확인해보아라." 말하고 난 다음 무조건 전화를 끊어버렸다. 왜냐하면 나를 면회 올 농부는 없었기 때문이다. 그러자 다시 잠시 후에 두 번째 전화벨이 울렸다. "미스터 박, 당신이 맞다. 이 농부가 당신을 찾고 있다. 내가 말했지. 나를 찾아올 농부가 없다는 말을 들었지. 다시 확인해 보아라."하고 전화를 끊어버렸다. 농부가 나를 찾아 면회를 오다니 참으로 황당한 일이었다. 그러자 이번에는 함께 일하는 미군이 전화를 받더니 "미스터 박, 당신에게 온 전화입니다."하고 나에게 건네주었다. 세 번째 전화를 받은 후 나는 "알았다. 내가 직접 내려가서 확인해보겠다. 기다려라." 그리고는 현장으로 걸어갔다.

거기에는 한 농부가 있었고 하얀 보자기를 두른 남루한 상태는 맞는 말이었다. "어떻게 저를 찾아 오셨나요. 박 병장님 저의 애기 좀 살려 주세요. 저의 애기가 소죽을 끓이는, 펄펄 끓는 가마솥에 빠졌습니다. 아니 그러면, 한국 병원에 가셔야죠. 제 애기를 살려주세요." 나는 그 농부를 설득시켜야만 했다. "나는 미군의 지휘를 받는 한국군입니다. 선생님을 치료해줄 아무런 권한이 없습니다. 이곳은 주한 미군 군속도 치료를 해주지 않습니다. 그러니 제발 급하신 만큼 빨리 돌아가십시오. 그런데 말이죠. 도대체 저를 어떻게 알고 오셨습니까? ㅇㅇ읍에 있는 병원에 갔더니 미군부대 박 병장을 찾아가 보라고 했습니다. 그래서 찾아왔습니다." 정말 황당한 대답이었다. 그 70년대 당시 우리 사회의 안전망이나, 의료시설이 얼마나 열악했는지를 말해주는 표현이 아닐까한다.

나는 때때로 유효기간이 끝나는 약을 폐기처분하는 대신 그 약을 가지고 대민 봉사활동을 나가곤 하였다. 미군이 납품받는 의약품은 미국 의사협회의 각 전문의사의 5천명의 추천을 받아 그 중에서 10등 안에 든 의약품을 국방부에서 납품 받아 보급품으로 지급해주니 얼마나 고성능의 약이란 말인가? 나는 매월 필요한 의약품을 목록으로 작성하여 신청하는 작업도 담당하고 있었다. 그런데 우연인지는 모르겠으나 최근에는 값비싼 화상 치료약(nitrofuracin)이 지급되어 왔다. 그 설명서를 여러 번 읽어보았다. 왜냐하면 새로운 약이 지급되면 그 용도나 사용처를 분명하게 알고 있어야 필요한 때 쓸 수 있기 때문이었다.

우리 부대는 후방의 산골에 위치하지만 매우 중요한 미사일 부대였다. 부대 안에서도 0개의 싸이트가 있으며 여기에는 00발의 엄청난 미사일이 항상 준비상태를 유지하고, 즉시 발사 가능한 대기 상태에 24시간 가동 중인 부대였다. 그 중의 1개 싸이트는 일반인이 알 수 없는 탄두가 장착되어 4중 철조망으로 에워싸고 철조망 중앙에는 감시병과 감시견이 항상 순찰을 돌고 있었다. 그리고 일반인의 출입이 엄격히 통제되는 부대였다. 이것을 나는 누구보다도 잘 알고 있는 사람이 아닌가? 또한 나는 부대내 한미 인간관계 한국측 대표를 맡고 있었다.

때로는 미군 부대장이 나에게 "미스터 박, 난 대통령하고 직접

통화할 수 있다. 미국 국방성하고도 바로 통화가 가능하다."라고 자랑한 적이 있었다. 그 말로 미루어 볼 때 이 부대의 위상이 얼마만한 위치를 점유하고 있는가를 말해주는 듯하였다. 그러니 이곳에 민간인 출입은 어불성설이었다. 그야말로 말이 안 되는 일이었다. 그것을 나는 누구보다도 더 잘 알고 있지 않은가? 그러니 돌아 가십시오를 수없이 되풀이 하였다. 이런 이야기가 오가는 동안 등에 업힌 아이가 몸부림쳤다.

그 순간 나는 이 세상에서 가장 듣기 어려운, 들어서는 안 될 고통의 비명 소리를 희미하게 듣게 되었다. 이것은 그 아기가 살고자 하는 어떤 생명을 유지하고자 하는 본능의 소리가 아닌가 하는 생각이 들었다. 그 고통스러운 비명을 듣는 그 순간 나는 갑자기 나도 모르게 이상한 사람으로 바뀌게 되었다. 모든 두려움은 이제 나도 어찌할 바를 모르는 상황이 되고 만 것이다.

나는 갑자기 미군 경비병을 향하여 고함쳤다. "문을 열어라." 미군은 펄쩍 뛰었다. "돌려보내라. 부대장의 허락 없이는 누구도 출입하지 못한다. 너도 알고 있지 않느냐?" 그 즉시 2명의 미군 중에서 1명은 부대장과 통화하고 있었다. "나는 병장이다. 너는 이등병이고, 상병이다. 나는 너의 상관이다. 내가 명령한다." 나는 또 다시 소리쳤다. "문을 열어라 내말 들었지?" 한명은 미군 부대장과 통화하면서 "안 된다."를 연발하고 있었다. "부대장의 허락 없이는 누구도 안 된다." 나는 세 번째 더욱 큰 소리로 고함을 쳤다. "이것은 나의 마지막 명령이다. 문을 열고 즉시 그를 들여보내라." 미군은 문을 열고 그를 들여보냈다. 이제 어떻게 한단 말인가? 미군의 지휘를 받는 나는 아무런 치료 권한이 없는 사병이 아닌가? 총을 든 미군이 앞장서고 그 농부와 나는 내 의무실로 걸어가고 있었다. 의무실에 도착하자마자 부대장이 들어 왔다.

"미스터 박, 돌려보내라. 이곳은 민간인을 치료하는 곳이 아니다. 그러니 돌려보내라. 부대장님, 저는 그 말을 수없이 되풀이 했습니다. 그런데 저는 이제 부대장님의 자비와 허락을 필요로 합니다. 제발 부대장님 자비와 허락을 제게 주십시오. 안 된다. 돌려보내라." 나는 진퇴 양단에 서있었다. 그러자 나도 모르는 어떤 메시지가 내게 전해왔다. 이제 부대장은 내가 귀찮은 존재가 되어 있었다. 그 당시 우리 사회는 창피한 모습이 너무 많았다. 화장실이며, 먼지 날리는 산골 비포장도로며, 생활수준 자체 등등. 그러나 나는 맞섰다. 누군가가 나에게 용기를 주면서 응원을 해주는 것만 같았다.

"좋습니다. 여기에 화상 치료에 정말 좋은 약이 있습니다. 부대장님의 허락만 있으면 이 애기는 깨끗이 나을 수 있습니다. 그러니 저는 부대장님의 자비와 허락을 기대합니다. 허락해주십시오. 안 된다 돌려보내라." 이 김치 병사가 감히 미육군사관학교 장교를 설득시키려고 해? 괘씸한 생각이 들거라는 느낌이 확 밀려왔다. "안 된다. 돌려 보내라. 이곳은 민간인 치료소가 아니다. 그러니 돌려보내라." 나는 한발 더 나아갔다. 이제 마지막 담판이 남아 있었다. "그렇습니다. 좋습니다."

난 나도 모르는 어떤 말을 내뱉기 시작했다. "너희들은 이민자 후손이다. 너도, 너의 부모도, 너의 조상도 마찬가지다. 이 어린 아이도 자라서 너희 이민자 후손들처럼 미국 정부를 위해서 일할

지도 모른다. 그러니 도와줍시다. 저는 마지막으로 부대장님의 자비와 허락을 기대합니다. 부대장님."

키가 큰 그는 나를 노려보았다. 약 5분 동안 턱을 만지면서 나를 노려보았다. 나는 말없이 그를 응시하였다. 마침내 그가 입을 열었다. "좋다. 미스터 박, 그런데, 한 가지 조건이 있다. 지금부터 발생하는 모든 책임을 너에게 묻겠다. 감사합니다. 부대장님. 감사합니다. 부대장님." 나는 부대장이 문을 나설 때까지 그를 향하여 군대식 경례와 한국식 인사를 똑 같은 말로 반복하고 있었다. 이 광경은 2명의 미군 의무병과 총을 든 1명의 미군 초병 그리고 무슨 말인지를 알아듣지 못하는 농부가 말 한마디 없이 바라보고 있었다.

| 제2부 |

부대장이 문을 나서자마자 나와 미군 2명은 농부의 아기를 내려 의료용 침대에 눕혔다. 그리고 그 아이를 풀어헤쳤다. 그 상황은 처참하였다. 아이가 펄펄 끓고 있는 가마솥에 빠지자 얼굴이 먼저 물에 잠겼다. 그러자 손을 짚고 몸을 세웠다. 그 과정에서 또 배가 물에 닿았다. 눈이 붙어 있고, 입술이 붙어 있었다. 손은 오리의 물갈퀴처럼 손가락이 달라붙어 손가락이 떨어지지 아니하였다. 무엇보다도 오랫동안 끓는 물에 잠긴 손과 팔뚝에서는 심장이 뛸 때마다 마치 스폰지에서 물이 새어나오듯 혈액이 흘러나오고 있었다. 우리는 모두 서로 얼굴을 쳐다보면서 긴장하였다.

손을 소독비누로 씻고 그를 붙잡고 얼굴에서 배까지 이미 손상된 죽은 피부를 벗겼다. 그 시간이 무려 3시간 반이었다. 눈감고,

입술이 붙은 상태에서 들리는 그의 비명과 신음 소리는 우리 모두에게는 너무 집중된 나머지 다만 멀리서 들리는 메아리와 같이 들렸다. 우리는 모두 한 몸이 되어 그를 붙잡고 일일이 확인하면서 빨간 피부색이 나올 때까지 피부를 벗겨냈다.

미군 의무병 중 한 명은 월남전에 참전하여 실전을 겪은 노련한 병사였다. 세 살 먹은 아이라고는 믿기 어려울 만큼 힘이 강하였다. 그는 벗겨지는 고통에 지르는 비명과 고통의 몸부림은 붙잡고 있는 우리를 흔드는 강렬한 힘으로 우리 몸에 전달되어 왔다. 드디어 작업이 끝났다.

전신을 소독하고 최근 보급된 특효약을 바르고, 비부착성 셀룰로이드 패치를 대고 그 아이를 감쌌다. 무장한 경비병과 함께 정문으로 향하는 농부에게 업힌 체 고통으로 몸부림치는 그 아이는 마치 움직이는 석고상과 같았다. 지나치는 미군들마다 호기심과 신기한 눈초리가 주어졌다. 3일 후에 오십시오. 절대로 이 약속을 어기면 안 됩니다. 3일 후에 똑같은 작업이 계속되었다. 3일 동안 굶었을 터인데 그 아이의 힘은 초인적이었다. 오히려 처음보다도 더 강한 힘이 전달되어 왔다. 다시 죽은 피부를 벗겨내고 소독하고 화상 특효약인 나이트로퓨리신을 바른 다음 비부착성 셀룰로이드 판제를 붙이고 붕대로 감쌌다.

경비병과 함께 2번째 도착했을 때 아이의 눈은 열렸고, 입술은 벌어졌다. 3일 동안 굶은 어린 아이의 목소리는 가늘었지만 그의 몸부림은 더 강하게 전달되어 왔다. 그 이유를 생각해보니 새순이 돋는 피부에서 죽은 피부를 벗겨내니 말할 수 없는 고통이 뒤따랐을 것이었다. 우리는 진통제나, 진정제 주사약을 쓸 수가 없었다. 그 이유는 교전시 총에 맞은 병사가 마지막 순간까지 고통을 잊으면서 저항할 수 있을 정도로 강한 약이기 때문에 본부의 승인이 없이는 절대로 사용이 불가능했기 때문이었다. 2주 후에 오십시오. 만약에 정해진 날짜를 어기면 부대출입이 불가능합니다.

2주 후에 경비병과 함께 의무실에 도착한 아이의 얼굴은 놀라보게 변해있었다. 화상환자라고 보기에는 놀라울 정도로 깨끗하게 피부가 재생되어 있었다. 놀라운 일이었다. 아이의 영양상태도 좋아졌고, 치료부위도 훨씬 감소되어 있었다. 아이의 고통이나 몸부림도 훨씬 줄어들었다.

한 달 후에 오십시오. 그들은 밖으로 나갔다. 한 달 후에 그들이 초소에 왔을 때 부대장이 곧바로 의무실로 달려왔다. "미스터 박, 이제 더 이상 치료는 안 된다. 상부에서 지시가 왔다. 화상 환자가 한 건도 보고되지 않았는데 비싼 의약품과 관련 치료용 부속품의 요구량이 과대하여 그 상황을 보고하라는 문서가 왔다. 나는 누구보다 그 내용을 잘 알고 있었다." 그래서 나는 "부대장님, 감사합니다. 알겠습니다. 부대장님 감사합니다."를 그가 문을 나설 때까지 반복하였다.

나는 초소에 내려가 울타리 밖에 서있는 아저씨에게 이제 더 이상 치료는 필요하지 않음을 설명했다. 다만 소독약만 사서 발라주면 될 것이라고 하고 되돌아서는 순간 그는 나를 불렀다. 그리고 후주머니에서 3천원을 꺼내 건네주려 하였다. 한참 동안 실랑이가 계속되었다. 돈은 필요 없습니다. 아마도 그는 감사의 마지막 표시로 얼마만의 금전을 준비한 것 같았다. 나는 절대로 받을 수가 없었고 그럴 생각도 처음부터 없었다. 그는 결심한 듯 돌아가지 않았다. 그래서 나는 다시 되돌아 다가갔다. 좋습니다. 그 돈 이리 주십시오. 자 보세요. 이제 이 돈은 아저씨 돈이 아니고 내 돈입니다. 더 이상 아저씨 돈이 아닙니다. 내가 내 돈을 드릴 테니 이 돈으로 소독약을 사서 애기에게 발라주십시오. 다시 그 돈을 아저씨에게 돌려주었다.

| 제3부 |

나에게도 그 이후에 조그마한 변화가 찾아왔다. 책임이란 무엇인가? 미군은 군사력만 강한 나라인가? 우리는 연구조차 시도조차 하지 못하고 있으며, 또한 이런 약이 있는지조차도 모르는 나라가 아닌가? 세브란스병원에 이런 약을 샘플로 보내고 싶은 생각도 들었다. 그들이 보내준 보급품대로 작동시키니 그 어린 아이의 얼굴과 팔뚝, 그리고 입술, 그 모든 것이 정상화되다니. 놀라운 일이었다. 이제 내가 제대하고 복귀하여 졸업 후 사회에 진출하면 내 뼈가 부서질 때까지 열심히 노력하여 대한민국이 바뀔 때까지 열심히 일하리라고 나는 하늘에 맹세하였다.

그 뒤로 나는 한국군이 사용하는 초전박살을 영어로 보급하였다. 서로 보면서 하는 인사를 한국식 “Initial annihilation(초전박살)”의 거수경례로 보급하였다. 그랬더니 모든 미군 병사들이 나만 보면 “이니셜 어나얼레이션(초전박살)”하고 서로 거수경례를 주고받았다. 그런데 가만히 살펴보니 그들은 자기네 장교들에게는 그렇게 인사하지 않았다. 그래서 나는 또 우스개 소리로 말을 건넸다. “너는 미군 복무규정을 위반하고 있다. 거수경례는 미군 장교에게 하여야 한다. 나는 카튜사 병사이다. 미군 장교에게 왜 거수경례를 하지 않느냐. 아니다. 그들은 경례를 받아야할 이유가 없다. 그들보다 네가 더 좋은 사람이다." 물론 농담이었을 테지만 놀라운 답변이었다.

아마도 내가 미군 부대장과 한 말과 행위가 미군 의무병과 초병들의 입을 통하여 부대 내에 전파된 모양이었다.

이것을 시기 질투하고 자존심이 상한 미군 연락장교는 나를 어글리 병사라고 부르더니 나 더러 제대하고 나가면 별 볼일 없으니 장기근무가 낫지 않느냐고 권유하기도 하였다. 그럴 때마다 나는 대학으로 되돌아가야 합니다. 그리고 30년 후 아마도 미군도 우리의 힘을 필요로 하지 않을까 생각합니다하고 응수하였다.

| 제4부 |

어느덧 여름이 되어 일요일 오전에 ○○저수지에 병사 2명과 함께 수영하러 나갔다. 겨울이 되면 우마차가 곡식을 싣고 이 저수지를 건너는 광경도 목격된 꽤 큰 저수지이다. 갑자기 뒤에서 박 병장님, 박 병장님, 부르는 소리가 들렸다. 아니 박 병장은 나뿐인데 누가 나를 부르지 하면서 뒤를 돌아다보았다. 태양 빛에 그을린 어떤 아저씨가 나를 부르고 있었다. 그는 뛰어 오더니 나를 한눈에 알아본 모양이었다. 누구시죠? 어떻게 저를 알고계시죠? 혹시 애기 치료해준 박 병장님이 맞죠? 그렇긴 한데요. 아 제가 그 애비 됩니다. 그래요. 점심 식사시간이 다됐는데 집으로 가시죠. 괜찮습니다. 걱정하지 마십시오. 우리는 알아서 식사를 해결하면 됩니다.

그는 내 손을 잡아끌고 있었다. 아닙니다. 저희 집사람이 기다릴 겁니다. 그래서 나는 동행한 2 병사와 회의에 부쳤다. 알고 있듯이 미군소속의 카투사는 사식이 금지되어 있다. 아저씨 집에 가서 식사하는 것을 어떻게 생각하느냐? 그렇게 하세요. 3명중 2명이 좋다고 하니 내가 우기는 것도 이상하였다. 문제는 그 집 앞에 도착하고서였다. 웬 세상에 초가집 방문의 출입문이 경사져 있었다. 여보, 박 병장 왔어. 아저씨 부인이 반갑게 맞아주었다. 야, 봐봐, 초가집이 기울어져 있잖니? 만약 밥 먹다가 집이 무너지면 이건 보통 문제가 아니다.

미군 부대장이 여기 부임하는 까닭은 한국이라는 위험지 국가에 부임하여 일하다가 승진해서 본국으로 돌아가야 하는 데 이것 심각한 문제가 생길 수가 있다. 그러자 그 병사 둘은 박 병장님 절대로 무너지지 않습니다. 책임지겠는가? 책임지고도 남습니다. 그래 알았다.

얼마간의 시간이 흐른 후 진수성찬이 나왔다. 아니 온 동네에서 맛있는 음식이 다 나온 것 같았다. 우리 세 병사는 오랜만에 벨트를 풀고 배불리 먹었다. 그 사이에 아저씨는 동네를 돌아다니면서 아들을 찾아온 모양이었다.

밥을 먹고 집을 나서려는 순간 아저씨가 팬티를 걸친 아들에게 말하였다. 박 병장님께 고맙다고 인사해야지. 아저씨는 아들의 팔을 잡아 당겼다. 그 어린 아이는 올가미에 걸린 멧돼지가 족쇄를 벗어나려는 듯이 아저씨의 손목을 벗어나려 비틀면서 고통치고 있었다. 그의 첫마디는 고맙다와는 거리가 멀었다. 싫어요. 싫어요. 발작과 경기에 가까운 비명을 질러댔다. 그 뇌리에는 인정사정없이 내가 저지른 무지막지하게 자기 피부를 벗겨낸 무서운 인성을 지닌 아저씨로 비쳐졌던 것이다. 아저씨 이제 됐습니다. 애기가 고통스러워합니다. 나는 발길을 돌렸다. 바지만을 입은 그의 모습에서 얼굴과 배, 팔뚝은 깨끗이 나았으나 다만 손목 주위는 오랫동안 펄펄 끓는 가마솥 수면에 노출되어 달걀 피부색같이 갈색으로만 보일뿐 거의 완벽하게 재생되어 있었다.

책을 쓰고 있는 지금 생각해 보면 하늘이 내려준 그 때 내게 준 메시지는 주님이 내게 성경의 글귀 하나를 깨우쳐 주려는 전갈이라는 생각이 들었다.

단원 토론

문제 1. 전통적 효와 현대화된 효의 근본적 기반은 어디에 두고 있습니까?

문제 2. 전통적 효와 현대화된 효의 차이점과 동일성은 무엇입니까?

문제 3. 전통적 효 사상에 기반한 인성과 인격 형성 과정은 현대화된 효 사상에 기반 한 인성과 인격 형성 과정과는 어떠한 차이점이 있습니까?

효학과 인성

효학박사 박일기 지음

제3부

현대 효학과 인성

(Modern Pietynomy & Human Nature)

- 그 철학과 이념 -

Ⅰ. 개념도입

일상생활에서 우리의 행동에 미치는 가장 큰 요소 중의 하나가 시간을 알려주는 시계이다. 우리 모두는 정해진 시간에 모이고, 식사하고, 잠자고, 일어나고, 공부하고, 약속 시간에 예배하고, 시간에 맞추어 출근하고 등등 매사의 행동 때마다 시계를 들여다 보게 된다. 문제는 시간을 말해주는 시계에 있다. 전통적인 시계는 작동하는 데 필요한 에너지를 저장해주는 태엽과 에너지를 전달해주는 톱니바퀴가 있어야만 움직인다.

문제는 오늘날에도 톱니와 태엽으로만 작동하는 전통적인 시계만을 고집할 것인가이다. 우리 일상생활에서 톱니바퀴로 작동하는 전통적인 시계만을 강요하는 시대는 이미 지나가 버렸다. 무겁고, 부정확하고, 고장이 잦고, 또한 끊임없이 수동이든 자동이든 태엽으로 동력을 공급해주어야 한다. 자동방식이나 수동으로 저장된 태엽의 에너지를 이용하여 시계가 작동하기 때문이다.

똑같은 시간을 알려주는 전자시계는 톱니와 태엽이 전혀 내장되어 있지 않다. 그러나 시간의 정밀도와 편의성, 정확성은 기계식과는 비교가 되지 않을 정도로 고도화되어 있다. 전자시계는 톱니와 태엽대신 알고리즘으로 작동된다. 또한 현대문명의 총아(寵兒, the most favorite thing)라 할 수 있는 컴퓨터는 기계식 시계로는 작동시킬 수가 없다. 컴퓨터는 그 자체가 알고리즘의 덩어리이기 때문이다.

필자는 전통적 효 개념에도 바로 고도로 향상된 알고리즘으로 작동하는 현대식 효 개념을 도입할 필요가 있음을 주장하는 바이다. 그러한 시기가 또한 도래한 것이다. 공자, 맹자, 증자가 살았던 시대와는 문화와 문명이 비교할 수 없을 정도로 바뀐 것이다. 이제 효 개념을 알았으면 그 효를 정해진 장소에서, 정해진 방법대로, 정해진 시간에 정확하게 작동하는 현대식 알고리즘의 효로 변환해주어야 한다는 것이 필자의 강력한 주장이다. 그래야만 전통적 효가 현대적 기능을 유지하는 것이다. 전통적 시계가 전자식 시계로 변환되어 오늘날에는 전통적 시계가 감당해 낼 수 없는 수많은 분야에서 엄청난 기능 발휘하는 원리와 같다고 필자는 판단하고 있다.

공자, 맹자, 증자 시대는 오늘날과 같이 과학기술의 발달, 산업화, 도시화가 진행되지 아니하여 효의 개념이 가족 중심주의로 진행될 수밖에 없었다. 자식이 부모를 공경하고, 부양하고, 병간호하고, 장례를 치루는 일 등이 모두 대가족에 의존하였다. 효는 그 본질이 변할 수 없다는 사실은 통시성으로 이미 설명하였다. 이러한 현대 효 사상은 질적 효 개념에서 효의 동질성을 유지하면서 그 실천 방법이 오늘날에는 세대간 공경, 세대간 부양, 국가복지 등으로 풀어나가고 있다. 자식이 자녀를 양육하고, 주택을 구입하면서, 가스, 수도, 전기, 휴대폰, 자동차 등을 운용하는 데 힘겨워 부모부양의 도리를 다하기는 어려운 시대가 되었기 때문이다.

부모공경의 도리로써 자식이 부모를 직접 공경하고, 부양하는 것이 아니라, 국가복지를 통하여, 국민연금 제도를 통하여 세대 간의 공경과 세대 간의 부양이라는 간접적인 접근법으로 풀어가고 있다. 오늘날은 세대 간의 합의 없이는 이러한 제도는 실천될 수 없는 제도이다. 그리고 아프고 병들면 자식이 화급하게 달려와서 병원에 싣고 가는 것이 아니라 119에 신고하면 바로 응급체계의 의료혜택을 받을 수가 있다는 점은 과거와 같은 가족간병을 벗어나는 일이다. 또한 아프면 걱정을 다하는 것이 도리가 아니라 병원의 의사와 간호사 등 현대적 의료체계(X-ray, CT, MRI, PET etc.)의 도움을 받아 완치하는 것이다. 공자, 맹자, 증자가 상상하지 못한 일들이다.

또한 특히 전통적 효에서, 효를 실천하는 데 공들여진 여러 가지 사례들의 도덕적 윤리관들이 오늘날에는 효의 근본정신인 불감훼손의 생명존중, 인간의 존엄성, 공동체 정신이라는 현대 효 윤리관에 어긋남으로써 반인륜적 범죄로 규정되어 있다. 특히 '심청'이나, '손순매아'처럼 자식의 생명을 해치면서까지, 즉 극단적인 선택을 행해서라도 강조됐던 효의 개념, 할고단지(割股斷指)와 같은 자기의 신체를 훼손하면서까지 강조됐던 효는 당시에는 훌륭한 본보기(paradigm)의 사례(example)였지만 오늘날에는 금기시되는 반인륜적, 민법/형법상의 범죄행위임을 유의하여야 한다. 이 시대는 효를 실천하기 위하여 과거와 같은 극단적 선택과 신체 훼손적 이념이나 철학의 도덕적 효 윤리관을 강조하기에는 너무나 다른 생명존중, 인간의 존엄성, 공동체를 중시하는 문화와 문명이 가득 차있기에 더욱 그러한 것이다. 이러한 내용은 경전을 통하여서도 잘 드러나 있다.

『聖經』에서도 『孝經』에서 말하는 "내 자신의 육신은 부모가 내어준 것이다."[148] 그 육신을 훼손하지 말고 어떠한 문신도 새기지 말라하였다.[149] 부모님이 물려준 신체보존이 얼마나 중요한지를 말해준다. 동양의 경전에도 "내 몸은 부모가 준 것이므로 함부로 이를 훼손하지 않고 신체를 보존하는 것이 효의 시작이다."[150]라고 하였다. 부모와 자식 간의 효 공동체 관계에서 신체보존은 효의 출발선이 된다. 반면에 효의 결승선은 입신이 첫째이고, 다음으로는 생전에는 사랑과 공경으로 부모님을 섬기고, 돌아가시면 슬픔과 애도로서 섬긴다. 이것이 효자로서 인간의 근본을 다하면서 삶과 죽음의 올바른 도리를 다한 것이다. 사후 부모공경에는 조상숭배의 제례로서 부모 섬김이 끝나는 것이다.[151]

내 몸은 부모가 내어준 것이라는 사상에는 왜곡된 논리가 개입하기 쉽다. 부자지간의 관계에서 자식은 부모가 내어준 객체이므로 『삼국유사』에 나오는 '손순매아(孫順埋兒)'[152]의 효 이야기처럼 부모의 의지대로 자식을 어떻게 해볼 수 있다는 논리는 당시에는 훌륭한 이론이었다. 그러나 오늘날에는 어떤 부분에서는 이에 대한 심각한 부작용이 드러나고 있다. 다시 말해 이러한 윤리

148) 『성경』「요한복음」 3:6
149) 위의 책, 「레위기」 19:28
150) 『古文孝經』「開宗明誼章」 "身體髮膚, 受之父母, 不敢毁損, 孝之始也."
151) 개별적인 효의 종료는 다음과 같다. 『고문효경』「개종명의장」 "終於立身." 「상친장」 "生事愛敬, 死事哀戚, 生民之本盡矣, 死生之誼備矣, 孝子之事親終矣."
152) 김종두, 『효패러다임의 현대적 해석』(서울, 명문당, 2016), 100쪽~101쪽.

의식이 오늘날은 생각보다 상당히 심각해지는 상황이 발생하고 있다. 수많은 실종아동 사건이 수사과정에서 밝혀지고 있기 때문이다. 부자지간의 패륜범죄[153]는 바로 여기서부터 논리적 모순을 태동시켜 주고 있다. 절대적 나약자이며 의존자이고 자기 방어가 절대 불가능한 자식은 내 몸에서 떨어져 나온 나의 일부이므로 부모 마음대로 어떻게 해보아도 문제가 되지 않는다는 부지불식간(不知不識間)의 생각은 왜곡된 논리적 모순을 내포하고 있어 오류를 범하기가 쉽기 때문이다. 그러므로 이러한 유교적 효 문화의 오해를 해소하려면 결혼 전에 법률에 의거하여 예비부모의 효와 인성교육 의무화를 제도적으로 도입하는 문제 또한 시급하다고하겠다. 따라서 전통적 효 윤리를 알고리즘을 통한 재해석은 전통효의 재정립에 앞서 필요한 개념도입이라고 판단된다.

사례1: 어머니의 마지막 미소와 나라사랑!

| 제1부 | 예루살렘 통곡의 벽에서 기도하다.

밀레니엄 기념으로 이스라엘, 이집트, 요르단, 그리스, 이탈리아 성지순례를 떠났다. 이 여행의 가장 소중한 순간이 찾아왔다. 예루살렘 통곡의 벽에 이르는 대문 위에는 유태인 학살 6백만 명을 상징하는 6개의 불꽃이 타오르고 있었다. 로마의 황제를 섬기지 않고 유대인의 왕을 섬기는 대가로 모든 성벽을 허물려던 로마병사들이 유대인들의 마지막 소원으로 남겨진 통곡(증거)의

153) 연합뉴스, 2016.08.25 초등생 아들 7세 남아 시신훼손 냉동보관 부부, 딸 친권발탈. 다음, 2016.07.13. 화장실 감금 락스 구타 아사 사건(계모 무기징역, 친부 징역30년), CBS, 2016.02.04. 여중생 구타 후 시신 안방 미라사건, JTBC, 2016.03.08. 영아 부모 및 이웃 아줌마와 공동 구타 사망 후 시신 평택 암매장 사건 등

벽에 다다른 순간 나도 모르게 엄숙해졌다. 거기에는 많은 사람들이 이마를 벽에 대고 조아리면서, 혹은 손바닥을 벽에 대고 자기네 나라 말로, 혹은 토라를 암송하고 있었다. 어떤 사람은 하느님께 드리는 편지를 꼽는 이도 있었다. 그러나 한손을 내 가슴에, 다른 한손을 벽에 대고 하느님 앞에 죄인으로써 무릎을 꿇고 드리는 나의 기도는 그들과는 너무도 달랐다. 항상 내 마음을 괴롭히던, 그 누구에게서도 대답을 들을 수 없었던 기도이기 때문이었다. "주님, 왜 대한민국을 갈랐습니까? 우리가 전쟁을 일으킨 전범국가입니까? 독일을 가르듯이 일본을 갈랐어야지 왜 대한민국을 갈랐습니까? 이것을 어떻게 하시렵니까? 그리고 왜 한반도에서 우리의 의지와는 아무런 상관도 없이 동족상잔의 전쟁의 비극이 일어났습니까? 우리 민족의 의지와는 전혀 관계도 없는 일이지 않았습니까? 이것을 어떻게 하시렵니까? 그리고 제가 만약 내 의지와 관계없이 저쪽에서 태어났다면 여기에 와서 주님께 이런 기도를 드릴 수 있겠습니까? 그렇다면 저쪽이 태어난 사람은 무슨 죄가 있습니까? 이것을 어떻게 하시렵니까?" 나도 모르게 하염없는 눈물이 흐르고 있었다. 토라를 암송하며 통곡의 벽에 이마를 부딪치며 성인식을 치르는 이스라엘 청년들은 무릎을 꿇고 눈물을 흘리는 이방인을 이해할 수 없다는 듯이 힐끔힐끔 나를 쳐다보았다. 이스라엘 자손도 아닌 망골리언 옐로우(아시안 황인종)의 셈족의 후손이 하느님께 올리는 기도를 그들의 눈으로는 이해할 턱이 없었다. 기도가 끝날 무렵 응답이 왔다. "걱정하지 말라, 너의 기도를 이미 들었다. 머지않아 곧 너의 기도가 이루어진다.(Original response is like this : Don't worry, already heard I your prayer, Your prayer will come true pretty soon.)"

| 제2부 | 누나와 매형은 독 가스실에서, 아버지는 알코올 중독으로

이 이야기는 2차 세계대전으로 거슬러 올라간다. 76개국이 관련되고 6천5백만 명의 인명이 살상된 지구 대재앙의 사건 중에 일어난 수많은 실화중의 하나이다. 대한민국도 예외는 아니지 않았는가? 나라가 없어지니, 백성은 흩어지고, 무고한 백성이 사격 표적지가 되고, 일본도의 연습용이 되어 죽어가도 누구하나 구해줄 사람이 없었으니 나라를 지키는 것이 얼마나 중요한 일인가? 이스라엘 역시 나라를 갖지 못하고 흩어져 살았으니, 국가는 존재하지 못하고 민족만 유지하고 있었으니 그 결과가 얼마나 참담한 것인지를 말해주는 기막힌 이야기입니다. 사랑하는 딸과 사위가 가스실에서 죽었다는 소식을 전해 듣고 아버지는 알코올 중독자가 되셨다. 아무것도 해줄 수 없었다는 자괴감에 나날이 술을 마시며 먼 하늘을 바라보시던 아버지, 눈물을 흘리던 아버지는 어머니의 만류에도 불구하고 손에서 술을 놓지 않으셨고, 화병으로 눈물을 하염없이 흘리던 아버지는 거친 숨을 몰아 쉬면서 환각 속에 나타난 딸과 사위를 보는 듯 무언가 허공을 응시하면서 마지막 숨을 거두셨다. 내 가족은 이제 나와 어머니뿐이었다.

| 제3부 | 성인이 되자 모사드에 자원하다

자식의 도리로써 19살(만18세) 성인되자 나는 모사드에 자원하였다. 자원동기가 무언가요? 그렇습니까? 내가 받은 임무는 이

스라엘인들을 처형하거나 괴롭힌 민족의 원흉을 처단하는 일이었다. 세계 각국에 흩어져 있는 요원들로부터 수많은 정보가 들어오면 진위 여부를 확인한 다음 작전을 개시하였다. 그런데 1954년 하루는 믿을 수 없는 정보가 들어왔다. 아르헨티나 시골 오지의 철길이 내려다보이는 오두막집에 유태인 학살의 총책 아돌프 아이히만(Adolf Eichmann) 있다는 첩보가 들어왔다. 아니 이럴 수가? 나는 스스로 이해할 수 없는 흥분의 도가니로 빠져들고 있었다. 그렇다면 어떻게 쥐도 새도 모르게 이 사람의 신분을 확인하지? 그리고 어떻게 체포하고, 어떻게 이스라엘 법정에 쥐도 새도 모르게 데려올 수 있을까? 나는 스스로 묻고 대답하기를 수없이 반복하였다. 흥분이 가라앉자 스스로 해답을 찾기 시작하였다. 이것은 극비 사항이고 이것을 알아야 할 사람은 나 말고는 아무도 없어야 했다. 우선 대학교의 신분확인 전문가의 자문을 받아보았다. 원거리에서 그 사람의 신분을 100% 확인할 수 있는 방법이 있을까요? 있지요, 다만 그 사람의 걸음걸이 동영상이 있어야 합니다. 과거의 영상과 현재의 영상을 가져오면 99.99% 동일인 여부를 확인해주겠다 하였다. 그래서 독일 정부에 자료를 요청하고 현지에 특수요원을 파견하여 동영상을 확보하여 신원 전문가에게 제출하였다. 그리고 약 2주 후에 연락이 왔다. 이 사람은 동일일 확률이 99.9%입니다. 다시 말해서 같은 사람으로 추정됩니다. 아니 확정이 아니라, 추정이라니, 그러면 만약에 엉뚱한 사람을 잡아서 이스라엘 법정에 세우면 외교적인 문제를 어떻게 감당할 것인가? 복잡한 알고리즘의 세계가 머리를 휩쓸고 지나갔다. 제2의 확인절차가 필요하였다. 그래서 독일 정부에 그

자의 치과진료 기록을 부탁하였다. 치과의사의 말로는 치과 엑스레이 사진이 있으면 100% 동일인 여부를 확인해 주겠다하였다. 그렇다면 일단 체포해서 치아 엑스레이 사진 확인을 한 다음 이스라엘로 데려올 계획을 세웠다. 그렇다면 아르헨티나에 작전 기간 동안 사용될 안가도 확인해두어야 했다. 특수 요원들은 이미 그의 일정을 하루도 빠짐없이 체크해두고 있었다. 그러면 그를 언제 생포해야한단 말인가?

| 제4부 | 하늘에 운명을 맡기다.

체포 작전은 내가 아르헨티나로 입국하여 직접 수행하기로 하였다. 현장에 도착하여 일지를 살펴보니 매일 아침 일정한 시간에 길을 걸어 버스를 타러 집을 나왔고, 해질 무렵 집에 돌아오는 시간, 요양원등에 들러 노인들과 잡담을 나누는 것 등이 일단 독일 사람다웠다. 버스에서 내려 약 10분정도를 걸어가는 철길이 내려다보이는 언덕 위의 집에 그가 살고 있었다. 현장에 도착하여 1주일이 지난 다음 드디어 작전일 당일 날 버스에서 내려 집으로 가는 진입로 중앙쯤에 자동차를 세워놓고, 뚜껑을 열어 놓고, 고장 나서 수리하는 것처럼 기름 묻은 정비공들이 자동차를 들여다보면서 기다렸다. 그런데 도착시간 버스가 통과 했는데 그가 내리지 않았다. 아니 이럴 수가? 우리의 작전이 노출되었단 말인가? 온갖 생각이 머리를 스쳐갔다. 작전이 실패했나? 철수해야 되나? 아니야, 기다려 보자! 아니나 다를까 다음 버스 편에서 그가 내렸다. 날은 더욱더 어두워져 가까이 다가와야 비로소 고장난 승용차를 발견할 수 있어 다행이었다. 그가 승용차 옆을 통과

하려던 순간 요원들이 그를 덮쳐 생포하였다(1960.5.11). 급히 확보해둔 오지의 빈집인 안가에 도착하여 치아 엑스레이 검사를 실시하였다. 이 사람은 틀림없이 동일인이라고 확인해 주었다. 드디어 심문이 시작되었다. 너 아돌프 아이히만이지, 아니 난 '리카르도 클레멘트'이다, 너는 사람을 잘못 오인한 거다. 그는 결코 자백하지 않았다. 이거 어떻게 해야 유태인 학살 주범의 말을 바꾸게 하지, 자꾸만 시간이 흘러갔다. 부모와 자식을 떼어 기차에 집어넣을 때 울부짖는 아이들의 "X X X" 소리를 들었잖아? 그리고 무정하게 아이들의 손도 잡아챘었지, 그런 일은 금시초문이요, 시간만 흐르고 있었다, 이러면 안 되는 데… 시간이 지연되면 복잡한 문제가 야기된다는 사실을 누구보다도 잘 알고 있는 내가 지금 6백만 명을 학살한 주범과 두뇌게임을 하고 있다니? 나는 잠시 요원들에게 임무를 맡기고 밖으로 나왔다.

| 제5부 | 드디어 입을 열다.

오지의 밤하늘에는 별들이 쏟아질 듯이 빛나고 있었다. 그렇지 신분확인을 위하여 외워둔 어떤 알고리즘의 세계가 다시 한 번 내 머리를 스쳐갔다. 난 다시 안으로 들어갔다. 뭐가 나왔나요? 아니요, 아직도 자백하지 않았습니다. 걸음걸이, 치아 사진으로는 100% 주범인 데도 인정을 하지 않고 있었으니, 6백만 명의 유럽거주 유태인을 대량 학살한 주범이 나와 지금 두뇌게임을 하고 있음을 직감한 순간 마지막으로 한번만 더 묻겠다고 했다. 우선 여기서 처형당할 거냐? 아니면 법정에 서겠느냐? 네가 아돌프 아이히만이지, 아니 나는 '리카르도 클레멘트'라 했다, 그래 그럼 너

주민번호(실제는 사회보장번호)가 000-0000-0007이지 일부러 끝자리를 하나 틀리게 물었다. 그러자 드디어 그는 입을 열었다. 너 하나를 잘못알고 있다. 끝자리가 7이아니라 9이다. 역시 독일인 다웠다. 그럼 너 아돌프 아이히만이지, 그렇다. 나는 즉시 본국에 암호 한 줄을 띄웠다. 보따리에 선물을 넣었습니다. 이제는 정부가 움직일 차례였다. 몇 일후면 아르헨티나 국군의 날에 에어쇼를 해주는 대신 환자 한명을 데려올 수 있는 조건이었다. 아르헨티나 정부는 흔쾌히 수락하였다. 링거주사액이 꽂히고, 신경안정제를 맞은 환자1명이 에어쇼 후 착륙한 비행기에 태워졌다. 이스라엘 방공식별 구역에 진입하는 순간 이스라엘의 방송 및 신문에서 내보낸 긴급뉴스 때문에 이스라엘은 난리가 나버렸다. 그러나 이런 사실을 까마득히 모른 체 나는 주변에 또 다른 전범이 있는지 확인한 후 3개월이 지나서야 요원들과 함께 각자 헤어져 이스라엘로 돌아갔다. 유태인 학살의 주범 아돌프 아이히만은 이스라엘 법정에서 자기는 사람을 죽인 것이 아니라 유태인을 죽였다고 끝까지 주장하였다. 결국 그는 자기 죄를 인정하지 아니하고 교수형에 처해졌다.(1962년 05월 31일)

| 제6부 | 다시 임무 수행 중 어머니의 부음을 듣다. 모사드 요원의 충고

3개월 후 난 이스라엘 모사드에 복귀하였다. 술집에 들려 친구들과 맥주 1잔을 하고 있는 데 주변사람들이 이스라엘 모사드가 정말 대단한 존재라고 칭찬했다. 그 주인공이 바로 옆에 있는 나인데도 아무도 나를 알아보지 못하였다. 그 동안의 열기가 얼마

나 대단했는지를 어렴풋이나마 간접적으로 느껴졌다. 그 뒤로 다음 일정에 따라 해외에 나가 다시 작전을 진행하는 중에 긴급 전문이 왔다. 어머니가 위중하다는 전갈이었다. 나는 긴급히 차를 몰아 공항으로 달려갔다. 이스라엘로 가는 모든 항공표가 동이 났다. 이제 어떡하지, 할 수 없이 당사국의 정보기관에 긴급도움을 요청하였다. 그러자 항공표는 이미 다 팔려 구할 수 없으나 이스라엘로 가는 화물기 빈 좌석에는 동승할 수 있다는 연락을 받았다. 나는 텔아비브 공항에 내리자마자 어머니가 계시는 병원으로 달려갔다. 어머니는 가쁜 숨을 들이쉬고, 내쉬며 이 세상에 마지막 남은 가족 자기 아들의 손을 기다리고 있었다. "어머니 제가 왔어요." 나는 어머니의 손을 꼭 쥐었다. 그리고 마치 미친 사람처럼 소리쳤다. 어머니, 제가 아버지의 원수를 갚았어요. 제가 누나와 매형의 원수도 갚았습니다. 순간 어머니의 얼굴이 몹시 고통스럽게 일그러져 갔다. 딸과 사위가 독 가스실에서 죽었고, 그 충격으로 남편이 알코올 중독으로 갔는데, 이제 이 세상에 마지막 남은 내 피붙이, 아들아, 넌 미치면 안 되지, 내 아들마저 돌아버리다니! 그럼, 난 내 눈 감을 수 없어. 신음 섞인 목소리로 어머니는 무척이나 괴로워 하셨다. 한손으로는 온 힘을 다하여 허공을 저으셨다. 그럼 안 돼. 내 아들은 돌면 안 되는데, 이것이 어머니의 마지막 바램이었다. 아들아 넌 돌지 않은 거지? 나는 병원이 떨어져 나가도록 다시 어머니의 귀에 대고 외쳤다. 어머니, 제가 누나와 매형, 그리고 아버지의 원수를 갚았습니다. 그러자 어머니는 미소를 지으셨다. 아들이 모사드에 있다는 생각이 갑자기 떠오른 듯 거친 숨을 몰아쉬면서도 온힘을 다하여 고개를 끄덕이며 두 손으로 내 손을 꼭 잡고! 내 아들, 장하다! 마땅히 그랬어야지! 입가에 기쁨의 미소를 지으며, 내손을 잡아 쥐면서 마지막 숨을 거두셨다.

모사드 요원들의 입장에서는 한국은 왜 일본을 용서하는가를 아직도 이해하지 못하고 있다.

대전 ○○고등학교 충·효·예와 인성교육 특강

단원 토론

문제 1. 전통적 효는 현대 효와 무엇이 같고 무엇이 다른가?

문제 2. 전통적 효 개념을 아는 대로 말해봅시다.

문제 3. 효 개념의 현대화는 왜 필요한 것인지를 사례를 들어 설명해 봅시다.

II. 변환도구(Transform Tools)

라플라스 변환(等價變換) 개념도입

사친, 사군, 입신을 알고리즘으로 변환하고 이를 재정립하는 과정에서 어떤 과학적 도구를 사용할 것인가라는 과제는 변환모델을 위한 작업을 수행하는 데 중요한 난제이면서 핵심적 관건이다. 현대 산업사회 및 정보화 사회에서는 이러한 난제를 풀어내는 과학적 도구로서 일반적으로 라플라스 변환과 알고리즘[154), 그리고 공학적 설계방법 등을 통하여 해결하고 있다. 필자도 이 개념을 전통적 효 개념의 변환에 도입하고자 하였다. 이를 테면 인간관계에서 우리 인간은 눈으로 보고, 귀로 들으며, 코로 냄새를 맡으면서 피부는 촉감을 느낀다. 즉 시각, 청각, 후각, 촉각, 미각 등의 외부 신호를 받아들이는 생체 입력기관을 지니고 있다.

인간은 이를 근거로 수많은 생각을 거쳐 판단하면서 최종적으로는 '생각과 말과 행위'[155)]라는 알고리즘을 통하여 인간관계를 형성한다. 인간관계에서의 생각과 말과 행위는 인간관계의 중요한 매개물 내지 도구이다. 인간은 누구를 막론하고 공통적으로 5

154) 컴퓨터나 인공지능이 작동하고 데이터를 처리하는 수학적 연산의 논리공식내지 논리 규칙

155) James Killgallon, Gerad Weber and Leonard Zuegmann, Life in Christ (USA, ACTA Foundation, 1976), 192.

가지의 외부 신호를 받은 후 고난도 알고리즘의 생성기관인 뇌에서 이를 처리하여 생각과 말과 행위로 외부에 자기의 뜻을 전달해주는 유일한 지성체이다.

기계는 뇌와 같은 생체기관이 없기 때문에 우리 인간과 같은 형식으로는 절대로 사물을 인식하지 못한다. 마치 생체인식 기관처럼 인간의 오감을 전기적 신호로 바꾸어 알고리즘으로 된 디지털 신호를 처리해 줄때 이를 기계가 느끼게 된다. 변환되는 전기신호가 완벽하게 변환될수록 그 기계는 마치 인간이 행하는 기능과 유사하게 변환된다. 이러한 변환작업 즉 유사한 형태의 전기적 신호로 바뀌는 작업을 라플라스 변환이라 한다. 필자도 사친, 사군, 입신의 효를 마치 알고리즘으로 처리함으로서 현대인에게 새로운 효 실천 모델을 보여주고자 하는 바람에서 본 저술을 시작하게 되었다.

초연결(超連結, super-connection) 시대에는 인간과 사물과 인터넷 등이 알고리즘을 통하여 연계하여 결합하게 된다. 바로 이러한 결합은 수학적 연산의 논리공식인 알고리즘이 해결자로 앞장서고 있다. 대부분의 사례에서 그러하듯이 일정한 행위의 과정이 반복되는 경우에만 기계화작업이 수월해진다. 인간이 지니는 5감을 전혀 다른 형태의 전기적 신호로 완벽하게 바꾸어 주는 센서, 검출기 등의 신호변환기가 대표적인 라플라스 변환 형태이다. 인간이 인지하는 오감과 같은 능력을 등가개념의 전기적 신호로 바꾸어 주는 작업이 가장 중요한 난제이고 핵심적 관건이다.

라플라스 변환에는 일방향적 변환과 쌍방향적 변환이 있으며 1992년판 고등 공학 수학책의 라플라스 변환표에는 56개의 변환식[156]이 나와 있다. 라플라스 변환표가 갖는 중요한 의미는 이를테면 좌우의 함수는 각각 전혀 다른 형태이나 수학적으로는 등가식이라는 점이다. 좌변은 시간 영역의 함수이나 우변은 전혀 다른 주파수 영역의 함수이다. 이것이 인간이 필요로 하는 정보를 유선이나 무선으로 장거리 통신이 가능하게 해 주는 원리이다.

라플라스 변환은 과학과 공학 분야, 특히 전자공학에서는 아주 중요한 수학적 도구이다. 필요한 정보를 주고받는 데 절대적으로 필요한 개념과 실체적 도구이기 때문이다. 입력신호 $g(t)$가 어떤 시스템에서 아주 짧은 시간동안 여러 행동을 보여주거나, 여러 조각으로 쪼개져서 계속될 때 일반 미분 방정식의 해를 구하는 문제를 푸는 데에도 유용하게 사용된다. 참고로 라플라스 변환표의 진입은 전문가가 아니면 그 개념의 도입이 어려운 점이 있다는 것을 참고해주기 바란다. 참고로 라플라스 변환표의 좌변은 시간함수 영역, 우변은 주파수 함수 영역, 좌, 우변의 함수는 전혀 다른 수학적 공식이나 수학적 계산결과는 등가식으로, 전자공학에서는 라플라스 등가변환식과 알고리즘과 함께 아주 유용한 과학적 도구이다.

라플라스 변환의 응용사례[157]는 전자공학에서도 다양하게 활

---

156) Dennis G. Zill, Michael R. Cullen, Advanced Engineering Mathematics (USA, PWS Publishing Company, 1992), right after coverage, Table of Laplace Transforms, (56 functions enlisted)

157) Franklin F. Cuo, Network Analysis and Synthesis (USA, John Wiley & Sons, Inc. 1962), 135, 139, p14, 175, 176.
$L[f(t)] = F(s) = \int^{n} f(t)e^{-(\ )}\ dt$, $-(\ ) = -st$[1]), $s = \sigma + j\omega$
위 공식을 사용한 코사인 함수의 라플라스 변환은 아래와 같다.
$L[\cos wt] = s/(s^2 + w^2)$[1])
라플라스 변환이 전자 공학적으로 어떻게 이용되는지를 실례를 들어 설명하고자 한다.

용된다. 본 저술에서는 다만 이러한 개념이 현대 과학기술에서 중요한 도구라는 점으로 응용된다는 점을 소개하는 것이면 족하다고 판단된다. 응용 예로는 우리 일상생활에서 흔하게 쓰이는 각종 센서나 감지기, 검출기, 탐색기, 트랜스듀서 등의 전기적 신호변환은 휴대폰, 컴퓨터, 인공지능 응용기기 등에서는 라플라스 변환을 이용하는 대표적 사례이다.

좀 더 쉬운 예를 들면 이렇다. 자동차 엔진은 시간의 함수로써 회전운동을 계속하지만 그 힘은 지면에 닿아 돌아가는 바퀴에 전달해주면 타이어 회전 운동이라는 거리의 함수로 나타난다. 자동차의 경우 엔진이 회전하는 운동의 시간의 함수가 지면에 닿은 타이어에 의한 거리의 함수로 등가변환하게 되는 것이다. 다만 자동차 운전자는 자동차 설계자와 제조화사의 의도에 따라 자기가 선택한 자동차의 가성비나 효율성 등에 따라 여러 가지 이유로 완전 등가변환은 기대하기 어렵지만. 일반 운전자는 무감각하게 이를 즐기고 있을 뿐이다.

필자가 이 개념을 인문학에 도입하려는 이유는 부자지간의 효 공동체를 움직이게 하는 생각의 일부인 효심(孝心), 말의 일부인

다음과 같은 R, L, C 회로를 분석하는 데 유용하게 쓰인다.

(a) 저항(Resistor=R), (b) 인덕턴스(Inductor=L), (c) 콘덴서(Capacitor=C), 전압=V(s), 전류=I(s)에서[1)]

주파수 영역 : V(s) = RI(s), V(s)=sLI(s), V(s)=1/sC I(s)

시간 영역: v(t)=Ri(t), v(t) = wL di/dt[1)], i(t)=C dv/dt[1)]

주파수영역과 시간영역을 통하여 물리적인 회로를 등가 변환된 수학적 관계식을 이용하여 분석하게 된다. 앞에서 설명한 용수철의 수축과 팽창을 설명한 원리와 똑 같다. 과학 및 전기/전자 공학 분야에서 유용한 도구임을 밝힌 바 있다. 그렇다면 인문학적으로 관념적 개념을 실체화하는 데에도 유용하게 쓰일 수 있음을 발견하게 된다. 연구자는 마찬가지의 의미로 사친/사군/입신을 전혀 다른 수학적 논리공식으로 표현이 가능하다고 보았다.

효언(孝言), 행위의 일부인 효행(孝行)이 바로 시간의 함수이기 때문이다. 인간은 태어나면서부터 한 순간도 동일한 상태로 머물지 못하므로 거기에 따른 성장과 발전을 멈출 수가 없다. 마취수술을 받는다 해도 일시적으로 말과 행동은 멈출 수 있어도 생체학적인 뇌의 실시간 기능을 완전히 정지시킬 수는 없다. 엄밀히 말해서 성장, 발전해나가는 과정에서 그 모습이 항상 변화하기 때문에 인간은 시간을 매개변수로 하는 유기체로서의 시간을 함수로 하는 생체기관이다. 어제의 내 모습은 엄밀히 말해서 오늘의 모습과는 동일하지 않다.[158] 이는 『도덕경』의 첫머리에 아주 잘 설명되어 있다.

그러므로 사친, 사군, 입신이라는 효의 질적 내용은 어느 시대를 막론하고 통시성을 지니고 있어 불변하므로 그 원뜻을 유지시켜주면서 그 실천방법을 현대인에게 시대적으로 변환시켜줄 필요가 있다. 이를 테면 말을 타고 이동하는 대신 당시에는 없었던 현대적인 자동차, 철도, 항공기 등의 교통수단이나 파발마 대신 휴대폰(cellular phone)이나, 인터넷(inter-net)을 이용 하도록 하는 방법상의 변환의 원리와 같다. 필자가 라플라스 변환과 알고리즘, 공학적 설계 방법을 적용하여 사친, 사군, 입신의 재해석 작업을 위한 변환표의 작성을 아래와 같다.

158) 『도덕경』「제1장」 "道可道非常道, 名可名非常名."

사친, 사군, 입신의 라플라스 변환과 알고리즘

구분	변환 전	작용 영역	변환 후	비고
사친 영역	①부모 공경	가정 공동체	제1알고리즘의 효. 효 정의 모델	효의 최상위 덕목
	②부모 부양 (은혜와 보은)		제2알고리즘의 효. 효 구조 모델	부모의 은혜에 대한 자식의 도리로서 보은의 관계
사군 영역	③ 가정과 국가, 효와 충 관계	국가 공동체	제3알고리즘의 효. 효 특성 모델	가정과 국가관계, 효와 충의 관계 규명 통치대상물의 확정, 리더십의 범위, 국력과 국부의 발생요소
입신 영역	④ 단계별 효의 완성	사회 공동체	제4알고리즘의 효. 단계별 자기완성 효 모델 제1~3단계 완성	자기완성의 3단계설정 (준비단계/실천단계/마감단계)
위상성	⑤ 공동체 사친→ 사군→ 입신	공동체간 확장성	제5알고리즘의 효. 공동체간 상대적 가치 산정 모델 기본적 정의. 기본적 구조. 기본적 특성. 기본적 완성. 공동체간 위상성	공동체간 위상 변환성

여기서 변환의 응용 및 적용이 지니는 중요한 기능은 앞에서 서술한 5가지의 실천방법으로 확정한 사친의 영역(①부모공경, ②은혜와 보은), 사군의 영역(③효와 충, 가정과 국가와의 상관관계), 입신의 영역(④효의 완성), ⑤공동체간 등가성을 해석 하는데 필자가 라플라스 변환과 수학적 연산의 논리공식(알고리즘), 공학적 설계 개념 등을 적용한 점이다.

가정, 사회, 국가공동체를 유기체적으로 각각의 공동체에 고유한 기능을 완성시켜주는 효의 매개적 기능을 통하여 앞에서 언급한 5가지의 전통적 실천방법의 원형(原形) 내지 본질(本質)의 내용을 그대로 유지시켜주면서 즉 본래적 의미를 손상시키지 아니한 체, 실행방법만을 본래적 의미에 맞춰 동등한 의미로 변환된 새로운 형태의 실체화된 알고리즘의 효 모델을 어떻게 찾아내느냐하는 점이 변환에 따른 재정립의 주요한 관건이자 난제였다.[159)]

실천방법으로써 사친의 영역인 부모공경, 은혜와 보은, 사군의 영역인 효와 충, 가정과 국가와의 관계, 입신의 영역인 개방된 사회적 경쟁공간에서의 효의 완성은 현대사회에서도 의미하는 바가 크다. 효를 작용제로 공동체의 유기체적 고유기능을 발휘해 줌으로서 원뜻을 변형시키지 아니하고 현대사회에 맞는 새로운 형태의 변환 모델을 찾아내는데 라플라스 변환을 적용하고, 응용하는 데에 본 저술은 그 의의가 있다.

---

159) 성규탁, 『현대 한국인의 효』 -전통의 지속과 표현의 변화- (경기도, 집문당, 2005), 46쪽. 전통적 효와 현대적 효가 질적으로 다른 것으로 보아서는 안 되며, 다만 다른 것이 있다면 그것은 사회구조의 변화로 인한 효행방법의 차이가 있을 뿐이라고 했다(고영복, 1983).

예를 들어, 중등과정의 수학에서 나오는 피타고라스 정리와 고등학교 과정의 운동에너지를 대입하여 재해석하고 재정립하면 전혀 다른 세상이 열릴 수 있다. 직각 삼각형에서 피타고라스 정리는 $c^2=a^2+b^2$이다. 여기서 c를 빛의 속도로 보고, v의 속도로 강을 건너간다고 가정하자. v'의 속도로 강을 거슬러 올라가는 속도 $(v')^2=(c^2-v^2)$이 성립한다. 이를 뉴턴의 운동에너지 방정식 $E = 1/2 \cdot m \cdot (v')^2$에 대입해 보면 $E = 1/2 \cdot m \cdot (v')^2 = 1/2 \cdot m \cdot (c^2-v^2) = 1/2 \cdot m \cdot c^2(1-v^2/c^2)$가 구해진다. 이를 정리하면 $E = k\Delta mc^2$라는 에너지-물질 등가 방정식이[160] 얻어진다. 이 방정식으로 인하여 대한민국이 해방되었다.[161] 이처럼 알고리즘에 의한 전통적 효 개념의 재해석과 재정립은 기존의 관념적 세상과는 전혀 다른 세계를 열어줄 수 있게 된다. 효를 알고리즘으로 재해석하여 변환하고 재정립함으로서 전혀 다른 세계를 열어갈 것으로 필자는 확신하고 있다.

알고리즘 개념도입

현대는 사물인터넷 태동기로서 궁극적인 구동방법이 컴퓨터 칩이나 인공지능으로 움직이므로 결국은 알고리즘[162]으로 움직이는 문명이다. 컴퓨터나 인공지능으로 작동하는 언어는 바로 알

---

160) Arthur Breiser, Concepts of Modern Physics (USA, Mc Graw Hill, 2003), 26쪽.

161) 미국의 루즈벨트 대통령은 4년, 20억 달라, 3,000명의 과학기술자를 동원하여 맨해턴 계획을 완성하였다. 그리고 1945년 8월, 6일 히로시마에 우라늄탄을, 3일 후인 8월 9일 플루트늄탄을 나가사끼에 투하하여 6일이 지난 8월 15일 무조건 항복한 일본으로부터 독립되었다.

162) 컴퓨터나 인공지능이 작동하거나 데이터를 처리하는 수학적 연산의 논리공식/논리규칙

고리즘이다. 현대라는 말이 들어가는 곳에 알고리즘이 없다면 그것은 진정으로 현대문화와 문명이라는 용어를 쓸 수 없는 지경이라고 일컫는 시대가 되었다. 컴퓨터는 알고리즘으로 설계되고 제작되고 작동되므로 컴퓨터 칩이 들어 있는 곳은 어김없이 알고리즘이 개입되어 있다. 알고리즘으로 움직이는 기술을 인공지능이라 한다. 알고리즘을 일반인들이 알기 쉽게 말한다면 인공지능이나 컴퓨터가 작동하고 데이터를 처리하는 수학적 논리공식 내지 논리적 연산공식이다.

알고리즘을 처리는 논리회로(論理回路, logic circuit)는 하드웨어(hardware)적으로는 '곱하기 연산 회로'(AND gate)와 '더하기 연산회로'(OR gate) 그리고 '보상회로'(NOT gate)로 되어 있다. '보상회로'(NOT gate)는 '곱하기 보상회로'(NAND gate)와, '더하기 보상회로'(NOR gate)로 이루어진 스위칭 회로(switching circuits)이다.[163] 따라서 현대의 인공지능은 4가지의 기본적 스위칭 회로를 이용하여 무수한 논리적 조합회로(組合回路, combinational logic circuit)[164]와 순서(順序, sequential logic circuit) 논리회로[165]를 이용하여 기계가 알아보고 작동할 수 있는 알고리즘으로 구성되며, 인간이 사용하는 수 백 개(약 5백 개))의 명령어를 기계가 인식하여 작동하고 데이터를 수행하게 하는 논리회로를 구성하는 단계에 도달한 상태이다. 이는 마치 인간을 구성하는 동일구조의 세포가 조합되어 전혀 다른 기능을

163) 박규태, 『디지털 공학』(서울, 문운사, 1978), 31쪽~46쪽.
164) 앞의 책, 73쪽~120쪽.
165) 앞의 책, 149쪽~165쪽.

수행하는 다양한 형태의 장기(귀, 심장, 허파 등)를 구성하는 원리와 같다.

중앙처리장치는 컴퓨터의 중심부분으로 여러 종류의 명령어와 데이터를 처리하고 감독하는 신호처리기와 제어기의 하드웨어 구성품으로 되어 있다.[166] 소프트웨어(software)란 컴퓨터가 알아 볼 수 있도록 작성된 프로그램(program: 일종의 처리 순서 명령체계의 알고리즘)인 순서논리와 조합논리의 순서도이다.

컴퓨터의 프로그램을 작성하는 일은 순서에 따라 기계명령어를 직접, 또는 간접적으로 특정화하는 작업이다. 컴퓨터 내부에서 작동하는 기계명령어는 매우 복잡한 2진수 형태로 되어 있다. 따라서 기계명령어는 인간이 함께 공유하고 이해하기에는 불가능한 언어구조이다.[167] 따라서 컴퓨터는 하드웨어 자체가 소프트웨어를 포함하는 일종의 알고리즘으로 설계되어 있으며, 외부적으로 주어지는 기계명령어 역시 알고리즘으로 변환되어야 컴퓨터가 작동하고 그 결과를 인간이 알아볼 수 있도록 바꾸어 주도록 복원(디코우딩 ⇔ 코우딩)[168]해주는 역변환 작업을 거친다.

논리적으로 효 윤리에 알고리즘을 도입하려는 이유는 인간이라는 육체의 하드웨어는 부모가 만들어 내지만 인간을 움직이는 영혼의 고난도 알고리즘(소프트웨어 상당)은 부모가 만들어주지

166) M. Morris Mano, Computer System Architecture (USA, Prentice Hall, 1976), 232쪽.
167) 위의 책, 184쪽.
168) 코우딩: 인간의 언어를 기계가 인식하도록 2진수의 부호로 바꾸어주는 작업, 디코우딩: 기계가 처리한 기계어를 인간이 인식할 수 있도록 바꾸어주는 작업.

못한다는 점이다.[169] 이는 마치 컴퓨터를 설계하고 제작한 사람이 구동목적에 따라 프로그램을 설치해주는 것과 같다. 따라서 인간을 움직이는 부자지간의 효 공동체에서의 알고리즘은 효심, 효언, 효행이 근본이라고 한정하고 이를 공동체에 확장, 적용하는 경우에는 '효심의 확장자로서 생각'과 '효언의 확장자로서 말'과 '효행의 확장자로서 행위'로 변환하여 적용하려고 하였다.[170]

디지털 시스템의 기억 방식은 인간의 기억 방식과는 전혀 다른 방식이 사용된다. 2진수의 형태로 1비트를 저장하는 Flip-flop으로 구성된 레지스터에 2진수의 나열형태로 저장된다. 이 방식은 전원의 공급이 차단되면 정보를 잃어버리는 단점이 있다. 이런 단점을 보강하기 위하여 낸드 플래시 메모리, 혹은 자성체를 이용한 기억방식도 사용하고 있다.[171] 디지털 시스템에서는 모든 장치에 입출력[172] 장치가 부착되어 있다. 결국에는 인간이 필요한 정보로 역변환 하여야 하므로 기계가 알아 듣도록 변환된 코드화된 부호를 다시 역으로 인간이 알아볼 수 있는 정보로 환원 내지 역변환시켜 주어야 한다.[173] 태엽과 톱니를 이용한 전통방식의 시계나 전지와 알고리즘을 이용하여 변환된 전자시계나 결국 시간을 표시하는 모습은 동일하므로 인간이 시간을 인식하는데 따른 불편함은 따르지 않는다.

---

169) 『성경』 「요한복음」 3:6 육(肉)으로 난 것은 육(育)이오 하늘의 명령(the Spirit)으로 머리에 심어진 알고리즘이 인간의 영(spirit)이니

170) 천주교 미사 통상문 : 전능하신 하느님과 형제들에에게 고백하오니, 생각과 말과 행위로 죄를 많이 지었으며, 자주 의무를 소홀히 하였나이다. 인간이 자기 자신을 드러내는 요소를 '생각과 말과 행위'로 한정하였다.

171) 박규태, 『디지털 공학』(서울, 문운사, 1978), 121쪽~147쪽.

172) 위의 책, 217쪽.

173) 박규태, 『디지털 공학』(서울, 문운사, 1978), 193쪽~216쪽.

프로그램이란 주어진 데이터를 처리하기 위한 업무를 수행하도록 컴퓨터에게 절차적 순서를 설정해주는 명령어내지 인식어의 목차이다. 다양한 종류의 언어가 있지만 결국 2진수의 형태로 구성되어있을 때만 컴퓨터가 업무를 실행할 수 있다. 컴퓨터에게 일을 처리할 때 쓰이는 프로그램은 다음의 범주중의 어느 하나에 들어 있어야 한다.

첫째 2진수 부호체계이다. 2진수 부호체계로 컴퓨터 기억장치에 나타내 준대로 정확한 명령어에 따라서 작성된 명령어와 연산 대상물의 순서조합이다.

둘째, 8진수, 또는 16진수 부호체계이다. 이것은 8진수 또는 16진수를 통하여 문자나 부호체계를 2진수로 바꾸어 주는 방식이다.

셋째, 문자, 숫자, 특별 문자의 부호체계 역시 하나의 2진수 부호체계이다. 그러므로 컴퓨터의 구성품은 2진수 체계의 알고리즘으로 설계되고 외부에서 입력하는 모든 언어 역시 2진수 체계의 알고리즘 부호로 바뀌어야 컴퓨터 시스템이 작동하게 된다. 이처럼 기계어와 인간의 언어는 상호 대화상대로서는 불가능하다.

2016년 3월 진행된 구글 딥 마인드사의 알파고와 이세돌의 바둑대결이 있었다. 본 대결은 처음부터 무모한 대결이었다. 하루 강아지 범 무서운 줄 모른다는 속담이 있다. 알파고는 1,202대의 컴퓨터가 연동되어 알고리즘[174]으로 작동하고 데이터를 처리하는

---

174) 이세돌과 알파고의 결과는 4패 1승이었다. 여기서 거둔 1승은 두 번 다시 일어날 수 없는 기적의 승부였다. 1패 후 알파고 개발팀의 인터뷰내용이 인상적이었다. "우리 팀이 여기에 온 목적이 바로 여기에 있습니다. 알파고는 스스로 학습하고 창의적인 기능을 발휘하도록 짜인 알고리즘이 들어 있습니다. 알파고의 패배가 중요한 것은 우리는 알파고의 알고리즘에 어떤 결함과 기능의 보완이 필요한지를 알아보려는 것입니다. 알파고는 다음 한수를 둘 때 어디에 착점을 해야 승률이 극대화되는지를 알고리즘으로 계

슈퍼컴퓨터이다. 슈퍼컴퓨터는 헬륨으로 냉각되어 작동하므로 처음부터 끝까지 피로가 쌓이거나, 지치지 않으며, 프로그램 된 범위

산한 후 다음 한수를 두도록 설계되어 있습니다. 알파고는 상대가 누구인지, 실력이 어느 정도인지와는 전혀 관계가 없습니다. 이번 실패의 원인을 본사 연구 개발팀이 보완하여 알고리즘의 기능을 한층 더 개량, 개선해 나갈 것입니다." 과연 선진국다운 모습을 보여주었다. 한마디로 말한다면 오늘날 컴퓨터로 움직이는 모든 기계장치에는 알고리즘으로 움직이는 명령어가 들어 있고 명령어를 알고 보면 알고리즘이다. 이를테면 999,999 × 999,999 = 999,998,000,001 계산 결과를 사람이 직접 행한다면 구구셈으로 가로로 곱하는 데 6×6=36번 그리고 곱한 결과를 세로로 더하는 데는 (1+2+3+4+5+6+6+5+4+3+2+1)=42번 적어도 가로로 36번 + 세로로 42번의 합계 78번의 연속된 연산 과정을 거쳐야 계산결과를 얻는다.

```
            999,999
      ×     999,999
      -------------
          8,999,991
         89,999,91
        899,999,1
       8,999,991
      89,999,91
     899,999,1
     --------------
     999,998,000,001 :계산결과
     123,456,654,321 : 연산횟수(세로 계산)
```

그러나 알고리즘을 쓰면 아주 간단하다.

999,999×(1,000,000(=10^6) - 1)은 999,999를 왼쪽으로 6번(=10^6) 이동(10^6) 한후 999,999를 한번 차감한다.

999,999,000,000 -999,999 = 999,998,000,001

```
     999,999,000,000
  -          999,999
  ------------------
     999,998,000,001 : 계산결과, 연산횟수 단 2번
```

그러므로 동일한 계산결과를 얻는데 78번을 행하여 계산하느냐, 단 2번으로 계산을 완료하느냐는 계산 시간, 계산 정밀도, 계산에 따른 에너지 소비량, 프로그램의 복잡성을 고려한다면 이러한 과정이 누적될수록 그 효율성의 최적화 및 극대화로 얻는 이득은 구동에너지의 절감뿐만 아니라 하드웨어상의 시스템 면에서도 상당한 수준의 매우 큰 격차를 보여준다 하겠다. 아무리 긴 시간이 경과하여도 지치지 않으며 처음부터 끝까지 계속하여 한수한수 모두 최고 승부수를 착점 하도록 짜인 알고리즘으로 작동하는 알파고와 인간의 경쟁은 처음부터 잘못된 것이다. 한마디로 모르고 무모하면 용감한 것이다. 아무리 훌륭한 1대의 스텔스기라도 1,202대의 잘 훈련된 전투기를 당해낼 재간이 없다. 그 결과는 참담해질 수 있기 때문이다.

에서는 절대로 오류를 일으키지 않는 특성이 있다. 그러므로 인간과 슈퍼컴퓨터와의 대결은 무모한 것이다. 왜냐하면 아무리 훌륭한 로마시대 최고수 검투사라 하더라도 잘 훈련된 1,202 마리의 굶주린 맹수와 생존을 걸고 싸우는 꼴이기 때문이다.

알고리즘이란 인간이 수행하는 연산 형태와는 전혀 다른 수학적 형태의 논리적 연산방식을 말한다. 인간은 10진법으로 계산을 하고 사물을 분석하지만 컴퓨터 및 디지털 시스템에서는 2진법을 쓰고, 여타의 문자, 부호, 영상 등의 논리적 연산에는 8진법, 16진법 등의 코우드(10진수의 2진수화)화를 거쳐 2진법으로 처리된 데이터를 처리하고 있다.[175]

본 논문에서 알고리즘을 도입한 이유는 예를 들어 효 실천윤리 중에서 부모공경이란 의미에서 라플라스 변환과 변환된 실체를 수학적 논리로 수식화 내지 공식화하는 개념(알고리즘)을 적용하면 부자지간의 어떤 매개변수 내지 어떤 매개상황을 부여하느냐에 따라 부모공경의 의미를 훼손하지 않고서, 오늘날과 같이 이혼과 재혼[176]으로 갈라짐과 결합을 반복 할 수 있는 복잡한 상황의 가정 공동체에서도 새로운 형태의 부모공경을 표현해줄 수 있는 방법을 어떻게 찾아낼 수 있는가하는 것이 재해석의 중요한 관건이 해결되기 때문이다.

반드시 나를 낳아주지 않은 법률상 부모와 같은 경우가 가족관계로 생겨날 수가 있기 때문에, 이처럼 다양한 상황에서도 들어

---

175) 박규태, 『디지털 공학』(서울, 문운사, 1978), 15쪽.

176) 이혼부가 자식을 거느리는 경우, 또는 이혼모가 자식을 거느리는 경우에 이들이 재혼하는 경우 새롭게 결합된 가족의 구성은 복잡한 형태가 될 수 있다. 나를 낳지 않은 부, 모가 법률상 친부, 친모로 등재될 수 있다.

맞는 새로운 형태의 모델이 필요하다고 판단하였다.

다변화된 사회와 다양성의 가치관속에서 이 사회의 바른 효 윤리 정립에 라플라스 변환개념과 논리적인 수식화 개념은 적절한 대응방식을 도출해낼 수 있는 가장 적절한 방법이라 생각하였다. 그래서 효 윤리에도 라플라스 변환과 알고리즘의 개념 도입이 필요하게 되었다. 부모공경(만약에 시간영역의 함수라면)이라는 의미의 질적 동질성의 통시성을 유지하면서 실천방법만을 변환시켜줌으로서 전혀 다른 실체의 효 개념의 정의(주파수 영역의 함수)로 알고리즘의 효 모델로 변환[177]이 될 수 있다는 뜻이다.

효를 통하여 이훈천하(以訓天下)와 연계되어 실현되는 올바른 국가관이 어떤 모습으로 구체화되는지는 효 개념의 정의(定義)에서 다루어진다.

공학적 설계방법론의 적용

아는 것만큼 깊게 깨닫는다는 말이 있다.[178] 전공분야가 학부 시절에는 전자공학(1972. 3~1979. 2)이고, 정년(1979. 2~2010. 5. 31)으로 은퇴한 후에는 효학 과정(2011. 3~2016. 3)을 이수하였다. 전자공학을 전공한 필자가 공학적 설계 방법론을 접한 것은 대학을 갓 졸업하고 원자력 연구소 계측제어실 총괄책임자 박○○ 박사 연구실에 파견되어 2년간 총 17권으로 된 원자력발전소 예비안정성 검토 보고서[179]를 접했을 때이다. 이 시기는 우리

177) 라플라스 변환에서는 시간영역의 함수와 주파수 영역의 함수가 전혀 다른 형태로 등가를 이룬다. 그러나 그 결과는 같은 값을 갖는다.

178) 정조시대, 유한준(1732~1811), 『石農畵苑跋』 "知則爲眞愛, 愛則爲眞看, 看則畜之而非徒畜也."

나라가 원자력 발전소 1978년 4월 29일 고리 #1호기, 1983년 7월 25일 #2호기를 운영하면서 원자력 기술이 태동하던 시기였다.

예비안정성 검토 보고서를 검토하는 과정에서 4명의 팀원(연대 전자공학과 2명, 서울대 전기공학과 1, 카이스트 1명 등)들은 상호 토론을 통하여 원자력 발전소의 제작 및 설치 공정과 납품 과정이 어떻게 시작하여 어떻게 종료되는지? 전혀 다른 제 각각의 계통 설비들이 어떻게 연동되어 총체적인 통합계동으로 작동하는지? 우리가 생각하는 일반적인 제작방식과는 전혀 다른 공정의 이력카드를 거쳐 어떻게 제조되는지의 총체적 과정을 알 수 있었다. 이 과정에서 당시 미국 웨스팅하우스사의 은퇴 기술자 등이 강의하여 고액의 수강료를 지불해야하는 원자력 발전설비 강좌가 개설되었고 이 과정도 이수하였다. 이것이 효 윤리에 적용될 것이라고는 상상하지 못 했지만 당시 입사한 금성정밀공업(주)의 지원으로 원자력 발전설비 이수과정을 우수한 성적으로 마치게 되었다. 그래서 거대한 설비 계통들이 어떻게 상호 결합하여 협력하고, 어떻게 연동되어 작동되는지를 현장 학습(고리 #1,2호기) 등을 통하여 터득하게 되었다. 이러한 과정을 인문학적 설계방법에 적용한 공정을 표로 작성하면 아래와 같다.

사친, 사군, 입신의 변환과 공학적 설계방법의 유추적용

구분	공학적 설계. 원자력발전소 건설	사친, 사군, 입신의 해석에 응용. 전통효인 사친, 사군, 입신의 알고리즘 변환	비고

179) PSAR(Preliminay Safety Analysis Report)

<table>
<tr><td>목
적</td><td>원자력
이용기술획득,
안정적 전기 확보</td><td>효 실천방법의 등가변환</td><td>유추
적용</td></tr>
<tr><td>개
념
설
계</td><td>①용량:
100백만Kw(40년)
②형식: 가압형
원자로
③규모: 23만평 부지
④위치: 전남 영광군
홍농읍 계마리 514</td><td>①제목: 알고리즘에 의한 사친,
사군, 입신의 변환과
변환모델에 의한 사례분석
②형식 : 라플라스변환,
알고리즘 등 적용
③내용: 사친, 사군, 입신의
변환
④시공성: 알고리즘의 효</td><td>기본
설계
전
단계</td></tr>
<tr><td>기
본
설
계</td><td>①원자로,
②열교환기
③터빈연축발전기
④중앙제어실</td><td>①제목확정
②소제목확정
③논리적 전개</td><td>상세
설계
전
단계</td></tr>
<tr><td>상
세
설
계</td><td>기존시장에 출시된
부품, 구성품, 제품,
원자재 등의 확보 및
획득을 전제로
①계통별로
상세설계
②시중에서 제품 및
원자재 확보가능성
확인
③구매, 납품, 현장
조립
성능인증 및
계약종료</td><td>①논문제목,
②chapter 제목,
③소제목에 맞춰 이론전개</td><td>실체
화
단계.
시험
운전,
납품,
계약
종료</td></tr>
</table>

개념설계(概念設計, concept design)란 설계 대상물의 명칭은 물론 규모와 크기, 용량을 어떻게 볼 것인가를 확정하는 과정이다. 개념설계의 가장 중요한 요소는 이를테면 목적물(논문이나 저술)의 전체적 규모와 크기에 따른 기본적 개념 즉 골격을 확정하는 일이다. 인문학적으로 본다면 개념설계란 논문이나 저술의 제목을 확정하고 효 윤리 체계의 전체적인 범위로서 논문이나 저술 책자의 규모와 크기, 분량 등을 어떻게 결정하느냐를 말한다. 개념설계 과정을 통하여 현대 효 윤리에 적용할 수 있는 전통적 실천 효 윤리의 재해석을 주제로 현대과학기술의 응용 도구인 라플라스 변환과 수학적 연산 논리 공식의 알고리즘을 적용하여, 전통 효의 사친, 사군, 입신의 재정립을 도모하였다. 그리고 개념설계는 기본설계 전단계의 핵심을 이룬다.

기본설계(基本設計, basic design) 과정에서는 개념설계에서 확정된 시스템의 규모와 크기, 내용에 따라 핵심장치를 설계하거나 핵심장치의 사양을 확정하는 것이다. 이점을 고려하여 알고리즘에 의한 사친, 사군, 입신의 변환과 변환모델에 의한 사례분석에 관한 연구범위를 확정하였다. 인문학적으로 본다면 개념설계 과정에서 확정된 큰 제목에 소제목을 붙이는 작업이라 하겠다. 그리고 전체적인 현대 효 윤리를 어떤 실체화된 변수를 어떤 수학적 순서논리와 조합논리의 연산 공식의 알고리즘 운영체계로 구동시킬 것인가의 과정도 기본설계 과정에서 확립하였다. 기본설계 다음은 상세설계 과정이다.

상세설계(詳細設計, detail design) 과정에서는 가장 중요한 점은 기본설계 과정에서 확정된 사양의 내용에 따라 시스템을 구성하고 실체화가 가능한지의 여부를 확인하는 작업이다. 그러려면 일반시장에서 각각의 계통 구성의 규격이나 사양, 품질에 부합하는 기존의 상용화된 부품이나 구성품, 제품, 그리고 원재료의 구입 가능 여부를 반드시 확인해 두어야 한다. 아무리 좋은 설계라 하더라도 부분품이나 구성품의 조달이 불가능한 경우 시스템 구성은 불가능하기 때문이다.

여기에 전통적 효 개념을 유추하여 견주어본다면 부품, 원재료 등은 인문학에서는 단어에 상당하고, 구성품, 제품 등은 인문학에서는 학문적으로 이미 체계화되어 확립된 구절이나 문장 또는 이론에 해당된다. 그러므로 상세 설계과정을 통하여 학문적으로 이미 상용화된 단어나, 이론 등의 부품이나 구성품을 집어넣고 실체화하여 유기적으로 구동되도록 설계하였다. 따라서 자연과학적 설계개념을 유추(類推, analogy)[180]하여 사친, 사군, 입신을 알고리즘으로 변환하기 위한 골격을 세우고 살을 붙였다.

위에서 언급한 설계 순서대로 본 저술에서는 우선 전통적 효 윤리 시스템을 구축하였다. 또한 전통과 재정립 사이의 완충적 연계 윤리로써 전통적 효 윤리의 시대적 재해석이 필요하였다. 그 다음에 기존의 전통적 효 윤리에서 재해석이 가능한 개인의 실천 효 윤리를 현대과학의 분석(分析, analysis)과 합성기법(合

---

180) Franklin F. Kuo, Network Analysis and Synthesis (New York, John Wiley & Sons Inc, 1966), 13쪽. R, L, C : $v(t) = Ri(t)$, $v(t) = L\, di(t)/dt$, $v(t) = 1/C \int i(x)dx + v(0)$, 저항, 인덕터, 캐패시터가 전혀 다른 유사식으로 표현된다. 따라서 마찬가지의 원리로 연구자는 사친 • 사군 • 입신이 전혀 다른 수학적 논리공식으로 표현 가능하다고 보았다.

成技法, synthesis)을 적용하고, 분석과 합성에 필요한 수학적 응용 도구인 라플라스 변환[181]을 상기 표와 같이 도입하였으며 등가변환으로 실체화된 변수의 수학적 연산의 논리공식을 관계식으로 표현한 알고리즘을 응용하여 재해석한 후 알고리즘에 의한 효 윤리를 정립하였다.

공학적 설계 방법론을 인문학에 유추적용하기란 생각만큼 단순하지 않다. 우선 공학적 설계 방법론을 인문학적으로 유추하려면 설계 대상물을 인문학적으로 정확히 분석하고 합성하는 작업이 선행되어야 한다.

모든 설계에는 설계 목적이 뒷받침되어야 한다. 당시 원자력발전소의 예비안정성분석 보고서에서는 정책입안자의 의지는 발견하지 못했지만 추정컨대

① 고용창출과 국민소득 증대

② 중화학공업 육성

③ 안정적인 생활용 전기 및 산업용 전기 확보

④ 평화적인 원자력 이용기술의 획득 등으로 보여 진다.

그렇다면 본 저술은 전통적인 사친, 사군, 입신의 영역을 전혀 다른 형태의 모습으로 변환하여 현대인에게 실체적으로 분석하고 전혀 새롭게 합성된 모습을 보여주는데 있다.

전통적으로 뉴턴 역학을 중시하는 화력발전(火力發電, fossil

181) Dennis G.Zill, Michael R, Cullen, Advanced Engineering Mathematics (USA, PWS Publishing Company, 1992), 표지 뒷면 '라플라스 등가 변환 표 56개식 참조

power plant)이나, 수력발전(水力發電, hydraulic power plant)만을 고집하다보면 현대과학으로 탄생한 양자역학적인[182] 원자력 발전을 무시하듯이 공자, 맹자, 증자시대에 이미 완성된 고전적 효 윤리만을 고집하고 개량, 개선 없이 지금도 그대로 따르라 한다면 아무리 훌륭한 강사라 하더라도 현대인들이 당시의 수강생처럼 온힘을 다하여 열성적으로 귀를 기울려주지 않을 것이란 점이다.

필자부터도 흥미를 잃어버린다. 필자도 처음에는 귀담아 듣게 되지만 듣다보면 무엇인가 설명할 수 없는 답답한 마음은 어떻게 해결해낼 수가 없었다. 그래서 공학적 설계 방법론을 인문학에 도입하여 전통적 효 윤리를 개량, 개선하여 재해석하려는 마음과 의지를 갖게 되었다.

인문학에 공학적 설계 방법론을 적용하려는 목적은 공자 시대에 만들어진 사친, 사군, 입신이라는 훌륭한 전통적 효 윤리를 재정립하여 질적 동일성을 유지하면서 전혀 다른 새로운 방식의 실천방식을 보여주는 것이다. 전기 생산이라는 질적 목적을 위하여 전통적인 수력 및 화력 발전만을 고집하는 것이 아니라 전혀 다른 형태의 원자력 에너지를 이용하여 최고 품질의 전기를 생산하는 원리와 같다.

중학교 과정에 나오는 마치 피타고라스 정리를 재해석하여 속도를 개입시키고, 속도의 한계를 광속으로 한정하여 고등학교 과정에 나오는 뉴턴 운동방정식에 대입하면 전혀 새로운 이론을 정

182) 양자역학이란 질량이 없는 입자의 공간으로서 물리적인 측정이 불가하여 수학적으로 존재하는 물리학적 공간의 과학적 세계를 말한다.

립시킬 수 있다. 이렇게 하여 얻어진 상대성이론처럼 고전적 효 윤리의 일부인 개인의 효 실천방식을 알고리즘의 효로 변환하고, 이를 어떤 수학적 논리규칙인 알고리즘의 연산식으로 표현해 주어 전혀 새로운 효 윤리 모델을 완성시키고자 하였다.

공학적으로나 물리학적으로 18c에 출현한 뉴턴 역학은 광속도로 바르게 움직이는 운동에서는 불합리한 이론이나 저속도에서는 통시성을 유지하므로 언제라도 유용한 이론이다. 그러나 적용틀이 다른 양자역학적 세계나 빛처럼 빨리 움직이는 입자의 세계에서는 뉴턴 역학이 제 기능을 발휘하지 못하는 것이 밝혀졌고, 전혀 다른 새로운 세상이 펼쳐진다는 사실이 알려졌다.[183] 입자는 질량을 가진 물체가 아니므로 뉴턴 방정식의 적용은 전혀 무의미해기기 때문이다.

마찬가지로 공자, 맹자, 증자 시대에 고도로 전개된 이론을 오늘날의 양자역학적 개념으로 들여다보지 않는다면 수력발전이나, 화력발전만이 전부인 것처럼 호도되어 원자력 발전과 같은 엄청난 에너지를 내뿜는 에너지를 효라는 문화자원에서 뽑아내지를 못하게 될 것이다.

그렇다 하더라도 양자역학과 상대성이론이 결합하여 실생활에 응용되는 에너지 물질 등가방정식은 오늘날 지속적, 또는 폭발적 에너지를 제공해주는 원자력 발전의 근거로서 충분한 역할을 수행하고 있다. 앞에서 언급한 변환도구를 이용하여 이와 같이 당

183) Leon M. Lederman(1922~)/Christopher T. Hill(1951~) 저, 안기연 역, 『대칭과 아름다운 우주』(서울, 도서출판 승산, 2012), 182. 뉴턴의 이론의 한계=광속도에 근접한 운동과 관련된 현상의 표현에는 실패, 단, 광속도에서는 중력, 시공간의 기하학적 현상을 상대성이론으로 설명.

시와는 상당할 정도[184]로 시대적 상황이 변화된 현대에도 지속적 에너지를 공급해줄 수 있도록 알고리즘에 의해 변환된 효 실천방식의 모델을 창안해냄으로서 알고리즘으로 작동하기 시작한다면, 오늘날에서도 변함없이 더욱더 우리사회를 역동적으로 만들어줄 에너지를 가정과 사회, 국가 공동체에 제공해준다고 필자는 판단하였다.

부자지간의 효 윤리도 효무종시(孝亡終始)와, 효지대야(孝之大也) 이론에 의거 현대 효 윤리에서도 당사자 간의 개별적 관계로 끝나는 것이 아니고, 효 주체가 개인의 영역만으로 충족되는 유한성을 극복하고 마지막 단계의 거대 공동체인 국가적으로까지 무한히 확장, 연계되어 작동하고 있음을 변환된 새로운 형태의 효 윤리 모델을 통하여서도 증명하고자하였다. 그리하여 효가 현대와 다가올 미래 세대에도 수많은 공동체에 지속적이고 폭발적인 초연결 에너지를 공급해줌으로서 대한민국을 움직이는 지속적, 폭발적인 성장, 발전의 원동력이 되도록 하고자 하였다. 필자로서는 이러한 연구의 목적과 필요성이 제기되어 효 실천윤리인 사친, 사군, 입신에 대한 알고리즘의 효 윤리 모델에 본 저술의 궁극적인 목적을 두고 있다.

미래 정신문화 문화자원으로서 재정립

효만큼 어떠한 정치적 철학이나, 윤리, 이념으로도 개인의 영

184) 연구자 주, 당시에는 부모를 찾아뵈려면, 걷거나, 말을 타거나, 뛰어갔다. 그러나 현대는 육상교통, 항공편, 해상교통 등을 이용하거나 화상통화 등을 통하여 안부를 묻는다. 컴퓨터, 인터넷, 인공지능. 원자력, 전기, 화학금속 등은 물론이고 의료체계의 진보로 인하여 오늘날과는 사뭇 달라 당시와는 비교할 수 없도록 변화된 삶을 살고 있다.

역에서 출발하여 국가에 이르기까지 통합적 철학이나 이념을 제공해주는 에너지원을 찾아내기는 쉽지 않다. 효는 사친이라는 가정 공동체 영역에서 출발하여 사군의 국가 공동체 영역, 입신의 사회 공동체 영역을 각각을 통합적으로 연결해주면서, 완성시켜주는 하나의 정신적 철학과 이념의 매개체이다.

또한 효라는 개인적 삶의 영역을 통하여 가정, 사회, 국가를 통합해주고 균형발전을 연계해주는 철학적 토대와 윤리적 방법을 현실적으로 제시해주고 있어, 정치적으로는 가장 좋은 이훈천하(以訓天下)의 도구이며, 사회적으로는 입신(立身)의 도구이며, 경제적으로는 취지지리(就地之利)라는 땅의 이득으로 인한 문화와 문명의 무궁한 번영과 발전을 위한 과학적 도구이며, 부자지간에는 부모공경과 부모부양의 실체적 도구로 끊임없이 작용하고 있다.

우리나라는 전통적으로 효만큼 개별적으로 자기 삶의 중요한 영역으로서 중심적 역할을 차지하는 또 다른 철학적, 이념적 도구는 찾아보기 어렵다. 부자지간의 효 문화는 가정, 사회, 국가를 연결해주는 가장 이상적인 철학적 토대와 이념, 그리고 윤리를 제공해줌으로서 지난 반만년동안 우리나라 역사를 이루었다고 해도 과언이 아니다.

우리나라에서는 효가 정착되면서 공동체에서 서구 문화에서 강조되는 개인 우선주의를 타파하고, 유럽과 같이 지나친 사회주의적 요소를 배제하고, 또한 애국주의의 맹종에 의거 군국주의를 시도했던 과거 독일과 일본의 제국주의 도입을 배척하는 유일한 국가라 할 수 있다.

우리나라는 누구나 알고 있듯이 좁은 국토에 높은 인구밀도를 지니고 부존자원이라고는 햇빛, 물, 공기, 노동력 밖에 존재하지 않는다. 햇빛, 물, 공기는 지표공간과 마찬가지로 한정되고, 총량이 이미 고정된 하드웨어적 요소의 자원이다. 다만 노동력은 연구, 개발 정도에 따라 소프트웨어 형태의 무궁한 잠재능력을 지닌 자원으로 아담스미스가 말하는 국부의 원천인 두뇌자원에 근거한 노동력만을 보유한 국가라 해도 과언이 아니다. 알고리즘으로 해석된 효의 특성 모델에서는 국력과 국부의 요소가 변환된 효 윤리 모델에 어떻게 개입되어있는지를 알고리즘으로 증명해주고 있다. 여기에 대한민국은 어떻게 국부와 국력이 축적되는지를 깨닫고 희망을 걸어야한다.

불행하게도 1910년 8월 경술국치에서부터 1945년 8월 광복을 얻을 때까지 식민사관에 의하여 정신문화가 황폐해졌으며, 또한 안정된 국가가 수립되기도 전에 1950년 6월부터 1953년 7월까지 이 땅위에서 행하여진 한국전쟁은 모든 지표자원을 황폐화시켜 놓았다.

이러한 국가적 대 혼란기를 통하여서도 변할 수 없는 사친, 사군, 입신이라는 효의 질적 내용을 통하여 가정과 국가 관계는 물론이고, 효와 충의 관계 역시 얼마나 깊은 상관관계에 있는지를 국민 모두가 절실하게 깨닫도록 해주는 데 충분한 계기가 되었다. 다행히도 1960년대 초부터 시행된 과학기술의 중흥, 산업화, 도시화의 진행은 우리나라의 국가모습, 특히 효 실천방법의 모습 또한 거기에 걸맞도록 급격하게 바꾸어 놓았다.

대한민국은 도시화된 국가라고 하여도 과언이 아니다. 도시화가 진행되면서 모든 물질적 자원, 재정적 자원, 인적자원이 도시에 집중되고, 이에 따라 대가족 중심주의에서 소가족 중심주의로 전환되었으며, 여기에 맞춰 효의 실천모습도 사친, 사군, 입신이라는 질적 모습은 불변하지만 시대적 요구에 따라 실천방법이 그만큼 바꾸어지고 있다. 도시는 수많은 이해관계의 공동체가 모여 상호 협력적 관계를 유지하면서 유기체적으로 작동하고, 할아버지, 아버지 세대 간에는 소가족 중심으로 분가되어 도시는 하나의 거대한 부자지간의 효 공동체를 부양해주는 삶의 터전으로서, 자기 삶의 완성 공간으로서 기능하게 되었다.

필자는 이처럼 훌륭한 전통적 효 개념을 알고리즘의 효로 변환하여 재정립함으로서 새로운 미래의 가정과 국가, 그리고 사회의 통합적인 균형발전을 가져올 수 있는 책을 쓰고자하였다. 전통적 효 개념을 새롭게 변환한 변환모델의 효는 다음 세대에게도 기성세대 못지않게 훌륭한 새로운 형태의 정신적 문화자원으로 다음 반만년동안 한국사회에 이상적 비전을 제시해줄 필요성이 시대적 사명으로 제기되었기 이를 적극적으로 다루고자하였다.

확장자, 변환자, 연산자 개념 도입

첫째, 효는 확장자(擴張子, extender)이다.

효의 실천영역은 과거, 현재, 미래라는 어느 시대를 불문하고 '사친(事親), 사군(事君), 입신(立身)'[185]으로 되어 있다. 효는 사친의 영역인 가정 공동체에만 머무르지 아니하고, 사군의 영역(領域)인 국가 공동체 공간으로, 입신의 영역인 사회 공동체 공간으로 확장된다.

185) 『古文孝經』「開宗明誼章」"夫孝 始於事親, 中於事君, 終於立身."

부자지간의 가족 공동체라는 공간으로 구획, 구분된 가정이라는 작은 폐쇄적 공간에서 발원하는 사친의 효에서 시작하여, '효로서 부모 섬기듯이 국가와 국민을 섬기'186)는 사군의 국가적 공동체 영역187)으로까지 확장되고, '자기 집 노인을 모시듯이 이웃집 노인을 모시고 자기 집 자식을 사랑하듯이 이웃집 자식을 사랑'188)하는 입신의 사회적 영역의 공간에 이르기까지 세상 방방곡곡으로 확장된다. 이것은 바로 효가 확장자의 성질을 띠고 있음을 잘 대변해주고 있다.

효는 가정 공동체내에서 부자지간의 1차적 혈연관계의 인간관계는 물론이고 개방적인 사회공동체에서의 비혈연적 관계의 2차적 인간관계를 통하여 철학적, 윤리적 확장자로서 백행지본(百行之本) 내지는 덕지본야(德之本也)로 인식되거나 내재되어 통합적으로 상호간에 연계되고, 모든 공동체와 나와의 관계를 통하여 사친, 사군, 입신의 영역으로 확장 개념을 유지하면서 무한한 연결망이 구축된다.189) 효는 이처럼 가정, 사회, 국가 공동체 영역에 깊숙이 뿌리를 내려 작동하게 된다.

오늘날은 인터넷과 사물이 결합하는 초연결 시대로서 인간끼리의 관계는 물론 개인과 공동체간, 개인과 사물과의 연결도 가능한 시대로 확장되어가고 있다. 이러한 확장성에 따라 효를 통

186) 『古文孝經』「士章」"故以孝事君則忠."

187) 최성규, 『효신학개론』(서울, 도서출판성산서원, 2010), 162쪽. 9장 효와 국가윤리

188) ①성백효 역, 『孟子集註』「梁惠王章句上」(서울, 전통문화연구회, 2013), 56쪽. "老吾老以及人之老, 幼吾幼以及人之幼." ②어린이/청소년사랑/이웃사랑은 7효중의 하나이다.

189) 오늘날은 사물과 인터넷이 결합된 초연결 시대로서 효는 개인과 공동체간의 통합적인 윤리로서 국가내 모든 인간관계는 물론 개인과 공동체간, 개인과 사물과의 연결도 가능한 시대가 되어가고 있다.

하여 천하가 덕과 도로 그물망처럼 연결되어 다스려지게 하는 원리가 이훈천하(以訓天下)[190]라는 원리의 기능을 유지하고 있어 통합적인 문화자원이 되는 것이다. 그러므로 효는 어느 누구에게서 시작하여 어디에서도 절대로 끝나지 않는다. 나아가 가정, 사회, 국가라는 공동체를 유지하고, 작동시키는 데 필요한 정신적 에너지원이 되는 것이다.[191]

따라서 퓨리어 급수의 시그마 이론인 총체적 합산론과 알고리즘을 적용해본다면 대한민국은 5천 1백만 단위의 양자역학적 효 에너지가 총체적으로 합산되어 구동되는 국가이다. 이 양자역학적 효 에너지가 어떻게 실체화 되어 알고리즘으로 변환되어 연산되는지를 알고리즘에 의한 효 모델에서 살펴보고자 하였다.

둘째 효는 변환자(變換子, transformer)이다.

"효는 덕의 근본이다."[192] 라고 하였다. 덕은 일종의 예로서 자신을 외적으로 들어내는 법도의 총체적인 것이다.[193] 이러한 총체적인 법도의 모든 것이 바로 효에서 나온다는 뜻이다. 효는 가정 공동체에서 시작하여 국가 공동체와, 사회 공동체로 확장하고 그 공동체의 속성에 따라 효 모습이 충과 예로 변화하게 되는 것이다. 효는 부모공경과 부모부양, 조상숭배만으로 끝나는 덕목이 아니고 공동체에 따라 외연적으로 확장되면서 공동체의 필요에 따라서 그 모습을 바꾼다는 점이다.

---

190) 『古文孝經』「開宗明誼章」"以訓天下."

191) 『古文孝經』「孝平章」"孝亡終始."

192) 『古文孝經』「開宗明誼章」"德之本也."

193) 송명호. 문지운, 『예기집설대전총론』 1권 (서울, 도서출판 높은 밭, 2002), 2/4쪽, 禮란 인간의 외적인 법도의 총체적인 것이다

공자가 말하기를 "효는 가정 공동체를 위한 사친의 효(孝) 영역이다, 그 다음은 국가 공동체를 위한 사군의 충(忠) 영역이다, 마지막은 사회 공동체를 위한 입신의 영역이다."라고 하였다. 이는 효가 확장자로서 확장된 공동체 모습에 따라, 공동체 속성에 걸 맞는 충으로, 예로 변환하는 변환자임을 말해주고 있다. 이를 도표로 나타내면 아래와 같다.

변환자로서 효

영역 구분	영역별 변환단계	변환 논리	변환 근거	비고
사친(事親)	효(超人格體)	부자지간의 효 공동체 (가정 공동체로 시작) (身體髮膚 受之父母)	『古文孝經』「開宗明誼章」	효의 발원
사군(事君)	1차 변환: 忠 (事親→事君)	故以孝事君則忠 (가정-국가관계 정립)	『古文孝經』「士章」	효의 확장, 변환
입신(立身)	2차 변환: 禮 (事親→立身)	老吾老以及人之老 幼吾幼以及人之幼 (입신의 영역 확정)	『孟子』「梁惠王章句上」	효의 확장, 변환
등가성	위상이 확장성임: 사친(事親)→사군(事君)→입신(立身)			효의 변환/확장/등가성

효는 부자지간의 인격체들이 상호작용하는 통일체로서 초인격체가 지니는 매우 특수한 관계의 배타적, 폐쇄적 영역의 윤리이다. 그러나 이러한 영역의 효는 더 이상 가정이라는 공간에 머무르지 못하고 모든 공동체에서 충과 예로 변환하여, 직/간접으로 작용하여 그가 속한 공동체를 영속적으로 구동시켜주는 에너지원이 되는 것이다. 따라서 사친, 사군, 입신의 확장에 따른 3면성의 원칙과 효, 충, 예의 변환에 따른 3면성의 원리가 확장자와 변환자의 상관관계를 통하여, 또한 전통효의 현대적 재해석을 통하여 명확하게 드러나게 된다.

셋째, 효는 연산자(演算子, operator)이다.

현대문명은 알고리즘이 실생활에 태동하여 작동하는 시기로 알고리즘으로 움직이는 문화와 문명을 말한다. 자동차가 현대문명의 영향을 받아 자율주행 개념으로 바뀌어가고 있다. 자동차를 자율주행으로 작동하게 되면 자동으로 움직이는 알고리즘의 말(馬)이 되는 것이다. 말을 타면 말이 알아서 스스로 집을 찾아가는 것처럼 기계가 알고리즘에 의거 마치 말처럼 인간의 말(언어)을 인식하고 목적지를 찾아 자율적으로 움직이게 된다.

사람을 움직이는 도구가 언어라면 기계를 움직이는 언어는 알고리즘이기 때문이다. 따라서 효에도 알고리즘이 도입되어야 가정과 국가와의 관계, 효와 충의 관계 등을 정립해 볼 수 있게 된다. 앞에서 언급한 것처럼 효에 이러한 알고리즘을 살펴볼 수 있는 개념이 필자가 효를 파자하여 얻어진 식이다. 앞에서 임의로 파자된 식은 효의 특성 모델을 서술하는 데 중요한 기능을 제공해주고 있다.

부자지간의 효는 문화의 일종이므로 상호 교환, 교류는 필연적이다. 열역학에서도 쿠르노 순환이란 법칙에 의거 열에너지가 높은 곳(높은 온도)에서 낮은 곳(낮은 온도)으로 이동하는 성질을 이용하여 열낙차(熱落差, thermal drop)만큼 기계적인 터빈회전운동을 일으켜 전기 내지 운동에너지를 생산해낸다. 이것이 화력발전, 또는 엄청난 전기를 생산해내는 원자력 발전의 열교환기와 터빈의 연속적인 작동원리이다. 수력발전은 물의 위치 에너지에 따른 낙차를 이용한 것이다.

그렇다면 부자지간의 효 공동체 역시 부자지간이 보유한 상당한 효 자원[194]의 낙차를 이용하여 부모가 자식을 키우는 원리이다. 갓 태어난 자식보다도 월등하게 많은, 부모가 보유한 온갖 자원을 투입하여야만 자식이 성장, 발전해 나가는 것이다. 연료공급이 중단되면 터빈이나 엔진가동이 정지되고, 전기 공급이나 동력이 차단되는 것처럼 부자지간에도 앞서 말한 것처럼 부모가 보유한 효 자원의 공급이 차단되면 자식은 더 이상 원만하게 성장, 발전하지 못하게 된다.

그러므로 부자지간에는 올바른 땅의 이득을 통하여 효 자원을 정당하게 취할 천부적 권리가 주어지며, 누구를 막론하고 자기 삶의 완성을 위하여 열심히 살아가야하는 당위성이 개입되어 진

194) 여기서 말하는 효자원이란 부모가 자식에게, 또는 보은으로 자식이 부모에게 베푸는 물적 자원, 재정적 자원, 인적 자원을 말한다. 이는 인간이 보유할 수 있는 총체적인 자원의 종류로서 인간자원 자원 개발론에서 원용하였다.

다. 그래서 하늘은 스스로 먹을 복이 없는 자는 처음부터 태어나지 못하게 하고, 땅은 이름을 붙일 수 없는 풀은 아예 자라나지 못하게 하고 있다.[195)]

생애주기 상으로 보면 처음 태어날 때에는 절대적 나약자(懦弱者) 신분으로서 자식은 모든 땅의 이득을 부모에게 의지할 수밖에 없게 된다. 반대로 생애의 마지막 순간에는 부모라 하여도 의식이 혼미해지는 절대적 나약자 신세로 전락하여 반대로 모든 땅의 이득을 자식에게 의지할 수밖에 없는 존재이다. 그러므로 효 구조 모델을 통하여 부자지간의 효 자원이 무엇인지를 들여다보고 은혜와 보은의 관계로서 무엇을 주고받는지를 알고리즘의 현대 효 구조 모델에서 살펴보고자 한다.

현대과학의 접목

알고리즘에 의하여 변환된 효 윤리를 정립하고자 하는 이유는 당시와 현대는 문화와 문명의 격차가 설명할 수 없을 정도로 상당하기 때문에 현대 문화와 문명에 부합하여 작동하는 새로운 알고리즘으로 구현되는 효 이념이나 효사상이 필요했기 때문이다. 다시 말하여 과학기술의 엄청난 발전은 산업화를 촉진하고 도시화를 불러왔으며 나아가 사람과 사물이 연계되는 초연결 사회를 불러오고 있다.

도시화된 사회에서는 물적 자원, 재정적 자원, 인적 자원이 집중되어 도시공간은 효를 실현시키는 데 중요한 가족 공동체의 삶의 터전일 뿐만 아니라 효를 실천하여 자기 삶을 완성시켜주는

195) 『明心寶鑑』 「誠心 上」 "天不生無祿之人, 地不長無名之草."

개방된 공간으로 변하였다. 이러한 변화는 대가족제도에서 핵가족제도로 변화를 불러오는 데 지대한 영향을 미치게 되었으며 도시화된 오늘날의 사회적 공동체는 누구에게나 변화된 소가족 공동체를 위한 경제적인 삶의 터전으로 기능하게 되었다.

그러나 이와 같은 산업혁명을 초래하여 가족 공동체의 구조가 현대적으로 변화되었다 하여도 통시성이 작용하는 사친, 사군, 입신의 전통적 효 윤리의 질적 내용은 변할 수는 없다. 그래서 필자는 그러한 취지를 살려 효의 질적 내용을 변화시키지 않고서 실천방법을 달리할 새롭게 변환된 효 모델의 필요성이 사회적 수요로서 강하게 제기되고 있다는 판단아래 이를 현대인에 부합하여 알고리즘으로 작동하는 재정립된 변환모델로 완전히 변환시키고자 하였다.

이를테면 전통적 이동수단은 과거에는 파발마나 봉화, 비둘기를 이용한 정보전달 등이 가장 빠른 효율적 정보전달 수단이나 이동방법이었으나 현대는 자동차, 초고속 열차, 비행기, 인공위성과 휴대폰, 초고속 인터넷을 이용한 통신망 등으로 전혀 다른 방법이 사용되고 있기 때문이다.

20세기 초 인간의 이지가 더욱 더 발달하고 진보할수록 물리학의 전부일 것처럼 보였던 뉴턴역학의 문제점이 들어나기 시작하였다.[196] 뉴턴역학이 물체의 운동역학의 모든 것처럼 보였던 법

196) 리언 레더만, 크리스토퍼 힐 저, 안기연 역, 『대칭과 아름다운 우주』(서울. 승산, 2012), 182쪽. 뉴턴의 이론의 한계=광속도에 근접한 운동과 관련된 현상의 표현에는 실패. 단, 광속도에서는 중력, 시공간의 기하학적 현상을 상대성이론으로 설명, 단, 뉴턴 물리학은 그것이 유효한 범위 내에서는 자연현상을 정확히 기술하고 있다. (※지구 중력장에서 운동하는 모든 물체는 뉴턴 법칙을 따른다. 뉴턴의 제1법칙은 관성의 법칙이고, 뉴턴의 제2법칙(F=ma)은 가속도 법칙이다. 뉴턴의 제3법칙(Fab=Fba)은 작용 반

칙들이 광자역학, 원자핵물리학 등의 입자물리학에는 맞지 않음이 밝혀진 것이다. 뉴턴의 이론은 광속도에 근접한 운동과 관련된 현상의 표현에는 실패하였다. 광속도에서는 중력, 시공간의 기하학적 현상을 뉴턴역학이 아니라 상대성이론과 양자역학으로만 설명이 가능해진 것이다. 뉴턴 물리학은 그것이 유효한 운동범위 내에서만 자연현상을 정확히 기술해줄 수 있을 뿐이다.

이와 같이 전통적인 공자, 맹자, 증자식 효만으로는 변화된 오늘과 같이 변화된 시대적 삶의 패턴에도 알맞은 실천모델이라고 주장하기에는 많은 무리가 따른다.

이러한 변화에 맞춰 20세기 초 운동역학의 모든 것처럼 보였던 뉴턴역학을 무너뜨리는 한편의 논문[197)]이 발표되었다. 뉴턴 운동역학에서는 아예 예상조차 할 수 없었던 시간이 빨라지거나 느려질 수 있으며(시간 상수), 광속에 근접할수록 길이가 수축하고(길이 수축상수), 물질의 질량과 에너지(핵융합 내지 핵분열)는 등가라는 전혀 새로운 개념의 특수 상대성이론[198)]이 세상에 발표되었다.

전자, 원자, 빛의 세계를 다루는 양자역학[199)]이라는 새로운 학

작용법칙이다. 여기에 뉴턴의 만유인력의 법칙(중력: Fab=Gn*Ma*Mb/R^2, Gn=6.673 × 10^-11m^3/kg.s^2)이 보태어져 우주천체 물리학 및 지구 중력(*g*)장에서 이동하는 모든 물체의 운동을 정리하는 물리학의 기준틀이 완성되었다.)

197) 위의 책, 199쪽. 스위스 베른 특허청 직원이던 26살(1905년) 아인슈타인의 상대성은 뉴턴의 고전 물리학을 무너뜨림. 특수상대성의 기이한 결과=시간 팽창상수, 길이수축상수, 질량 결손에너지 등가방정식 발견.

198) Arthur Breiser, Concepts of Modern Physics (USA, Mc Graw Hill, 2003), Chapter1 1쪽~3쪽6.

199) 양자역학은 물리적 측정이 불가능하고 이론적으로 존재하는 입자의 세계를 말한다.

문이 등장하여 20세기 초반 약 30년(1900~1930)간 양자역학 분야가 진일보하였고, 여기에 상대성 이론이 결합함으로서 물질의 질량이 에너지와 같다는 인류역사상 전혀 다른 새로운 세상의 장, 즉 원자핵물리학 시대를 열어 준 것이다.

이것은 마치 뉴턴역학이 증기기관과 결합하여 산업혁명을 가져다준 것 이상으로 양자역학은 반도체를 이용한 컴퓨터, 내비게이션, 양자통신, 원자력시대, 레이저… 등등 마찬가지로 전혀 다른 미지의 세계[200]를 열어주었다.

효학에도 산업혁명과 양자역학에 버금가는 새로운 변화의 바람이 요구된다고 판단하였다. 따라서 전통적 효에서도 양자역학과 상대성성 이론과 같은 획기적인 새로운 실천 모델이나 이론이 탄생하지 않고서는 적용하기 어려운 상황이 초래되었다.

이 시기에는 1914년 7월 28일부터 1918년 11월 11일까지 일어난 유럽을 중심으로 한 제1차 세계대전이 발발하여 독일, 오스트리아-헝가리 제국의 동맹국과 프랑스, 영국 및 러시아의 등의 연합군이 싸워 연합국의 승리로 끝났다. 전쟁은 가정 공동체의 효와 국가 공동체를 위한 충의 관계가 어떤 관계인지를 절실하게 보여주는 좋은 사례이다.

1939년에서 1945년 사이 미국, 영국, 프랑스, 소련, 중국 등의 연합국과 독일, 이탈리아, 일본 등의 추축국 등이 맞서 싸운 제2차 세계대전은 결과적으로 사친의 효와 사군의 충과 관계처럼 가

---

200) 양자역학은 오늘날의 컴퓨터 부품, 네비게이션, 양자통신, 원자력시대, 레이져 등등 많은 실증적 사례가 현대문화와 문명을 뒷받침해주고 있다.

정과 국가는 얼마나 긴밀한 상관관계를[201] 이루고 효와 충의 상호 연계성[202]이 얼마나 깊은 관계인지를 실증적으로 잘 설명해주고 있다.

가정 공동체의 효와 국가 공동체의 충이 얼마나 밀접한 관계에 놓여있는 가는 "효로서 부모를 섬기듯이 국가와 국민을 섬기는 것이 바로 충이다."[203]라고 언급한 공자의 정언명령(定言命令)에서 가정과 국가, 효와 충의 관계의 뜻이 얼마나 절실하고 긴밀하게 연계되어 있는지를 실증해주었다.

최근세사에서 제1차, 제2차 세계대전 동안 조선의 멸망과 대한제국의 국가소멸은 국가와 가정, 효와 충이 얼마나 긴밀하게 연계되어 있는지를 우리 국민 모두가 직접 경험하고 살펴 볼 수 있는 계기를 만들어 주었다. 20세기 초, 중반에 인류는 보편적이고 절대적인 행위의 목적이고 법칙인 효를 버리고 국제관계가 정치적으로 이념화 될 경우 역사상 경험해서는 안 될 비 인륜적인 참화를 겪으면서 가정과 국가가 얼마나 밀접한 관계에 있는지를 어느 다른 국가보다도 우리 민족은 경술국치와 한국전쟁을 통하여 두 번이나 경험하게 되었다.

이러한 반복을 되풀이하지 않으려면 알고리즘에 의하여 재정립된 효를 도입하여 통치학, 지도자학, 소득창출학, 국부창출학, 국력학의 요소 등을 개량, 개선하는 데 새로운 실천방법을 명확하게 보여줌으로서 가정, 국가, 사회에 새로운 통합적인 철학과

---

201) 『古文孝經』 「開宗明誼章」에서 효는 사친에서(始於事親), 사군으로(中於事君), 입신(終於立身)으로 확장되어 끝난다.

202) 『古文孝經』 「開宗明誼章」에서 효는 事親(始於事親)에서, 事君(中於事君)으로, 立身(終於立身)으로 확장, 변환된다.

203) 『古文孝經』 「士章」 "故以孝事君則忠."

윤리관을 심어주고 개인적으로는 성공학, 자기치유학, 자기완성학 등을 실체적으로 어떻게 보여 줄 것인가를 보여주는 데에도 연구의 의미도 있다.

전통적으로 사친, 사군, 입신이라는 효 실천방법이 유교적으로 정립되어 있으므로 그 질적 내용을 해치지 아니하고 현대사회의 변화된 문화와 문명에 맞추어 방법론적으로 시대에 걸맞게 알고리즘 영역으로 새롭게 변환하게 될 때가 되었다고 연구자는 확신하고 있다. 전통적으로 작동하는 태엽시계를 대신하여 변화된 시대의 목적에 맞춰 전자시계, 원자시계를 사용하는 방법과 같다. 태엽으로 작동하는 시계는 단지 시간을 보여주는 데 족하나, 전자시계는 일반적으로 백만 초에 몇 초의 오차를, 원자시계는 억 초 단위로 몇 초의 오차를 지니고 있어 시간이라는 질적 내용은 불변이나 시간을 표시해주는 실행방법이 전혀 다른 원리와 같다. 효 개념도 전통적 효 개념, 현대화된 효 개념, 현대 효 개념 등으로 진화내지 진보해야할 필요성이 있다.

전통적 효를 현대화하는 데 알고리즘 개념을 도입하려는 이유는 사친, 사군, 입신을 질적 내용을 훼손하지 아니하고 실천 방법만을 현대화함으로서 전혀 다른 효의 세계를 열어줄 것이라고 필자는 확신하기 때문이다. 효학 내지 효 윤리학의 발전을 위하여 우리 모두가 나가야할 방향이라고도 판단하고 있다. 재해석에 필요한 새로운 방향성을 제시하고 고전적 의미의 효 윤리를 알고리즘으로 재정립함으로서 시대적 현실성과의 격차를 좁히고 생존과 번영의 윤리로서 창의성을 발휘하는 데는 알고리즘과 라플라스 변환개념이 없는 전통적 효 인문학만으로는 부족하다고 판단한다. 그리하여 인접학문의 영역인 자연과학, 특히 오늘날의 시대에 각광받고 있는 알고리즘으로 작동하는 인공지능분야의 과학기술을 접목하여 사친, 사군, 입신의 새로운 방향성과 현실성을 확립하고자 하였다.

우리 민족사에서 전례가 없을 정도로 과학기술이 발달하고, 산업화와 도시화를 달성한 결과 역동적으로 시대가 바뀐 현대사회임에도 불구하고 대다수의 한국인은 효의 이념과 가치에 바탕을 둔 부모공경과 부모부양의 전통적 관습을 가정, 사회, 국가 공동체의 일상생활 속에서 자기 삶의 일부로서 변함없이 실행하고 있다.[204)]

우리 스스로가 살아가는 시대가 아무리 변화해도 효의 실천윤리인 사친, 사군, 입신과 "하늘이 만들어주는 계절의 변화에 따라 땅의 이득을 취하고 이를 절약하여 부모를 부양하는 것이 백성들의 효"라는 효의 본질이라는 질적 내용은 변할 수가 없다.

오늘날 우리가 살아가고 있는 시대는 국가적으로는 과학기술 발전, 산업화, 도시화를 거쳐 국제적으로는 경제화, 정보화, 세계화 시대를 맞이하여 세계가 하나의 단일 권역으로 인식되고 있다. 오늘날은 공자, 맹자, 증자 시대와는 전혀 다른 차원의 세상이다. 이른바 공자, 맹자, 증자 시대에는 상상조차 하지 못하였으며, 당시에는 존재하지 않았던 이루 말로 표현할 수 없는 과학적, 알고리즘 공학기술들이 현대 문화와 문명에서는 누구나가 쉽게

---

204) 성규탁, 『현대 한국인의 효』 -전통의 지속과 표현의 변화- (경기도, 집문당, 2005), 269쪽.

이용하고 있다. 그에 따라 효를 실천하는 모습이 당시와는 달리 더욱더 다양해지고 있는 것이 현실이다.

달라진 세상에서는 달라진 위상의 현대 효 사상에 부합한 효 이론이 필요하다. 아무리 불변의 효 윤리라 하여도 예외는 아니다. 그러므로 그 당시에 만들어진 훌륭한 정신문화 차원의 실천 윤리라 하여도 오늘날의 새로운 과학기술[205]에 부합한 문화와 문명에 상당하는 실천 방식을 재정립하는 것이 중요한 관건이라 판단된다.

첨단화되고 고도로 복잡한 난제라 하여도 알고리즘으로 구동하는 컴퓨터 문명을 접목하면 쉽게 해법을 찾아내고 문제를 풀어낼 수 있다. 오늘날의 수학적 체계는 수많은 문제의 해결을 가능하게 해줄 수 있는 완벽한 체계로 잘 정비되어 있다.[206] 효 실천 방식도 인접과학의 영역인 수학과 인공지능, 자연과학적 분석 및 종합 기법, 설계기법 및 라플라스 변환, 공학적 접근 방법 등을 차용하여 개량, 개선할 필요가 있다.

가족 공동체가 사회 및 국가 공동체의 가장 기본적 단위집단이므로 가족 공동체의 효를 물질의 기본원소처럼 유추하여 효 윤리 속에 들어 있는 통합적이고, 지속적이면서, 폭발적인 에너지를 끄집어 낼 수 있는 효-에너지 등가 방정식과 같은 새로운 효 윤리 역학과 공학적 이론이나 모델의 새로운 모형을 찾아내는 노력 역

---

205) 연구자 주, MIT 공대 방문시 공대의 출입구 원형천정 돌 판에는 이런 문구가 새겨져있다.(미국이 왜 초 강대국의 위상을 지니고 있는지를 한눈에 보여주는 문장이라 판단되어 소개하고자 한다. "Established for the Purpose of Research and Development of Advanced Science and Technology"

206) Dennis G.Zill, Michael R, Cullen, Advanced Engineering Mathematics (USA, PWS Publishing Company, 1992)

시 중요하다고하겠다. 그러므로 변화하고 있는 현대사회에 맞는 새로운 전통적 효 윤리의 가치덕목이 무엇인지를 찾아내고 실체화 하려고 하였으며 이것을 변화된 시대에 실천 가능한 새로운 방법의 실천윤리를 체계적인 알고리즘으로 정립하려고 시도하였다.[207)]

현대사회에서도 여전히 사친의 의미를 "①부모공경, ②자녀의 책임 완수, ③은혜와 보은, ④부모중심의 가족 화합, ⑤부모를 위해 정성과 온힘을 다하고, ⑥부모에게 애정 등"을 갖는 8가지의 덕목으로 해석하고 있으나 본 저술에서는 사친의 영역을 ①부모공경(제1알고리즘에 의한 효 정의 모델)과 ②부모부양이라는 은혜와 보은(제2알고리즘에 의한 효 구조 모델)으로 한정하였다. 사친의 영역 중에서 효 개념의 정의 모델은 부모공경의 알고리즘 변환을 통하여 추론하였다.

부모공경을 실체화하는 과정에서는 고등 응용수학인 라플라스 변환개념과 실체화된 변수들을 수학적 논리공식이나 논리규칙의 알고리즘, 수열의 급수(퓨리어 급수:Fourier Series) 개념인 시그마(Σ) 개념 등을 도입하여 연산 처리하였다. 여기서 사용된 라플라스 변환은 일방향성 등가개념을 적용하여 실체화하였고, 실체화된 개념을 수학적 연산의 논리공식의 알고리즘으로 표현하였다. 개인과 공동체간의 관계를 미적분 방법으로 유추할 수 있으나 이를 대행해줄 수단으로 퓨리어 급수인 시그마 개념 내지 수열의 급수 개념을 이용하여 해결하였다. 이러한 수학적 분석

207) 성규탁, 『현대 한국인의 효』 -전통의 지속과 표현의 변화-(경기도, 집문당, 2005), 12쪽. 우리는 변화하는 사회에 맞는 가치덕목과 실천윤리가 체계적으로 정립되어야 한다.

및 설계 기법은 응용과학의 한 분야로서 효학이 앞으로 나아가야 할 방향을 제시해주는 진정한 블루오션이라고 생각된다.

우리사회에서 새롭게 정립된 효 윤리 모델의 적용시점은 1988년 서울올림픽이 끝나고 우리 사회가 급격히 과학화, 산업화, 도시화가 진행되어 고도화 되고 가정/사회/국가의 기능이 전문화 세분화된 소가족 중심의 가족제도가 정착된, 현대 산업사회가 정착된 이후로 보아야 한다고 필자는 판단하고 있다.

새마을 운동이 시작된 1960년대 초부터 1988올림픽까지는 대한민국(the Republic of Korea)은 현대화의 과도기적 시기라고 볼 수 있다. 그리고 헌법적으로도 이시기에 맞춰 국민이 주인인 국가, 즉 현대적 의미의 헌법체계가 적용되는 자유민주주의 시장경제가 주도하는 산업사회가 형성되었다. 현대산업 사회 이후 대가족 제도가 소가족 중심주의로 분화하면서 부모와 자식이 원거리에 분리되어 거주하고, 각자의 사회참여로 인하여 부모를 돌볼 여력이 현저하게 줄어들게 되었다.

가족이 분화하면서 소가족 중심의 가장들이 자녀들을 양육하고 가정을 꾸려나가는데 많은 재정적 지출을 행하다보니 대가족 제도에서 불가피한 부모를 돌볼 여력이 부족해진 것이다.

그리하여 국가가 개입하여 소가족 제도로 분화된 공동체 구조하에서 자녀가 돌보지 못하는 부분을 국가가 공공서비스 내지 복지 개념으로 개입하기 시작하였다. 이것이 현대 복지국가의 개념으로 세대 간의 효 윤리 개념이 도입된 것이다. 자녀들이 부모님이 베풀어준 은혜를 되돌려주기 위하여 가족의 희생을 감수하면서까지 실행하여야 하는 부모 부양의 어려움을 덜어주고, 빈곤한 가족에 대한 노부모 지원을 공공서비스 개념으로 전환하여 노인에게 베푸는 노인복지정책 및 노인부양책임법, 연금, 국민의료보험, 노령수당 등의 복지 정책과제가 출발하기 시작하는 시기를 대략적인 적용시점으로 보는 점이 타당하다고 판단된다. 효가 아무리 정신문화라고 주장한다하더라도 그 본질에는 부모부양과 지원을 실천하는 가치로서 실천윤리가 뒷받침되어야 한다는 점이다.[208)]

사친, 사군, 입신이라는 효의 실천방식은 시대가 변해도 그와 같은 효 윤리의 질적 내용의 변화는 불가능하다. 다만 개별적 효행인 부모공경을 공자, 맹자, 증자 당시의 방법 그대로 실현하기란 고도로 발달된 현대정보 산업사회에서는 불가능하다. 그럼에도 불구하고 사친, 사군, 입신의 효는 그 자체가 질적으로 달라질 수는 없으며 다만 실천 가능한 방법이 차이가 나야하는 것은 자명한 이치이다.[209)] 아무리 상황이 급박하다고 하더라도 부모의 병환이 위중하다고 하여 당시의 방법대로 부모를 말에 태우거나, 지게에 메거나, 가마, 또는 등에 업고 병원에 달려가는 것도 시대에 어울리지 않기 때문이다.

오늘날에는 휴대폰으로 119에 구조를 요청하는 경우 시간에 맞춰 환자이송이 가능해졌다. 나아가 오지의 경우 선박이나 헬기의 도움을 받을 수도 있다. 그러므로 사친, 사군, 입신의 효를 시대에 부합하여 현대적으로 현대화 하여 해석하는 데 그 질적인

---

208) 성규탁, 『현대 한국인의 효』 -전통의 지속과 표현의 변화- (경기도, 집문당, 2005), 29쪽. 효의 지속적인 변화: 효는 가족중심의 부모 부양과 지원을 실천하는 가치이다.

209) 위의 책, 46쪽. 전통적 효와 현대적 효가 질적으로 다른 것으로 보아서는 안 되며, 다만 다른 것이 있다면 그것은 사회구조의 변화로 인한 효행방법의 차이가 있을 뿐이라고 했다(고영복, 1983).

내용을 훼손하지 아니하고 효를 실천하는 방법상의 차이를 얼마든지 여러모로 변환해 볼 수가 있다는 결론이 도출된다.

또한 현대의 효와 전통의 효의 질적인 동질성을 유지하면서 방법상으로는 많은 부분에서 이질성을 지니고 있다는 점도 들여다볼 수 있게 된다. 당시와 현대사회의 격차만큼의 효행 방법상의 차이가 분명히 나타날 수 있음을 누구나가 예견해 볼 수 있기 때문이다. 현대 사회의 다양한 구조 속에서 발견되는 이러한 격차 분야를 극복하기 위하여 효학 발전을 서두르지 않는다면 그 만큼 젊은 세대들의 효 교육에 어려움과 이질적인 거리감으로 인하여 난제에 봉착할 것이다. 이러한 난제를 제거하고자 개략적으로 제시하는 사친, 사군, 입신의 재해석과 알고리즘에 의한 효 모델의 내용은 아래와 같다.

알고리즘에 의한 전통적 효 개념의 변환표

<table>
<tr><th>영역
구분</th><th>변환
전</th><th>변환
후</th><th>모델명</th><th>의의</th><th>비고</th></tr>
<tr><td rowspan="2">사친의
효</td><td>부모
공경</td><td>①
현대
효의
정의</td><td>제1알고리즘,
효 정의 모델</td><td>부모공경
알고리즘에 의한
효 정의 모델</td><td rowspan="2">공통
적용

①
라플라
스 변환

②
알고리
즘</td></tr>
<tr><td>은혜와
보은
(부모부
양)</td><td>②
현대
효의
구조</td><td>제2알고리즘,
효 구조 모델</td><td>은혜와 보은의
알고리즘에 의한
효 구조 모델</td></tr>
</table>

<table>
<tr><td>사군의 효</td><td>가정·국가, 효-충의 상관관계</td><td>③ 현대 효의 특성</td><td>제3알고리즘, 효 특성 모델</td><td>가정과 국가, 효와 충 관계의 알고리즘에 의한 효 특성 모델</td><td rowspan="3">③ 공학적 설계방법론 적용</td></tr>
<tr><td>입신의 효</td><td>전통 효의 완성</td><td>④ 단계별 현대효 완성</td><td>제4알고리즘, 효 완성 모델</td><td>단계별 자기완성 효 모델</td></tr>
<tr><td>공동체간 확장성</td><td>사친,사군,입신의 위상성</td><td>⑤ 가정, 사회, 국가의 위상성</td><td>제5알고리즘, 상대적 가치 산정 모델</td><td>공동체간 확장성에 의한 상대적 가치 산정 모델</td></tr>
</table>

따라서, 상기표의 내용에 의거 순서대로 각각의 내용을 전개하고자 한다.

단원 토론

문제 1. 효의 성질을 말해봅시다.

문제 2. 효의 여러 가지 특징을 말해봅시다.

문제 3. 효가 작용하는 영역은 어떤 곳입니까?

문제 4. 효가 작용하는 영역에서 효의 기능이 왜 중요한 것입니까?

Ⅲ. 효의 정의(Definition) 모델

효 정의 모델은 제1알고리즘의 변환모델로서 부모공경이라는 전통적 효의 최상위 덕목인 부모공경을 알고리즘으로 변환하여 추론한 수학적 논리공식의 모델이다.

어른존경에 관한 보편적인 가치관, 규범, 역할 및 사회적 관계는 동아시아의 한국은 물론이고 중국, 일본, 홍콩, 대만, 싱가포르 등 어떤 문화권에서나 오랜 세대에 걸쳐 행해지고 있다. 효 개념의 최상위 덕목은 동서양의 경전을 통하여 공통적으로 강조되는 '부모와 노인 공경 사상'이다.[210)]

노인존경의 의미로 『禮記』에는 관, 혼, 상, 제(冠婚喪祭)에 대한 예(禮)의 가르침으로, 『論語』에서는 교육과 도덕을 주제로 제자들의 눈높이에 맞는 수준별 논의를 통하여 부모와 노인 공경사상을 기록하였다. 『孝經』에서는 사친, 사군, 입신의 가르침과 지침, 그리고 실천에 관한 내용을 기록하고 있다.

아울러 본 "『禮記』, 『論語』, 『孝經』의 공통점은 부모와 어른에

210) 성규탁, 『현대 한국인의 효』 -전통의 지속과 표현의 변화- (경기도, 집문당, 2005), 112쪽. 어떤 문화권에서나 어른존경에 관한 가치관, 규범, 역할 및 사회관계는 오랜 세대에 걸쳐 지속되어 나온다. 동아시아에서 중국+ 홍콩, 대만, 싱가폴 등. 효 이념의 근본은 '부모와 어른 공경 사상'이다.

대한 존경, 자녀의 의무, 세대 간의 관계"를 다루고 있다는 점이다.[211] 여기서 효 가운데 최상위 덕목인 부모공경의 실체를 무엇으로 할 것인가는 중요한 문제이다.

전통적 효의 재해석에서 부모공경이란 무엇이고 어떤 의미로 받아들여야 하는가? 『성경』은 천, 지, 인이 어떻게 창조되고 다스려지는지[212], 인간은 어떻게 행동해야 되는지를 10계명 등을 통하여 일목요연하게 정리하여 가르치고 있어[213] 누구나가 더하지도 말고 빼지지도 말고 이를 그대로 따르고 실천하기만 하면 되는 것이다.[214]

그러나 유교적 관점에서 부모공경은 관념적 개념성이 지배적이므로 이를 깨닫고 수용하는 데에는 아는 만큼 깨닫는 것이므로 분명히 한계가 있다. 이를 구체적으로 실체화하여 재정립하는 데에는 자연과학적 논리와 분석기법, 합성기법에 알고리즘과 라플라스 변환 개념 등의 적용을 필요로 한다.

부모공경의 모습을 설명하는 데 동질성을 유지하면서도 방법이 완전히 다르도록, 거기에 합당한 어떤 실체적 변수를 사용하고, 어떤 수학적 연산의 논리공식 내지 규칙의 알고리즘을 만들

---

211) 위의 책, 113쪽. 어른존경의 이념,『禮記』:예에 대한 가르침을 수록.『論語』: 제자들의 교육, 도덕 등의 주제들에 관한 논의를 수록,『孝經』: 효의 가르침과 지침, 그리고 실천에 관한 내용을 수록, 공통점 : '부모에 어른에 대한 존경, 자녀의 의무, 세대 간의 관계. 공자는 부모를 예로 대접하는 것이 효라고 했다. 얘는 예절과 바른 행동을 뜻하며, 어른존경을 나타내는 행동만이 아니라 어른존경의 심리적, 감정적 차원까지도 포함하고 있다.

212)『성경』「창세기」

213) 위의 책,「출애굽기」20 십계명

214) 위의 책,「누가복음」16:17 율법의 한 획이 떨어짐보다 천지의 없어짐이 쉬우리라

고, 라플라스 변환을 도입하여 부모공경을 전혀 다른 형태의 논리나 모델로 만족시켜줄 것인가를 문제 해결의 접근방법으로 선택하였다. 이를 테면 효의 최상위 덕목인 부모공경(제1알고리즘 모델, 또는 효 정의 모델)이 어떻게 천하를 다스리는 데 적용되어질 수 있는지, 통치의 미덕이 가능한지도 설명이 가능하도록 하였다.

부모공경의 주체는 부자지간의 관계에서 자식으로 한정할 때 다양한 이슈가 제기되었다. 자식이라 하여 단순한 자식만으로 한정되지는 않는다. 할아버지도 자식이 되고, 부모도 자식이 되기 때문이다. 즉 자식이라 함은 부자지간의 관계에서 부모를 제외한 자식만을 의미하지 않는다는 점이다. 그런 논리로 부모공경에서 부모와 자식은 물론이고 모든 사람이 자식에 해당된다는 점도 유념하였다.

오늘날과 같이 다양한 가족 구성의 모습에서 원초적 자식은 친자이나, 이를 벗어나서 양자도 가족이 될 수 있다. 이혼 후 재결합하는 경우 더욱 더 복잡한 형태의 가정이나 기족이 만들어지므로 자식은 친자, 친부모와 같은 혈연적 관계가 아닌 비혈연적 관계가 당연히 가족이 되기도 한다.

서양에서 아버지의 이름이 무엇이냐고 질문하면 어떤 경우에는 아주 복잡한 답변을 들을 수 있다. 이를 테면 현재 가족의 아버지 이름을 의미하는가? 어떤 아버지의 이름을 원하느냐? 나를 낳아준 아버지인가? 몇 번째 아버지의 이름을 원하는가? 유교적 입장에서는 상당히 당혹스러운 답변이다. 이러한 혈연적, 비혈연적 관계를 떠나 법률적으로 다양한 형태의 가족을 구성하는 현대적 상황의 가족구성 관계에서도 부모공경의 논리에 어긋나지 아니하고, 이혼과 재결합을 반복하여 탄생하는 다양한 가족개념에서도 부모공경을 만족시키는 마땅한 개념의 정의(定義)를 도출하려고 하였다. 우리나라는 시대적으로 이제 재혼과, 이혼으로 다양한 형태의 혈연적, 비혈연적 가족이 구성되므로 이러한 요구에 변환된 효 개념이 부응해야 할 상황에 직면해 있기도 하다.

그러한 목적을 달성하려고 보니, 부모공경의 실체를 어떤 등가개념으로 변환해 주어야할 것인가의 문제와 그 실체를 어떤 알고리즘으로 기술해야 할 것인가의 문제, 또한 이훈천하로서 효를 실천하면 천하가 다스려진다고 하였는데 이 문제 역시 새로운 변환모델에서 해결해야할 문제로 대두되었다.

나아가 일반적인 효는 부모공경과 부모부양으로 대부분이 인식하고 있으나 사실은 사친, 사군, 입신의 효를 내포하여 그 뜻이 "심오하고, 광범위하며, 복잡한 개념이 개입되어 효를 정의하는데 난제로 작용하고 있어 기존의 어느 논문에서도 연구자가 시도하는 효의 재해석과 재정립에 관한 개념에 대한 시도조차도 없는 상황이었다."[215] 효 개념의 다양성, 심오성, 광범위성 등의 제한에도 부합하여야 하였다.

효는 부모공경과 부모부양이라는 은혜와 보은의 사친(事親)으로부터 출발하여, 그 다음으로는 효가 국가와 국민을 섬기는 사군(事君)으로 확장되고, 결국에는 사회 공동체 안에서 학이시습

215) 성규탁, 『현대 한국인의 효』 -전통의 지속과 표현의 변화- (경기도, 집문당, 2005), 97쪽.

과 수기치인(修己治人)으로 자기완성의 삶을 이루고 경제적 터전의 확보라는 입신(立身)으로 끝이 난다.[216]

그리하여 자기 이름을 후세에 남기고 부모를 영광스럽게 드러냄으로 효가 마무리된다. 따라서 효의 출발점은 사친(事親)이나 사군과 입신을 포함하여 효의 의미가 매우 심오하고, 사친에서 사군으로 확장되어 그 뜻이 매우 광범위해지지면서, 결국은 입신으로 마무리되어 그 범위는 가정, 국가, 사회로 확대되어 그 영역과 개념이 매우 복잡해지는 상황에도 부합하여야 한다.

효는 시어사친(始於事親)만을 위하여 가정 공동체의 범위에 국한되어 가정이라는 가장 폐쇄적이고 배타적인 공간 안에서 종결되는 것이 아니고 효는 무한한 확장자[217]로서 궁극적으로는 우주 공동체는 물론이고 인류 공동체의 보편적 윤리로서 모든 사람에게 인간과 자연이, 인간과 인간끼리, 자연과 자연끼리 초연결 상태로 직결되어 작용하고 있으며 가정과 국가, 사회 공동체와도 연계되어 작동하고 있다는 점을 고려하여 실체화하려고 하였다.

효는 모든 인간의 삶의 영역에서도 백행지본야(百行之本也)라는 가치의 근원이라고 믿어 왔다.[218] 그렇다면 가족 공동체에서

---

216) 『古文孝經』 「開宗明誼章」 "始於事親"(시작은 事親이나 事君과 입신을 포함하여 효의 뜻이 심오하고, 광범위하며, 복합하여 그 뜻을 완벽하게 이해하기가 어려움.)

217) 위의 책, "孝之大也": 효는 사친에서, 사군의 영역, 입신의 영역으로 확장하는 확장자이면서, 변환자이다.

218) 성규탁, 『현대 한국인의 효』 -전통의 지속과 표현의 변화- (경기도, 집문당, 2005), 36쪽. 거유 퇴계는 효는 백행의 근원이고, 이율곡은 백행지수라하였다.

도덕적인 삶이란 무엇을 의미하는가? 부자지간의 관계에서 이루어지는 가장 도덕적인 삶은 부모와 자식의 충만한 효심, 효언, 효행이 가장 의로운 모습일 것이다. 유교적으로, 나아가 종교적으로 가장 바람직한 도덕적인 삶은 하늘이 보여주는 가장 위대한 불변의 진리에 어긋나지 아니하고, 이 세상의 의로운 모습인 땅의 법도에도 어긋나지 아니하여야 하며, 인간이 실천해야할 도리에는 더더욱 어긋나지 않는 의(誼, righteousness)로운 삶이어야 한다.[219]

이것을 덕과 도라 하였다.[220] 덕(德, morality)은 인간의 '생각에 의한 말과 행위'의 실체로 드러나고, 도(道, way)는 태어나서 죽을 때까지의 성장, 발전과 죽음을 맞이할 때까지의 시간의 함수로서 말과 행위를 불러일으키는 생각이라는 인성에 의하여 끊임없이 수정, 변경한다는 것을 의미한다. 결국은 그 생각과 말과 행위가 의(誼)로움에 어긋나지 않아야함을 일컫는다. 가장 도덕적인 삶이란 결국 이 모든 것 즉 인간이 자기 자신을 들어내는 도구로서 '생각과 말과 행위'가 태어나서 죽을 때 까지 어긋나지 아니하고 의로워야함에 한정되고, 구속되어있다.

도덕적 삶에 대하여 『성경』에서는 '생각과 말과 행위'의 요소를 덕(德)과 도(道)의 본질로서 근본적으로 중요시하고 있다. 천주교 전례에서도 인간이 자신을 드러내는 유형의 3가지 요소를 '생각과 말과 행위'의 3요소로 한정하고 있다.

1976년 미국에서 간행된 3인 공저의 『기독교 안에서의 삶』이

---

219) 『古文孝經』「三才章」"天之經也, 地之誼也, 民之行也."
220) 『古文孝經』「開宗明誼章」"先王有至德要道, 德之本也."

란 저서에서도 하늘의 의로움에 부합하고, 이 세상의 올바른 질서에도 어긋나지 아니하며, 그리고 자기 자신에 대하여 가장 도덕적인 삶을 들추어내는 인간의 외적인 법도의 실체적이고, 총체적인 요소를 '생각과 말과 행위'의 3요소로 한정하고 있다.[221] 필자는 인간이 자기 자신을 드러내는 실체는 '생각과 말과 행위'로 한정하고자 한다. 인간은 어떠한 경우에도 자기 자신을 드러내는 데에 위의 3가지 요소를 벗어난 그 외의 방법으로는 자신의 뜻을 상대방에게 전달할 수가 없다고 판단하였다.

또한 『주역』에서도 '말과 행위'는 천하를 움직이는 중요한 틀로서 인식하고 있다.[222] 그러므로 '생각과 말과 행위'는 하나의 3면성의 원리가 적용된다 할 것이다. 생각이 말이고, 말이 생각이다. 말이 행위이고 행위가 말이다. 행위가 생각이고 생각이 행위이다. 행위는 동작으로 표현하는 언어이고 말은 언어로 된 행위이다.

결국 생각과 말과 행위는 모습만 다를 뿐 본질은 동일하다. 말과 행위를 만들어주는 알고리즘이 생각이기 때문이다. 이는 마치 물이 수증기와 얼음으로 변한다하여 모습만 변하고 물의 본질은 동일 것과 같다. 물이 온도의 상태에 따라 액체(liquid), 기체(steam), 고체(ice)의 3태로 표현되는 경우에도 겉모습만이 다를 뿐이고 실체는 전혀 동일한 물질로 되어있다.

생각이 없이는 말과 행위는 이루어지지 않는다. 말과 행위는

---

221) James Killgallon, Gerad Weber and Leonard Zuegmann, Life in Christ, (USA, ACTA Foundation, 1976), 192쪽.

222) 최완식, 『주역』(경기도 파주시, 혜원출판사, 1998), 258쪽. "言行, 君子樞機, 樞機之發, 榮辱之主也, 言行, 君子之所以動天地也, 可不愼乎."

생각으로부터 나오므로 인간이 자기 자신을 들추어내는 가장 객관적이고 이성적인 요소는 생각과 말과 행위뿐이다.

고도화된 문명사회를 살아가는 현대인은 누구를 막론하고 가족처럼 전혀 알지 못하는 생면부지의 무수한 사람들과 협력 없이는 생존과 번영이 불가능하게 되었다.223) 현대 문화와 문명이 고도화되면 될수록 생면부지(生面不知)의 수많은 사람들의 생각과 말과 행위에서 비롯되는 도덕성은 물론 인성의 영역에서도 성장, 발전을 위한 사회적 안전망이 구축되려면 더욱더 엄격해야할 필요성이 대두된다. 마땅하고 올바른 생각과 말과 행위는 안전한 사회적 연결망을 담보해주는 무수한 인간관계의 매개물이며 협력적 도구이기 때문이다. 인간이 자기 자신을 상대에게 자기의사를 교환하는 방법은 현실적으로 3가지 방법 외에는 있을 수가 없다.224) 또한 그 사람의 인성을 표현하는 도구는 결국 '생각과 말과 행위'뿐이라는 사실을 명심하여야 한다. 그 사람의 인성이란 인간관계에서 인성의 표현 도구를 어떻게 사용하느냐에 따라 그의 인성이 좌우되고 타인의 경우에도 그가 사용하는 표현 방법의 정도에 따라 그 사람이 어떤 인성과 도덕성의 소유자 인지를 인식되게 된다.

생각과 말과 행위의 3면 등가성

---

223) Adam. Smith 저, 김수행 역, 『국부론』[상] (서울, 비봉출판사, 2010), 18쪽. 문명사회에서 살아가는 사람은 언제나 무수한 사람들의 협력과 도움을 필요로 하지만 그는 평생 동안 몇 사람의 친구만을 만들 수 있을 뿐이다.

224) 천주교 미사 통상문시작예식 참회: 전능하신 하느님과 형제들에게 고백하오니 생각과 말과 행위로 죄를 많이 지었으며, 자주 의무를 소홀히 하였나이다.

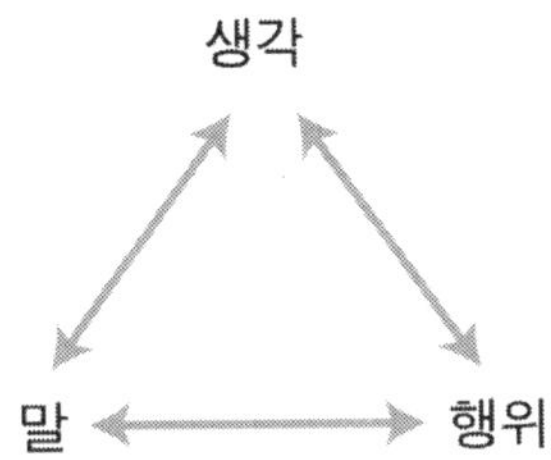

부모에게서 물려받는 육신을 지닌 인간을 최초로 빚어낼 때 인간의 설계 수명은 120[225)]년으로 결정되어 있다. 이 기간 동안 태어나서 죽을 때까지 유기체적 인간을 하나의 윤리적 미소체계로 보았을 때 하나의 미소 체계단위인 인간은 '생각과 말과 행위' 외에는 자기 자신을 달리 표현하는 방법은 좀처럼 달리 없게 하였다. 자연과학적 입장에서 본다면 인간은 '생각과 말과 행위'의 알고리즘으로 작동되는 고도로 지능화된 완전한 피드백 제어를 갖춘 유기체로 이루어진 완전한 지성체이다.

변환모델에서 효의 부모공경의 근본적 개념은 무엇보다도 "생각과 말과 행위"[226)]의 실체적인 매개인자가 없이는 부자지간의 인간관계 역시 이루어질 수가 없다고 보았다. 부자지간의 관계나, 여타의 인간관계에서 생각과 말과 행위는 객체 상호간의 연계영역이면서 실체적 매개변수이기도 하다. 인간은 어느 경우를 막론하고 "생각과 말과 행위"[227)] 외에는 자기 자신을 드러낼 수

---

225) 『성경』「창세기」6 그러나 그들의 날들은 120년이 되리라 (인간의 설계수명)

226) James Killgallon, Gerad Weber and Leonard Zuegmann, Life in Christ, (USA, ACTA Foundation, 1976), 192.

227) 「천주교 전례 참회편」 형제들에게 고백하오니 "생각과 말과 행위"로 자주 의무를 소홀히 하였나이다.(연구자 주, 인간관계에서 자신을 표현하는 총체적 법도는 "생각과 말

밖에 없다고 필자는 판단하였다. 즉 인간관계에서 인간끼리 주고 받는 정보[228]의 교환자원의 종류는 생각과 말과 행위 외에는 극도로 제한적일 것으로 필자는 판단하고 있다. 여기에 알고리즘을 적용하여 '사친의 심오성, 사군의 광범위성, 입신의 복잡성'으로 난해한 효를 변환하여 알고리즘으로 정의하고자 하였다.

제1알고리즘 효 모델을 정의하는 데는 다음과 같은 전제조건을 두었다.

첫째, 부모공경(제1알고리즘 모델, 효 정의 모델)은 효 윤리의 최상위 덕목[229]이며 효의 근본개념이다.[230] 그 근거는 사친(始於事親)[231]에서 비롯된다. 사친은 부모공경과 부모부양 은혜와 보은이 결합된 부모 섬김의 윤리이다. 이러한 효 개념의 정의는 부모공경을 라플라스 변환과 같은 과학적 도구를 통하여 변환된 실체의 3요소(생각과 말과 행위)를 가지고 이를 알고리즘으로 표현한 것이다. 그리고 이러한 효 개념의 접근을 통하여 가정(사친 영역)의 효, 사회(입신 영역)적 효, 국가(사군 영역)적 효를 하나의 통합적이고, 유기체적 개념으로 표현이 가능하게 된다. 부모

과 행위"라는 3 요소로 보았다.)

228) 정보: 특정 목적으로 처리된 부호, 문자, 음향, 음성, 영상 등의 모든 종류의 자료나 지식(국가정보화 기본법 3조)

229) 『古文孝經』「聖治章」"子曰, .人之行. 莫大於孝, 孝莫大於嚴父".. 그리고 차 상위 덕목이라 할 수 있는 '은혜와 보은'은 효 구조 모델편에서 다루고자 한다.

230) 위의 책, 「開宗明誼章」"夫孝, 始於事親." 연구자는 事親의 효는 단순한 가정공동체의 효(孝)인 부모 섬김만이 모든 것이 아니라 事親의 심오성에서 출발하여 事君의 효라는 국가공동체의 충(忠)을 아우르는 광범위한 개념을 포함하고 立身의 효라는 복잡한 개념이 포함된 사회공동체에서의 입신(立身)으로 끝난다.

231) 위의 책, "夫孝, 始於事親, 中於事君, 終於立身."

공경을 재해석한 제1알고리즘의 효 정의 모델은 "어떻게 효로서 천하가 다스려지는가?"라는 "이훈천하(以訓天下)"[232] 질문에도 쉽게 답해진다. 즉 온 백성의 생각과 말과 행위가 어긋나지 않고 마땅하고 올바르면 온 세상이 저절로 다스려진다는 뜻으로 변환되기 때문이다.

둘째, 현대문명의 주역인 알고리즘이 현대과학과 공학에서 유용한 수학적 도구로 쓰이듯이 변환된 효 정의 모델 역시 단순한 부모공경에 한정되지 아니하고 다른 인문학적 도구로도 다양한 면에서 유용하게 전용내지 응용될 수 있다. 이를 테면 어떻게 해야 성공하고 성공이 한시적이 아니고 계속적으로 지속될 것인가의 해법과 최적화된 인간관계란 무엇인가의 방법 등등이다.[233] 인간관계의 지속이나, 성공의 지속 여부는 가치나 이해관계에 따라 대립과 갈등을 유발시키는 것보다는 인간관계시 생각과 말과 행위에 따른 불필요한 관계마찰을 줄여주고 얼마나 어긋나지 않고, 올바르고 마땅하게 그 사람의 생각과 말과 행위가 관계적으로 유지되느냐에 달렸다는 뜻에도 부합하도록 하였다.

셋째, 효의 최상위 개념인 부모공경을 변환한 제1알고리즘의 효 정의(定義) 모델은 단순한 개념이 아니라 불감훼손(不敢毁損)의 신체보존 사상, 사군(中於事君), 입신(終於立身) 등으로 확장된다는 점의 재정립된 효에서도 그대로 적용된다. 불감훼손이 공자 당

---

232) 위의 책, "先王有至德要道, 以訓天下. 民用和睦, 上下亡怨."

233) 생각과 말과 행위가 창의적이면서 가정/사회/국가가 요구하는 내용과 부합할 때 성공이 보장되고 또한 공동체가 요구하는 윤리적 복무규정에도 어긋나지 않아야 한다.

시와는 오늘날과 같이 위험요소가 수없이 산재한 육상, 해상, 공중의 교통사고는 물론, 대량 살상인 전쟁과 테러, 문신 등의 영역까지 확장된다. 불감훼손(不敢毁損, no cuttings in your flesh and no marks on you)이 오늘날 수많은 직종의 위험한 작업환경에서의 신체적 훼손과 자기 자신과 타인을 해치는 자살이나 살인은 물론이고, 인터넷, SNS, Facebook 등의 모든 정신적 영역을 포괄적으로 포함한다. 보이지 않는 곳에서 이루어지는 생각과 말과 행위가 인터넷을 통하여 전달 될 때 더욱더 도덕적 인격과 어긋나지 않는 인성을 요구한다. 이때의 도덕적 질서가 뒤따르는 생각과 말과 행위의 모습이 어떤 것인지를 구체적으로 말해준다.

넷째, 입신행도(立身行道)라 함은 태어나서 성장, 발전 과정을 통하여 충분히 배우고 익히면서 수신한 후에 반드시 이루어져야할 사회참여가 필수적이다. 그리고 자기의 직분을 다하면서 창의적 재능을 기부하고, 소득을 창출하여 경제적 터전을 확보하면서 자기 삶의 실현을 극대화하는 것이다. 생각과 말과 행위는 태어나서 죽을 때까지 무수한 성장과 발전을 거듭한다. 효의 완성인 입신을 이루고 성공하려면 '생각과 말과 행위'가 부모님의 뜻에는 물론이고, 가정을 떠나 사회공동체가 추구하는 목적에 부합하는 입신의 영역에서도 어긋나지 않아야 한다. 여기에서 입신의 영역에서 필연적인 대인관계의 예(禮)란 인간이 자신을 외부로 드러내는 '생각과 말과 행위'에 의한 인간관계의 총체적인 법도[234]로 보고자한다.

234) 송명호. 문지운, 『예기집설대전』 1권 (서울, 도서출판 높은 밭, 2002), 2/4쪽. 禮란 인간의 외적인 법도의 총체적인 것이다.

다섯째, 사군(事君)이란 "효로서 부모를 섬기듯이 임금을 섬기는 것."[235]이라 하였다. 변환모델의 효에서는 당시의 임금이 국가와 국민을 상징하였으므로 부모 섬기듯이 국가와 국민을 섬기는 것으로 효가 국가적 효인 충으로 확장하여, 효가 결국 충으로 변환된다. 충이란 결국 생각과 말과 행위가 임금의 뜻 즉 오늘날의 초인격체인 국가와 국민의 뜻(이를 테면 以訓天下)에도 부합하여야 한다. 이처럼 부모공경에서 변환된 제1알고리즘의 효는 국가 공동체(제3알고리즘 모델, 또는 효 특성 모델)를 구속하는 충의 영역에도 부합하고 있다.

여섯째, 부자지간의 관계에 부모공경을 한정하는 경우 당사자의 일방인 자식의 부모는 제외되는 것으로 오해할 수 있으나 부모공경은 부모에도 부모가 있으며 자식도 부모가 되므로 신 모델의 효에서는 우리 모두를 아우르는 공동체 개념으로 확장하고자 한다. 부모도 부모를 공경하고 자식도 부모를 공경해야 하므로 부모공경은 위상에 따라 그 대상이 부모, 자식 모두에게 해당된다.

일곱째, 부모공경의 개념을 도입하여 실천하는 데 최상위 가치덕목을 실현하는 방법의 실체화 도구는 인간의 '생각과 말과 행위'로 한정하였다. 그리고 최고의 효 실천 윤리는 '생각과 말과 행위'와 + '어긋나지 않아야 한다.'는 2가지의 개념을 알고리즘으로 합성하여 적용하였다.

---

235) 위의 책, 「開宗明誼章」 '事親'에서 '事君'으로, 「士章」 "故以孝事君則忠."으로 효가 확장됨.

여덟째, 생각과 말과 행위는 수많은 사람들이 자기 자신을 표현하는 수많은 사회적 현상을 설명해주는 데 전혀 어떠한 사회적 모순을 포함하지 않는 도구라는 점이다. 개별적 인간관계시 상호간의 정보를 주고받고, 가정이 작동하고, 사회가 작동하고, 국가가 작동하는 데 전혀 손색이 없는 도구라는 점도 고려하였다.

전통적 효에서 강조된 '대효존친(大孝尊親)'[236]과 '효막대어엄부(孝莫大於嚴父)'[237]에서와 같이 변환된 제1알고리즘의 효 정의 모델에서도 부모공경은 변할 수 없는 최상위 덕목으로서의 실천윤리로 작용하고 있다. 다만 이러한 효 개념을 정의하기 위해서는 라플라스 변환과 알고리즘을 이용하여 부모공경의 방법을 새로운 효 윤리로 변환하여 실체화한 후 그에 맞는 수학적 연산의 논리공식을 부여하는 작업이 필요하였다.

필자는 라플라스 변환에서 인간은 생각과 말과 행위'로만 자신을 드러내고 제어하는 완전 피드백 형태의 알고리즘으로 작동하는 지성체로 보았다. '생각과 말과 행위'라는[238] 가장 도덕적으로 실체화된 덕목과[239]과 효 개념에서 부모공경이라는 가장 최상위의 개념의 실천윤리[240]로서 보모님의 말씀에 어긋나지 않음과의 결합을 필요로 하였다.

---

236) 『禮記』「祭義」"孝有三, 大孝尊親, 其次不辱, 其下能養."

237) 『古文孝經』「聖治章」

238) James Killgallion and Gerard Weber and Leonard Ziegmann, Life in Christ, (USA, ACTA Foundation, 1976), 192.

239) 『성경』「마태복음」 15:19 마음에서 나오는 것은 악한 생각과 살인과 간음과 음란과 도적질과 거짓증언과 훼방이니.

240) 성규탁, 『현대 한국인의 효』(경기도, 집문당, 2005), -전통의 지속과 표현의 변화- 9쪽. 어른 공경, 어른 공경은 효의 가르침에서 가장 강조되는 점이다.

생각과 말과 행위의 개별적 기능은 자기표현을 실체화 해줄 수 있는 알고리즘의 변수이고, 생각과 말과 행위의 공동체적 기능은 의사전달의 수단으로서 인간관계의 도구이며 아울러 사회적 관계를 맺어주고 가정 공동체의 부자지간의 관계에서 1차적 자아를 형성시켜주고, 사회 공동체에서는 1차적 자아를 2차적 자아로 변환시켜주는 인간관계의 매개물이다.

따라서 인간관계를 조절하는 기능도 수행한다.[241] 생각과 말과 행위는 공동체의 문화를 수용하고 전파하는 매개변수의 내용물이며, 인류 공동체의 사고와 표현의 도구이면서 본질적으로는 사회 공동체의 공유물이고 인류의 삶을 역동적으로 이끌어 가는 동력원이다.[242]

생각과 말과 행위는 우선 인간이 먼저 사고 작용을 거쳐야 하고, 그 다음으로는 표현하며, 전달하는 말과 행동을 통하여 상대방이 그것을 해석하고 이해하는 행동 전체를 가리킨다. 생각과 말과 행위는 궁극적으로는 어느 것이 먼저이고, 우위에 있어야 한다는 개념이 아니고 동격이라는 뜻이다.

따라서 전통적 부모공경을 변환하여 3가지의 요소를 도덕적 덕목으로 실체화하고 이를 알고리즘으로 표현한 효 정의 모델은 "생각과 말과 행위가 어긋나지 않고 마땅하고 올바르며 의로워야 한다."[243]라고 결정하였다. 왜냐하면 자식이 부모를 공경하는 실체적이고 구체적인 도구와 수단이나 방법은 생각과 말이나 행위

241) 이용해, 『문화심리와 언어의식』 -한중문화비교론- (서울, 도서출판 역락, 2006), 70쪽. 언어의 사회적 기능은 인간관계의 도구이며 의사전달의 수단으로서 사회적 관계를 맺어주는 매개물이다. 인간관계를 조절하는 기능도 수행한다.

242) 위의 책, 위의 면.

243) 변환모델에 의한 효의 정의 : 생각과 말과 행위가 어긋나지 않아야 한다.

외에는 존재하지 않는다고 필자는 판단하였기 때문이다. 이것을 알고리즘으로 표현하면 다음과 같다.

효의 정의(부모공경의 변환모델) : 제1알고리즘에 의한 효 정의 모델

효의 정의 = Σ인간 · 의로운(생각+말+행위)

= 인간의 생각과 말과 행위가 어긋나지 않아야 한다.[244)]

이를 도식으로 표현하면 다음과 같다.

영역	구분	효 정의 모델	알고리즘	변환모델	변환 내용
사친	부모 공경	생각과 말과 행위가 어긋나지 않아야 한다.	Σ인간 · 의로운(생각+말+행위)	제1알고리즘 모델, 효 정의 모델	부모 공경 변환

여기에서 사용된 의(誼)로움[245)]이란 더 이상 "분석을 요하지 않는 궁극적인 관념이다." 무위란 즉 순수한 단어의 의미로 받아들이며 "어긋나지 않으며 마땅하고 올바름"으로 정의하고자 한다. 부모공경을 확대하면 효가 무슨 의미인지를 깨닫게 해준다. 부모공경에서 얻어진 제1알고리즘 효 정의 모델은 더 심오하고, 광범위하며 복잡한 세계로 이끌어 준다.

의로운 생각과 말과 행위는 천하의 모든 것을 얻게 해주기 때

244) 필자는 무위(無違)와 의(誼)로움은 동일 개념으로 보고자 한다. 인간의 생각과 말과 행위가 어긋나지 않아야한다, 생각과 말과 행위가 올바르고, 마땅하며, 의로워야 한다는 뜻은 동일 개념이다. 『논어』에서는 다른 의미로 사용되기도 한다,

245) 김태길, 『윤리학』(서울, (주)박영사, 2009), 171. 옳음(誼로움) : 분석을 허락하지 않는 궁극적인 관념이다.

문이다. 『성경』에도 "의로움을 구하라, 그러면 네가 먹고, 마시고, 입을 것 등은 물론이고 구하는 것 말고도 모든 것이 이루어진다."라고 하였다.[246)]

현대 윤리학에서도 의로움이란 더 이상 분석을 요하지 않는 궁극적 관념으로 중요한 위상을 지닌다. 따라서 이러한 효의 정의 모델은 사군의 영역인 나라사랑은 물론 입신의 영역인 자기완성의 확장된 공동체에 있어서도 생각과 말과 행위가 어긋나지 않아야 하므로 무리 없이 모든 효의 작용 영역에서도 적용이 가능하게 된다.

이것을 좀 더 포괄적인 뜻으로 음미하려면 인간의 마음속에서 생겨나오는 생각과 말과 행위에는 긍정적 부분(+)과, 부정적 부분(-)이 개입되므로 엄밀히 말하면 위식은 아래와 같이 변형될 수 있다.

이를 도표로 표시하면 아래와 같다.

영역	변환모델	효 개념 정의	부호의 의미	변환 내용
효 정의 모델	제1알고리즘 모델, 효 정의 모델	생각과 말과 행위가 어긋나지 않아야 한다.	+:긍적적인 생각과 말과 행위 −:부정적인 생각과 말과 행위	부모공경의 재해석

효 정의 모델(부모공경의 변환모델)

$$= \Sigma 인간((\mp)생각 +(\mp)말 +(\mp)행위),$$

246) the United States Conference of Catholic Bishops, the New American Bible, (Seoul, Pauline, 2014), Matthew, chapter 6: 31 ~ 34

생각과 말과 행위는 실제 상황에서 정부(正否: ∓)의 방향이 있을 수 있다. 즉 효심, 효행, 효언은 모두 올바른 것으로 어긋나지 않음을 의미한다. 그러나 실제 현실에서는 그러하지 않을 수 있으므로 상기와 같은 (∓)식이 성립한다. (∓)의 기호를 붙여주면 "어긋나지 않아야 한다. 의로워야 한다. 어긋나지 않고 의로워야 한다."라는 말의 필요성이 사라진다. 현실적으로 생각과 말과 행위의 모습이 하늘의 모습, 이 세상의 의로운 모습, 인간이 행하여야할 올바른 모습에 항상 "+", 양의 정방향인 경우만은 아닐 것이기 때문이다. 이와는 반대 방향의 경우는 당연히 "-", 음의 값을 지닌다할 것이다. 여기에 자기 자신의 모습을 대입해봄으로써 변환모델의 효행지수를 평가해주는 바로미터로 활용해볼 수 있다.

효 개념의 정의(定義)인 Σ인간((∓)생각 +(∓)말 +(∓)행위)를 좀 더 구체적인 알고리즘으로 표현하면 아래와 같다. 따라서 아래의 등가식을 제1알고리즘의 변형된 효 정의 모델이라고 칭하고자한다. 그 이유는 본 알고리즘의 효 정의 모델을 통하여 많은 설명과 계산이 가능해지기 때문이다. 제1알고리즘의 효 정의 모델은 부모공경을 일방향적으로 라플라스 변환이고 이를 알고리즘으로 표현한 것이다.

효의 정의를 현실적인 수학적 알고리즘 모델로 표현하면 다음과 같다.

효의 정의 = Σ인간n,t((∓)생각i+(∓)말j +(∓)행위k)[247)]

247) 앞에서 언급한 효의 정의 = Σ인간n,t((∓)생각i+(∓)말j+(∓)행위k)

n = 공동체 구성원의 수

t= 태어나서 죽을 때까지의 시간

i,j,k = 생각과 말과 행위의 각각 발생회수

제1알고리즘에 의해 변환된 효 정의 모델

<table>
<tr><th>명칭</th><th>의의</th><th>알고리즘</th><th>전통적 의미</th></tr>
<tr><td rowspan="2">제1알고리즘 모델,
효 정의 모델</td><td rowspan="2">부모공경의 알고리즘에 의한 효 개념 정의</td><td>Σ인간n,t(생각i+말j +행위k)</td><td rowspan="2">부모공경</td></tr>
<tr><td>Σ인간n,t((∓)생각i+(∓)말j+(∓)행위k)</td></tr>
</table>

줄 "____" 의미 = 어긋나지 않아야 한다.
n=가정/사회/국가공동체의 구성원 수, 단n=1이면
n=없어짐
t = 태어나서 죽을 때까지의 시간
i = 생각의 발생회수
j = 말의 발생회수
k = 행위의 발생회수

여기서 효 값이 수렴하기 위해서는 절대 값이 1보다 작거나 같아야 한다. 그러므로 다음과 같은 관계식이 성립된다.

효 값의 정의

(V)= ‖ Σ인간t((∓)생각i+(∓)말j+(∓)행위k) ‖ ≦ 1

-1 ≦ (V) ≦ 1, 0〈효자인 경우, 효값≦1, -1≦불효자인 경우, 효값〈0

그러므로 인간의 효행지수는 다음과 같은 효값을 갖는다.

$$-1 \leqq \Sigma 인간t((\mp)생각i + (\mp)말j + (\mp)행위k) \leqq 1$$

t = 태어나서 죽을 때까지의 시간

i = 생각의 발생회수

j = 말의 발생회수

k = 행위의 발생회수

여기서 태어나서 죽을 때까지의 제1 모델의 절대 값은 1보다 작거나 같거나 하여야 한다. 이런 경우에는 알고리즘의 효 값이 수렴하여 대한민국 전체의 효 값의 계산이 가능해진다. 즉 5천 1백만만 명이 효자일 경우 절대 값에 의거 그 값은 5천 1백만을 초과하지 못한다. 상기 조건에 의거 즉 수렴 값을 지닌다. 이를 근거로 평가 항목이 주어지면 어느 정도의 상대적 효행지수의 산정이 가능해진다.

판단의 기준을 제시하면 다음과 같다. 다만 0은 불안정 모습을 의미 한다. 이를 여기서는 심리적 불안정 상태라 표현하고자 한다. 그러므로 0은 판단의 기준으로 사용할 수 없다. 즉 0은 효자나 불효자라 말할 수가 없기 때문이다. 왜냐하면 수의 성격상 양쪽 경계면 즉 효자와 불효자의 양면성이 있기 때문이다. 그러므로 효자와 불효자는 다음과 같이 수렴하는 값의 영역(범위)에 놓이게 된다.

$$-1 \leqq 불효자 \langle 0 \langle 효자 \leqq 1.$$

$-1 \leqq$ 불효자 < 0 : 불효자의 효행지수 영역

$0 <$ 효자 $\leqq 1$: 효자의 효행지수 영역

효행지수 평가모형 = Σ인간(생각i) $\times 1/i \times 1/3 + \Sigma$인간(말$j$) $\times 1/j \times 1/3 + \Sigma$인간(행위$k$) $\times 1/k \times 1/3$

여기서 $1/3$ = 가중치, i, j, k = 각각의 발생량($i, j, k = 1 \sim n$)

평가과정에 특히 주의해야할 경우가 있다. 전체적인 값이 + 값을 나타내더라도 평가항목의 어느 한 항목이라도 -값을 갖는 경우에는 윤리적으로 부적절한 사례가 될 수 있다는 점이다. 특히 그 점에 주의해야 한다.[248] 왜냐하면 생각과 말과 행위의 어느 하나가 결과적으로 인생 전체를 혼란에 빠트리는 경우가 있을 수 있기 때문이다. 예를 들어 지하철에서 여성의 치마 밑을 휴대폰으로 촬영하다가 적발되어 처벌 받는 경우 사회생활에서 평생 커다란 오점을 남기는 경우가 그러하고, 반대의 경우 국제 수학경시 올림피아드에서 메달을 따는 경우는 개인은 물론, 가정, 사회, 국가를 빛내는 긍정적(+) 사례이므로 이현부모(以顯父母)로서 최고의 부모공경 사상에 부합한다. 그리고 가정 공동체를 가족 공동체의 통일체적 초인격체로 보고 이를 효 공학적 측면에서 집단적인 모형에서 표준적 측정범위를 계량적으로 양자화 한다면 일정한 범위에서는 가정 공동체의 효행지수도 평가하는 작업이 가능하다. 이를 다음과 같이 상정해볼 수 있다. 이는 나중의 사례

248) 『明心寶鑑』「誠心篇」"一星之火 能燒萬頃." 온 들판을 불태우는 데 큰 불이 아니라 작은 성냥개비로 충분하다. 즉 인생이라는 큰 행로에서 작은 실수가 인생 전체에 지대한 영향을 미칠 수 있다는 것이 필자의 견해이다.

분석을 통하여 증명해 낼 것이다.

-1≦ 부자지간 불효적 가정 공동체 〈 0 〈 부자지간 효 가정 공동체 ≦1.

-1≦ 가정공동체 〈 0 : 부자지간 불효관계의 효행지수 영역

0 〈 가정공동체 ≦ 1 : 부자지간 효관계의 효행지수 영역

가정 공동체 효행지수 평가모형 = Σ가족 공동체(생각i) × 1/i × 1/3 + Σ가족 공동체(말j) × 1/j × 1/3 + Σ가족공동체(행위k) × 1/k × 1/3,

여기서 1/3 = 가중치,i,j,k = 각각의 발생 량(i,j,k=1 ~ n)

부모공경의 효는 가정에만 머무르는 것이 아니라 사회 및 국가 공동체에도 확장되어 미치게 된다. 이를테면 리더십과 관련하여 재해석된 효 정의 모델을 적용해볼 수 있다. 조직에는 반드시 리더와 구성원(構成員, follower)이 있으므로 자기조직의 구성원들이 어떻게 가치와 이해관계가 조정 되어 대립과 갈등을 최소화하고 생산성을 극대화 할 것인지를 다음의 알고리즘을 통하여 살펴보기로 하자.

리더십과 조직의

생산성 = Σ인간n,t · 생산적((∓)생각i+(∓)말j+(∓)행위k),

n = 조직의 구성원 수, t= 근무 기간, 또는 근무일수

i = 조직의 목표달성에 필요한 긍정적 생각의 발생횟수

j = 조직의 목표달성에 필요한 긍정적 말의 발생횟수
k = 조직의 목표달성에 필요한 긍정적 행위의 발생횟수

부모공경에서 유도된 효 정의 모델(제1알고리즘 모델)을 들여다보면 사회 공동체 하나하나의 최고 책임자는 조직원들이 근무시간 중에 '생각과 말과 행위'의 총합이 조직의 운용 목적에 맞춰 최대의 이윤(값)을 창출하도록 개별적으로, 또는 그룹이나 팀별로 최적화해주는 작업이 필요하다고 하겠다. 현대사회는 구조적으로 수많은 형태의 다양한 조직이 복합하게 얽혀 작동하고 있으므로 사회적 효가 중요한 기능과 역할을 최대한으로 발휘해 주어야한다. 그 이유는 수많은 조직과 조직의 구성원들로 운영되는 현대사회의 특성상 구성원간의 불화나, 비협조는 곧 그가 속한 조직의 비효율성에서 끝나는 것이 아니라 개인은 물론 사회 공동체와 국가 경쟁력을 크게 훼손하고, 또한 효의 본질로서 가정과 국가의 생존과 번영에 필수적인 '땅의 이득'[249]을 취하여 소득을 창출하는 데 큰 손실을 초래하기 때문이다.

아울러 '땅의 이득을 취하는 것'은 『국부론』의 노동생산성과 직결되며 개인의 소득은 물론 국부에까지 영향을 미친다는 점을 명심하여야 한다. 효가 자기의 삶을 지배하는 것은 물론이고, 가정과 국가, 사회에 얼마나 지대한 영향을 끼치고 있느냐를 보여주는 좋은 본보기이다.

---

249) 『古文孝經』「士章」"子曰, 因天之時, 就地之利, 謹身節用, 以養父母, 此庶人之孝也."
필자 주 : 『효경』에서 '땅의 이득을 취하는 것'은 『국부론』의 노동생산성과 직결되며 개인의 소득은 물론 국부에까지 영향을 미친다.(아담 쓰미쓰, 『국부론』 서문)

특히 우리나라와 같이 자원 빈곤국은 보유자원이 좁은 국토 공간, 햇빛, 물, 공기, 그리고 인적 자원밖에는 부존자원이 존재하지 않는다. 영공, 영해, 영토, 여기에 쏟아지는 햇빛, 물, 공기는 늘릴 수도, 줄일 수도 없는 고정된 량의 하드웨어이나 소득창출이나 두뇌자원 개발과 같은 가변적인 양의 소프트웨어와 관련된 노동생산성의 인적 자원은 국부의 원천으로서 확대, 축소는 물론, 개발, 연구 등을 통하여 얼마든지 자원 보유량을 확대해 나갈 수가 있다.[250] 따라서 효의 완성은 학이시습과 수기치인[251]을 통한 사회적 입신이므로 이러한 입신이 모이면 수없이 많은 집합의 '생각과 말과 행위'가 거대화되면서 지속적, 폭발적으로 가정과 사회, 국가 공동체의 성장과 발전을 초래하는 에너지를 제공해 줄 수 있다. 효가 이처럼 국가 경쟁력에도 지대한 영향을 미치게 된다. 개인이 삶을 영위해 나가는 데에도 사회 공동체는 경제적 터전으로써 절대적으로 큰 비중을 차지하게 된다.

효의 완성인 입신이라는 효의 모습에 개입된 역동적 개념[252]을 적용하여 조직 전체적 운용은 물론 조직 구성원의 '생각과 말과 행위"의 창의적인 운용성과를 극대화시킴으로써 국가 경쟁력이 향상되고 개인의 삶이 윤택해지는 선순환의 피드백 효과 역시 무시할 수 없게 된다. 이것이 사친 영역중 하나인 부모공경의 변환모델에 의하여 살펴볼 수 있는 또 하나의 구체적 효과의 모습이다.

---

250) Adam. Smith 저, 김수행 역, 『국부론』 [상] (서울, 비봉출판사, 2010), 역자서문 , 국부는 금, 은으로 구성된 것이 아니라 국민이 향유하는 노동생산력으로 되어있다는 것을 증명하이기 위하여

251) 효를 확장자로 보는 경우 "修身齊家治國平天下"의 확장된 개념을 포함한다.

252) 조직의 생산성(사회/예) = 조직의 모습 = Σ인간t,n(생산적인 생각i+생산적인 말 +생산적인 행위k), t= 구성원 업무시간), n= 조직의 임직원 수), i,j,k = 각각의 발생횟수

제1알고리즘에 의한 효 정의 모델의 효 윤리는 자아 개발에 따른 입신은 물론이고 개별적인 성장과 성공의 본원적 의미를 제공해주는 이론적 토대이다. 인간이 태어나서 죽을 때까지 자아 개발 및 성장을 이루려면 "생각과 말과 행위"가 어긋나지 않고 마땅하고 의로워야만 한다.

이를테면 국제 수학올림피아드에서 우승한다면 우선 국가와 학교, 그리고 부모님을 명예롭게 해드린다. 반대로, 아무리 신의 직장에 다닌다하여도 지하철에서 성추행을 행한다면 붙잡혀 결국 민형사상의 불이익을 받을 수 있다. 이런 경우 과연 부모공경을 변환하여 재정립된 알고리즘의 효의 정의 모델에서는 새로운 의미 즉 어느 한 순간이라도 '생각과 말과 행위'가 어긋나게 되면 불효를 저지르는 결과를 초래하는 일이라는 것을 되새긴다면 새로운 모델의 효 개념은 자아개발 및 성공의 학문적 개념에 적합한 모델이라 하겠다.

자아개발이란 결국 생각과 말과 행위의 총합이 어느 누구보다도 뒤지지 않는 사회적, 국가적 성과물이어야 한다는 점이다. 그런 의미에서 재정립된 효 개념의 정의를 완성하려면 부단한 학이시습(學而時習)과 수기치인(修己治人)으로 수신(修身)하려는 노력이 기초적으로 평생 동안 끊임없이 뒷받침되어야 한다.

제1알고리즘 모델은 나를 낳아서 길러준 생명의 은인인 부자자효(父慈子孝)의 혈연적 관계의 효뿐만 아니라, 나를 낳아서 길러주지는 않았어도 법률상의 시부모, 장인 장모의 경우는 물론이고 이혼 후 새로이 결합하는 새로운 가족 형태의 부계와 모계의 가족 간의 재결합을 이루는 재혼의 경우를 포함하면서, 나를 낳아주지 않은 비혈연적 관계의 부모공경 효 사상에 본 모델의 효 정의를 적용하는 데에도 무리함이 없다. 이혼과 재혼에 의한 다양한 형태의 부모공경에도 무난하게 알고리즘에 의한 효 개념(孝概念)의 정의(定義, definition) 모델을 적용할 수 있게 된다.

천부사상의 효에도 적용이 가능하다. 전통적 효 개념은 부모와 조상에 대한 공경으로 끝이나 재정립된 확장적 의미에서는 더 근원적인 존재에 대한 공경의 의미도 무리 없이 적용이 가능하다. 근원적 존재라 함은 부모와 조상을 있게 한 본질이다. 곧 천부를 가르친다. 천부에 대한 공경사상도 역시 시대를 초월하여 효의 중요한 영역이 되어야 한다는 점이다. 이 경우에도 무리 없이 적용이 가능하다. 즉 하느님 아버지 사상의 천부에 대한 효 역시 인간의 생각과 말과 행위가 하느님 말씀에 어긋나지 않아야 한다는 점이다.

오늘날의 하느님[253]은 성경의 말씀으로 존재하신다. 그러므로 성경의 말씀에 인간의 생각과 말과 행위가 어긋나지 않아야 한다. 이것이 진정한 천부사상의 효의 모습이라 할 것이라고 필자는 판단하고 있다.

인간은 결국 가정과 사회에서 행하는 생각과 말과 행위로 자기완성을 이루고 삶의 터전에서 인간관계를 맺으면서 평생을 살아간다. 이를 제1알고리즘으로 표현했을 때, 주어진 시간에서, 그 사람의 모습과 정체성이란 태어나서 그 순간까지의 생각과 말과

253) 천주교에서는 하느님, 개신교에서는 하나님, 불교에서는 하늘님으로 부르나 그 위상은 동일하다.

행위를 종합한 총량의 제1알고리즘 모델의 효의 절대값이라고 판단할 수 있다. 그 사람의 모습과 정체성이 생각과 말과 행위로서 어떻게 드러나는지를 말해주는 좋은 내용이 다음과 같이 요약될 수 있다.

"좋은 나무가 나쁜 열매를 맺지 못하는 것과 같이 나쁜 나무는 좋은 열매를 맺지 못한다. 왜냐하면 그 나무가 맺는 열매를 보아 모든 나무가 어떤지를 알게 되기 때문이다. 그러므로 가시나무에서 무화과를 따지 못하고, 야생딸기 나무에서 포도를 따지 못한다. 선한 사람은 착한 생각과 말과 행위가 가득한 마음의 보따리에서 착한 것이 흘러나오고, 악한 사람은 악한 마음의 보따리에서 악한 생각과 말과 행위가 흘러나온다. 마음에 무엇이 많이 들어 있느냐에 따라 그 사람의 입에서 그 마음속에 있는 것들이 흘러나온다."[254]

이를 인간관계에 적용하면 다음과 같다. 말하자면 선한 사람은 악의적인 생각과 말과 행위를 행하지 않고, 악의적인 사람은 선한 생각과 말과 행위를 베풀지 못한다. 왜냐하면 그가 생각하고 말하고 행동하는 것을 보면 그가 어떤 사람인지를 알게 되기 때문이다. 선한 사람은 악한 생각과 말과 행위를 저지르지 아니하고 악한 사람은 선한 생각과 말과 행위를 행하지 아니한다. 그러므로 악한 사람은 악한 마음으로부터 악한 생각과 말과 행위가 가득차서 흘러넘치고, 선한 사람은 선한 마음의 보따리에서 선한

---

254)『성경』「누가복음」6:43~45

생각과 말과 행위가 흘러나온다. 그 사람 마음의 보따리에 무엇이 가득 들어있는가에 따라 그 사람의 입에서 그 마음속에 있는 것들이 흘러나온다.

인간 역시 위에서 말한 나무와 같이 착한 사람은 착한 결과를 빚어내고 분노한 사람은 분노한 결과를 만들어 낼 수 있다. 아무리 착하다고 주장하여도 악한 생각과 말과 행동이 뒤따르면 그는 착한 사람이 아니라 악한 사람이다. 우리 주변에서 일어나는 인간관계를 통하여 불편한 사람, 편한 사람, 가까이 하고 싶은 사람, 멀리하고 싶은 사람, 속마음을 터놓고 말할 사람 등등이 구분되는 것은 바로 상대방이 어떻게 자신을 들어내느냐에 달려있다.

인간의 육신은 인간이 복제해내나, 인간을 움직이는 고난도의 생각과 말과 행위라는 정신세계의 알고리즘은 부모가 만들어 주지 못한다는 점은 앞서 언급하였다.[255] 다만 그 알고리즘은 영원불변이 아니라 성장과 발전을 거듭하면서 내면의 세계로부터 또는 외부 환경으로부터 영향을 받아 쉽게 변형되고 수정된다.[256] 또한 조물주가 인간을 정직하게 빚어냈으나 인간은 스스로 삼라만상을 빚어낸 창조주가 맨 처음 하늘의 명에 따라 심어준 올바른 알고리즘을 변형시킬 수 있는 온갖 술책을 고안해내고 이를 왜곡시킨다. 이러한 술책에는 인간의 마음으로부터 나오는 악한 생각, 간음, 간통, 살인은 물론, 도둑질, 탐욕, 어리석음, 속임수 등으로 이러한 모든 요소들이 인간의 생각과 말과 행위를 타락시키는 중

255) 위의 책, 「요한복음」 3:6
256) 위의 책, 「마태복음」 15:19

요한 요인들이다.[257] 이러한 요인을 제거하려면 여러 종류의 다방면의 다양한 효, 충, 예 교육과 인성 프로그램이 필요하게 된다.

전통적 효에서는 "효로서 천하가 다스려진다."[258]라고 하였다. 즉 효로서 백성은 임금을 부모처럼 공경하고, 임금은 백성을 자식처럼 보살피고 돌보는 가정과 국가와, 효와 충의 역학관계를 제시하였다. 이웃의 노인을 내 어른 공경하듯이 모시고, 이웃을 형제자매처럼 우애하고 사랑하라는 효의 확장 개념의 심오함과 광범위함은 전통적 백성을 하나로 묶고 상하관계의 원망을 없애주는 복잡한 역학관계를 제시하여 효는 천하를 다스리는 훌륭한 통치 이념의 도구이었다. 이를 제1알고리즘으로 표현된 효 정의 모델을 응용하여 서술하면 아래와 같다.

필자가 사친의 영역중 하나인 부모공경을 재정립하여 제시한 제1알고리즘의 효는 생각과 말과 행위가 어긋나지 않고 마땅하고 올바른 의(誼)로움 그 자체이어야 함을 제시하였다. 즉 효는 확장성의 원리가 작용하므로 천, 지, 인은 각각이 독립된 객체로서, 공동체로서 하늘과 땅과 인간의 운용체계는 각각 의로움과 올바름의 운용체계라는 점을 밝힌바 있다. 그러므로 천, 지, 인 모두 어긋나지 않고 올바를 때 효의 원리가 작용하는 것이다.

제1알고리즘과 이훈천하 = Σ인간n · 올바른 (생각i + 말j + = 행위k)

257) 위의 책, 「마가복음」 7:21~23

258) 『古文孝經』 「開宗明誼章」… "以訓天下"…

n = 대한민국 국민

i = 생존 기간 동안의 가정, 사회, 국가를 위한 의로운 생각의 발생횟수

j = 생존 기간 동안의 가정, 사회, 국가를 위한 의로운 말의 발생횟수

k = 생존 기간 동안의 가정, 사회, 국가를 위한 의로운 행위의 발생횟수

제1알고리즘의 효 정의 모델에서 의미한 것처럼 대한민국 국민 모두가 가정, 사회, 국가 공동체를 위해서 올바른 생각과 말과 행위로 가득 채우면 통치는 저절로 이루어지고 어떠한 패륜범죄나 정치적으로 최순실 사태와 같은 사유로 인하여 대통령을 하야시키는 탄핵사건도 유발되지 않을 것이다.

가정, 사회, 국가공동체의 운용체계가 올바름으로 가득차서 정말 제대로 작동되어지기 때문이다. 학연, 혈연, 지연에 기대어 줄을 대고 온갖 로비가 통하지 않으니 저절로 통치가 이루어지고 천하의 생산성이 극대화되어 땅의 이득이 가득차서 소득창출이 이루어져 대한민국은 전 세계 가운데 효치의 모범국가가 될 것이다.

제1알고리즘 모델에서는 현대과학과 공학의 도구중의 하나인 라플라스 변환과 알고리즘에 의하여 유도되어 결과적으로 전통적인 사친의 부모공경의 효를 초월하여 더욱더 개량, 개선된 가정, 사회, 국가 공동체를 구동시킬 수 있는 다양한 문화적 에너지

가 알고리즘으로 깃들여 있다는 것을 보여주고 있다. 부모공경을 변환하여 재정립된 제1알고리즘에 의한 효 정의 모델에서는 다음과 같이 그 모습이 확장된다.

첫째, 부모공경의 실체화: 효 개념의 정의상 부모공경을 개별적으로 실현하기 위한 수단은 효심, 효언, 효행이나 가정, 사회, 국가 공동체에서 현실적으로 부모공경을 수행하는 기능을 실체화 해줄 수 있는 모든 부모와 자식의 개별적인 알고리즘의 도구는 생각과 말과 행위뿐이다.

둘째, 부모공경의 확장성: 가정 공동체내에서 가장 상위 덕목인 부모공경의 효가 사회적으로 확장되어 적용된 공동체적 기능은 의사전달의 수단으로서 인간관계의 도구인 생각과 말과 행위가 사회공동체의 뜻에 어긋나지 않아야 한다. 이것이 사회공동체에서 입신을 실현시킬 수 있는 도구로 보았다. 국가 공동체를 위한 충을 실현하는 데에도 마찬가지로 생각과 말과 행위가 국가목표 달성에 어긋나지 않아야한다.

셋째, 충 · 효 · 예의 도구성: 가정, 사회, 국가에서 각각의 고유한 공동체 기능을 완성시켜주면서 이들 공동체간의 사회적 관계를 맺어주는 매개물은 부모공경에서 비롯된 생각과 말과 행위이다. 인간관계의 실현, 자기완성을 위한 자기 삶의 실현, 효, 충, 예의 실현을 위한 실질적인 도구는 생각과 말과 행위이다.

넷째, 이해관계와 인간관계의 조절기능: 사회공동체에는 이해관계에 따라 수많은 목적의 조직이 만들어지고 운영된다. 이러한 조직은 그 조직의 설립 목적과 성격에 따라 그 조직에 독특한 협력적 관계의 인간관계를 요구할 수 있다. 이를 테면 군대, 학교, 병원, 특정 목적의 연구소, 기업체 등의 조직에서 생각과 말과 행위는 각각이 필요로 하는 전문화되고, 목적달성을 위한 특화된 사회적 인간관계를 매개하고 조절하는 기능도 수행한다.[259] 이러한 '생각과 말과 행위'는 가치와 이해관계로 인한 대립과 갈등을 해소해주는 원천자이고 해결자이다.

다섯째, 부모공경의 생산성: 생각과 말과 행위는 공동체의 문화를 수용하고 전파하는 매개변수의 내용물이며, 인류가 필요로 하는 모든 문화와 문명의 이기는 생각과 말과 행위를 교환, 교류함으로써 총체적으로 얻어진 이득 창출의 창의적 결과물이다.

여섯째, 부모공경의 보편적 기능: 부모공경에서 발원하는 생각과 말과 행위는 인류공동체의 보편적인 사고와 표현의 도구이면서 본질적으로는 모든 공동체의 공유물이다.

일곱째, 부모공경의 역동성: 스코틀랜드 소도시 던펌린에 태어난 카네기는 자서전에서 보여주듯이 가난한 부모님을 위하여 초등학교 5학년밖에 배우지 못하고 파산한 부모님을 따라 미국으

259) 이용해, 『문화심리와 언어의식』-한중문화비교론- (서울, 도서출판 역락, 2006), 70쪽. 언어의 사회적 기능은 인간관계의 도구이며 의사전달의 수단으로서 사회적 관계를 맺어주는 매개물이다. 인간관계를 조절하는 기능도 수행한다.

로 이민을 떠났다. 어린 소년이 자기 눈에 비쳐진 훌륭한 부모님의 모습에 감탄하여 평생 부모님을 호강시켜드리려고 마음먹었다. 효심(孝心)으로 가득 찬 열망과 스코틀랜드의 충성스런 영웅들에 대한 자부심의 충으로 무장된 카네기는 가족을 위해서는 무엇이든지 할 수 있는 마음의 준비가 되어 있었다. 스코틀랜드 출신으로서 효와 충의 자부심으로 가득 채워진 어린 소년은 마침내 세계 최고의 부호가 되어 그 꿈을 이루었다. 이처럼 효는 인간의 삶을 역동적으로 이끌어 가는 동력원이다.[260] 일반적으로 충(忠)과 효(孝)가 굳건한 버팀목으로 버텨주지 않고서는 누구나 가정, 사회, 국가 나아가 세계 공동체에 우뚝 서지 못한다.

여덟째, 부모공경의 정체성: 부모공경의 변환에 따른 알고리즘의 실체인 생각과 말과 행위는 인간이 행하는 사고, 표현, 전달의 행동과 그 행동에 대하여 상대방에게 그것을 해석하고 이해하는 과정 전체를 보여준다. 이러한 알고리즘의 효를 통하여 모든 사람들이 인간관계에서 알게, 모르게 그의 정체성을 외부적으로 표출한다.

아홉째, 효정신의 계량화 가능성 여부: 재정립된 효의 정의 모델에서는 부모공경의 표현방법의 구체적 범위를 생각이나 말, 또는 행위로 한정하고 있으므로 다양한 모습을 계량적으로 양자화

260) Andrew Carnegie, The autobiography of Andrew Carnegie 저, 박별 역, 『철강왕 카네기 자서전』(서울, 나래북.예림북, 2014), 연구자 주, 어느 누구도 충(忠)과 효(孝) 그리고 예가 없이는 가정/사회/국가/세계 공동체에 우뚝 서지 못한다. 거기에 맞는 사례로 카네기 자서전을 채택하였다.

함으로써 어느 정도는 수치화가 가능하다고 판단된다.(후술 사례분석 참조)

열째, 입신양명과 입신출세의 폐단을 보완: 필자가 주장하는 효의 정의 모델에서는 생각과 말과 행위가 어긋나지 않아야 한다는 부모공경의 도구성 개념을 통하여 입신양명의 명예욕과 입신출세의 권력욕에 대한 폐단을 보완하게 해주고 그 지속성을 유지하려면 어떠한 도덕적, 윤리적 도구가 무엇이며, 왜 필요하고 더 적극적으로 어떠한 생각과 말과 행위가 의롭게 개입되어야 할 것인지를 깨닫게 해준다.

효에는 정신적인 양지(養志)의 효(孝)와 물질적인 양구체(養口體)의 효(孝)가 있는 데, 제1알고리즘의 효 정의 모델에서는 그 의미에 정서적, 감정적, 정신적 효의 총체인 양지(養志)의 효(孝)의 의미가 총체적으로 담긴 통합적 효 개념으로 요약되고 있다.

자식의 생각과 말과 행위가 부모님 말씀에 어긋나지 않고 마땅하고 올바른 의로움으로 행해질 때 부모님은 정서적, 감정적, 정신적, 심리적으로도 큰 기쁨과 위안, 그리고 편안함을 얻기 때문이다. 이것이 대효존친(大孝尊親)이다. 다음은 물질적인 효인 양구체의 효에 대하여 은혜와 보은의 의미를 변환하여 재정립한 제2알고리즘의 효 구조 모델의 의미를 살펴보고자 한다.

사례1 : 세월호와 9.11

| 효와 인성? |

공자가 [효경(孝經)]에서 말하기를 효는 하늘의 모습이고 이 세상의 법도이며, 태어난 자는 모두가 실천해야할 덕목이다(夫孝天之經也 地之誼也 民之行也)라고 하였다. 효를 어기면 하늘의 모습에 어긋나며 이 세상의 법도에 어긋나므로 결국 인간의 모습에 어긋나는 것이다.

효를 행하지 아니하는 것 역시 인간 본연의 모습, 즉 인성을 거역하는 것이다. 그러므로 불효자는 인간의 모습에 어긋난 파멸의 길을 걸어가는 꼴이므로 시간이 문제일 뿐 그 결과는 참담한 것이다.

| 효와 세월호 교훈? |

세월호에 탑승한 승무원 중에 그 누구 한사람이라도 선실에 자기의 딸과 아들, 부모나 형제가 타고 있었더라면 과연 침몰하는 배에서 "구명조끼를 착용하고 안전한 선실에서 머물라."고 계속해서 안내방송을 하였겠는가? 선장은 침몰하는 배에서 선원복도 입지 않고 자기의 본분을 망각한 체 도망쳐 나옴으로써 지성체인 인간이 지능형 악마의 기계로 변해버렸다. 인간의 모습을 철저히 거역한 것이다. 이처럼 효를 먹고 자라는 인성이 없는 인간은 악마의 기계와 같다. 만약에 선장이 어린양 300명을 배에 실은 화물만도 못하게 취급하여 절체절명의 순간 화물과적의 걱정만하고 침몰하는 배안에 안전하게 머물라는 방송을 되풀이 했다면 과연 선장의 정체성은 무엇인가? 악의 소굴에서 나온 사탄을 선장으로 임명한 주체는 누구인가? 죄인을 수사를 해야 할 책임자가 자기 집에 선장을 재웠다니 이런 행정 관료의 주체는 과연 국민

편인가? 선장 편인가? 다시 말해서 효심에서 비롯되는 인성의 근본이 없는 인간은 모두 우리 사회의 악의 기계일 뿐이다. 우리 사회에 이런 독버섯이 왜 우후죽순처럼 돋아나는가? 과연 우리는 이를 응징할 의지가 있는 것인가?

| 미국의 9. 11사례 |

2001년 9월 11일 오전 플로리다 해변을 조깅하던 조지 부시 미국 대통령은 믿을 수 없는 엄청난 보고를 받았다. "미국이 공격받았습니다." "누가 공격했습니까?" "모릅니다." 국방부 장관의 어처구니없는 답변이었다. "미국을 공격하다니 이게 말이 되는가?" 하고 되물었다. CIA(중앙정보국장), FBI(연방수사국장), NSA(국가안보국장)에게 차례로 물었으나 '모른다.'는 답변뿐이었다. 그 많은 예산을 쓰면서도 누가 공격했는지를 모른다는 어처구니없는 답변에 황당할 뿐이었다? 가장 빠른 시간 내에 누가 공격했는지를 파악하라고 지시하고 사태의 심각성을 깨달은 대통령은 비행기를 타고 하늘에 올라 위기를 관리하고 있었다.

비상시에 대비하여 평상시의 항공 운용국과 똑같은 제2의 예비초소가 있는 노쓰 다코다 쪽을 향하여 비행하면서 국민의 안전을 위하여 미국상공에 떠있는 모든 비행기는 2시간 이내에 모두 착륙시키고 만약에 이에 따르지 않는 비행기는 요격하여 격추하라는 명령을 하달하였다. 이때 미국 상공에 떠있는 항공기는 약 5천대에 다다랐다. 대통령의 지시 이후 2시간 동안 미국의 온갖 정보자산 중의 하나인 정보위성을 열고 전 세계 통신망을 도청하여 그 주범을 찾아냈다. 다음날 그는 붕괴된 쌍둥이 무역센터건물 터에서 대통령으로써 미국은 테러범들에게 우리의 정의가 무엇인지를 실현시키고 끝까지 추적하여 반드시 응징할 것을 국민 앞에 맹세하였다. 나는 CNN을 청취하면서 유심히 살펴보았지만 미국전역에서 어느 누구 하나도 대통령 물러가란 구호는 찾아볼 수가 없었다.(우리 같았으면 죄를 응징하고, 대책을 구상하기보다는 그 해법으로 대통령 물러가라고 또 싸우고, 또 싸웠겠지?)

… 그로부터 10년이 지난 2011년 5월 1일 조지 부시 전 미국 대통령은 텍사스 고향에서 조깅하던 중 오바마 대통령한테서 긴급 전화를 받았습니다. 보안상 20분후에 집에서 전화를 걸겠다고 하고 전화를 끊었다. 20분후 "여보세요." "귀하가 그렇게도 찾았던 위험 요소가 제거되었습니다." 마지막으로 테러주범을 응징하는 데 무려 10년이 걸렸지만 미국의 대통령은 대를 이어 미국의 정의를 실현하였다.

| 300명의 어린양을 살리는 길 |

이들을 살리는 길이 살아있는 우리의 몫이다. 아무 죄 없는 300명의 어린 양을 어떻게 해야 속죄할 수 있겠는가? 미국의 사례와 같이 10년의 세월이 걸리더라도 죄를 지은 자와 이들을 길러낸 악의 소굴을 철저히 응징하고 거미줄처럼 엮여 있어 우리사회를 좀먹는 먹이사슬의 고리와 우리 사회를 파멸로 이끄는 악의 소굴을 파헤쳐 민형사상의 모든 책임을 물어, 대한민국을 반드시 바로 세우는 것만이 어린양을 되살리는 속죄의 길일 것이다.

| 대한민국에 보내주는 세월호의 경고 |

• 전문가의 목소리가 부족한 나라 : 그 나라의 경쟁력은 그 나라의 과학과 기술에 달려 있다. 전문가의 소리는 하나도 들려오지 않고 언론의 보도와 전문지식이 없는 행정 관료의 허둥대는 모습만 보여주니 답답하기 그지없다. 이번에 만약 어느 누구라도 "모든 승객은 위험에 대비하여 구명조끼를 착용하고 갑판에 대기하여, 마지막 순간에 바다에 뛰어들고 구조를 기다립시오, 다만 바다에서는 구조대가 쉽게 발견할 수 있도록 서로 흩어지지 말고 서로 붙잡으시오." 라고 안내 방송 했다면 구조대가 오기도 전에 인근에 있었던 수많은 어선과 낚싯배가 바다에 표류한 지 20분 이내에 전원이 구조되고도 남았을 것이다. 그 근처에는 이들을 구하고도 남을 어선과 낚싯배의 구조자산이 넘쳐 났었다.

• 대한민국 사회의 구조적 무게중심의 경고 : 대한민국이란 배는 화려하게 단장된 상부 갑판에서 명령하고 관리하는 모습만 요란하나 정작 현대 첨단문명에 걸 맞는 고도의 과학과 기술을 겸비한 전문가는 천대받고 떠나 버린 취약한 구조로 무게 중심이 상부로 이동하여 삐딱하면 뒤집히는 구조가 아닌지 무서운 생각이 든다. 정치인은 대안 없이 헐뜯기 바쁘고 언론은 부추기기 바쁘다. 그리하여 죄를 응징하려는 사회적 노력의 의지는 희석되고 엿보이지가 않는다!

• 대한민국 정치인과 행정 관료의 의식수준 : 국민들의 신상명세서가 해커에 의거 전 세계에 털리고 대한민국의 배를 탄 국민

은 분노하는 데 멍청한 정치인은 또 청문회를 연다. 이런 우둔한 정치인과 행정 관료가 운항하는 대한민국이 정치와 행정 관료의 현주소이다. "대한민국 국민의 정보를 정부의 허락 없이, 또는 본인의 허락 없이 불법적으로 취득하거나 거래하는 자 또는 취득당한 자의 포괄적 이익에 반하여 사용하는 자는 그 경중에 따라 무한대로 민형사상의 책임을 묻는다."는 조항을 만들어 놓으면 청문회가 필요 없다. 우리나라는 당한 사람만 피해자 또는 어리석은 자로 가해자를 똑똑한 자로 보는 청문회, 사회적 악의 소굴을 제거하는 데 자기의 의무와 책임을 전혀 인식하지 못하고 권력만을 남용하려는 이러한 추태의 정치집단과 행정관료 집단은 결정적인 절체절명의 순간에 대한민국 국민에게 과연 무슨 의미가 있는가?

효에서 비롯된 인성은 우리 사회를 반만년동안 움직인 동력원이었다. 효는 개인, 가정, 사회와 국가를 움직이는 원동력이었으며 충과 예, 기리고 인성의 근본임을 명심하여야 할 것이다. 국제효학술세미나에서 발표되는 내용을 듣고 또는 발제자에게 드리는 질문을 통하여 분석해보면, 효를 없애버리고 이념으로 무장시킨 공산국가(중국, 러시아, 동구권 등)는 과거에는 희귀했던 온갖 패륜 범죄가 남발하는 사회적 현상을 두고 이 부분을 가장 안타까워하고 있었다. 그들은 한결같이 부끄러운 듯 질문에 답하면서 얼굴을 붉히고 있었다.

단원 토론

문제 1. 등가변환이란, 알고리즘이란. 이론 및 모델의 정확한 의미를 말해봅시다.

문제 2. 부모공경의 진정한 의미를 토론해 봅시다.

문제 3. 부모 공경은 어떻게 변환될 수 있나요? 그 변환 모델이나 이론을 말해봅시다.

문제 4. 부모공경의 변환 모델의 다양한 용도를 토론해 봅시다.

문제 5. 나의 정체성과 변환모델과의 상관성을 토론해봅시다.

문제 6. 가정과 사회, 국가는 제1 변환모델과 어떤 상관성을 지니고 있는지를 살펴봅시다.

Ⅳ. 효의 구조(Structure) 모델

제2알고리즘에 의한 효 구조 모델의 핵심내용은 사친의 영역 중 부모부양의 덕목인 양구체(養口體)의 효, 즉 물질적 효의 구체적 모습이며, 은혜와 보은의 등가변환(라플라스 변환)과 알고리즘 변환을 통하여 추론되었다.

오늘날 소가족 내지 핵가족(small family) 중심의 현대 산업사회에서의 효행방식은 자급자족 위주의 생활을 유지하던 농경사회의 대가족 사회에서 행하던 효행방식을 과거 그대로 적용하기는 어렵게 되었다. 그러나 사친(事親)의 효 역시 질적 내용이나 이념은 통시성으로 인하여 시대가 달라져도 변하지는 않는다.

다만, 과거에 행하던 고전적 효행방법을 더 이상 그 대로 고수해 나갈 수만은 없게 되었다. 시대가 변하면 효의 질적 내용이나 이념에 부합한 새로운 효를 수행하는 은혜와 보은의 실천 방법을 찾아내어 그 시대의 문화와 문명에 적합하도록 이를 바로 잡거나 수정해주어야 한다.[261] 과거 농경사회에 적합했던 대가족 제도

261) 예를 들면 앞서 언급했듯이 18세기 초의 산업혁명, 20세기 초의 양자역학과 상대성이론의 등장, 21세기의 인공지능 시대의 출현으로 삶의 모습이 당시의 모습과는 혁신적으로 변하였으므로 그에 맞춰 효의 질적 내용은 불변하도라도 효의 실천방법은 그 모습을 달리해야함이 분명하다.

가 과학기술의 발달, 산업화, 도시화된 오늘날 경제화, 정보화, 세계화로 인하여 더욱더 소가족으로, 나아가 1인 가족 시대로 분화되었으며, 현대는 자급자족 중심의 생활을 초월하여 보이지 않는 수많은 사람과의 협력적 관계를 통하여 모든 것을 얻을 수 있는 시장경제가 발달하여 오늘날은 자급자족적 대가족 제도를 벗어나서 과거에는 상상하지 못했던 1인 가족시대에 진입하고서도 전혀 불편함이 없는 시대에 살고 있다.

고도 산업사회에 적응하여 살아가려는 노인들 역시 물질적, 재정적 욕구가 날로 증가추세에 있다. 또한 핵가족화 된 젊은 세대의 가장들은 거주에 필요한 주택 확보와, 자녀 교육비와 생활비 등의 막대한 비용부담으로 인하여 노부모 부양에 따른 가족의 희생을 무릅쓰는 고충을 감내해야하는 현안의 문제를 안고 있다. 따라서 노부모 지원에 대한 사회적 취약 부분을 보완하려는 사회적 지원망의 확장요구 등은 부모부양에 소요되는 자원은 물론이고 세대 간에도 은혜와 보은의 관계를 명확하게 규명하려면 어떤 자원이 필요하고, 어떤 종류가 투입되어야 할지의 필요성을 새삼 분명하게 일깨워주고 있다.[262)]

은혜와 보은의 효 사상은 부모와 자식 간의 가족관계에서 발원하므로 가족주의적 가치관이 깊이 뿌리박혀 있어 개인적이기 보다는 가족주의적으로 통합된 인격체로서의 지향성을 가지며 이러한 가족주의적 성향은 '가족 간의 의무와 권리로서의 책임'(효

262) 성규탁, 『현대 한국인의 효』 -전통의 지속과 표현의 변화-(경기도, 집문당, 2005), 275쪽.

의 또 다른 표현)을 중시하며 자식 된 도리로써 부모를 부양하려는 의지가 강하게 작용하고 있기 때문이다.[263] 부자지간에 이루어지는 이러한 특별한 행동은 가치와 이해관계를 떠나 대립과 갈등이 배제된 도덕적 의무로서 자식은 부모를 위하여 첫째 신체적, 정서적, 감정적 희생[264]을 통하여 자신의 '인적자원'을 투입하고, 둘째 가족의 희생을 감내하며 금전적 비용을 지출함으로서 '재정적 자원'의 투입은 물론, 마지막 수단인 사회적 희생을 통하여 가족들이 감내해야할 '물적 자원'을 무릅쓰는 것이다.[265]

이와 같이 은혜와 보은이라는 상호 교환 관계에서 실체적으로 주고받는 구체적이고, 실체적인 요소의 효 자원은 물적 자원, 재정적 자원, 인적자원으로 요약된다.

따라서 부자지간에 무엇을 주고받기에 은혜와 보은이 야기되는가를 다루는 것이 제2알고리즘의 효의 구조(構造) 모델이다. 새롭게 정립된 효 구조 모델은 부모와 자식 간에 은혜와 보은의 결과로서 이루어지는 자원교환의 실체가 무엇인가를 들여다보는 것이다.

부모는 갓 태어나 무력화된 상태의 자식에게 제공하는 각종 자원의 실체인 은혜의 자원과 자식이 노년기에 무력화된 상태의 부모님에게 그 동안 받은 은혜에 대한 최소한의 인간적 도리로서

---

263) 성규탁, 『현대 한국인의 효』-전통의 지속과 표현의 변화- (경기도, 집문당, 2005), 205쪽.

264) 신체적 희생은 빨래, 청소, 병간호 등의 노동력 제공, 정서적 희생은 부모를 기쁘게, 편안하게 해드리는 것, 감정적 희생은 부모를 위하여 내 자신의 욕심과 이기심을 버리는 이타적 행위 등을 말한다.

265) 성규탁, 『현대 한국인의 효』-전통의 지속과 표현의 변화- (경기도, 집문당, 2005), 67쪽. 부모를 위하여 바친 희생: 첫째, 신체적 희생(78.1%), 둘째 재정적 희생(55.8%), 세 번째가 사회적 희생(41.7%)이다.

보답해드리려는 보은의 자원과의 상관관계로서 역학관계를 규명하는 것이 우선 과제이다.

그러므로 은혜와 보은의 관계를 재정립하여 라플라스 변환에 따른 실체화를 구현하고 실체화된 내용에 수학적 연산의 논리공식이나 규칙의 알고리즘을 적용하는 것이 재정립된 효 구조 모델의 핵심적 실체이다. 부모가 자식에게 제공하는 은혜의 실체가 구체적으로 무엇이고 자식은 무엇 때문에 그것을 평생토록 기억하고 고마워하는가? 또 자식이 부모에게 되돌려주는 보은이란 무엇인가를 추상적이 아닌 구체적으로 규명하여 실체화된 부자지간의 상호교환 자원의 내용을 살펴보고자 한다.

효가 아무리 정신문화라고 하지만 정신문화 그 자체만으로는 효는 성립하지 못하는 이유가 여기에 있다. 정신문화를 지탱해주는 물질적인 양구체(養口體)의 효(孝)는 효의 본질인 땅의 이득에서 비롯되기기 때문이다.

사친의 영역에서 최상위 덕목인 부모공경에 대하여 한국인과 미국인을 비교한 결과 부모공경의 구체적인 내용은 부모 부양의지로 나타났고 양자의 공통점은 공히 부모부양의 의지로서 자식이 부모공경을 실천하려는 주요 가치요인의 하나라는 점이다.[266)]

동양의 유교적 효는 사친, 사군, 입신의 영역을 포함하는 심오

---

266) 성규탁, 『현대 한국인의 효』 -전통의 지속과 표현의 변화- (경기도, 집문당, 2005), 235쪽. 부모 부양의지. 한국인과 미국인의 비교, 한국인의 부모 부양의지와 미국인의 부모 부양의지를 비교한 비교 문화적 연구 결과 양자의 공통점은 부모 부양의지로 나타났다. 부모 부양의지는 효행을 결정하는 주요 요인이고, 효행의지는 부모 부양의 의지를 반영하는 가치이다.

하고, 광범위하며, 복잡한 개념이나, 서양의 효는 사친의 효 가운데서 부모공경과 부모부양이라는 영역만이 공통되고 있으며 사군과 입신의 영역은 언급되어 있지 않다.

심오하고 복잡한 개념의 효는 분명히 가족 공동체의 문화이나 서양에서는 나와 하느님 아버지와의 관계에서 1차적 자아로 형성되는 천부사상의 효[267]와 가족 공동체를 통하여 사회화되는 부모공경이라는 2차적 자아형성의 친부사상의 효[268]가 2중적으로 공존하고 있다.[269]

다만, 동양의 유교적인 사친, 사군, 입신의 의미를 함축적으로 표현하는 효[270]라는 용어는 없지만 '가족 간의 책임감'이라는 인식이 실질적으로 유교에서 말하는 사친의 효에 갈음하는 개념이라 할 것이다.[271] 책임은 권리와 의무를 포함하는 개념이다. 이처럼 부모 공경의 구체적 실천윤리로서 부모와 자식이 주고받는 자원의 실체가 무엇인가를 밝히려는 것이 은혜와 보은의 재정립이며, 이것이 제2알고리즘의 효 구조 모델이라고 밝힌바 있다.

---

267) 『성경』 「출애굽기」 20 십계명중 제1계명은 하느님 아버지 외에는 어느 누구도 숭배하지 말라. 이는 천부사상의 효이다

268) 위의 책, 십계명중 제5계명, 네 아버지와 네 어머니를 공경하라. 이는 친부사상의 효이다.

269) 위의 책, 십계명에서 제1 계명은 천부사상의 효이고, 제5계명은 친부사상의 효이다.

270) 위의 책, 「디모데전서」 5:4 자기 집에서 효를 행하여 부모에게 보답하기를 배우게 하라. 연구자 주, 『성경』에서 말하는 孝의 의미에는 유교경전인 『孝經』 「開宗明誼章」에서 말하는 "事親/事君/立身"의 孝에 상당하는 의미를 모두 포함하지 않는다.

271) 성규탁, 『현대 한국인의 효』 -전통의 지속과 표현의 변화- (경기도, 집문당, 2005), 12쪽. 미국에서도 노인부양과 관련된 가족의 역할을 수정해야 한다는 견해가 있다. 미국에서도 노인을 장기 부양하는 친척들을 조사한 결과 "가족의 책임성"이 가장 큰 부양이유로 나타났다. 그러나 우리는 변화하는 사회에 맞는 가치덕목과 실천윤리가 체계적으로 정립되어야 한다.

은혜와 보은의 역할과 기능이 없다면 가족 공동체는 성립하기 어려운 구조이다. 부모가 주신 가장 큰 은혜는 나를 길러준 것은 물론이고 이 세상에 나를 태어나게 한 공적이다. 태어나서 자라나는 동안 부모님은 아무런 대가를 바라지 아니하고 의식주(衣食住) 등의 물질적 지원을 제공해주고, 학비 등의 재정적 지원은 물론, 빨래, 청소, 보건 등의 정신적 지원과 정서적 안정 등 신체적 희생의 인적 자원의 투입을 통하여 끝없는 애정과 정성으로 자식들이 잘되기만을 하염없이 염원하면서 자녀들을 키워낸다.

보은이란 나를 낳아준 부모가 자녀에게 제공한 온갖 종류의 은혜를 기억하고, 감사하면서 그 중의 일부만이라도 부모에게 갚아드리려는 가장 인간적인 노력의 일종이다. 그러므로 부모와 자식이 주고받는 은혜와 보은의 관계가 무엇인지를 구체적으로 밝히는 작업을 통하여 알고리즘에 의한 효의 구조를 새로이 정립하였다.

은혜란 부모가 자식을 성장, 발전시키는 데 필요하여 투입하는 온갖 자원의 종류로 제한하였다. 부모가 자식에게 제공하는 일종의 일방향적 성격으로 아무런 대가 없이 무상으로 지원하는 자원[272)]인 셈이다. 보은이란 자식이 성장, 발전한 후에 삶의 터전인 사회에 진출하여 땅의 이득으로부터 획득한 자원(실질적으로는 자기소득)의 일부를 부모가 무력해지는 생애의 마지막 나약기

272) 김희수, 『인간자원개발의 이론과 실제』(서울, 도서출판 원미사, 2001), 33쪽. 인간자원의 개발영역=물적 자원+재정적 자원+인적 자원으로 되어 있다. 필자 주: 효 자원이란 부자지간의 효 주체가 보유하고 제공할 수 있는 자원의 종류로서 물적 자원, 재정적 자원, 인적 자원으로 한정하였다. 인적자원에는 정서, 감정, 신체적 희생과 지원 등을 포함한다.

이며 의존기인 노년기의 부모에게 되돌려드리는 자원으로 한정하였다.

효는 결국 부모의 은혜에 대한 보은으로 부모공경에 따른 도리로서 자식이 부모부양을 실천하려는 의지이며 가치이다. 이처럼 부모와 자식 간에 이루어지는 자원의 교환의 종류가 무엇인지를 고려하여 은혜와 보은의 관계를 등가변환한 후 이를 실체화된 변수의 수학적 연산의 논리공식으로 된 알고리즘으로 표현하였다.

시대가 변하여 새로운 흐름과 변화에 따라 부모 부양의 문제는 자녀의 의무로서 가족 간에만 한정되는 사안만이 아니라, 세대 간의 문제로서 해결해야 할 현안으로도 대두되고 있다.[273] 이러한 현안에 대해서도 세대 간에도 주고 받는 실체가 무엇인지를 명확하게 규명해주는 작업이 필요하다. 이러한 의미에서 제2알고리즘으로 표현되는 효 구조 모델은 부자지간의 은혜와 보은과 세대 간의 해법에도 명쾌한 대안이 될 것이다.

은혜와 보은의 관계를 라플라스 변환하여 실체화한 후 이를 제2알고리즘으로 표현한 식이 효 구조 모델이라고 밝힌바 있다. 은혜와 보은이란 부모가 자식에게 투입하는 온갖 종류의 자원과 자식이 이를 되돌려 드리려는 부자지간의 일종의 효 자원[274]의 교환이다. 여기서 말하는 효 자원이란 부자지간에 효 윤리상 효를 실천하기 위하여 보편적 내지 절대적 행위의 목적이나 법칙을 실천하기 위하여 무상으로 제공하는 '물적 자원, 재정적 자원, 인적

273) 성규탁, 『한국인의 효』 -새 시대의 어른 존경- (경기도, 한국학술정보(주), 2010), 142쪽.

274) 효자원이란 부자지간에 이루어지는 물적 자원, 재정적 자원, 인적 자원으로 한정함.

자원'[275])으로 정의하고자 한다.

자원이란 문화와 마찬가지로 높은 곳에서 낮은 곳으로 흘러가기 마련이다. 갓 태어난 어린 아기는 아무런 자원도 가지고 있지 못하는 절대적 나약자이다. 그러므로 전적으로 많은 물적, 재정적, 인적 자원을 보유한 부모에게 의존하게 된다. 낳아준 부모가 의식주와 육아비용, 육아에 필요한 각종 노동력 등을 투입하지 않으면 아기는 곧바로 생명력을 잃게 된다. 마찬가지로 부모가 보유한 효 자원의 적정한 수준의 투입량이 부족해지면 자녀는 성장, 발전에 수많은 어려움을 겪게 된다. 그러나 세계적인 대부호인 정주영이나, 카네기 등의 경우에도 태어날 때는 흙 수저이었으나 효심으로 가득 찬 어린 시절, 부모님을 호강시켜드리려는 열정과 열망을 실현함으로서 가난을 극복하기 위한 감동적인 자기완성 끝에 온갖 어려움을 극복한 후 금수저로 변신하였다.

갓 태어나서 무기력한 아기에게 부모님이 끊임없이 투입하는 정성으로 제공하는 의식주와 같은 물적 자원, 성장기에 단계적으로 교육활동비 등에 투입하는 데 필요한 현금과 같은 종류의 재정적 자원, 목욕, 빨래, 가정교육 등의 온갖 정신적, 신체적, 감정적, 정서적 인적 자원 등을 제공함으로써 자식의 생존성과 경쟁력을 절대적으로 높여 주고 성장과 발전을 거듭하게 해준다.

---

275) 성규탁, 『현대 한국인의 효』 -전통의 지속과 표현의 변화- (경기도, 집문당, 2005), 237쪽~238쪽. 한국의 자료 : 부모부양 의지의 유형 역시 본 자원의 범주를 크게 벗어나지 않는다. ①부모존경: 부모공경과 예를 갖춰 성심껏 보살핌. ②책임성: 헌신적으로 부양하고자 학업, 사회생활, 또는 결혼을 포기하고 시부모나 친정부모를 부양. ③희생: 신체적 희생(노동, 간병). ④동정심. ⑤가족의 조화. ⑥보상: 그 동안 못 다한 부모의 은혜를 시부모, 장인/장모에게 지극정성을 다함. ⑦보은 : 물질적, 재정적 자원을 드려서 부모의 소원을 성취함. ⑧종교적 신념: 유교, 불교, 기독교의 가르침을 준수함. ⑨사랑 : 부모에 대한 애정과 사랑을 표현함. ⑩기타.

부모가 이러한 물적, 재정적, 인적 자원으로 된 3가지의 효 자원을 투입하지 않으면 자식은 그 즉시 무력화되거나 결국은 생명력을 잃을 수도 있게 된다. 이것이 부모님 은혜의 모든 것인 셈이다. 인간은 누구나가 겪어야할 가장 무력하고 나약한 생애기는 태어났을 때와 죽을 때이다. 처음에는 부모가 자식을 돌보고, 나중에는 자식이 부모를 돌보기 위하여 효 자원을 투입하지 않으면 인간은 아름답게 이 세상을 다녀갈 수 없는 존재이다.

과거와 현재가 시공간을 달리한다 하더라도 "전통적 효와 현대적 효가 질적으로는 전혀 다른 것으로 보아서는 안 되며, 다만 다른 것이 있다면 그것은 사회구조의 변화로 인한 효행방법의 차이가 있을 뿐이라고 했다."[276] 은혜와 보은이란 가족 공동체라는 가장 기본이 되는 단위 집단 내에서 부자지간에 이루어지는 부자지간의 효 자원[277]을 은혜로서, 그와는 반대의 보은으로서 투입하는 일은 일종의 천륜이다.

누구나가 대부분의 경우 이러한 자원의 교환은 가치와 이해관계에 따른 대립과 갈등을 떠나 부자지간의 경우에는 채권, 채무관계가 아닌 아무런 대가 없이 이루어지는 가족 간의 의무와 책임으로 받아들인다. 따라서 부자지간의 인간관계는 개개인의 가치와 이해관계로 인하여 대립과 갈등을 유발하는 일반적인 공동체의 인간관계와는 전혀 다른 독특하고 특수한 인간관계이다.

---

276) 성규탁, 『현대 한국인의 효』 -전통의 지속과 표현의 변화- (경기도, 집문당, 2005), 46쪽.

277) Jerry W. Gilley, Steven A. Eggland & Ann Maycunich Gilley 저, 장원섭 역, 『인간자원 개발론』(서울, 학지사, 2007), 14쪽. 오늘날의 유기적 조직체(가정, 사회, 기업, 국가)는 3가지 형태의 자원을 보유하고 있다. 물적 자원, 재정적 자원, 인적 자원이 그것이다.

부모와 자식이 실현하려는 은혜와 보은에 따른 교환 자원의 종류는 인간 자원 개발론에서 찾아냈다. 인간 자원 개발이란 인간이라는 개별적 미소체계가 가지고 있는 자원 즉 두뇌자원의 개발이라는 잠재역량의 무한한 가능성을 두고 인간을 어떻게 자원화하고 개발할 수 있는가를 통하여 인간 자원 개발론을 정의하게 된다.[278] 그러나 여기서는 인간자원 개발론의 정의를 도출하기보다는 인간이 보유할 수 있는 자원의 종류에 비중을 두었으며 부모와 자식 간에 교환될 수 있는 자원의 종류를 인간 자원 개발론에서 차용하였다는 점을 밝힌다. 인간자원 개발영역에서 인간이 보유할 수 있는 자원의 종류[279]를 물적 자원, 재정적 자원. 인적 자원으로 분류하였다. 다만 물적 자원, 재정적 자원, 인적 자원의 내용은 논리 전개 필요 목적상 상기 저서와는 달리 정의하고자 하였다. 이러한 자원의 종류를 체계적으로 살펴보면 다음과 같다.

첫째, 물적 자원

물적 자원은 가정 공동체의 효를 유지시켜주는 주택, 자동차, TV 및 냉장고 등의 가전기기, 휴대폰, 컴퓨터 등 부동산과 동산의 실체적 하드웨어이다. 물적 자원의 근간은 민법상의 토지 및 그 정착물인 건물은 부동산[280]이지만 부모가 자녀에게 제공하는 실질적인 내용은 땅의 이득으로부터 창출되는 소득으로서 인간

278) 김희수, 『인간자원개발의 이론과 실제』(서울. 도서출판 원미사, 2001), 24쪽.
279) 위의 책, 33쪽. 인간자원 개발영역을 물적 자원, 재정적 자원, 인적 자원으로 한정하였다.
280) 김준호, 『민법강의 -이론과 사례』(서울, 법문사, 2002), 188쪽. 우리 민법은 부동산으로서 토지와 토지의 정착물 두 가지를 인정한다.

이 사회적 생활을 영위하는 데 절대적으로 필요한 의(衣), 식(食), 주(住)이다. 인간이 생존하고, 번영하는 데 기본적으로 필요한 것이 바로 입고, 먹고, 휴식을 취할 공간과 가족이 필요한 것이다. 효 자원의 대부분은 물적 자원으로 이것이 차지하는 비중이 가장 크다.

부모가 제공하는 물적 자원에는 의, 식, 주뿐만 아니라 의제 부동산[281]이라 하여 민법이나 특별법에 의하여 등기, 또는 등록되는 자동차, 선박, 항공기, 건설장비 등과 같은 자산도 포괄적으로 포함하고 있다. 동산으로 들어가면 수많은 종류가 있으나 여기서는 의, 식, 주가 주된 내용으로 보고자 한다.

물적 자원은 개인, 가정, 사회, 기업, 국가에서 보유 가능한 유형 자산 또는 고정자산으로써 당해 물적 자원의 보유량은 개인, 가정, 사회, 기업, 국가의 지속적인 성장 발전에 필요할 뿐만 아니라 개인이나 조직의 안정성과 건전성에 매우 중요한 요소 중의 하나이다.[282]

부모는 이렇게 소중한 자원을 자신의 안위와 즐거움을 추구하는 데 사용하지 않고 자녀들에게 아무런 대가 없이 베풀어줌으로서 성장 단계별로 경쟁사회에 진출할 수 있는 사회적 역량을 보유하여 부모의 은혜를 입는다. 그리하여 자녀들은 부모의 고마움을 인식하고, 부모가 자식에게 베풀어준 은혜를 토대로 사회

---

281) 민법상의 부동산은 토지 및 그 정착물이지만, 감정평가 활동에서 준 부동산(의제 부동산)은 공장재단, 광업재단, 선박, 입목, 항공기/자동차/건설기계. 어업권 등을 포함하고 있다.

282) Jerry W. Gilley, Steven A. Eggland & Ann Maycunich Gilley 저, 장원섭 역, 『인간자원 개발론』(서울, 학지사, 2007), 14쪽. 물적 자원은 유형 자산 또는 고정 자산으로써 조직의 안정성과 건전성에 매우 중요하다.

적인 성장과 자기완성을 통하여, 은혜에 보답하고 보은하려고 하는 최소한의 인간적 도리를 행사하려는 것이다, 이것이 바로 자식이 보답하려는 보은의 개념이고, 자식이 제공하는 실체가 보은의 자원이다. 이처럼 부모가 자식에게 베푸는 은혜의 자원과 자식이 부모에게 베푸는 보은의 자원의 종류는 어느 가정에서나 동일하다.

둘째, 재정적 자원

재정적 자원은 가정 공동체의 효를 운영하고, 유지시켜주는 데 반드시 필요한 유동성 재화를 말한다. 자식이 성장하고, 발전하는 데 필요하여 제공하는 대표적인 재정적 자원은 화폐와 같은 금전이다. 금전은 인간이 삶의 터전에서 생활하는 데 필요한 교환수단이다. 이 밖에도 채권, 증권과 같은 유가증권이 있다. 채권, 주식 등이 대표적인 유가증권이다. 금전은 자녀들이 성장, 발전하는 필요한 물품이나, 교육비, 병원비 등을 지불하는 데 절대적이므로 재정적 자원은 은혜와 보은의 의미에서 중요한 위상을 지닌다.

최근 젊은이들을 상대로 한 설문조사에서 효도란 기성세대의 부모가 이미 물질적으로 안정된 경우 "자주 찾고, 안부전화"를 드리는 정서적 효도를 기대한 반면, 자식세대는 "병간호, 경제적 지원"의 부모부양을 효도로 꼽고 있다. 이는 은혜의 보은의 새로운 시대적 방향성의 태동을 알려주는 듯하다.

재정적 자원으로써 이러한 유가증권은 부모가 자식에게 물려주는 상속 등의 절세방법으로 많이 이용되는 수단이기도 하다. 화폐는 고대에서 현대에 이르기까지 모든 사람들이 경제활동을 수행하는 데 필수적인 경제적 수단이다. 부모들은 성장 단계별로 자녀들이 필요한 경제적 지불 능력을 보유하고자 평생을 부단하게 노력한다. 자녀들이 성장하면서 필요한 공간을 확보하고자 점점 더 큰 주택으로 옮기는 일은 필연적이다. 이때 주택확보와 자녀교육비 그리고 가족의 생활비 등에 필요한 경제적 능력이 부족하면 자식 된 자로서의 가장은 부모를 부양하기 위하여 부모에게 드리는 용돈 등의 경제적 부담으로 인하여 가족 간에 마찰을 빚어내기도 한다. 수입은 한정적인데 비하여 자녀의 교육비와 육아비용, 가족의 부양비, 주거비 등의 문제로 인하여 야기되는 공통적 사회문제를 사회복지 차원의 문제로 해결하기 위하여 국가가 개입하는 근거(국가복지)를 제공하는 단초를 제공하기도 한다.

재정적 자원은 또한 개인이나 조직이 보유할 수 있는 유동자산으로써 일반적인 종류에는 현금, 채권, 주식, 투자금, 그리고 운영자본이 포함된다. 재정적 자원의 보유량은 개인이나 조직 특히 가정 공동체의 성장과 발전능력을 보여준다는 점에서 매우 중요한 자원이다.[283] 그럼에도 불구하고 부모는 자녀들이 잘되기를 바라는 염원에서 이러한 자원을 아낌없이 투입한다. 효라는 정서적, 감정적, 심리적 자원이라는 개념이 없다면 인간 행위의 근원인 가치와 이해관계의 대립으로 인하여 이러한 재정적 효자원의

---

283) Jerry W. Gilley, Steven A. Eggland & Ann Maycunich Gilley 저, 장원섭 역, 『인간자원 개발론』(서울, 학지사, 2007), 14쪽. 재정적 자원은 조직의 유동자산으로 현금, 채권, 주식, 투자금, 그리고 운영자본이 포함된다. 조직의 성장과 발전능력을 보여준다는 점에서 매우 중요하다.

투입은 기대하기 어렵다.

셋째, 인적 자원

인적 자원의 대표적인 내용은 정신적, 감정적, 심리적, 육체적 희생과 봉사, 노력 등의 실체적, 유형적 용역과 무형적 용역을 총체적으로 말한다. 부모가 자식에게 제공하는 온갖 종류의 노동력을 포함하고 가족 문화의 전승, 부모가 사용하는 언행의 답습 등으로 감가상각이 이루어지는 고정적 자산이나 동산은 물론이고, 토지와 같은 공간적 자원과는 전혀 다른 형태의 자원이다.

부모는 자녀에게 교육, 밥, 빨래, 설거지, 청소 등 온갖 종류의 헌신적인 노동력을 제공해 줄뿐만 아니라 부모가 사용하는 생각과 언행, 용기 및 도전정신 등은 자녀들에게 감정적, 정서적, 심리적 자원으로서 잠재적으로 학습하고 습득케 하여 자녀들의 인생관, 장래의 직업관이나, 미래관 등을 결정짓게 해준다.[284] 그러므로 부모가 지니는 정서적, 감정적, 심리적 문화 자원이 자녀에게 베푸는 무형적 자원으로 대물림되어 연속성을 지니게 된다. 어떤 의미에서는 세대 간에 전해지는 인적 자원의 효는 값으로 환산이 불가능한 가문(家門)에 고유한 무형의 상속권이다.

인적자원의 가장 큰 비중은 부모와 나와의 만남으로 시작되는

284) 2003년 UCLA의 라루(Lareau) 박사는 "어린 시절의 불평등과 사회적 개별차이라는 연구 결과를 발표하였다. 연구방법: 수년 동안 다수의 연구원이 가정을 직접 탐방하여 가정에서의 언어 사용 문화가 자녀들의 사회적 진출에 어떤 영향을 미치는 가를 연구하였다. 연구 결과 가정에서의 일상적적으로 행해지는 언어문화가 사회적 계급을 결정하고 사회적 계급을 대물림하는 데 중요한 영향을 미치고 있음을 보여준다. 폐쇄공간에서 이루어지는 가정의 언어문화가 개방공간인 사회에서 무슨 일을 하며 무슨 역할을 할 것인가를 결정지으며 자녀의 미래뿐만 아니라 가정, 사회, 국가의 미래에도 영향을 미친다는 것이다.

만남의 자원이란 점이다. 최근 신세대들은 이를 금수저, 은수저, 동수저, 흙수저 등으로 표현하고 있다. 젊은 세대들이 과연 내가 어떤 부와 명예와 권력을 쥔 부모 밑에서 태어나느냐[285]가 인적 자원의 전부라 하여도 과언이 아니다라고 생각하기 때문이다.

필자가 주장하는 바와 같이 카네기와 정주영과 같은 실제 사례에서 보듯이 가난에 찌든 흙수저 신분으로 태어나 세계적인 대부호의 금수저로 성공할 수 있다는 사실이 실증적 사례이다. 효에 내재되어 작동하는 엄청난 에너지를 통하여 얼마든지 신분이 바뀔 수 있음을 깨닫지 못하는 신세대들이 안타까울 뿐이다.

따라서 인적자원은 토지 및 정착물과 같은 물적 자원처럼 고정자산이나 동산과 같이 영속적이거나 감가상각도 되지 아니하고, 현금이나 주식, 채권 형태의 재정적 자원의 유동자산과 같이 순자산 가치로 평가할 수 있는 성격의 자원과는 전혀 다른 성격을 지니고 있다. 부모와 자식 간의 만남으로써 이루어지는 인간관계의 특수한 자원이고, 또한 자산 가치로 평가할 수 없으며, 부모가 보여주는 생각과 말과 행위로서 부자지간에 보고 배우면서 학습으로 계승되어가는 새로운 형태의 일종의 무형의 대물림 자원이다.[286]

이것 또한 부모님의 은혜라 아니할 수 없다. 앞서 말한 바와 같이 최근 유행하는 흙수저, 금수저 등은 이른바 젊은 세대의 타고난 신분을 비꼬는 신조어가 이를 빗대어 대변해준다고 할 것이다. 어느 부모나 자기보다 더 훌륭한 삶을 자식들이 구가하기를

---

285) 최근 신세대 사이에는 금수저, 은수저, 동수저, 흙수저 등으로 표현하기도 한다.

286) Jerry W. Gilley, Steven A. Eggland & Ann Maycunich Gilley 저, 장원섭 역, 『인간 자원 개발론』(서울, 학지사, 2007), 14쪽. 인적자원은 조직에 고용된 사람이다. 인적 자원은 고정자산이나 유동자산과 같이 영속적이거나 감가상각 되거나 유동 자산과 같이 순자산 가치로 평가할 수 있는 성격과는 전혀 다른 자원이다.

바라는 마음으로 아낌없이 모든 노동력과 신체적 희생을 감수하고 평생 노력을 기울인다는 것이 공통된 부모의 진심이라 하겠다. 따라서 은혜와 보은의 관계에서 효자원의 교환 및 교류를 알고리즘의 효 구조 모델로 정의하고 부자지간에 이루어지는 효 자원의 실체를 라플라스 변환하고 실체화된 변수를 어떤 수학적 연산의 논리공식이나 논리규칙의 알고리즘으로 표시하는 것으로 본 모델을 완성하고자 하였다.

부자지간의 은혜와 보은의 관계는 '물적 자원, 재정적 자원, 인적 자원'(이하 효 자원이라 함)의 교환이다. 은혜라 함은 자녀가 태어났을 때에는 부모가 보유한 3가지 효 자원을 일방적으로 제공받아 자녀들이 단계별로 성장, 발전하게 하고, 보은이라 함은 자녀가 성장, 발전하고 사회에 진출하여 자기완성을 이룬 다음 부모님 생애의 노년기에 자기 부양능력이 현저히 감소하여 무력화 되었을 경우에 자식이 이를 되돌려 준다는 의미로 본다면 은혜와 보은의 관계가 새로운 의미로 변환되고 실체화되었다고 판단된다. 자녀들이 생각이나 머릿속에 들어있는 정신적인 면만으로는 부족하고 구체적으로 이를 행동으로 옮길 때 은혜와 보은을 실천하는 것이다. 그리고 이것을 알고리즘으로 표시하면 아래와 같다.

효 자원 = 물적 자원(의, 식, 주 등)+재정 자원(금전 등)+인적 자원(정신적, 육체적 지원 등)

은혜의 구조 = Σ부모t(물적 자원i+재정적 자원j+인적 자원k),

t = 생애기간(태어나서 죽을 때까지의 시간)

i = 생존 기간 동안의 부모가 자식에게 제공해준 의식주 등의 투입횟수

j = 생존 기간 동안의 부모가 자식에게 제공해준 금전 등의 투입횟수

k = 생존 기간 동안의 부모가 자식에게 제공해준 육체적, 정신적, 정서적, 심리적, 감정적 용역의 투입횟수

보은의 구조 = Σ자녀t(물적 자원i+재정적 자원j+인적자원k),

t = 생애기간(태어나서 죽을 때까지의 시간)

i = 자식이 부모에게 제공해준 의식주 등의 투입횟수

j = 자식이 부모에게 제공해준 금전 등의 투입횟수

k = 자식이 부모에게 제공해준 육체적, 정신적, 정서적, 감정적, 심리적 용역의 투입횟수

효 구조 모델 = Σ인간t(물적 자원i + 재정적 자원j + 인적 자원k),

t = 생애기간(태어나서 죽을 때까지의 시간)

i = 생존 기간 동안 부자지간의 상호간에 제공해준 의식주 등 물질적 요소의 투입횟수

j = 생존 기간 동안 부자지간의 상호간에 제공해준 금전 등의 투입횟수

k = 생존 기간 동안 부자지간의 상호간에 제공해준 육체적, 정신적, 정서적, 감정적 용역의 투입횟수

이를 도식으로 표현하면 아래와 같다.

제2알고리즘의 효 구조 모델

명칭	변환모델 의의	알고리즘	전통적 의미
제2 알고리즘, 효 구조 모델	은혜와 보은의 변환에 의한 현대 효 구조	Σ 인간n,t(물적 자원i+재정적 자원j+인적 자원k)	은혜와 보은

n = 가정, 사회, 국가 공동체의 구성원 수
t = 태어나서 죽을 때까지의 시간
i = 의/식/주 등의 물적 자원의 투입회수
j = 금전 등의 유동성 재화의 투입회수
k = 정서적, 감정적, 정신적, 육체적 용역의 투입회수

일반적인 경우 은혜의 총량은 보은의 총량보다 매우 크다. 이런 경우의 부등식 기호는 ≫, ≪를 사용한다. A≫B는 A는 B보다 비교할 수 없을 정도로 크다는 의미이다. 따라서 양자를 알고리즘으로 표현하면 대부분의 경우 은혜의 총량 ≫ 보은의 총량의 부등식이 성립한다.

효 구조란 부자지간의 효 공동체에서 형성되는 은혜와 보은의 관계로써 부모가 자식에게, 자식이 부모에게 제공하는 물적 자원, 재정적 자원, 인적 자원의 상호 교환을 통하여 이루어지는 부자지간의 효 자원의 상호교환, 교류라고 정의하고, 이를 라플라스 변환으로 실체화하고 알고리즘으로 표현한 식이 제2알고리즘

의 현대 효 구조 모델이다.

일반적으로 은혜의 총량은 보은의 총량보다 비교할 수 없을 정도로 큰 격차가 생겨난다. 다시 말하여 태어나서 결혼 전까지 약 30년 동안 자녀가 부모한테서 받는 은혜의 양은 대단히 크나 일반적으로 자녀가 평생 동안 부모에게 되돌려드리는 보은의 양은 터무니없이 작은 양이 일반적이다. 그 이유는 아무런 자원도 없이 세상에 새로 태어난 자식은 모든 효 자원이 신규로 투입되어야하나 부모는 노년기에 이미 갖추어진 효 자원에서 부족해지거나 필요한 최소한의 양만큼의 보충만이 필요하기 때문이다. 그럼에도 불구하고 이를 소홀히 하여 부모님이 돌아가신 후 후회하는 불효자들을 많이 볼 수 있다.

부모가 보유한 효 자원의 절대량이 부족하면 당연히 그 자녀들은 열악한 환경에서 성장하여 경쟁력이 떨어져야 마땅할 것이다. 그러나 부모가 자녀에게 베풀어줄 효 자원이 부족하더라도 자식들이 끊임없는 노력을 통하여 이를 극복하고 성장, 발전해 나갈 수 있다. 이것이 바로 효 문화가 지닌 무한한 잠재력이고 특장점이다.

흙수저로 태어난 카네기가 부모를 호강시켜드리려는 평생의 집념이 완성되어 세계적인 대부호가 되었듯이 효는 자기를 치유해줄 수 있는 무한 에너지를 공급해주는 문화자원이기 때문이다.[287)]

---

287) Andrew Carnegie 저, 박별 역, 『철강왕 카네기 자서전』(서울, 나래북 · 예림북, 2014), 미국 강철왕 앤드류 카네기(Andrew carnegie:1935.11.25 스코틀랜드의 던펌린에서 출생, 1848:극빈자 신분으로 미국이민, 1919년 84세로 사망), 철강 왕, 세계적인 명문대학 카네기 멜론 대학설립, 효자로서 가난한 부모님을 호강시켜드리려는 꿈을 꾸었으며 그 꿈을 이루었음, 앤드류 카네기의 묘비명은 “자신보다 현명한 사람들을 주

그렇다면 은혜를 받지 못한다면 효를 안 해도 되는가하는 반문이 생겨날 수 있다. 『古文孝經』 「父母生績章」에서 보면 "부모가 나를 낳아주신 공적은 이 세상 어느 가치로도 따질 수 없다."[288]는 공자의 가르침이 나온다. 또한 구약의 『집회서』에서도 "이 세상 사람들은 부모에게서 태어남을 상기하고 부모가 베푼 것을 되갚을 길이 없다는 점을 바로 알라고 되어있다."[289]

이 세상에 태어나 살고 있는 모든 사람은 이미 되갚을 수 없는 은혜를 부모에게서 이미 받은 것이다. 이 세상에 태어난 것 자체가 이미 부모의 은혜를 입은 것이고 인간에게 태어날 때 주어진 생명이란 그 어떤 가치로도 헤아릴 수가 없기 때문이다.

부모 공적은 자식의 탄생 그 자체로 이미 모든 은혜를 자식에

위에 모으는 방법을 알고 있는 사람, 여기에 잠들다."입니다, 카네기 자서전 연구자 요약 "세계적인 대부호들의 성공담 역시 부모의 효 자원의 투입이 극심한 빈곤 상태였으나 실제로 이들은 이러한 난관을 극복하고 성공하였다. 이를테면 미국의 철강 왕 카네기는 부친이 가내 수동직물업으로 가족을 돌보았으나 증기기관의 발명과 산업혁명으로 가정이 극빈자 신세로 전락하고 파산하여 초등학교 5학년을 마치지도 못하고 스코틀랜드의 소도시 던펌린에서 온 가족이 미국으로 이민을 떠나갔다. 그의 머리에는 항상 부모님께 효도하여 가난한 부모님을 호강시켜드리려는 열망으로, 어떠한 희생을 무릅쓰더라도 가족 공동체를 돌보아야겠다는 생각과 조국 스코틀랜드의 영웅들이 어떻게 조국을 위기에서 구해냈는가에 대한 자부심으로 가득 차 있었다. 마침내 그가 꿈을 이루었을 때 그는 어머니(아버지는 이미 세상을 떠남)를 마차에 태워 앞세우고 고향을 방문하고 고향에 기증한 도서관의 개관식에 참석하였다. 평생소원이던 효자이고 싶었던 카네기는 부모님이 돌아가셨을 때 공익사업으로 눈을 돌렸다. 부를 가져다준 미국과 가난했지만 꿈과 희망을 심어준 영국에 수많은 도서관(약 2,500여개)을 세워 기증하였고 오늘날 카네기 홀, 아이비 리그중의 하나인 카네기 멜론 대학, 카네기재단의 설립자이기도 하다. 지극한 효자로서 부모님을 호강시켜드리려던 그의 열망과 열정이 실현되어 마침내 하늘이 내려준 대부호로서 성공하였다." 이처럼 효와 충은 자기완성을 위한 무한한 에너지를 제공해준다.

288) 김덕균, 『譯註 古文孝經』(서울, 도서출판문사철, 2008), 86쪽. "父母生之,績莫大焉."

289) Violet Brunton, C. Lewis Hind, Ecclesiasticus or the Wisdom of Jesus, the Son of Sirach, (UK, Unversity Press Oxford, 2015), Ⅶ, 27쪽.

게 이미 베풀어준 것이다. 바로 거기에서 자식이 부모에게 되돌려주어야 할 효의 당위성 즉 보은의 책임과 의무가 생겨난다. 그리고 효의 완성은 결국 자기완성이라는 자기치유의 모습으로 마감된다.

실천이 없는 효란 부자지간에 말로만 으르렁 그리는 효(哮:으르렁 그릴 효)이다. 효를 실현시키는 데는 의식주 등의 물질적 자원, 금전 등의 재정적 자원, 부모님을 보살펴드리려는 정서적, 감정적, 신체적 노동력 등의 인적 자원이라는 효 자원의 제공이 필요하다. 효 자원이 없이는 효의 실천은 처음부터 존재할 수가 없다. 효의 실천윤리가 무엇인지를 구체적으로 깨닫게 해준다.

단순한 구호로 그치거나, 말로만 행하는 효와 효 자원의 투입이 전혀 없는 상태에서 오로지 정신적 효만으로 효가 완성된다는 것은 오히려 효의 본원적 의미와는 거리감이 있다. 효가 아무리 정신문화라고 하지만 부모와 자식 간에 이러한 효 자원의 교환이 없으면 은혜와 보은의 관계는 생겨나기 어렵다. 태어나서 단계별 성장과정에서 부모의 은혜를 입지 못하면 사회적 진출과정에서 이루 형언할 수 없이, 많은 어려움을 극복해야할 난제를 품게 되기 때문이다.

제2알고리즘의 효 구조 모델에서는 부모가 자녀에게 성장 단계별로 투입되는 효자원의 종류와 내용이 구체적으로 무엇인지를 명확하게 규명하였다. 그리고 부모님이 베푼 은혜에 비하여 보은이 턱없이 부족한 이유는 새로 태어난 자녀들은 모든 물적, 재정적, 인적 효 자원이 신규로 투입되어야 한다는 점이다. 반면에 자식이 부모에게 드리는 보은이란 이러한 효 자원이 신규로 새롭게 투입되는 것이 아니고, 이미 갖추어진 부모의 물적, 재정적, 인적 자원에 부족한 부분만을 자식이 보충해주는 것이라고 밝혔다. 그러므로 생애 마지막의 짧은 기간 동안 부모님이 필요로 하는 최소한의 자원을 제공하는 것이 최소한의 보은이라 하겠다. 그러므로 보은의 자원은 은혜의 자원보다 일반적인 경우 상대적으로 극히 적은 량이라 판단된다.

제2알고리즘의 효 구조 모델에서는 왜 배우고, 익히면서 공부해야 하는지를 구체적으로 보여준다. 효를 행하려면 사회에 나아가 삶의 터전에서 자기의 직분을 다하여 성공함으로써 자기완성에 따른 성공 보수로 각종의 효 자원을 취득하면서 행복한 삶을 영위할 수 있기 때문이다. 이를 제2알고리즘의 효 구조 모델과 연결시켜 보면 많은 해답을 찾을 수 있다. 자기 삶을 영위하면서 부모님의 은혜에 보답하려면 결국 물적, 재정적, 인적 자원의 투입이 불가피해진다. 이를 취득하려면 과거와 같이 자급자족적 가정 경제만으로는 충분하게 해결할 수 있는 것이 아니라 배우고 익혀, 수기치인의 경지에서 사회 공동체에 진출한 후 자기완성을 통하여 거기에 합당한 보수로 물적, 재정적 자원 등을 확보하여야 하기 때문이다.

이는 『古文孝經』「士章」에서 언급하는 땅의 이득에서 얻어지는 효 자원의 종류가 무엇인지를 구체화하고, 이를 통하여 이루어지는 은혜와 보은 관계를 규명함으로서 효의 본질과도 깊은 관계성을 유지하고 있다.

효 구조 모델의 알고리즘 식은 가족의 노부모 부양과 세대 간 부양의 실체와 절충의 대상이 무엇인지를 구체적으로 현실화시켜준다. 현대 사회에서 핵가족 중심의 가장이 가족과 노부모 부양에 필요한 물적, 재정적, 인적 자원을 모두 확보하기는 쉽지 않다. 가장이 자기가족 부양에 필요한 생활비, 자녀 양육비, 주거비 등의 확보조차도 어려워짐에 따른 가족 부양의 한계에 이르게 된다. 가족의 힘만으로는 아내와 자녀들의 희생이나 양혜를 무릅쓰고 노부모를 보호 부양하기가 벅차올라 대다수의 가정에서 여러 가지의 어려움을 겪는다. 이러한 사회문제를 해결하기 위하여 국가가 상대적으로 노인을 지원하는 역할이 늘어나는 추세에 있다.[290]

결국은 노부모 부양에 대한 자녀부담은 가족 공동체와 국가 공동체와의 결합방식이 최상의 해법으로 제시되고 있다. 제1세대는 자녀 세대로 피부양 세대이고, 제2세대는 부모세대로서 직접적으로 제1세대와 제3세대를 부양하여야 하는 세대이다. 제3세대는 노인 세대로서 피부양 세대이다. 아내와 자녀의 희생을 무릅쓰고 오로지 가족의 힘만으로는 현대사회에서는 제2세대가 제1세대의 자녀와 제3세대의 노인을 부양하기 위한 포괄적인 가족복지를 자기능력만으로 충족시킬 수가 없다.[291]

그래서 국가가 베푸는 가족지원 서비스에는 확장된 효 개념에 따라 가정과 국가, 효와 충의 결합과 상호 보완을 통하여 국가복지의 투입이 필요하다고 판단된다. 본 효 구조 모델은 가족 간에

290) 성규탁, 『현대 한국인의 효』 -전통의 지속과 표현의 변화- (경기도, 집문당, 2005), 14쪽.

291) 위의 책, 13쪽.

는 물론이고 세대 간에도 투입되어야 하는 효 자원의 종류가 무엇이고, 왜 필요한가를 명확하게 규명해주고 있다.

사례1 : 효광원과 신부님

국내에는 천주교에서 운영하는 청소년 보호치료시설인 효광원(曉光院)이 있다. 이곳에는 천주교의 가르침에 따라 사랑과 봉사라는 대명제를 가지고 청소년들이 올바른 길로 갈수 있도록 일정 기간 동안 변화와 성장을 할 수 있도록 터전을 마련하고 있다.

이곳에서 일어난 일화를 하나 소개하고자 한다. oo에서 소년 하나가 전입하였다. 며칠을 지날 때까지 유심히 살펴보고 관찰을 계속한 신부님의 면담이 시작되었다. 어떻게 해서 이곳에 오게 되었는가? 묵묵부답이다. 부모님은 어디에 계시는가? 그네들은 내가 알바 아니에요. 매우 단호한 태도였다. 부모가 그네들로 바뀐 것이다. 아픔을 같이하고 슬픔도 함께 해주니 드디어 입을 열었다. 그 소년은 지난날을 기억해가면서 말해주었다.

어린 시절 부모님의 손에 이끌려 택시를 타고 사람들로 분비는 ○○병원으로 가게 되었다. 그리고 부모님께서 사람들이 바삐 오가는 곳에 자기를 세워 두고 여기서 기다리라고 말한 후 부모님은 두 손을 놓아주었다. 손에 든 과자 봉지를 비우고 오전이 오후가 되고, 사방이 어두워져도, 아무리 기다려도 부모님은 나타나지 않았다. 그래서 어렴풋이 생각하기를 부모가 자기를 버렸다는 생각이 들었다.

고난은 이제부터 시작되었다. 먹을 것, 잠잘 곳, 입을 것 모든 것은 물론 때로는 돈이 필요하였다. 길거리를 헤매다 보니 같은 또래를 만나게 되었다. 서로를 의지하면서 필요한 모든 것을 부정한 방법으로 해결하게 된 것이다. 그래서 여기까지 오게 된 것이다.

그는 부모를 증오하고 있는 듯하였다. 부모가 베푸는 효 자원의 공급이 차단되면 개방된 경쟁 사회에서 홀로 서기란 너무 힘들어 질 수 있다. 부모의 도움을 받아 학이시습하고 수신하면서 성장 단계별로 과정을 밟아가야 하는 한참 나이에 그러한 기회에 진입하지 못한 것이다. 효광원에도 무작정 머무르는 것이 아니고, 나이의 제한이 있으니 장기간 머무를 수는 없는 노릇이니 앞길이 막막하게 보였다. 우리 사회에는 이러한 청소년이 상당수가 있어 장차 사회적 문제가 될 수 있을 것이다.

단원 토론

문제 1. 은혜의 개념은 무엇이고 보은의 개념은 무엇입니까?

문제 2. 은혜와 보은은 어떻게 실체화 됩니까?

문제 3. 과거와 현대의 가족 부양은 어떻게 다른가요?

문제 4. 세대 간의 부양이란 왜 과거에는 존재하지 못했으며 오늘날은 어떻게 이루어지나요?

문제 5. 땅의 이득으로 나오는 자원의 종류는 무엇이며, 효와는 어떤 상관성을 지니게 됩니까?

문제 6. 인간이 보유할 수 있는 자원의 종류와 그 특성을 말해봅시다.

Ⅴ. 효의 특성(Characteristics) 모델

효 특성 모델의 핵심 내용은 효의 뜻이 심오하고 광범위하며 복잡한 개념을 포함하고 있음을 실증해주고 있음을 잘 보여주고 있다. 이는 사친 영역의 효와 사군 영역의 충의 상관관계에서 가정과 국가관계, 효와 충 관계, 부모와 자식과 국가와의 관계를 알고리즘으로 표현한 모델이다.

효는 사친에서 사군으로, 입신의 영역으로 확장되는 확장자이고, 마찬가지로 효는 충의 영역으로, 나아가 예의 영역으로 변환되는 변환자임을 앞에서 서술하였다.[292] 따라서 가정 공동체 효(孝)가 살아있어야 국가 공동체의 충(忠)이 만들어진다. 마찬가지로 가정 공동체가 성장, 발전하여야만 국가 공동체와 사회 공동체가 형성되면서 동반성장(同伴成長, co-sharing growth)과 동반발전(同伴發展, co-sharing development) 과정을 밟게 된다. 이는 효가 연산자로써의 기능을 유지할 때 설명이 가능하다.

또한 가정의 효는 충으로의 질적 모습을 성장시켜주는 확장자

292) 『古文孝經』「開宗明誼章」 "夫孝, 始於事親, 中於事君, 終於立身." 따라서 孝는 "事親/事君/立身"으로 심오하고, 광범위하고 복잡하게 구성되어 있다. 앞에서 언급한 확장자, 변환자, 연산자로서의 효 참조.

이다. 사친의 효가 사군의 충으로 확장되어가는 모습은 초인격체로 인식되는 가정 공동체의 부모를 섬기듯이, 살아서 움직이는 정신적, 유기체적 인격체와 같은 국가[293]와 국민[294](事君)을 부모처럼 섬기는 것이 충이되므로 가정과 국가와의 관계는 물론이고, 마찬가지로 효와 충과의 관계 역시 분리될 수 없는 밀접한 상관관계에 놓여 있다.

이러한 효와 충 관계의 밀접한 상관관계를 파헤쳐보고 효를 어떻게 해석하여만 가정 공동체 영역의 효가 국가 공동체 영역의 충으로 전환될 수 있는지를 수학적 논리인 알고리즘을 통하여 조합(組合, combination)하고 합성(合性, synthesis)해 낼 수 있느냐가 본 효 특성 모델을 추론하는 데 중요한 관건이었다.[295]

전통적 효에서 사친과 사군과의 위상성을 재해석하여 얻어지는 효와 충 관계의 역동성을 정립해주는 것이 재정립된 효의 특성이며, 이러한 특성을 분석하고 총합하면서, 적용하는 과학적 도구로는 라플라스 변환과 알고리즘을 이용하였다.

본 효 특성 모델은 국민이 국가를 만들고 국가는 국민을 보호해준다는 오늘날의 대한민국 헌법정신과도 일치하고 있다.[296]

---

293) 박상섭, 『국가 · 주권』(서울, 도서출판 소화, 2009), 85쪽. 국가는 자연의 산물이 아니라… 국가는 인간 활동의 산물이다… 그 유기체는 자연적 유기체의 복사물이다. 독일국가학사전, 국가 항목에서 "유기체"는 국가의 인격성, 즉 국가의 정신적 인격체라고 밝히고 있다.(독일국가학사전, 국가 항목)

294) Max Weber 저, 박성환 역, 『경제와 사회-공동체들』(경기도, (주)나남, 2009), 109쪽. 국민이란 하나의 상상된 공동체이고,

295) 효 특성 모델에서 알고리즘으로 상세히 후술함.

296) 대한민국 헌법 제10호 전부개정 1987.10.29: 헌법 제1조 ①대한민국은 민주공화국이다. ②대한민국의 주권은 국민에게 있고, 모든 권력은 국민으로부터 나온다. 필자 주,

따라서 대한민국 국민의 효를 총체적으로 합성해보면 효가 국가와 국민과의 어떤 관계의 알고리즘 식을 도출해낼 수 있게 될 것이다.

이러한 효, 충 관계를 특정하고 재정립된 효 특성 모델을 도출하기 위하여 실체화된 변수에 알고리즘을 적용할 목적으로 효를 앞에서 이미 파자해보았다. 또한 앞서 효에는 약 15여 가지의 뜻이 내포되어 있음을 서술하였다. 그러나 본 저술에서 필자는 그 내용과는 달리 효라는 문자의 본질을 "우주 공동체가 만들어주는[297] 하늘의 변화에 따라 자식이 마땅하고 올바른 땅의 이득을 취하여 부모를 공경하고 그 도리로서 부모를 부양하기 위하여 근신절용(謹愼節用)으로 얻어진 땅의 이득을 곧장 부모님에게 드리는 것이 백성들의 효"[298]라고 해석하였다. 효를 하나의 연산자로서 수학적 논리체계의 알고리즘 관계식으로 전환하고, 가정과 국가의 동반 성장과 발전, 동반 생존과 번영을 위하여 땅의 이득을 필요로 하는 효와 충의 관계를 살펴볼 목적으로 파자한 것이다.

그리하여 필자가 의도하는 효의 본질에 맞춰 나름대로 알고리즘을 적용하기 위하여 孝(효)를 土(흙 토) + ノ (삐칠 별) + 子(자

---

①국호는 대한민국이고, 대한민국을 다스리는 주인은 국민이고, 국민이 뽑은 선출직 대통령이 국민이 위임한 권력으로 대한민국을 통치하는 나라이다. ②대한민국의 최고 권력기관은 국민이고, 모든 국가 권력은 국민에게서 발원하여 작동된다.

297) 『古文孝經』「開宗明誼章」에서 開宗明誼란 우주공동체와 인류 공동체(천/지/인) 모두 올바른 모습으로 창조되고 작동되어야한다는 『성경』「시편」 97:6의 취지와 일치한다.

298) 『古文孝經』「庶人章」 "子曰, 因天之時, 就地之利, 謹身節用, 以養父母, 此庶人之孝也,"

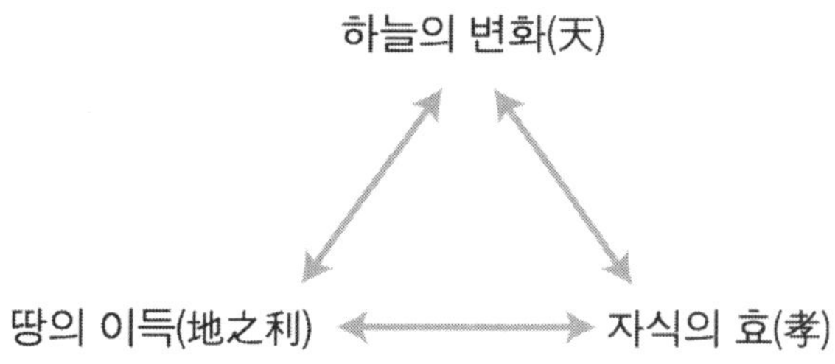

식 자)의 조합으로, 임의로 파자하였다. 효를 이렇게 파자하여 해석하는 것은 문헌상에는 없지만 알고리즘에 입각한 문제해결을 위하여, 필요하다고 생각해서 그렇게 파자하였다.

이는 곧 천(天, the heavens), 지(地, the earth), 인(人, people)이 결합된 윤리로서 효라는 문자를 만들 때 수많은 성인, 군자들이 하늘(天)에서 일어나는 변화에 따라 온갖 땅의 이득을 시기에 맞춰 취해야하고, 그리고 부모를 부양하면서 살아가야하는 지성체, 특히 인간(人)은 땅의 이득이 가정 공동체의 생존과 번영에 하늘의 변화가 얼마나 큰 영향을 미치는가를 효를 통하여 살펴본 결과라고 판단된다. 아울러 지성을 가진 인간은 하늘의 변화를 살펴보고 효를 통하여 보다 좋은 가족 공동체의 생존과 번영을 위해 노력해 왔다는 증거이기도 하다.[299)]

오늘날 효의 본질로서 땅의 이득이란 심오하고, 복잡할 뿐만 아니라 그 범위가 초광역적[300)]이다. 땅에서 수확하는 단순한 농

---

299) 이수대, 『우주와 인간』(서울, 도서출판북스힐, 2011), 12쪽. 하늘에서 일어나는 변화가 땅에서 살아가는 생명체에게 가장 큰 영향을 준다. 지성을 가진 인간은 하늘의 변화를 살펴보고 보다 나은 생활을 영위하기 위하여 노력해 왔다.

300) 성규탁, 『현대 한국인의 효』 -전통의 지속과 표현의 변화- (경기도, 집문당, 2005), 97쪽. 일반인과 효행자의 비교: 일반적인 효의 개념= 부모를 공경하는 것 + 부모를 잘 보살펴드리는 것, 효를 부모공경, 부모부양만으로 보는 것은 문헌에 나오는 심오성 + 광

작물만을 의미하는 것이 아니고 인간이 필요로 하는 모든 자연과학 법칙과 생활에 필요한 모든 자원이 모두 자연, 특히 땅에서 얻어진다.

현대 문명(文明)의 모든 도구(道具, device)와 장치(裝置, hardware)는 물론이고 문화(文化)의 보이지 않는 정신적 성과물(成果物, software)의 근본은 모두 땅의 이득에서 비롯된 것이다. 그러므로 단적으로 표현하여 땅에서 얻어지는 모든 이득은 또한 궁극적으로는 하늘이라는 우주에서 비롯된 것이므로 인간이 필요로 하는 땅의 이득은 필요한 만큼 이용하고 나면 그 결과물들은 결국은 자연으로 되돌아간다. 효 공동체가 성장, 발전하는 축 중의 하나는 궁극적으로 자연계와 연계된 우주 공동체 윤리라고 말한바 있다. 효란 그 뜻이 심오하기 끝이 없고, 광범위하고, 복잡하기가 설명하기 어려워 그 뜻을 완벽하게 기술한다는 것은 불가능해 보인다.

효와 충의 상관관계와 등가성을 설정해주는 역동성을 효의 특성 모델로 접근하려면 이것을 또 어떤 알고리즘으로 실체화하고 해석해야할 것인가 역시 문제의 핵심이라 하겠다. 앞서 언급한 바와 같이 효의 뜻은 다양하다.[301] 이를 테면 "①孝는 자식이 부모를 모신다(혹은 업고 있다). ②老에 匕대신 子로 대체됐다는 찬반설이 있다. ③孝는 父와 子가 긴밀히 연결돼있다. ④孝는 老

범위성 + 복잡성의 효의 이념을 이해하는 데는 부적절하다.

301) 공덕성, 「孝란 무엇인가」 『효사상과 미래사회』 정신문문화연구원, (경기도, 1995), 117쪽. ~126쪽. 효란: 은나라 때는 효 문자가 없었고 주나라 때부터 출현, ①孝는 자식이 부모를 모신다. ②老에 匕대신 子로 대체됐다는 찬반설이 있다. ③孝는 父와 子가 긴밀히 연결돼있다. ④孝는 老人이 子息에게 의지하고 있다. ..등등을 앞서 서술하였다.

人이 子息에게 의지하고 있다." 등 약 15가지[302]를 앞에서 설명하였다. 그러나 여기서는 효의 문자를 효와 충의 상관관계 설정을 위한 알고리즘의 논리적용을 위하여 필자 나름대로 해석하려고 파자(破字)하였다.

첫째, 효와 충, 가족 공동체의 가족 사랑이라는 효와 국가 공동체의 나라 사랑이라는 충과의 관계는 사친(事親), 사군(事君)의 효라는 상관관계, 즉 처음에는 가정적 효의 사친이나 그 다음은 국가적 효의 사군이라는 관계를 통하여 상관관계를 설정해주고 있다.[303] 효와 충의 관계를 알아보려면 일반 백성들의 효를 종합해볼 때 효와 충에 대한 어떤 알고리즘식이 얻어질 것이다(후술).

사친과 사군의 상관 관계성은 확장성 관계에서 선명해진다.[304] 국가가 위태로워지면 내 부모가 위태로운 것으로 보고 구해내야 하며, 이번에는 반대로 내가 위태로워지면 국가는 마치 부모처럼 자식이 위험에 빠진 것으로 보고 나를 구해주어야 한다는 논리이다.[305] 그러므로 효와 충은 질적으로는 변환개념의 모

---

302) 본 논문 II장 2 사군의 영역 참조

303) 『古文孝經』「三才章」"子曰 .... 孝之大也....." 가족 공동체에서 발원하나 무한히 확장하여 사회와 국가를 이루고, 자연과 연계되어서는 무한 공간의 우주공동체와도 연계 된다.

304) 『古文孝經』「開宗明誼章」에서 효는 "事親이다. 事君이다. 立身이다."라고 하였다. 따라서 사친, 사군, 입신은 알고리즘 논리상 그 위상이 등가이다. 예를 들면, 소말리아 아덴만에서 펼쳐진 여명의 작전에서 국가는 해적에게 납치된 선원과 상선을 자기 자식처럼 구출하였다. 비무장지대 목함지뢰 위기 때에는 남북간의 위기가 고조되어 국가를 내 부모처럼 구하기 위하여 복무중인 병사가 전역을 연기신청 하였다.

305) 『古文孝經』「士章」"故以孝事君則忠..", 2015년 8월 초 목함지뢰 사건 때 약 86명(실제 100여명)의 병사가 위기의 대한민국을 구하고자 전역을 연기 신청하여 국방부장관이 이를 수락하였다.

습이나 공동체의 성격이나 목적에 따라 실천방법만이 다를 뿐이다. 물의 모습이 얼음으로 변했다하여 물이 질적으로 바뀐 것이 아니다. 물이 얼음으로 변한 것처럼 효가 충으로 모습만 바뀐 것이다. 국가는 가족 공동체와 같은 거대 인격체로서 효로서 부모와 같이 국가와 국민을 섬기는 것이 충이라하였으므로 여기에서 효와 충의 관계는 위상적인 면에서 확장자, 변환자, 연산자 개념으로 상호성을 유지하게 된다.[306)]

효는 부모와 자식과의 관계로서 효 공동체인 가정 공동체를 이룬다. 이는 가장 기본적 단위 집단이지만 이러한 단위 집단이 무수히 모여 궁극적으로는 마지막 단계의 공동체인 결국 국민을 이루고, 국민이 국가를 이루게 된다. 아리스토텔레스는 국가 공동체의 기본단위는 개인이 아니라 가족 공동체라 주장한 바는 앞서 설명하였다. 그러므로 부모와 자식의 가족 공동체가 무수히 모여 어떻게 국가를 형성해가는 지를 알고리즘을 통하여 재정립한 효 특성 모델을 통하여 실체적으로 보여주고자 하였다.

가족 공동체는 초인격체로서 그 성격과 기능이 기초적인 사회적 단위집단으로 매개하여 이 집단이 무수히 모여 국민을 이루며 마지막 단계의 공동체인 국가공동체의 토대가 된다. 이는 오늘날 헌법 제1조에서 강조하는 국민이 국가이고, 국가의 주인이 국민이라는 조항과도 일치하고 있다. 이를 알고리즘으로 표현하면 다음과 같다.

국가 = 국민 = Σ가족 공동체n,

306) 확장자, 변환자, 연산자로서의 효. 참조.

n = 대한민국의 가족 공동체의 수

헌법 제1조 ①항에서는 "대한민국은 민주공화국이다."라 하여 국호를 대한민국이라 칭하고, 국민이 국가의 주인이고, 국민이 선출한 대표자가 국가를 통치하는 선출직 통치주의를 채택하고 있다. 그리고 ②항에서는 "대한민국의 주권은 국민에게 있고, 모든 권력은 국민으로부터 나온다."라 하여 국가의 최고 권력기관은 국회나 대통령이 아닌 국민임을 천명하고 국가권력의 발원지는 국민임을 다시 한 번 강조하고 있다.[307]

이를 근거하여 알고리즘으로 해석한다면 충(忠)의 발원지는 국민이라는 가정 공동체의 효(孝)이고 이러한 효를 총체적으로 모아 놓은 것이 국가 공동체의 충임을 말해준다. 이러한 기능의 효와 충은 미적분 관계처럼 국민을 하나의 초연결체의 공동체로 통합하여 다시 알고리즘의 연산자로서 효와 충이 상호 연계되고 있다(후술).

둘째, 국민과 국가와의 관계에서 효는 국가의 3요소인 국민, 국토, 주권을 생성시켜줄 뿐만 아니라 국가 운영에 기여하게 되는 효의 또 다른 요소들의 모습을 추가로 연계시켜줌으로서 효와 충은 알고리즘으로 연결되는 밀접한 관계의 특성을 보여준다.

효비전 선언문(2007.7.24)에서 "효는 희망이다. 효가 살면 모두가 산다."는 말이 나온다. 또 효가 살아야 나라가 산다는 말도 있

307) 제1조. ①대한민국은 민주공화국이다. ②대한민국의 주권은 국민에게 있고, 모든 권력은 국민으로부터 나온다.

다. 효가 어떤 모습을 보여주느냐를 알고리즘으로 해석하다보면 그 뜻이 명확해진다. 효가 국가와의 관계에서 효는 자기의 직분을 다해야하는 책임, 즉 권리와 의무의 부담을 지고 있으며, 국민 개인의 개별적 성장과 발전은 물론이고 지속적인 두뇌자원의 개발과 소득창출을 통하여 자기 삶을 완성해나가는 과정에서 필수적이고 정당한 경제적 터전에서의 합당한 자기 삶을 완성하기 위하여 국민 모두가 개별적 능력에 부합한 소득의 배분을 요구받는다.

이는 땅의 이득을 취하여야 부모를 제대로 공경하면서 그 도리로서 부모를 부양하여야 효가 살 수 있고, 나아가 국가도 제대로 작동될 수 있음을 증명해주는 알고리즘이기도 하다. 효가 하나의 정신문화라면 정신문화를 움직이는 원동력은 재정적, 물적, 인적 자원이 뒷받침 되어야 현실성을 지니게 된다. 오늘날 땅의 이득 중의 하나로서 성장과 번영을 이끌어주는 소득은 국가와 국민을 움직이는 하나의 원동력이 되고 있다.

새마을운동이 성공할 수 있었던 비결은 잘살아보자는 지도자의 의지와 국민의 의지가 일치했기 때문이고, 그 근본에는 5천년 동안 대한민국을 움직이는 효 문화가 자리하고 있었으며 그 결과는 결국 가정과 국가의 소득증대로 연계되었다. 새마을운동에는 결국 효의 본질인 땅의 이득중의 하나인 소득창출과도 밀접한 관계가 있다. 정작 부모들은 땀을 흘리고, 허리가 휘고, 굶주리면서도 자식들을 가르쳤다. 자식들이 사회에 진출하여 부모의 은혜의 보답하려는 의지로 소득창출에 기여하였다. 결과적으로 땅의 이득에서 비롯된 과학기술이 중흥하고, 이것이 산업화, 도시화로 연계되어 오늘날의 대한민국이 만들어졌다. 효의 본질은 땅의 이득을 취하여 부모를 부양함으로서 결과적으로 가정과 국가의 생존과 번영을 위한 윤리로 기능하였다. 이것을 알고리즘으로 증명해내는 것이 효의 특성 모델이다.

셋째, 알고리즘에 의한 효 특성 모델에서는 효가 충으로 변환될 때는 외형적으로는 국민과 국가 모두가 부모공경이라는 공동의 목적을 달성하려면 '경제적인 면과 도덕적인 면'[308]의 양면성이 개입되게 됨은 물론이고 본질적으로는 도덕적 요인 외에도 '땅의 이득'을 취한다는 측면에서 효는 개인의 경우는 소득창출, 국가의 경우는 국부론적인 요소를 지니게 된다.

아담 스미스는 그의 저서 서문에서 국부의 근본은 금, 은 보화가 아니라 그 나라의 노동생산성에 달려있다고 기술하였다. 노동생산성의 근본은 땅의 이득을 얼마나 취하여 과학기술을 촉진하면서, 발달시키고, 산업화, 도시화를 얼마나 달성하느냐에 달려있다. 그렇다하여도 효의 본질이 변질된 것은 아니다. 다만 상대론적으로 땅의 이득을 취하는 문화와 문명의 차이에 따라 아프리카 원주민의 효와 선진국의 효의 실천 방법이 달라 보일 뿐이다.

땅의 이득 = Σ(과학기술의 발달i + 산업화j + 도시화k)

땅의 이득은 도시화를 통하여 국가가 발전할수록 수많은 가정공동체에 삶의 터전을 제공해준다.

---

308) 성규탁, 『현대 한국인의 효』-전통의 지속과 표현의 변화- (경기도, 집문당, 2005), 15쪽. 부양책임 문제

효 특성 모델에서는 효가 모여 국가를 이룰 때 나타나는 소득과 두뇌자원의 항목은 국가를 움직이는 데에도 막대한 재정적 자원과 두뇌자원이 필요하다는 또 다른 모습을 보여준다. 혹자는 효에 소득이나 경제가 등장하면 선진국에는 효라는 단어조차도 없는 데 그렇다면 선진국은 효 강대국이라는 뜻인가? 무슨 말인가 하고 반문한다.

이를 테면 『성경』적 효 사상에서는 하느님을 아버지로 섬기는 것[309]이므로 성경말씀 자체를 따르는 것이 1차적으로 하느님 아버지 사상, 즉 천부사상[310]의 효이고, 2차적으로 너의 부모를 공경하라는 친부사상의 효로 되어있다.

천부사상의 효와 친부사상의 효가 결합된 그 자체가 성경적 효이므로 사친, 사군, 입신이라는 유교적 효 개념이 별도로 불필요하다하겠다. 다만 서양에서도 노후 생애 마지막 시기에 나약한 노부모와 형제자매를 부양하는 사회적 문화가 유교적 효 개념 대신 '가족 간의 책임'이라는 문화로 인식하여 부모나 형제자매를 부양하고 있는 점이 특이사항이다.[311]

또한 이들은 수많은 노인복지시설을 도입하여 가족부양이라기보다는 부모부양을 국가가복지의 하나인 세대 간의 부양문제로 취급하여 해결하고 있다.

하느님 아버지의 천부사상과 부모공경의 친부사상의 2중성

---

309) James Davision hunter 저, 배덕만 옮김, 『기독교는 세상을 어떻게 변화시키는가』(서울, 새물결플러스, 2014), 31쪽. 미국은 성경의 나라다

310) 위의 책, 174쪽. 기독교 국가인 미국

311) 성규탁, 『현대 한국인의 효』 -전통의 지속과 표현의 변화- (경기도, 집문당, 2005), 12. 미국에서도 노인을 장기 부양하는 친척들을 조사한 결과 "가족의 책임성"이 가장 큰 부양이유로 나타났다.

을 갖는 성경적 효사상으로 움직이는 사회에서는 효라는 단어 대신 '가족 간의 책임'으로 '효'312)를 갈음하고 있다는 점을 알아야 한다.

넷째, 효의 특성 모델에서는 부자지간의 정신문화(이를 테면 부모공경)를 강조하는 전통적인 양지의 효와는 달리 정신문화는 물론이고 자아개발 및 성장에 따른 자기직분을 다함과 함께 사회공동체라는 삶의 터전에서 경제적 성취로서 물질적인 양구체의 효 개념을 포함한다.

효는 부모공경으로부터 시작되는 정신문화이지만 새롭게 정립된 효 특성 모델의 제3알고리즘에서 보여주는 바와 같이 단순한 정신문화 자체만으로 완성되지 못하고 자아개발과 성장은 물론이고 삶을 영위하는 데 필요한 경제적 터전으로서 사회참여를 통하여 취하는 물적 자원, 재정적 자원, 인적 자원을 포함하여 인간이 보유할 수 있는 모든 자원의 영역까지도 효를 실천해주는 데 필요한 영역이라는 점이다. 효의 특성 모델을 취급하는 측면에서는 부모공경의 도리로서 부모부양에는 정신적 측면 외에도 소득창출을 통하여 얻어지는 결과물인, 실질적으로 물적, 재정적, 인적 자원의 투입이 없이는 자식 된 도리로서 부모공경의 도리를 다하지 못하거나, 불가능하다는 점이다. 효 특성 모델에서는 정신적인 양지의 효와 물질적인 양구체 효와의 결합은 필연적이고, 양자 중에서 어느 한쪽을 강조하기 보다는 함께 가야한다는 점이다.

---

312) 『성경』 「디모데전서」 5:4에 효라는 단어가 나오나 성경의 효의 의미와 유교적인 사친/사군/입신의 효와는 그 뜻이 다르다.

다섯째, 효의 변환적 개념과 확장적 개념은 앞에서 언급한 "효는 사친으로 시작하여 사군으로 확장되고 입신으로 끝난다는 말"313)에서 비롯되고, '그러므로, 효로서 부모 섬기듯이 임금을 섬기는 것이 곧 충이라는 말(『古文孝經』「士章」)'과 "내 집안의 어른을 공경하듯이 이웃의 어른을 공경하고, 내 집안의 어린이를 보살피듯이 이웃의 어린이를 보살피는 것(『孟子』「梁惠王 上」)"에서 구체화되어 있다.

효와 충, 가정과 국가와의 밀접한 관계의 알고리즘은 "하늘의 변화에 따라 땅의 이득을 취하여 몸을 삼가고 아끼고 절약하여 부모를 부양하는 것이 백성들의 효일 지어다(『古文孝經』「庶人章」)."에서 더욱 명확하게 서술되어 있다.

효 특성 모델은 효와 충의 변환적 개념과 확장적 개념, 그리고 효라는 문자의 본질적 개념에 대하여는 이를 정립해주는 2가지 효학의 이론 법칙인 '무한 확장론'314)과 '무한 영속론'315)의 개념을 도입하여 이를 근거로 분석하고 종합하여 유도하였다. 아울러 효 특성 모델에서는 충과 효의 상관관계를 효의 확장 영역인 사군, 입신과 관련하여 이를 알고리즘과 라플라스 변환 개념으로 실체화하고 퓨리어 급수이론인 시그마(Σ)개념을 도입하여 표현하고자 하였다.

상기 내용을 종합해보면 효란 천+지+인이 결합된 우주 공동체

313) 『古文孝經』「開宗明誼章」"夫孝, 始於事親,, 中於事君, 終於立身."

314) 『古文孝經』「三才章」孝之大也를 『도덕경』 25장 "大曰逝, 逝曰原, 遠曰反."에서 말하는 大의 논리를 적용하여 효의 '무한 확장론'이라고 부르고자 한다.

315) 『古文孝經』「孝平章」"孝亡終始." 『도덕경』 25장 "萬物無以生, 將恐滅."의 '無以生'의 논리를 적용하여 효의 '무한 연속론'이라고 부르고자 한다.

와 인류 공동체의 보편적 윤리로서, 우주 공동체가 올바른 시기에 맞춰 하늘의 변화를 만들어 주면, 인류 공동체는 그 시기에 맞춰 자식이 올바른 땅의 이득을 취하고, 이를 부모에게 제공해드림으로서 가정과 국가의 생존과 번영을 위한 윤리로 효가 기능하는 것이다.

효는 단순한 부모공경으로 시작되지 아니하고 천, 지, 인이 결합된 윤리이며 만백성들은 올바른 땅의 이득을 취하여 자식 된 도리로서 부모를 공경하고 부양하는 것이 올바른 효의 작동 체계임을 효라는 문자(孝)를 통하여 분명하고 확실하게 밝혀주고 있다.

천, 지, 인이 작동하는 운용체계의 근본은 효 윤리이며 그 이념은 의로움이다. 그러므로 올바르지 아니하고 어긋난 이득은 효에서는 취득할 이득이 아니다. 효의 뜻에는 심오성, 광범위성, 복잡성이 개입되고 의로움이 내재되어 있어 정신적으로, 육체적으로 효를 실천하기가 더욱 난해 해진다. 의로움에 어긋나면 하늘도, 땅도, 어느 누구도 도와줄 수 없다는 점이 효 윤리가 강조하는 바이다.

따라서 효라는 문자의 근본을 말한다면 하늘이 만들어주는 올바른 시기의 변화가 필연적이다. 우주 공동체인 하늘의 변화에 따라 자식이 이 세상에서 올바른 땅의 이득을 취하는 것, 자식이 때에 맞춰 취한 올바른 땅의 이득을 부모님께 드리는 것, 자식 된 도리로서 부모를 부양하는 것을 효 문자의 본질로서 필자는 해석하고자 하였다. 이러한 본뜻에 맞춰 효 문자를 아래와 같이 파자하여 분석하고 알고리즘 적용을 위하여 합성하였다. 이를 종합하여 알고리즘으로 표시하면 아래와 같다.

孝(효) = 土(흙 토) + ノ (삐칠 별) + 子 (자식 자)

孝(효) = 土(하늘의 변화)+ノ(땅의 이득)+子 (부모 공경과 부양의 주체)

따라서 효의 특성 모델이란 물적 자원의 대표성을 지닌 땅(土)의 이득에서 나오는 물적 자원, 재정적 자원을 인적 자원의 주체인 자식(子)이 부모에게 드리는 것으로 해석하고 이를 합성하여 알고리즘을 적용하였다. 대한민국에는 약 5천 1백만 명의 국민[316]이 효를 행하면서 살고 있음으로 5천 1백만의 국민들의 가정공동체의 효와 국가공동체의 충과 어떤 관계의 결과가 도출되는지를 살펴보고자 한다.

대한민국 국민=Σ인구n,

n= 5천 1백만 명(2017.05 통계청 추계치=51,445,201명)

따라서 앞서 효와 충과 관계를 특정 짓는 역동성을 살펴보기 위하여 알고리즘 논리이론의 공리[317]를 도입하고자 한다. 모든 알고리즘 연산자에 대하여 A · (B+C) = A · B + A · C가 성립한다. 즉 Σ(B+C) = ΣB + ΣC, 여기서 D = B+C 등가인 경우는 ΣD = ΣB + ΣC가 된다.

孝 = 土 +ノ+子, 좌변과 우변에 똑같이 연산자 Σ를 붙여보자.

316) 통계청 추계 2017 총괄 인구 수 51, 446, 201명(2017,05)

317) 박규태, 『디지털 공학』(서울, 문운당, 1978), 39쪽. 공리3. 부울대수, 모든 연산자에 대하여 A · (B+C) = A · B + A · C가 성립한다.

Σ孝 = Σ(土 + ノ+ 子), 좌/우 항을 전개해보면 아래와 같다.

Σ孝 = Σ(土) + Σ ノ +Σ子

효를 파자하여 적용한 알고리즘 관계식은 상기와 같이 전개해 볼 수 있다. 효의 특성 모델에서는 전통적인 사군(事君)의 경우, 당시의 국가의 주권이 통치자에게 집중된 군주 주권설이 대세이었으나 당시와는 달리 현대는 국민 주권설을 따르므로 Σ자(子)를 알고리즘으로 전개하는 경우 그 성격과 목적, 그리고 조건에 따른 변수를 다르게 줄 수 있다.

효의 특성 모델에서는, 즉 오늘날의 국가에서는 국민이 국가를 만들고, 국가는 국민을 섬기고, 국민은 국가를 섬겨야하며, 국가의 주권이 국민에게 있고, 모든 권력이 국민으로부터 나오기 때문에 Σ(子)는 국민에 상당하므로 Σ(사람n+두뇌자원n+권리n)를 대입함으로서 알고리즘 식이 다음과 같이 전개된다.[318] 여기서 n은 대한민국 국민의 수이다. 그리고 Σ孝n를 국민의 수만큼의 효라 하자.

총합의 효= Σ孝n = Σ土n +Σノn + (Σ사람n+Σ두뇌자원n+Σ권리n)

Σ土n= 국민이 소유한 모든 토지의 총합은 국토이다.

Σノn= 국민이 취득한 모든 이득의 총합은 GNP이다.

Σ사람n= 대한민국 국적자를 총합하면 국민이 된다.

---

318) 법제처: 대한민국 헌법 제1조 ①대한민국은 민주공화국이다. ②대한민국의 주권은 국민에게 있고, 모든 권력은 국민으로부터 나온다.

Σ두뇌자원n= 국민의 모든 두뇌자원을 총합하면 지적소유 재산권인 국가경쟁력이 된다.

Σ권리n= 국민의 모든 권리를 총합하면 국가의 주권이 된다.

이를 제3알고리즘에 의한 효 특성 모델로 표현하면 다음과 같다.

총합의 효 = Σ土n(국토)+Σ丿n(총소득)+Σ사람n(국민)+ Σ두뇌자원n+Σ권리n(주권)

= 국토 + 총소득 + 국민 + 두뇌자원 + 주권

= (국토 + 주권 + 국민) + (총소득 + 두뇌자원)

= 대한민국(충) + 국가를 구동시키는 원동력(총소득 + 두뇌자원)

이를 도식으로 표현하면 아래와 같다.

제3알고리즘에 의해 변환된 효 특성 모델

명칭	의의	알고리즘	전통적 의미
제3 알고리즘, 효 특성 모델	가정과 국가관계, 효, 충 관계설정, 무한 확장론	孝=국토+총소득+국민+두뇌자원+주권	수신제가 치국 평천하, 가정과 국가, 효와 충,
		Σ孝n=Σ土n+Σ丿n+Σ사람n+Σ두뇌자원n+Σ권리n	

n= 국민의 수, Σ土n= 국토, Σ丿n= GNP, Σ사람n= 국민, Σ권리n= 주권

Σ두뇌자원n=국민의 지적소유 재산권인 두뇌자원은 국가경쟁력이다.

상기 알고리즘 식에서 주목할 부분은 대한민국 가정 공동체가 지닌 효의 총량은 결과적으로 국토, 국민, 주권이라는 대한민국의 국가가 만들어지고, 대한민국을 움직이는 국가 공동체의 충이 나오고, 국가를 움직이는 데 필요한 재정적 자원과 두뇌자원이 얻어진다는 점이다.

현대국가의 통합적인 국가자원인 영공+영해+영토+주권+국민을 움직이는 데는 막대한 재정적 자원+두뇌자원을 필요로 한다는 점이 현대 효 특성 모델을 통하여 증명된 셈이다. 효가 살아야 충이 살아나서 대한민국을 움직이고 대한민국을 움직이는 에너지원으로서 하늘이 만들어주는 변화에 따라 땅의 이득을 창출해내기 위해서는 창의 재능을 지닌 수많은 두뇌자원을 필요로 한다는 것이 제3알고리즘의 효 특성 모델이다.[319]

또한 상기와 같이 추론된 효 특성 알고리즘 식은 가정과 국가가 어떤 관계를 유지하여 역동적인 생존과 번영이 가능한지를 잘 보여주고 있다. 다시 말하여 수많은 가정 공동체의 효가 모여 국토, 국민, 주권인 국가의 3요소를 구성하여 국가를 형성하고, 국가를 움직이는 데 필요한 재정적 자원인 소득창출과 창의적 두뇌자원을 제공한다는 것이다.

이렇게 하여 재정립된 효의 특성을 해석하면 효와 충, 가정과 국가는 상호 역동적인 관계에 놓여 있다. 효를 행하면 대한민국

319) 『古文孝經』「庶人章」"因天之時, 就地之利, 謹愼節用, 以養父母, 此庶人之孝也."

이 살아 움직이면서 궁극적인 국가목표가 완성되고 대한민국을 움직이는 물적 자원(국토), 재정적 자원(총소득≒땅의 이득), 두뇌자원을 근간으로 하는 인적 자원은 물론이고 통합적인 국가자원인 주권+국민+총소득+지적 소유재산권을 얻어낼 수 있음을 보여주고 있다.

효가 하나의 초인격체로서 가정 공동체의 정신문화를 초월하여 현대국가를 움직이는 또 다른 형태의 통합적, 철학적, 윤리적 에너지 자원이라고 말할 수 있다.

알고리즘 식을 통하여 통치 대상물과 리더십의 범위를 확정지을 수도 있게 된다. 따라서 효와 충, 가정과 국가와의 역동적 양면성과 상관관계를 말해주는 알고리즘인 상기 관계식을 제3알고리즘에 의한 효 특성 모델이라고 정의하고자 한다. 본 알고리즘 모델에서는 국가 공동체와 가족 공동체와의 특수한 관계를 함축적으로 잘 보여 준다.

현대적 효 사상을 처음 제시한 최성규 원로 목사에 의하면 "나라사랑, 효가 살면 모두가 산다."[320]라고 하였다. 즉 상기 알고리즘 모델은 효가 살면 모두가 살 수 있다는 가정과 국가관계, 효와 충과의 관계를 극명하게 보여줄 수 있는 알고리즘의 근거이다.

효는 사친에서 사군, 입신으로 확장되어 영원히 생존하고 번영하는 국가 공동체가 어떻게 만들어지고, 국가를 통합적으로 구동시키는 구체적 동력원은 무엇인지, 국가를 움직이는 통치 대상물

---

320) 7효중의 하나가 나라사랑이다, 효비전선언문(2007)에서는 "효가 살면 모두가 산다." 라고 하였다.

이 무엇인지는 5가지로 확정되며, 통치 대상별 리더십의 대상 역시 5가지로 구체화되므로 무엇을 어떻게 통치하고 통치 대상물에 따라 어떤 리더십을 발휘하여야 나라가 살고, 효가 살면 어떻게 나라가 살 수 있는지를 보여주는 알고리즘의 증거식이다.

또한 국력의 요소가 "천연자원(식량, 석유 등의 에너지 자원), 공업능력, 군비, 인구, 국민성, 국민의 사기, 외교의 질, 정부의 질"[321]로 보는 시각과도 재정립된 효 특성 모델은 그러한 분석 요인들과도 상당부분을 일치하고 있다. 국력을 결정짓는 요소 중 하나만이 고정적 요인이고, 나머지는 모두 가변적 요인으로 되어 있어 효가 무한 확장되는 것처럼 국력도 이론적으로는 무한 확장이 가능하다. 이를 다시 살펴보면 아래와 같다.

총합의 효 = (국토 + 주권 + 국민) + (총소득 + 국가 지적소유 재산권)
= (국가) + (국가 구동 에너지),
여기서, 국가 = 국토 + 주권 + 국민
국가 구동 에너지 = 총소득 + 국가 지적소유 재산권
국토 = 영토 + 영공 + 영해
총합의 효 = Σ孝n = 국가 + 재정적 자원 + 두뇌자원

수신제가치국평천하(修身齊家治國平天下)에서 말하는 가정과 국가와의 상관관계는 제3알고리즘의 효 특성 모델의 알고리즘을

321) Hans Morgenthau 저, 이호재, 엄태암, 『국가 간의 정치』 1 (경기도, 김영사, 2014), 303쪽. -372쪽. 국력의 요소 = 불변적 요소들 + 가변적 요소들로 구성

이용하여 살펴볼 수 있다. 본 효 특성 모델의 이해를 돕기 위하여 국가 공동체의 공동체 근간을 이루는 가계, 기업, 정부에서, 기업 경영과 국가 경영의 차이점을 효 특성 모델을 통하여 분석하면 다음과 같다.

첫째, 기업 경영의 궁극적 목표는 기업의 생존과 번영, 성장과 발전이다. 기업이란 물적 자원의 하나인 토지, 재정적 자원의 하나인 자본, 인적 자원의 하나인 노동력을 이용하여 효의 본질의 일부인 기업이 추구하는 이익을 창출하려는 목적으로 이루어진 조직의 활동이다.

기업 활동은 결국 효의 본질인 땅의 이득인 소득창출을 극대화함으로서, 가계와 정부의 생존과 번영을 도와주는 또 다른 형태의 효의 본래적 활동의 일부이다. 기업 경영의 3요소는 이윤 창출을 위한 알고리즘의 결합요소라 할 수 있다. 기업은 이윤을 창출하지 못하면 생존할 수가 없다. 그러므로 기업경영은 한마디로 땅의 일부인 토지, 자본, 노동을 이용하여 이윤을 창출하고, 극대화하려는 집단의 활동이라 할 수 있다. 이런 의미에서 기업 활동은 땅의 이득을 취하는 인적, 물적, 재정적 자원의 대표적 자원을 가지고 가장 능동적이고, 적극적인 효라는 문자의 본질을 실천해 내는 집단의 활동이다. 집단 활동이란 재정적, 물적, 인적 자원을 결합한 유형을 말하며 이는 이윤 창출을 위한 가장 기본적 자원이라 하겠다. 이를 알고리즘으로 표현하면 다음과 같다.

개별 기업의 이윤 $= \Sigma$ 기업t(토지i + 노동j +자본k)소득

기업의 이윤 총합 = Σ기업n, t(토지i + 노동j +자본k)소득

n = 기업체 수

t = 회계연도 기간(00년00월00일 부터 00월 00일)

i = 기업체가 보유한 토지의 총량

j = 기업체가 보유한 노동의 총량

k = 기업체가 보유한 자본의 총량

오늘날의 기업 경영에서 중요한 점은 무한 경쟁 시대로 진입하여 시장영역이 단순하지 않고 세계와 연결되어 국가 간의 국경이나 경계를 초월하여 이루어진다는 점이 특이 사항이다.

효는 당해 기업만의 효의 본질인 이득창출을 위한 활동으로 끝나지 아니하고 사회, 국가 공동체로 확장되어 있고, 제품이나 용역의 형태로 변환되어 세계 인류의 보편적 공동체와도 직, 간접으로 연계되어 있다. 오늘날의 최고 경영자는 주어진 인적자원의 생각과 말과 행위를 가지고 이를 가장 효율적으로 극대화하여 시대와 사회가 요구하는 제품을 출시하거나, 용역을 제공함으로서 무한한 수익을 창출하는 데 있다.

여기서 중요한 것은 효 윤리에서 강조되는 생명존중, 인간의 존엄성, 공동체 윤리를 거스르는 제품이나 용역은 결국 기업을 붕괴시킬 수 있는 요인으로 작용할 수 있다는 점을 알아야 한다. 기업경영의 알고리즘은 토지 + 노동 + 자본 + 이익창출로서 기업윤리는 효 윤리의 근간인 의로움에도 부합해야함은 물론이다.

국가란 국민이 선출한 선출직의 최고 통치자가 통치대상물을

확정하고 통치 대상물에 대한 리더십을 발휘하여 생존과 번영, 성장과 발전을 위하여 움직이는 거대 조직의 공동체이다.

통치 대상물은 국가의 구성요소(국토 + 국민 + 주권)와 국가를 움직이는 동력원(재정적 자원 + 두뇌자원)이다.

리더십은 이러한 통치 대상물을 어떻게 통합적으로 운영 관리하여야 할 것인가에 관한 문제이다.

이러한 모든 것은 효에서 비롯되었다는 것을 효 특성 모델을 통하여 밝혔다. 이런 의미에서 본다면 효는 통치의 학문이고, 리더십의 학문이다. "국가경영이란 국가는 영원히 생존. 번영하고 성장, 발전해야 한다."[322]라고 정의한다면 기업경영이나 가정경영(修身齊家)과는 전혀 다른 형태의 경영이고 엄밀히 말한다면 경영이 아닌 통치이다. 효의 본질을 통하여 얻어진 통치대상물과 리더십의 영역은 ①국토, ②국민, ③주권, ④소득창출, ⑤두뇌자원개발이다. 효 특성 모델의 알고리즘 자체에 통치 대상물과 통치 대상물에 따른 리더십의 유형이 기업경영과는 분명하게 차이점이 드러나 있다.

• 국가 최고 통치권자의 통치 대상물에는 5가지 목적물이 있다.

가정과 국가의 생존과 번영을 위한 통치 대상물은 국토(영공+영토+영해), 주권, 국민, 소득, 두뇌자원에 관한 통합적인 자원개발 등이다. 정부 조직도 역시 여기에서 구해진 통치 대상물의 범

322) 연구자는 조작적 정의로서 국가경영이란 "국가는 영원히 존재하고 성장, 발전해야 한다."라고 보았다.

위를 벗어나서는 아니 된다.[323] 국토의 통치 관련부서는 국토교통부, 해양수산부, 환경부, 국방부 등이다. 국민의 권리와 주권보호를 위한 부서는 외교부, 행정안전부, 법무부, 국회 등이 대표적이다. 국민을 보호하기 위한 부서는 여성가족부, 보건복지부, 소득을 통치대상으로 한 부서는 기획재정부, 산업통상자원부 등이다. 또한 두뇌자원을 위한 통치 부서는 교육부, 미래창조과학부 등이고 나머지 부서는 2개 이상의 부서와 중첩되는 경우이다. 실제는 위의 5가지를 대상으로 통치 대상물의 성격, 목적과 범위를 명확히 하여 정부조직도를 정비할 필요가 있다. 그 이론적 근거를 명확히 알고 있지 못함으로서 정부 조직도가 통치권자마다 통폐합되고 새로 생겨나는 웃지 못 할 상황이 반복되고 있다.

사군의 효에서 가정과 국가, 효와 충의 상관관계를 알고리즘으로 해석하는 효 특성 모델에서는 국가통지 내지 관리운영을 위한 정부의 조직도를 어떻게 구성해야하는지에 대한 모습도 명확하게 보여준다.

• 통치 대상 목적물의 목적, 성격, 조건에 따라 리더십의 방향을 구체화시켜준다.

효 특성 모델에서 알고리즘의 효가 만들어낸 국가의 구성요소와 국가 최고 지도자의 통치 대상물, 나아가 국가 운영에 필수적인 소득창출과 국부창출이 무엇인지를 명확히 인식시켜주고 있다.

---

323) 정부조직은 나라마다 필요로 하는 다른 조직체계를 갖는다. 그러나 일반적으로 조직의 기능과 성격, 목적 등을 고려한다면 이러한 범주를 크게 벗어날 수는 없다고 필자는 판단하고 있다.

최고 통치권자는 통치 대상물의 효율적인 통치목적 달성을 위한 리더십을 발휘하는 데 필요한 주무부 장관을 임명하고 법률이 정한 범위의 권한을 위임하여야 한다. 통치력을 발휘하기 위한 리더십이란 헌법과 법령이 위임한 범위에서 통치 대상물을 관장하는 주무부서의 장관 등이 각자의 노력을 경주하여 땅의 이득을 극대화할 수 있도록 국가의 운영을 최대한 효율적으로, 최적화 상태로 가동하여 임기동안 최고 통치자의 통치목적을 달성하기 위한 지도력을 발휘하여야 한다.

최고 통치자로서 국가통치 내지 국가질서 유지를 위하여 5종류의 통치 대상물을 가장 합리적으로 최적화여 균형 발전을 이룩할 수 있도록, 통치 대상물을 세분화, 전문화하여 각각의 대상물의 생산성이 극대화 될 수 있도록 통합적으로 최적화된 상태를 유지하고, 나아가 통치 대상물간의 유기적 관계화를 최적화, 극대화할 수 있는 경계영역의 부서 내지 관련 전문부서의 주무부 장관 등을 임명하여 임기동안 최대한 한정된 국토의 범위 안에서 땅의 이득을 취하여 국부의 창출은 물론 국력이 극대화되도록 리더십을 발휘하여야 한다.

이러한 영역에 기여하는 부분이 효치(孝治)의 원리라고 판단한다. 주무부서의 장관 또는 특별시, 직할시, 광역시장, 도지사, 시, 군, 구청장, 읍, 면, 동장 등의 관리들은 국민의 수요와 공급에 부응한 업무를 체계적으로 수행함으로서 국민의 권리, 이익의 보호는 물론이고 특히 땅의 이득으로부터 얻어지는 경제활동을 극대화시켜주는 노력이 중요하다고 하겠다.[324)]

---

324) 『古文孝經』 「天子章」 「諸侯章」 「卿大夫章」 「士章」 「庶人章」에서는 정부 조직별로,

국민을 위한 제도를 개선한다고 선언해놓고 국회는 더 많은 규제 법안을 상정하고 처리하여 규제를 양산한다. 이를 시행하는 정부나 지자체 역시 똑같은 규제를 더 많이 양산하고 시행하는 현실적인 악순환은 개선되어야할 대목이다. 개발 및 연구의 촉진이나 조장이 아닌 규제를 대량생산해 놓고 오히려 정부가 경제를 부흥시키겠다는 발상은 오히려 국민의 창의력과 경제적 성장 능력을 저감시키는 행위라 하겠다.

리더십은 조직체의 대상에 따라 최소한의 노력과 비용으로 최대한의 목적 달성과 이익 달성이라는 근본적 원칙은 동일하나 공동체의 목적이나 성격에 따라 리더십의 실천 방법이 다른 점은 고려할 사항이 된다.

이를테면 국가조직은 공익과 사익의 조절이 극대화되어야 하고, 기업은 이윤추구 집단이나 국민의 생명존중, 인간의 존엄성을 해치고 공동체 윤리에 어긋나는 이윤추구는 배제되어야 한다.

또한 학교 교육은 다음 세대의 발전과 성장을 위한 창의적 지식을 심어주는 곳이다. 이러한 교육에는 이념이나 가치, 이해관계 등에 의하여 변형되어서는 아니 된다. 또한 군대는 국가방위를 넘어 적국의 위험요소까지를 가차 없이 응징할 수 있는 요소를 갖추어야 한다.

오늘날 국가 관계에서는 국가이익이 최우선시되며, 도덕적 의무는 고려의 대상이 되지 아니한다.[325] 더군다나 국가이익을 강

직급별로 황제에서 말단 공무원, 백성에 이르기까지 수임 업무와 직무의 내용을 수록하고 있다.

325) 엄태암, 『국가 간의 정치』(경기도, 김영사, 2014), 44쪽. 도덕적 가치와 국가 이익: "현

제적으로, 또는 무력적(武力的)으로 실현시킬 수 있는 방법이 확보됨으로서 국가 관계에서의 도덕적 질서는 더욱 무력화(無力化)되어 가는 추세에 있다.

효 윤리에 내재된 속성으로서 인류의 보편적 가치인 의로움이 국가 이익실현이 우선이라는 미명하에 국제관계 질서에서는 도덕적 의무나 책무가 무력화내지 무능화될 수 있다는 점을 고려하여야 한다. 국제관계에서 효 윤리를 실현하는 길은 국력을 배양하는 길이다.

인간관계나 국가관계에서는 이해관계가 일치하고 있는 동안만은 다만 상호 협력적일 뿐이다. G2 국가인 미국과 중국의 갈등과 대립이 좋은 본보기이다. 이러한 가치나 이해관계에 따른 갈등과 대립의 문제 해결에는 효가 최적의 원천자임을 실체적으로 제시해주고 있다.

• 효학적으로 공익과 사익의 균형발전을 이루려는 정치 내지 통치행위로서의 국가경영은 이윤을 추구하는 기업경영과는 차원이 다르다.

국가 통치 내지 경영의 핵심적 알고리즘은 5가지의 통치 대상물을 이용하여 국부를 창출하고 국력을 배양하는 것이 가장 중요한 현안이다. 국가 발전의 단계는 과학기술의 발달, 산업화, 도시화의 단계를 밟고 다음은 경제화, 정보화, 세계화로 나아가는 길이다.

과학기술의 발달 없이는 국가발전은 기대하기 어렵다. 아담 스

대전의 특성을 반영하여 국가이익 개념이 생겨나고 현대적 전쟁기술에서 볼 수 있듯 그 이익을 충족시킬 가능성이 높아짐으로서 국제정치에 대한 도덕적 규제력은 크게 손상받게 되었다."

미스는 그의 저서 서문에서 국부의 근본은 금, 은 보화와 같은 하드웨어가 아니라 노동생산성의 소프트웨어라 하였다. 선진국이 세계 강대국으로서 우뚝 서는 것은 효 문자의 본질인 땅의 이득에서 비롯되는, 다른 국가가 보유할 수 없는 과학 분야의 원천기술을 보유하고 있기 때문이다.

오늘날 과학기술 분야의 발달로 경제전쟁에서 승리하는 자는 강대국이 되었다. 따라서 효 문자의 본질인 땅의 이득이 무엇인지를 먼저 깨닫고 실천한 결과 선진화되었기 때문이다. 이처럼 효는 결과적으로 가정과 국가의 생존과 번영, 성장과 발전에 미치는 영향이 지대하다.

문화전쟁에서 한류는 오늘날 과거에 비하면 상당한 수준이다. 과거에 미국으로 이민 간 자녀들은 한국인이라는 신분을 숨기고 영어만을 썼으나, 현재는 해외 교포들의 자녀들이 한류에 편승하여 한류의 노래를 애창하고 학교에서 뿐만 아니라 인간관계에서도 한국인임을 자랑스럽게 말하는 것도 모두 그 근본에는 직, 간접적으로 발전된 대한민국의 오늘의 모습을 창출해 낸 국가 구동 에너지원인 효와 충의 역동성에 기인한 덕택이라 보여 진다.

무한 경쟁시대에 살아남을 국가경영의 핵심은 국부창출로서 과학기술의 발전과 이를 이용한 산업화를 요구하고 있다. 이를 위해서는 창의적인 교육과정과, 장기적인 연구과제의 개발, 다음 세대의 먹거리(plans for food of next generation)를 위한 장기 계획 정책의 실행 등이 필요하다. 단순한 지식적 교육내용과 행동적 인간관계 교육에서 한발 더 나아가 창의성, 독창성, 중립성,

협동성, 정직성, 개별성, 단체성, 존중성, 배려성 등이 모든 국민들의 효와 인성에 스며들어 몸에 배게 해주어야 한다.

국부란 노동력에 의한 땅의 이득을 통하여 생산되는 국가소득창출의 총량으로 결정된다.[326] 국부란 금, 은 등의 하드웨어적 요소가 아니라 한 나라의 노동 생산성에 의한 소득총량에 달려있다. 그러므로 국부란 땅의 이득을 얼마나 효율적으로 취하는가에 달려 있으므로 국부 역시 효의 본질과 매우 깊은 관계에 있다.

효와 충의 역동성과 관련된 국부창출은 필자의 견해로서는 5개의 통치 대상물을 통합적 알고리즘으로 연계하여 교육과 연구, 개발을 통한 과학기술의 발달, 산업화, 도시화로 고용이 창출되어 국민의 소득이 높아지고 나아가 거대한 국가경제 및 국가 경쟁력의 증대 및 강화라는 피드백을 통하여 미소체계인 국민의 개별적 소득을 향상시키는 활동이라고 보고자 한다.

과학기술은 그 나라의 창의적 인재 교육에 달려 있다. 국민과 지도자들이 과학기술을 통하여, 이를 산업화로 연계하려는 최고 지도자의 의지와 다음 세대의 먹거리를 위하여 국민의 과학과, 정보화, 경제화, 세계화 의지가 어느 정도인지와도 깊은 관계가 깊다.

5개의 통치대상물 가운데 국토는 늘리거나 줄이지 못하는 고정된 공간적 자원(spacial hardware)이다. 반대로 얼마든지 늘이

---

326) Adam. Smith 저, 김수행 역, 『국부론』[상] (서울, 비봉출판사, 2010), 역자서문 , 국부는 금, 은으로 구성된 것이 아니라 국민이 향유하는 노동생산력으로 되어있다는 것을 증명하기 위하여 금과 은을 가장 많이 보유하고 있는 스페인과 포르투갈이 네덜란드와 영국 프랑스보다 왜 가난한가를 분석했다.

고 줄일 수 있는 결국 4가지 소프트웨어(flexible software)적 통치 대상물에 국가 경쟁력이 좌우되므로 이 부분의 연구, 개발에 어느 정도의 열정을 투입하느냐에 가정과 국가의 생존과 번영, 성장과 발전의 관건이 달려있다.

국부창출의 역동성 즉 소득창출을 제처 놓고 복지만을 강조하다 보면 밥과 빵을 얻어먹는 자는 아무런 노력 없이 행복이 완성된다. 열심히 노력하는 자는 바보 같은 행복을 추구하는 꼴이 된다. 결국 빵의 원료와 제조중인 빵의 공급이 완료되면 환상의 누각은 무너지게 된다. 이것이 정치화되면 상호 공방이 계속되고 환상적 누각에 익숙해진 백성은 일하지 않고도 먹고 살 수 있다는 환상에 더욱더 익숙해지고, 땅의 이득을 통합적으로 취하여 적극적으로 소득창출을 이룩해내지 못하면 국민 스스로가 거지꼴로 바뀐다는 논리는 상상하기조차 싫어한다.

이것이 소득창출의 실천의가가 실종된 상태에서 배분만을 강조하는 복지만능주의를 실현한다는 나라의 환상이다. 그와는 반대로 효는 적극적으로 땅의 이득을 취하여 부모를 부양하고 개인의 소득창출은 물론 국가의 부를 창출해 내는 생존과 번영, 성장과 발전을 위한 훌륭한 윤리적 문화자원이다. 국가 구성 요소 중에서 영공, 영토, 영해를 포함하는 하드웨어 요소인 국토를 제외하면 나머지 4가지 국민, 주권, 소득, 두뇌자원의 요소는 가변적인 요소인 소프트웨어 요소로 구성되어 있는 점을 통치자나 리더가 주의 깊게 살펴보는 자세가 중요하다.

국민이 국가라는 말이 생존과 번영, 성장과 발전의 원동력임이 이를 증명해준다. 즉 국민이 줄어들면 국토를 제외한 주권, 소득, 국민, 두뇌자원의 총량, 즉 절대량이 줄어든다. 그러므로 인구 감소는 국가의 축소를 불러 온다. 물론 면적이나 환경을 고려하여 최적의 적정인구를 산정하는 일은 쉽지 않다. 그러나 질병, 전쟁, 사고, 재해, 저 출산 등으로 인한 인구 감소는 어떠한 형식으로든지 국가에 전반적으로 악영향을 미치는 것만은 분명하다.

정책입안자들은 이점에 유의하여야 할 것이다. 저 출산은 총체적 수요를 감소시켜 장기적으로는 산업 경쟁력의 약화는 물론이고 장, 단기적으로는 부동산 가격의 하락을 가져온다. 인구 감소는 부동산 가격의 하락만을 불러오지 않는다. 폐교증가, 실업증가. 땅의 이득 감소로 인한 경쟁력 감소 등 수많은 부작용을 연쇄적으로 불러오는 매우 부정적 요소이다.

알고리즘에 의한 효 특성 모델의 분석 없이는 이러한 논거를 구체적으로 확정해보기가 어렵다. 저 출산의 위험성이란 쉽게 말하면 부모가 돌아가시면서 자기가 낳은 자식이 결혼하여 소멸된 공동체를 복구하여 부자지간의 유한성을 극복하고 무한성을 이어가야 한다.

국가가 지속적으로 성장과 발전을 계속하려면 질병, 사고, 재해 등으로 인하여 자연적으로 감소되는 인구를 제외하고도 최소한 평균 2.0명 보다 많은 자녀를 낳아야 한다. 그러므로 출산율이 국가의 생존과 번영에 미치는 지대한 영향을 고려하여 국가가 필요한 적정인구의 보유가 얼마나 중요한 정책인지를 정책입안자들은 반드시 인식하여야 한다.

저 출산 정책만을 한동안 추구한 결과 수백만의 외국인 근로자가 우리나라에 유입되어 국력에 맞춰 적정 보유 인구수만큼을 부족한 노동생산성을 보충하여 대체 활동 중인 우리의 현실이 이를 증명해주고 있다. 저 출산은 불효(不孝)[327]의 하나로서 가정이 축소되면 사회도 축소하고 결국은 국가 축소로 이어진다.

알고리즘에 의한 효 특성 모델은 이러한 증상을 심도 있게 그려낸다. 효는 결국 가정과 국가, 효와 충의 결합과 상호 보완 없이는 생존과 번영이 불가능함을 잘 보여주고 있다.

또한 국가 경쟁력은 결국 그 나라의 노동 생산성에 의하여 좌우되므로 개인의 생각과 말과 행위의 총합이 그 나라의 국가 경쟁력의 대표적 지수인 노동생산성을 의미하는 GDP로 변환되어 매년 발표[328]된다고 상정해 볼 수 있다. 다만 국가 간의 효행지수는 아직 발표된 사례는 없으나 국가 간의 행복지수는 다양하게 보고되고 있다.[329] 그런데 주목해야할 점은 노동생산성에 의한 소득과 행복지수는 상호 비례적으로 일치하지 않는다는 점이다. 그렇다면 효는 자기 삶의 영역 중 정신적 문화자원에 가까우며 물질적 자원은 정신적 행복을 보조하는 수단이나 역할에 가깝다고 보아야 할 것이다.

---

327) 『孟子』「離婁上篇」"不孝有三, 無後爲大."

328) 2017.04 IMF 발표 세계1인당 GDP 순위, 룩셈부르크 > 스위스 > 노르웨이 > 마카오 > 아일랜드 > 카타르 > 아이슬랜드 > 미국 > 덴마크 > 싱가포로

329) 위키피디아, 2017 세계행복지수 보고서, 노르웨이 > 덴마크 > 아이슬랜드 > 스위스 > 핀란드 > 네델란드 > 카나다 > 뉴질랜드 > 호주, 연구자 주, 소득순위와 행복지수는 언제나 일치하지 않는다.

현대전은 전쟁기술의 향상으로, 국가이익의 도덕적 가치는 국력에 의하여 희생 제물이 되는 것이 관례적이며[330] 이러한 국력을 결정짓는 요인들이 5개의 효치 대상물 전반에 걸쳐 통합적으로 밀접하게 전개되어 있다. 즉 개인 간의 이익 충돌이나 국가 간의 국익 충돌이 개입되지 않는 한 국가나 개인 간의 서로를 연대시키는 유일한 끈은 이해관계의 끈과 일치하는 것이다.[331] 이렇게 냉엄한 국제관계의 현실에서 국력을 결정짓는 요소가 땅의 이득에서 비롯하는 식량자원과 석유의 에너지자원, 공업능력, 군사력과 군비지출능력, 외교, 국민성, 국민의 사기, 외교의 질, 정부의 질 등은 효 특성 모델에서 추론한 통치 대상물과 매우 밀접한 관계를 맺고 있다.[332]

이처럼 가정과 국가관계에서 비롯되는 여러 가지 효 관련 역학관계는 또한 국력과 국부와도 효는 밀접한 관계를 유지하고 있다. 제3알고리즘의 효 특성 모델은 효가 살아야 국가도 살아 움

---

330) Hans Morgenthau 저, 이호재, 엄태암 역, 『국가 간의 정치』 1 (경기도, 김영사, 2014).

331) 위의 책, 95쪽. "이해관계의 일치야말로 국가든 개인이든 서로를 묶어 96쪽. 주는 가장 확실한 끈"투키디데스(Thucydides, BC 460?~400?)의 지적은 19세기 "국가 간의 연대를 유지해주는 유일한 끈은 이해관계의 충돌이 존재하지 않는 것"이라는 솔즈베리(3rd Marquis of Salisbury, 1830~1903) 말로 이어지고 있다.

332) 위의 책, 308쪽. 자연자원= 식량, 311쪽 + 천연자원, 313쪽. 석유의 위력은 에너지원으로서 산업발달과 전쟁에 더욱 중요해짐, 320쪽 + 공업능력, 325쪽 + 군비 : (전쟁 기술 (무기/운용/과학기술등), 329쪽 + 리더십, 330쪽 + 군대의 양과 질(군부 지도자의 탁월한 전략적/전술적 기술)), 332쪽 + 인구, 339쪽 + 국민성, 348쪽. 국민성과 국력: 국민성은 전시나 평시에 조국을 위하여 정책을 수립하고 집행한다. 353쪽 + 국민의 사기, 358쪽. 결정적 요소는 사회와 정부의 질이다. 전시에는 군사력에, 국가분쟁 시에는 외교정책이나 정부의 결단력에, 영향을 미친다. 364쪽 + 외교의 질: 외교란 국제무대에서 그 국가의 이해관계를 가장 직접적으로 반영하는 목표를 달성할 수 있도록 국력의 여러 요소를 통합하는 기술이다. 371쪽 + 정부의 질

직인다는 의미와도 일치하고 있음을 잘 보여주고 있다.333)

단원 토론

문제 1. 국가와 가정은 어떤 관계에 있습니까?

문제 2. 효와 충은 어떤 역동성을 유지합니까?

문제 3. 땅의 이득은 무엇을 매개합니까?

문제 4. 통치 대상물을 확정하는 방법을 논해봅시다.

문제 5. 리더십은 어디에서, 어떻게 나옵니까?

문제 6. 기업경영과 국가 경영의 차이점은 무엇입니까?

문제 7. 국부는 효의 본질과 어떤 상관성을 유지합니까?

문제 8. 효라는 문자의 본질은 무엇을 말해줍니까?

문제 9. 땅의 이득으로 나오는 자원의 종류를 말해봅시다.

문제 10. 가정경영, 국가경영, 기업경영의 차이점을 효 역학적으로 설명해봅시다.

---

333) 7효중의 하나가 나라사랑이다. 효비전선언문(2007)에서는 "효가 살면 모두가 산다."라고 하였다.

VI. 효의 완성(Stepwise Completion) 모델

단계별 자기완성 현대 효 모델은 제4알고리즘의 핵심 모델이며 입신양명(終於立身)의 과정으로서 제1단계 자기완성 모델(1-30세), 제2단계 자기완성 모델(31-60세), 제3단계 자기완성 모델(61-90세)의 각각을 수학적 논리공식의 알고리즘으로 표현한 것이다.

효는 무한 영속론(孝亡終始)과 무한 확장론(孝之大也)에 의거 가정이라는 한정된 공간에 머무르는 폐쇄적 가정 공동체만의 윤리가 아니라 외부로 확장, 연계되어 그 확장축의 하나는 인류 공동체 영역에, 또 다른 하나의 축은 우주 공동체 영역과 직결되어 영속적으로 작동하고 있음을 언급하였다.

효 공동체가 성장, 발전하고 커지면서 사회적 공동체 영역에는 그 구조와 기능 및 역할에 따라 효가 인간관계에서 중요한 매개물인 예로 확장하여 작용하고,[334] 국가 공동체 영역을 완성하기 위하여 그 목적과 성격 및 조건에 따라 통합적으로 효가 충으로 변환되고, 확장되어 작용한다.[335] 이처럼 효는 가정과, 사회, 국

334) 『孟子』「梁惠王」상 "老吾老以及人之老, 幼吾幼以及人之幼."
335) 『古文孝經』「士章」"故以孝事君則忠."

가에 깊이 뿌리를 내려 모든 공동체가 통합적으로 작동할 수 있는 철학과 이념을 제공해 주게 된다.

효가 확장하여 성장, 발전을 거치는 과정에서 사회적 인간관계 영역에서는 예로 변환하여 사회적 공동체의 기능과 역할을 유지시켜주며, 효로서 부모 섬기듯이 국가와 국민을 섬길 때에는 국가 공동체를 위한 충으로 확장, 변환하여 국가 공동체를 통합적으로 작동시켜 주게 된다. 따라서 효와 충, 그리고 입신을 다루기 위하여 효 윤리적 측면에서 다음과 같이 가정, 사회, 국가 공동체를 요약해 볼 수 있다.

가정은 첫째, 사친의 영역으로 가정이라는 공간에서 효라는 씨앗이 시원(始原)적으로 발아(發芽)하여 사군의 충과 입신의 토대를 이루어 싹이 트게 하는 가족 공동체의 장(場)으로서 외부인의 개입을 불허하는 극히 배타적 폐쇄 공간이다. 이는 마치 씨앗이 발아할 때 어느 누구의 접근도 허락하지 않는 비밀스러운 공간에 머무르지만 성장하여 거목을 이루게 되면 개방된 공간에서 스스로가 우뚝 서는 원리와 같다. 이때 뿌리는 효로, 줄기는 충으로, 잎은 예로 유추해볼 수 있다.

그 근본은 씨앗과 뿌리에 두고 있지만 결국은 각각의 모습만 달리할 뿐 나무(인성)라는 동질성을 이룬다. 둘째, 누구에게나 없어서는 안 될 출생, 성장, 죽음을 맞이하는 미소공간이다. 셋째, 의식적이든 무의식적이든 부자지간에 형성되는 인격(德)과 인성(道)의 교류를 통하여 1차적으로 혈연관계의 사회적 자아를 형성해주는 가장 기본적 단위의 공동체 공간이다.

사회는 첫째, 사친의 효가 가정을 떠나 입신이라는 비혈연적 관계의 사회적 공동체 공간영역으로 확장하여, 효가 입신의 공간으로 확장, 진입하는 개방된 공동체이고, 누구나의 진입이 자유로운 통합적인 경쟁 공간이다. 둘째, 누구에게나 없어서는 안 될 물적, 재정적, 인적 자원이 집중된 삶의 터전을 위한 공동체 공간이다. 셋째, 사친의 효에서 부자지간에 형성된 인격(덕)과 인성(도)의 교환, 교류라는 친족관계를 통하여 형성된 1차적 자아(효를 중심)를, 비혈연적 인간관계를 통하여 인격과 인성이 2차적인 사회적 자아(예를 중심)로서 바뀌면서 자기완성을 이룩하는 개방된 공간이다.[336] 입신이라는 개념은 자기가 원하는 공동체에서 우뚝 서는 개념으로 보고자한다(standing uppermost in the society).

---

336) Ⅰ. 존 서머빌. 다까하시 오사무 저, 조일민 역, 『사회를 어떻게 볼것인가』(서울, 도서출판 중원문화, 1988), 97쪽. 충/효/예와 인성에 관한 가치의 문제

①어떤 의미의 가치가 존재하는가?(연구자 주: 융합E, 치유E, 구동E를 나/가/사/국)에 제공해야할 가치의 본질은 의로움임.

②가치의 기원은 무엇인가?(연구자 주: 인류 역사이전 우주의 창조로부터 존재)

③가치는 인생에서 뺄 수 없는 일부분인가?(연구자 주: 신분상승의 에너지 공급)

④가치는 인생에서 건설적인 역할을 할 수 있는 것인가?(연구자 주: 장수, 다행, 융성과 번영, 전쟁에서 승리, 평화와 안전, 땅의 이득증대)

⑤인간에게 어떤 가치가 긍정적이고 부정적인가를 과학적으로 결정하고 합리적으로 증명할 수 있는 것인가? 가능하다면 그 때 무엇이 증명될 것인가?(연구자 주: 충/효/예의 절대값 산정을 통하여 각각의 중요성을 강조, 그리고 공동체에 우호적이어야 함.)

⑥가치 및 가치의 실현은 역사, 경제, 정치, 종교, 자연과학, 사회과학과 같은 분야에 어떤 관련되는가?(연구자 주: 삶의 안정과 행복, 자기완성에 부합)

Ⅱ. Gibson Winter 저, 현영학, 손승희 공역, 『사회윤리의 기초』(서울, 대한기독교출판사, 1979), 34쪽. 다른 사람을 통하여 자아는 사회화 된다는 것이다. 자아가 그 일반화 된 타자의 입장을 취함으로써 공동체의 태도와 찬동과 의미를 반영하게 된다. 즉 나가 생겨나는 것이다. 연구자는 이를 1차적 자아, 2차적 자아로 구분하였다.

국가란 첫째, 가족 공동체가 무수히 모여, 궁극적으로 자급자족이 가능한 마지막 단계의 공동체 공간이다. 둘째, 사친의 효가 확장하여 사군의 충이라는 국가와 국민이라는 초인격체 영역으로 그 대상이 변환되어 역으로 가정과 사회를 보호해주는 절대적 울타리로서, 가정과 사회와는 전혀 다른 특수한 성격의 거대 공동체이다. 셋째, 외적을 물리치고 스스로를 보호할 능력을 유지할 때만 국가의 생존과 번영이 존속되며, 이 경우에만 가정과 사회, 즉 국민의 권리와 이익을 보장해 줄 수 있는 정신적 인격체의 하나인 민족적 공동체 집단을 유지시켜 준다.

위와 같이 가정, 사회, 국가의 통합적 기능이 전문화, 세분화, 복잡화된 공동체적 구조에서 자기완성이란 무엇인가? 그리고 어떻게 이를 실현시킬 것인가? 인문학적으로 말하자면 가정, 사회, 국가 공동체 각각에 고유한 목적의 실현을 위하여 구동하는 인격과 인성[337]은 개별적으로 그 인격과 인성의 모습이 제각각 다르고 인간의 구동장치 역시 개별적으로 전혀 동일하지 아니하나 공동체가 추구하는 목적을 실현하여야 한다는 공통의 목표는 동일하다. 그 이유는 가치와 이해관계가 개별적으로 제각각 다르기 때문이다.[338]

자연과학적 측면에서는 자동차, 핸드폰, 선박과 같이 동일목적의 실현을 위하여 개별적으로 모든 개체(부분품)는 획일화, 규격

337) 인성은 인간을 수동적, 능동적으로 움직이게 하는 두뇌작용의 알고리즘으로 가정, 사회, 국가와 우호적 관계를 유지할 때 인성은 정방향을 유지하나 비우호적일 때에는 역방향을 유지하여 그 사람의 인성은 비난 받기 쉽다.

338) 김영화. 신원식. 임성옥 공저, 『현장에서 본 사회문제』(경기도, 양서원, 2013), 17쪽. 사회문제의 근원은 가치 혹은 이해관계이다.

화로 품질을 보증한다. 그리고 그 메카니즘(mechanism)도 동일하다. 왜냐하면 가치와 이해관계로 대립과 갈등을 유발하지 않고 정해진 수학적 연산의 논리규칙에 따라 정해진 방식으로 아무런 불만이나 불평 없이 주어진 시간에 주어진 방법으로 정확하게 작동해야하기 때문이다.

이것이 인문학적 공동체의 구동체계와 자연과학적 구동장치의 차이점이다. 따라서 다양하고 복합한 현대사회에서 자기완성과 관련하여 현대 산업사회에서는 가정 공동체, 사회 공동체, 국가 공동체가 자유민주주의 시장경제하에서 국경을 초월한 무한 생존경쟁에서 살아남기 위해서는 모든 분야에서 통합적으로 요구하는 수많은 창의적인 능력을 갖춘 인재가 절대적으로 필요하다.

모든 변화의 시작점, 즉 자기 완성의 출발점은 가족 공동체로부터 발원하고 사회 진출에 앞서 학교라는 교육제도를 두고 있어 모든 이에게 공평한 자기완성의 기회를 제공하고 있다. 인류 역사상 이루 헤아릴 수 없는 분야의 눈부신 발전에 절실히 요구되는 것은 바로 인적 자원의 개발이다.[339] 인적 자원 개발이란 인간이라는 유기체가 보유한 자원 즉 두뇌자원은 잠재역량이 무한한 가능성을 지니고 있어 그 개발의 한계가 없다는 특장점(特長點, figure of merits)을 지니고 있다. 특히 인적 자원중 노동생산

339) 김희수, 『인간자원개발의 이론과 실제』(서울도서출판 원미사, 2001), 머리말, 인류 역사상 이루 헤아릴 수 없는 분야의 눈부신 발전에 절실히 요구되는 것은 바로 인간자원 개발이다. 모든 변화는 인간이 만들고 지배하고 있기 때문이다. 가정, 사회, 기업 및 국가가 살아남아 경쟁에서 승리하려면 모든 분야에서 요구하는 수많은 창의적인 능력을 갖춘 인재가 필요하다.

성이 그 나라의 국부와 직접적인 관계가 있음을 이미 서술한 바 있다.

각각의 공동체가 필요로 하는 사친, 사군, 입신을 어떻게 통합적으로, 철학적으로, 윤리적으로 자원화하고 개발할 수 있는가를 통하여 단계별 자기완성의 실현이 가능하고 그에 따른 입지나 성공을 정의할 수 있는 근간이 부여된다.[340]

교육이란 결국 자라나는 자녀 세대들에게 먹고 자라며 경쟁해야할 미래사회에서 필수 불가결한 근간으로서 올바른 방향성을 제시해 주고 현실성을 유지하면서 독창성과 응용성을 동시에 갖추는 창의인재를 양성할 수 있도록 스스로를 변화시켜주는 데 있다.[341] 교육이란 또한 "인간행동 특성을 계획적으로 변화시키려는 과정"으로 중요한 역할을 기능할 것이다.[342] 그러므로 입신이란 가정, 사회, 국가 공동체가 필요로 하는 목적에 부합할 수 있도록 효, 충, 예를 갖춘 창의적 재능을 갖춘 인간으로 우뚝 서는 것을 말한다. 제4알고리즘의 단계별 자기완성 효 모델에서는 공자가 말하는 입신(終於立身)의 효를 필자는 단계별로 제1단계 자기완성의 효 모델(1세에서 30세), 제2단계 자기완성 효 모델(31세에서 60세), 그리고 마지막 제3단계 자기완성 효 모델(61에서 90세)의 3단계로 나누어 살펴보고자 하였다. 입신이란 결국 삶의 터전인 사회 공동체에 진입하여 자기완성을 이루고 우뚝 서는 것

340) 김희수, 『인간자원개발의 이론과 실제』(서울도서출판 원미사, 2001), 24. 인간자원개발=인간(유기체) + 자원(두뇌자원) + 개발(잠재역량의 무한한 가능성)인간을 어떻게 자원화하고 개발할 수 있는가를 통하여 인간 자원 개발론을 정의할 수 있는 근간이 된다.

341) 위의 책, 27쪽. 미래사회에서 필수 불가결한 근간은 독창성과 응용성을 동시에 갖추는 인재를 양성하는 데 있다.

342) 위의 책, 23쪽. "교육이란 인간행동 특성을 계획적으로 변화시키려는 과정"

으로 필자는 판단하였다.

효가 태동하던 시대에는 당시 사회가 오늘날과 같이 과학기술의 발달, 산업화, 도시화를 거쳐 고도로 전문화, 세분화, 복잡화된 가정, 학교, 사회, 기업, 군대 등의 국가 공동체 사회로 진입하지 못하였음에도 불구하고 이를 상정한 것이므로 효의 완성이란 고도로 분화된 공동체 집단에서 자기완성을 위한 공동체에 진출하여 우뚝 설 때를 성공하는 것으로 보았다. 이는 공자가 성인으로서 시대를 초월하여 기능하는 효의 작용을 미리서 간파한 것이다. 그리하여 공자는 중국에서는 황제 다음으로 추앙받고 있는 위인이다.

유학자들은 '학이시습'[343]을 우선 행하고, 후천적인 노력으로 수신(修身, self-cultivation))을 연마하면 누구나 성인이나 군자와 같은 이상적인 인격체에 이를 수 있다는 성인론과 군자론을 도입하였다.[344] 성인론과 군자론이 중요한 이유는 성인이나 군자가 되면 그 시대를 살지 않았어도, 또한 오늘날과 같이 우주를 여행하지 않고서도 일반인들이 알지 못하는 삼라만상의 복잡한 세계

---

343) 『論語』「學而編」"子曰, 學以時習之, 不亦說乎."

344) 박호성, 『공동체론』(경기도, 효형출판, 2009), 274쪽. 공자나 맹자의 '인간의 존재성 확대'의 이상모형이라 할 수 있는 聖人論(성인론), 君子論(군자론)을 삶의 목표로 제시하고 인간 존재의 '확대성'과 '필연성'에 집착하는 독특한 인간관을 담고 있으며, 공자나 맹자는 '개체적 존재성'을 탈피하여 궁극적으로 사회에 대한 책무를 자임하고 실천해나가지 않으면 안 되는 '사회적 관계체'가 바로 인간이라고 규정하고 있다. 서구식 "존재론적 사고"란 남이 나를 알아주는 것이라면, 유교적 사상은 내가 남을 알지 못하는 것을 근심하는(不患人之不知己, 患不知人也) '관계론적 사고'이다. 따라서 인간은 공동체 내에서 "능동적이고 주체적인 자기 성찰을 통하여 존재 확대를 이루어 낼 수 잇는 무한한 가능성을 지닌 존재"로 인식된다. 신영복, 『강의:나의 동양고전 독법』(경기도, 돌베개, 2004), 103쪽, 유학자들은 인간이 배움(學)과 후천적인 노력(修身)을 통하여 누구나 성인이나 군자와 같은 이상적인 인격체에 이를 수 있다는 것을 의심하지 않았다.

를 들여다보는 관찰능력을 터득한다는 점이다.[345] 그러므로 공자는 사친, 사군, 입신의 효를 통하여 가족이 공동체의 기본 단위로서 가정, 사회, 국가라는 공동체가 통합적으로 고도화, 전문화, 복잡화 될 것임을 전제로 인간이 삶을 추구하는 데 입신의 삶을 실천하도록 가르쳤다.

본 저술에서는 그러한 입신의 전통적 효의 정신적 문화의 동질성을 유지하면서 실천방법만을 달리하여 단계별 자기완성 효 모델이라는 알고리즘으로 작동하는 변환된 효를 얻어 낼 수 있게 되었다. 입신의 효에서 변환된 단계별 자기완성 효 모델의 경우 생애 제1단계의 완성은 전통적 효의 입신과 동일하다. 따라서 제1단계 자기완성이란 학이+시습+수신의 관계식으로 구성되어 있다. 필자는 이를 어디까지나 전통적 입신이라는 개념의 제1단계 자기완성 모델로서 이에 부합한 알고리즘을 구함으로서 변화된 시대에 맞춰 그 위상을 맞춰 주고자 하였다. 제1단계의 자기완성에 필요한 학이+시습+수신의 관계식은 다음 단계인 제2단계의 사회진출에서 자기완성을 위한 기본적, 필수적인 발판이 된다.

제4알고리즘에 의한 제1단계 자기완성 모델을 수식으로 표현하면 다음과 같다.[346]

제1단계 자기완성 모델 = Σ인간n, t(학이i + 시습j + 수신k)

---

345) 최완식, 『周易』(경기도, 혜원출판사, 1998), 258. "聖人, 有以見天下之賾, 而擬諸其形容, 象其物宜, 是故謂之象."

346) 전통적 효의 완성이 학이시습, 수신으로 끝나는 것은 아마도 이조시대의 평균 수명이 40세이었다고 하니 공자 당시의 평균수명은 훨씬 낮았기 때문이라고 판단된다.

t = 태어나서 죽을 때까지의 시간
i = 생애기간 동안 학이(學而)의 발생 량
j = 생애기간 동안 시습(時習)의 발생 량
k = 생애기간 동안 수신(修身)의 발생 량

이를 도식으로 표현하면 다음과 같다.

알고리즘에 의한 제1단계 자기완성 효 모델

단계별 자기완성 효 모델	의의	알고리즘	전통적 의미
제1단계 자기완성 알고리즘, 제1 단계 자기완성 모델	현대사회 진입을 위한 필수 기초과정	Σ인간n,t(학이i+시습j+수신k)	학이시습, 수신

n = 공동체에서 구성원 수,
n =1이면 n은 사라짐
t = 태어나서 죽을 때까지의 시간
i = 생애기간 동안 학이(學而)의 발생 량
j = 생애기간 동안 시습(時習)의 발생 량
k = 생애기간 동안 수신(修身)의 발생 량

상기 알고리즘 식이 중요한 이유는 개인이 입신하기 위하여 노력한 총량이 계량적으로 얼마 정도인가를 보여주고, 그가 속한 사회 공동체의 전반적인 경쟁력의 총량이 어느 정도인지를 개념적으로 알려 줄 수 있다는 점이다. 위식이 중요한 것은 사람이 태어나서 생애기의 처음 30년간은 배우고, 익히면서 수신하여 입신의 기본적 틀을 갖추는 일이라는 점을 절실하게 보여주고 있다. 생애 제1 단계 효의 완성에서 가장 큰 의미는 아무리 창의적 인재라고 하여도 학이 + 시습 + 수신이 된 후에 사회에 진출하여야만 성공할 수 있음을 보여주고 있다.

현대사회에서 입신이라는 제4알고리즘의 단계별 자기완성 효 모델은 제1 단계 자기완성 모델을 들여다보면 긴 과정이 필요하다. 전통적 의미와 유교적 의미의 입신은 학이 + 시습 + 수신의 과정으로 30세까지의 기초 완성과정으로 끝이라면 현대적 의미의 입신은 더 나아가 31세부터 60세까지 다음 30년 동안은 방법론적으로 그 실천내용이 사회참여 + 창의재능 + 소득창출을 완성하는 것이다. 사회 참여란 적극적으로 사회 공동체에 진입하여 직업(일자리)을 구하는 것이고, 창의재능이란 각자의 노동생산성을 의미하고, 소득창출이란 자기 삶의 완성으로서, 경제적 터전인 사회 공동체에서 노동생산성의 대가로 지급받는 보수를 의미한다.[347)]

아무리 시대가 변하여도 사회적 공간에서의 입신이라는 질적 내용은 바뀔 수 없다. 다만 현대적 의미에서 제2단계 자기완성(31 - 60세)의 효 모델은 그 방법과 위상이 1단계와는 다르다. 현대적 의미의 제2단계 입신을 관계식으로 표현한다면 사회참여 + 창의재능 + 소득창출[348)]이라고 결정하였다. 전통적 입신은 어디까지나 개인적 영달이 목표였다면 오늘날의 입신은 사회 공동체

---

347) 개인사업자, 자영업자라 하여도 사회 공동체의 고객이 지불하는 금전이 보수의 일종이라 할 수 있다.

348) 『古文孝經』「庶人章」"因天之時 就地之利.": 일반 백성들의 효는 하늘이 만들어주는 계절의 변화에 따라 사회적 공동체 구조에서 생존과 번영을 위하여 땅의 이득을 취하는 것으로 보았다. 이것은 개인은 소득 창출, 국가는 국부와 관계가 깊다.

에 대한 기여도와 소득창출이 입신과 성공을 의미하는 것이라고 보았다. 전통적 입신에서는 배우고 익혀 수신한 후에 개인적으로 출세하여 부모님을 명예롭게 해 드리고 후세에 이름을 남기는 것으로 만족하는 것이나, 현대사회에서는 개인적 영달만을 위함이 아니라 공동체가 실천하려 하거나, 시대가 요구하거나, 또는 사회적 목적을 달성하는 데 자기완성을 통하여 공동체에 도움이 되어야 한다는 점이다. 개인적인 역량의 개발은 물론이고 사회참여를 통하여 결국에는 사회나 시대가 필요로 하는 창의적 인재로서 재능을 제공하고 공동체가 필요로 하는 소득을 창출함으로서 사회 공동체의 공동목표를 달성하는 데 있다. 이는 결과적으로 개인의 성공과 영달은 물론 가정과 사회, 국가의 발전을 초래하게 된다. 이를 알고리즘으로 표현하면 다음과 같다.

제4알고리즘에 의한 제2단계 자기완성 효 모델

제2 단계 자기완성 모델 = Σ인간n,t(사회참여i+창의재능 j+소득창출k)

n = 공동체에서 구성원 수

t = 태어나서 죽을 때까지의 시간

i = 생애기간 동안 사회참여의 발생량

j = 생애기간 동안 창의재능의 발생량

k = 생애기간 동안 소득창출의 발생량

이를 도표로 나타내면 아래와 같다.

제4알고리즘의 제2 단계 자기완성 모델

명칭	의의	제4알고리즘	전통적 의미
재2단계 자기완성 알고리즘, 제2단계 자기완성 모델	현대사회에서 자기완성 실현	Σ인간n,t(사회참여i+창의재능j+소득창출k)	과학기술발달, 산업화, 도시화, 사회참여, 소득창출

n = 공동체에서 구성원 수
t = 태어나서 죽을 때까지의 시간
i = 생애기간 동안 사회참여의 발생량
j = 생애기간 동안 창의재능의 발생량
k = 생애기간 동안 소득창출의 발생량

상기식의 중요성은 효가 단순한 개인의 영달만으로 끝나는 것이 아니라 가정, 사회, 국가 공동체가 지향하는 목표 달성에 충분한 역할과 기능을 담당해야 한다는 점이다. 효가 정신문화이면서 소득창출이 강조되는 이유는 현대사회에서 가정을 유지시켜주는 경제적인 터전은 사회 공동체로 본다는 관점에 있다.[349] 일반 백성들의 효는 하늘이 만들어주는 계절의 변화에 따라 땅의 이득을 취하여 부모공경의 도리로서 부모를 부양하는 것으로 필자는 이것을 효라는 문자의 본질로 보았기 때문에 이러한 논리전개가 가능하였다. 또한 현대사회에서도 자식 된 도리로서 부모부양과 같은 보은을 실천하려면 창의재능과 소득창출이 효와 관계가 깊다는 점을 잘 보여주고 있다.

349) 권연옥, 『인간관계론』(서울, 학문사, 2004), 42쪽. 사회는 가정을 유지시켜주는 경제적인 터전

생애 마지막 단계의 자기완성의 모델은 무엇과 같은가? 은퇴 후 마지막 생애기의 효의 완성은 또 다른 모습을 지닌다. 마지막 생애기의 인생은 재력이나, 지식 등 자기가 보유한 남다른 재능을 환원하거나 기부하면서, 새로운 인생을 개척해나가야 한다. 그동안 가정, 사회, 국가를 위하여 헌신하였으므로 새로운 자기 삶(취미, 여행, 운동, 새로운 만남 등)을 찾아 여생을 추구하되 새로운 친구와 함께 즐기는 것이다. 그리고 웰 다잉으로써 자연인의 유한성이 실현되고 인생이 끝나는 것이다. 즉 인간은 자연의 일부로서 자연으로 복귀하는 것이다. 이를 알고리즘으로 표현하면 다음과 같다.

제4알고리즘의 제3 단계 자기완성 모델

제3단계 자기완성 모델 = Σ인간n,t(자기 삶i+재능/재력 기부j+아름다운 마무리k)

n = 공동체에서 구성원 수

t = 태어나서 죽을 때까지의 시간

i = 생애기간 동안 자기 삶 추구의 발생량

j = 생애기간 동안 재능이나 재력 환원의 발생량

k = 마지막 생애의 행복한 마감, 누구나 k=1 이다.

이를 도식으로 표현하면 아래와 같다.

제4알고리즘의 제3 단계 자기완성 효 모델

명칭	의의	알고리즘	전통적 효

제3단계 자기완성 알고리즘, 제3단계 자기완성 모델	현대 사회에서 은퇴 후의 생애마지막 기간의 자기완성	Σ인간n,t(자기 삶i+재능/재력 기부j+아름다운 마무리k)	손자, 손녀와 여생을 함께함

n = 공동체에서 구성원 수
t = 태어나서 죽을 때까지의 시간
i = 생애기간 동안 자기 삶의 발생 량
j = 생애기간 동안 재능환원의 발생 량
k = 생애의 마감으로 누구나 1의 값을 갖는다.

제3단계 자기완성 효 모델에서는 태어나서 생애기 처음 30년간(1~30세)은 배우고 익히고 수신하는 과정으로 부모 밑에서 사회진출을 위한 발판을 깔아 놓는 것이 제1 단계다. 그리고 다음 생애기 30년간(31~60세)은 제2 단계로서 부모에게서 독립하면서 사회에 진출하여 창의적인 재능을 제공하고 소득창출을 통하여 가족과 사회, 국가 공동체의 성장과 발전을 촉진시키고, 마지막 생애기인 은퇴 후의 제3 단계는 30년간(61~90세) 그동안 시도해 보고 싶었던 자기 삶을 찾아 가고, 건강을 위한 운동, 취미생활, 여행 등을 가족이나 친지가 아닌 새로운 사람들과 함께 새로운 인생의 여행을 시작하는 것이다. 그리고 여분의 재능과 재력이 있다면 이것의 일부를 기부하면서 그리고 아름다운 마무리(well-ending)로 자기의 생을 마감하고 자연의 일부로 돌아가는 것이다.

단원 토론

문제 1. 입신은 어떤 의미를 지니고 있는가?

문제 2. 자기완성과 입신은 어떤 등가성을 지니고 있는가?

문제 3. 자기완성 과정을 토론을 통하여 자서전적 내용으로 상호 토론해 봅시다.

Ⅶ. 효의 상대적 가치 등가성 모델 (Relativistic Value Equity Model)

제5알고리즘은 지금까지 얻어진 효 정의 모델, 효 구조 모델, 효 특성 모델, 단계별 완성 효 모델 등에 작용하는 통합적인 철학과 이념을 제공하는 효의 가치를 기준으로 충과 예의 상대적 가치의 내용을 알아보려는 알고리즘으로, 효 · 충 · 예에 대한 상대적 가치 등가성 모델이다.

효는 사친(事親)이고, 사군(事君)이며, 입신(立身)이다. 효는 궁극적으로 사친에서 사군으로 확장, 변환되어 입신으로 끝난다. 사친의 효와 사군의 충은 공유를 본질로 하는 오늘날의 공동체에 있어서 효 · 충 · 예는 과거의 토지 공유와 같은 하드웨어적 요소가 아닌 언어, 정치, 경제, 문화, 법률 등과 같은 소프트웨어적 요소의 공유를 의미한다.[350)]

공유는 보이지 않는 수많은 사람과 협력적 관계를 유지할 수밖에 없다는 의미이다. 마찬가지로 효 · 충 · 예 역시 이를 실천하기

---

350) 박호성, 『공동체론』(경기도, 효형출판, 2009), 578쪽. 사회는 거래의, 거래에 의한, 거래를 위한 행위 양식을 그 본질로 한다. (자기 최고주의, 승자 독식주의, 위선과 부도덕의 양면성)공동체는 공유(share)를 본질로 한다. 오늘날의 공동체란, 과거의 처자식 공유나, 토지 공유가 아닌 언어, 정치 경제, 문화, 법률 등의 공유를 의미한다 할 것이다.

위해서는 생면부지의 수많은 사람들과의 협력적 관계를 유지하는 데 유용한 도구이다. 공동체의 단위 집단은 가족 공동체가 기본적 토대이고 가족 공동체는 국가의 근원이 되므로 가족 공동체의 효와 국가 공동체의 충과의 상관성, 즉 효와 충은 불가분의 관계에 놓여 있다는 점은 앞서 기술한바 있다. 충의 철학과 이념으로 움직이는 국가는 효의 이념과 철학을 통하여 움직이는 가족 공동체의 구성원들이 자기실현을 위한 필수적인 토대이고, 가족 공동체를 움직이는 효는 국가를 움직이는 충의 근원이 된다.[351]

효(孝)로서 부모를 섬기듯이 마찬가지로 효를 그대로 옮겨서 국가와 국민을 섬기는 것이 충(忠)이라하였다. 따라서 효와 충은 별도의 다른 개념이 아니라 본질은 효를 기초로 한 확장적 변환 개념이라고 볼 수 있다. 다만 겉모습이 공동체의 위상에 따라 완전히 바뀌었을 뿐이다. 물이 수증기와 얼음으로 겉모습이 완전히 변환되었다고 하여 물의 본질이 바뀌지 않은 것과 같다. 부모 섬기듯이 국가와 국민을 섬기는 것으로 그 위상이 공동체의 대상과 속성에 따라서 효와 충은 질적으로는 그 위상이 동질의 개념으로 인식된다.

또한 효가 어떻게 국가 공동체 공간에서는 충으로 확장되어 가는지를 잘 설명해주고 있다.[352] 참된 인격자는 효를 다하여 부모를 섬기면서 부모 섬김의 효를 그대로 군주에 옮겨 오늘날의 국

---

351) 위의 책, 63쪽. 아리스토텔레스는 국가를 인간의 자연(본성)에서 비롯하는 인간의 자기실현을 위한 필수적인 토대라고 믿었다. 그리고 가족공동체를 국가의 근원이라고 인식했다.

352) 『古文孝經』「廣揚名章」“子曰, 君子事親孝, 故忠可移於君, 事兄弟, 故順可移於長,, 居家理, 故治可移於官.”

가와 국민을 섬기는 것이 충이다. 나아가, 형제를 존경하듯이 이를 그대로 옮겨 웃어른의 말씀과 질서를 따른다. 이것이 바로 부자지간에 작용하는 가정의 효가 확장되어 사회적 공간에서는 그 공동체의 속성과 성격에 따라 입신을 위한 도구인 예(禮)로 변모된 것이다. 가장이 집안을 잘 거느리듯이 이를 그대로 옮겨 공직사회를 유지시켜주는 관직에서도 그대로 적용한다. 이것이 이훈천하(以訓天下)의 원리인 효에 기초한 충의 원리가 작용하는 치국 내지 효치의 철학과 이념이다. 이처럼 효가 어떻게 국가 공동체로 어떤 원리로 확장되어 가는지를 여러 단계로 설명하였다. 그러면 효와 충의 양면성과 등가성인 가족 공동체의 효와 국가 공동체의 충이 어떤 관계인지를 논의해보자.

이를테면 길을 가다가 폭력배를 만났을 때 필요한 것은 바로 부모가 아니라 국가의 힘인 경찰을 부르는 일이다. 반대로 국가가 위험해지면 바로 국가가 내 부모와 같이 위험해지므로 국가를 내 부모로 생각하여 이를 지키는 것이 바로 충이다. 이것이 바로 효와 충의 관계이고 가정과 국가와의 관계이다.

이러한 효와 충을 실현시킬 때 반드시 예로서 이를 행하여야 한다. 사람은 누구나가 예로서 효와 충을 행하여야 안정을 이룬다. 예로서 충과 효를 행하지 않으면 위험해지기 때문이다.[353] 그리고 가족 공동체의 근간인 부모와 자식은 하나의 효 주체로서 공동체 집단인 가정, 사회, 국가 등의 공동체에 고유한 각각의 기능과

---

353) 송명호. 문지운, 『예기집설대전』 1권 (서울, 도서출판 높은 밭, 2002), 111쪽. 1.24 "人有禮則安, 無禮則危."

역할을 통합적으로 완성시켜줄 뿐만 아니라 각각의 공동체를 통하여 누구나가 자기완성과 삶을 영위해나가게 된다.[354)]

인간은 누구를 막론하고 사회적 집단과 불가분의 관계를 맺는다. 그러므로 인간은 사회적 집단을 떠나서는 존재할 수가 없다.[355)]

인간은 사회적 집단 즉 가정, 사회, 국가 등의 공동체의 활동을 전제로 자기완성과 자기의 삶이 실현된다.[356)] 오늘날은 과학기술의 발전으로 산업화되고 도시화된 상황에서 가정 공동체와 사회 공동체, 국가 공동체가 각각의 고유한 공동체간 위상성을 지니고 있을 때 효, 충, 예 가운데 어느 하나를 알게 된다면 상호간의 확장성과 변환성을 이용하여 나머지 하나의 상대적 가치를 간접적으로나마 어느 정도 크기와 규모 그리고 특성과 내용을 지니고 있는지를 가늠해볼 수 있게 된다.

아리스토텔레스는 '인간은 공동체적 동물'이 될 수밖에 없는 본성(자연)을 지닌 존재로서 국가의 가장 근본적인 구성요소를 일차적으로 개인이 아닌 가족 공동체라고 확신했기 때문에 이러한 추론이 가능하였다.[357)]

다음은 충의 변환적 개념과 본래적 개념을 들여다보고 그 중요성이 무엇인지를 살펴보고자 한다. 충이란 사친에서 임금을 섬기

354) 권연옥, 『인간관계론』(서울, 학문사, 2004), 19쪽.

355) 위의 책, 21쪽.

356) 위의 책, 19쪽. 인간은 사회적 집단 즉 가정, 사회, 국가 등의 공동체를 전제로 자기완성과 삶이 이루어지고…

357) 박호성, 『공동체론』(경기도, 효형출판, 2009), 67쪽. 아리스토텔레스는 국가의 가장 근본적인 구성요소를 일차적으로 개인이 아닌 가족 공동체에서 찾았으며, 따라서 '인간은 공동체적 동물'이 될 수밖에 없는 본성(자연)을 지닌 존재라고 확신했다.

는 것이나, 주권의 상징인 임금은 오늘날은 존재하지 않는다. 오늘날 주권의 상징은 국가와 국민을 의미한다. 국가는 주권을 보유하고 국가의 주권은 국민에게서 나오므로 사군에서의 군(君)은 오늘날 국가와 국민을 의미로 보고자한다. 이를 하나의 초인격체로서 국가와 국민을 지아비 섬기듯이 섬기는 것이다.[358] 효로써 부모 섬기듯이 임금(국가와 국민)을 섬기는 것이 곧 충이다.[359] 위의 두 가지 개념은 효가 확장, 변환된 개념으로 효가 공동체의 성격에 따라 변환하여 충의 모습이 되는 것을 말해주고 있다.

이는 가정과 국가는 하나의 초인격적 존재로서 충과 효는 그 위상이 확장, 변환된 개념임을 직, 간접적으로 시사해주는 바이다.[360] 또한 충의 본래적 개념은 "자기 몸과 마음을 다 바치는 것이다."[361] 충은 신체보존의 효 사상과는 다소 차원이 다른 개념이다. 국가와 국민을 위하여 싸울 때는 몸을 돌보지 말아야 하기 때문이다.[362] 이처럼 효와 충은 가정과 국가와의 관계에서 긴밀한 상관관계를 유지하듯이 국민이 국가를 만든다는 오늘날의 헌법적 이념과도 맥락을 같이 하고 있다. 또한 효와 충을 행할 때는 반드시 예의 모습으로 드러나야 한다.

---

358) 『古文孝經』「士章」"資於事父以事君."

359) 『古文孝經』「士章」"故以孝事君則忠."

360) 박상섭, 『국가 · 주권』(서울, 도서출판 소화, 2009). 85쪽. 국가는 자연의 산물이 아니라… 국가는 인간 활동의 산물이다. 그 유기체는 자연적 유기체의 복사물이다. 독일국가학사전, 국가 항목에서 "유기체"는 국가의 인격성, 즉 국가의 정신적 인격체라고 밝히고 있다.(독일국가학사전, 국가 항목)

361) 『論語集註』「里仁編」"盡己之謂忠"

362) 김영권, 『충忠.효孝.대학大學』(서울, 도서출판 수서원, 2013), 第四章 百工: "苟利社稷則不顧其身"

따라서 가정, 사회, 국가에 통합적인 철학과 이념을 제공해주는 것이 효이고, 충과 예는 효를 기초로 한다는 점에서 효 · 충 · 예 중에서 어느 하나를 알 수만 있다면 다른 2가지도 어느 정도의 가치를 지니고 있는가에 대한 크기와 규모, 그리고 특성과 내용이 들어 있는지를 가늠해 볼 수 있다는 것이 필자의 주장이다.

이처럼 시대가 변해도 효의 철학과 이념, 그 가치의 본질은 변하지 않고 그 방법이 변화할 뿐이다. 아무리 시대가 변한다 하여도, 즉 공자시대와는 전혀 다른 현대사회적 구조에서도 가정, 사회, 국가에 통합적인 철학과 이념을 제공해주는 것 역시 효이다.

필자는 지금까지 4가지 현대 효 모델의 알고리즘으로 전개된 효를 만들어 보았다. 따라서 효 · 충 · 예 가운데 효를 기준으로 나머지 2상의 상대적 크기와 규모, 그 내용을 정신적 가치 측면에서 효를 기준으로 충과 예의 정의, 구조, 특성, 완성 등을 살펴보려는 노력이, 효 · 충 · 예의 상대적 가치 산정 모델의 제5알고리즘이다.

필자 나름대로 전개한 알고리즘의 효를 이용하여 효 · 충 · 예의 상대적 가치를 산정하기 위해서는 아래와 같이 몇 가지 사항을 고려해보고자 한다.

첫째, 알고리즘으로 된 현대 효 개념의 정의 모델을 통하여 얻어진 실체화된 관계식은 생각과 말과 행위가 어긋나지 않아야 한다는 점이다. 충과 예의 기본적 정의 개념으로도 무난하게 적용할 수 있다고 판단한다. 또한 효 · 충 · 예를 완성하고, 또한 인간관계를 올바르게 소통시켜주는 매개자원이 무엇으로 작동하고

있는지를 구체적으로 설명해 줄 수도 있게 되었다.(효 · 충 · 예의 기본적 정의 개념요소=생각+말+행위)

둘째, 알고리즘의 현대 효 구조 모델을 통하여 얻어진 은혜와 보은이란 인간이 보유 가능한 자원의 상호교환으로서, 효 자원의 종류가 부자지간에, 또는 세대 간에 구체적으로 무엇을 주고받아야 하는지를 알 수 있게 하였다. 충과 예의 기본적 구조 역시 이러한 범위를 넘지 않으리라고 판단한다.(효 · 충 · 예의 기본적 구조 개념요소=물적 자원+재정적 자원+인적자원)

셋째, 알고리즘의 현대 효 특성을 통하여 가족 공동체의 효와 국가 공동체의 충과는 어떤 역동적인 관계성이 어떤 연결고리로 실체화되고, 양자가 각각의 상생을 위한 발전과 성장, 생존과 번영을 추구해나가는지를 보여주었다. 본 연결고리를 통하여 최고 지도자의 통치 대상물의 종류가 무엇인지, 통치 대상물에 따라 어떤 리더십을 발휘해야 하는지를 확인시켜주고, 국부와 국력을 결정짓는 중요한 요소가 효 문화와 어떤 연결고리를 갖는지를 알게 해 주었다. 효를 통하여 확립된 충과 예의 기본적 특성도 유사한 특성을 지닌다고 판단된다.(효 · 충 · 예의 기본적 특성 개념요소=국토(Σ土)+총소득(Σ ノ)+국민(Σ사람)+주권(Σ권리)+지적 소유재산권(Σ두뇌자원))

넷째, 입신의 효는 인간의 삶에는 효를 완성해가는 모습이 단계별로 달리 구성하고 있음을 보여주고 있다. 마찬가지로 충과 예를 완성 하려면 역시 알고리즘으로 얻어진 단계별 자기완성 모델을 크게 벗어나지 않는다고 보고 있다.

제1단계 자기완성(준비단계: 1~30세)=Σ(학이 + 시습 + 수신)

제2단계 자기완성(실천단계: 31~60세)=Σ(사회참여+창의재능+소득창출)

제3단계 자기완성(마감단계: 61~90세)=Σ(자기 삶 구현 + 재능/재력환원+아름다운 마무리)

다섯째, 시대가 변해도 가정, 사회, 국가를 움직이는 통합적 철학과 이념은 불변하고 그 위상성은 효를 통하여 나머지 충과 예의 상대적 가치의 크기와 규모, 특성과 내용 등을 살펴볼 수 있다는 점이다.(효 · 충 · 예의 상대적 가치의 등가성 개념요소 = 현대 효 · 충 · 예의 정의/구조/특성/완성의 절대 값은 유사성이 있음)

여섯째, 효를 논하는 데는 앞서 말한 '무한 영속론'(孝亡終始), '무한 확장론'(孝之大也)이 직 · 간법으로 작용하고 있으며, 이에 따른 심오성 · 광범위성 · 복잡성 등이 통합적으로 개입하여 효를 논하는 데 직 · 간접적으로 많은 제약과 한계를 설정해주고 있다.

이를 도표를 통하여 요약하면 아래와 같다. 효 · 충 · 예의 근본은 부자지간의 효 공동체를 기본으로 가정 공동체, 사회 공동체, 국가 공동체가 형성되고, 고도로 전문화, 세분화된 공동체간 기능을 통합적으로 작동시켜주는 통합적 철학과 이념이 효에서 비롯되므로 효 · 충 · 예의 고유한 상대적 가치를 산정한 알고리즘은 각각 등가성을 이룬다고 판단된다. 따라서 현대 사회적 구조에서 효 · 충 · 예의 상대적 가치의 산정은 아래의 표와 같다.

효 · 충 · 예의 기본적 개념, 구조, 특성, 단계별 완성, 위상성 일람표

<table>
<tr><th>구분</th><th>등가성</th><th>라플라스 변환과 알고리즘을 이용한 실체화</th><th>비고</th></tr>
<tr><td rowspan="2">효 · 충 · 예</td><td rowspan="2">① 기본적 개념 정의</td><td>기본적 개념 정의 = 생각과 말과 행위가 어긋나지 않음</td><td rowspan="2">위상성 동질성</td></tr>
<tr><td>제1알고리즘 = Σ인간t(생각i + 말j+행위k)</td></tr>
<tr><td rowspan="2">효 · 충 · 예</td><td rowspan="2">② 기본적 구조</td><td>기본적 구조 = 효 · 충 · 예가 실현되려면 공히 효자원의 상호교환을 요함</td><td rowspan="2">관계적 동질성</td></tr>
<tr><td>제2알고리즘 = Σ인간t(물적 자원i+재정적 자원j+인적 자원k)</td></tr>
<tr><td rowspan="2">효 · 충 · 예</td><td rowspan="2">③ 기본적 특성</td><td>기본적 특성 = 가정과 국가와의 생존과 번영의 관계로서 그 관계가 역동적임</td><td rowspan="2">유기적 동질성</td></tr>
<tr><td>제3알고리즘 = 국토+주권+국민+총소득 +두뇌자원(지적재산권)</td></tr>
<tr><td rowspan="3">효 · 충 · 예</td><td rowspan="3">④ 기본적 자기 완성</td><td>제4알고리즘(제1단계 자기완성:준비단계) = Σ인간n(학이i+시습j+수신k)</td><td rowspan="3">단계적 동질성</td></tr>
<tr><td>제4알고리즘(제2단계 자기완성:실천단계) = Σ인간n(사회참여i+창의재능 기여j+ 소득창출k)</td></tr>
<tr><td>제4알고리즘(제3단계 자기완성:마감단계) = Σ인간n(자기 삶 구현i+</td></tr>
</table>

		재능/재력기부j+ 아름다운 마무리k)	
효·충·예	⑤ 기본적 위상성	국민 = Σ가정 = Σ사회 = 국가, 공동체간 등가성	총체적 동질성
		제5알고리즘: Σ효 = Σ예 = Σ충, 최적화된 상태에서 공동체간 상대적 가치의 총량, 또는 절대값은 동일	

필자는 나름대로 전통적 효에서 출발하여 그 뜻의 원형을 그대로 살리면서 과학적 도구이며 공학적 도구인 라플라스 변환과 알고리즘을 적용하여 전통적 효를 알고리즘의 개념으로 변환하려고 노력하였다. 그 결과 전통적 효 사상을 알고리즘으로 변환하여 더욱 확장된 된 영역으로 효 · 충 · 예의 기본적 정의, 구조, 특성, 단계별완성, 위상성을 통하여 효 · 충 · 예의 상대적 크기와 규모, 그리고 성격, 개념 등을 가늠해 볼 수 있도록 그 토대를 마련해주지 않았나 생각된다.

결론적으로 효 · 충 · 예는 효에서 나온 통합적 철학과 이념이지만 결국에는 어느 하나가 위에 있어서도, 먼저이고, 나중이고를 물을 수 없다는 것이 필자의 판단이다.

상기 일람표에서 말해주는 의미는 상당하다.

첫째, 효 · 충 · 예의 기본적 정의에서 두드러진 점은 부모공경에서 실체화된 생각+말+행위의 알고리즘 효가 사회적 공간에서는 인간관계의 마찰을 줄여 줄 수 있는 예의 도구라는 점이며, 인간관계의 총체적 마찰계수가 무엇으로 실체화 되어 있는가를 말해준다. 현대 문명사회에서는 누구나가 공동체에서 성장, 발전하면서 자기 삶을 완성해나가는 과정에서 보이지 않는 수많은 사람과의 협력적인 인간관계는 필연적이다. 인간관계에서 가장 중요한 요인은 인간관계의 마찰을 줄여주어야 한다는 필연성이 효에서 발원하여 시작된다는 점이다. 인간관계의 마찰계수는 상대방과의 소통을 가능하게 해주는 생각과 말과 행위가 어긋나지 않고 의로워야 한다는 점이다. 이러한 개념이 효 · 충 · 예의 기본적 개념 안에 공통적으로 개입되어 있음을 라플라스 변환과 알고리즘을 통하여 발견하였다. 충의 개념 역시 생각과 말과 행위가 어긋나지 않아야 함은 물론이다.

둘째, 효 · 충 · 예의 기본적 구조에서 간과해서는 안 되는 정신적 개념의 효인 양지의 효와 물질적 개념의 효인 양구체의 효라는 중요한 요인이 복잡하게 내재되어 있다. 효 · 충 · 예는 근본적으로는 어느 의미에서는 정신문화이다. 그러나 정신문화는 한 단면이지 모든 것이 될 수 없다는 점이다. 효 · 충 · 예의 기본적 구조에는 땅의 이득인 물적 자원, 재정적 자원, 인적 자원이 개입되어 있으므로 이중의 어느 요소가 부족해지면 공동체 안에서 효 · 충 · 예를 통하여 자기완성을 이루는 데 어떤 형식으로든 장애나 방해를 받을 수 있다.는 점이다. 그러므로 정신문화만을 단편적으로 강조하면 땅의 이득을 놓치게 되어 효 · 충 · 예 윤리에서는 공통적으로 혼란스러운 주장이 될 수 있다. 현대사회에서도 양지의 효와 양구체의 효는 가족 간에는 물론 사회적으로, 국가적으로도 함께 병행되어야한다.

셋째, 효 · 충의 기본적 특성에서는 궁극적으로 가족 공동체의 효와 국가 공동체의 충과는 초인격체적 상관관계로서 매우 특수한 관계가 설정되어 있다는 점이다. 효와 충의 상관성에서 만나게 되는 통치 대상물은 국가의 구성요소(국토+국민+주권)와 국가의 구성 요소를 움직이는 원동력으로서 소득과 두뇌자원이 필수적이라는 점이다. 거대체계인 국가가 살아서 움직이기 위해서는 막대한 재정적 자원과 두뇌자원이 개입되어야 한다는 것을 보여주고 있다.

개인의 토지는 민법상 사유지이지만 국토의 일부이고, 주권은 국민으로부터 나오므로 국가 최고 권력기관과 통치기관은 국민이다. 그러므로 그 권력의 시작과 종결은 국민이고 결국은 효와 충이다. 그리고 개인은 국민의 일부이고 국가의 일부이다. 그리고 가정 공동체 역시 살아 움직이려면 국가와 마찬가지로 소득과 두뇌자원의 개발이 필요하다. 자급자족이 아닌 현대사회에서 각각은 수많은 협력적 관계를 유지하면서 공동체 안에서 노동의 용역을 제공하고 그 대가를 받아서 삶을 영위해나가야 하기 때문이다.

넷째, 효 · 충 · 예의 마지막은 입신이다. 입신은 효 · 충 · 예의 완성을 의미한다. 효 · 충 · 예의 완성은 크게 3부분으로 나누어진다. 생애기 처음 30년은 부모 밑에서 학이 + 시습 + 수신의 영역으로 사회 진출의 발판을 놓는 준비단계로서 기초적인 효 · 충 · 예의 완성이고, 다음 생애기 30년은 사회참여 + 창의재능 +

소득창출로 소속 공동체를 섬길 때 현대사회가 요구하는 시대적 효 · 충 · 예가 실체적으로 완성된다. 마지막 30년은 인생의 황혼기로 자기 삶 구가 + 재능/재력기부 + 아름다운 마무리로서 생애 마지막 단계이며 웰 엔딩으로써 자연인의 효 · 충 · 예가 마감된다고 볼 수 있다.

다섯째, 효 · 충 · 예는 가정, 사회, 국가 공동체를 움직이는 공통의 통합적 철학과 이념이고, 윤리이므로 가장 이상적이고 최적의 균형 상태를 이루는 조건하에서는 앞서 언급한 바와 같이 상대적 가치의 총량이 등가성을 유지해야 하므로, 이러한 공동체간의 등가성을 이용하여 각각의 상대적 크기, 개념, 성격 등을 어느 정도 살펴 볼 수 있게 되었다. 아직까지 이러한 시도는 이루어지지 않았다. 라플라스 변환과 알고리즘을 이용하여 효 · 충 · 예의 기본적 개념, 구조, 특성, 완성, 등가성을 들여다보게 된 점은 하나의 큰 발견이라 할 것이다.

사례1 : 바늘방석 버스좌석을 양보한 할머니

88올림픽이 끝난 직후인 1989~1991년 사이의 우리사회는 급격히 변화하는 시기였다. 이 시기에는 자가용이 급격히 늘어났다. 마이 카 시대가 온 것이다. 나는 91년 겨울 어느 날 퇴근길에 피곤한 몸을 이끌고 버스에 올라탔다. 이 시기의 출퇴근 때 대중교통은 그야말로 콩 나물 시루와 같았다. 시내 중심가에서 차를 타면 입구 쪽에는 발 디딜 틈이 없이 혼잡하였다. 그야말로 사람들 몸이 차가 흔들릴 때마다 바람에 갈대가 흔들리듯이 흔들렸다. 시내 중심가의 버스 정류장에 버스를 타고 3~4 정류장을 지날 때 나를 향하여 힐끔거리던 어떤 할머니가 나에게 말을 걸어왔다. 혹시 ㅇㅇ회사에 근무하는 박 선생님 맞죠? 그렇긴 한데요. 저는 다음 정거장에 내립니다. 이 자리에 앉으세요. 나는 본능적으로 자리에 앉고 말았다. 그런데 문제는 지금부터 시작되었다.

정거장이 지날 때마다 그 할머니는 흔들리는 차안에서 몸을 비틀며 손잡이에 의자하고 있었다. 이제 차안에 있는 모든 사람들이 그 할머니와 나를 주시하는 상황이 되고 말았다. 30년 전의 그땐 나는 지금과는 비교할 수 없는 젊고, 건강한 사나이였다. 나는 바늘방석에 앉아 있는 꼴이 되고 말았다. 말로만 듣던 바늘방석이 무엇인지를 나에게 가르쳐준 할머니만 같았다. 정거장이 지날 때 마다 할머니 어디에서 내리시죠? 다음 정거장에서 내립니다. 이런 말이 오고 간지가 한 두 정거장이 아니었다. 당황한 나는 내 머리의 기억력을 더듬어 보기 시작하였다. 처음에는 전혀 알 수가 없었다. 낯모르는 할머니가 나에게 자리를 양보하다니 차안의 모든 사람들이 의아한 눈초리로 나와 할머니를 주시하고 있었다. 정거장이 지날 때마다 나는 좌불안석이었다.

나는 머릿속을 텅 비우고 다시 기억장치를 천천히 되돌려 보았다. 또 다시 여러 번 되풀이해서 생각이 날 때까지 반복해보았다. 아하! 기억력 어느 곳에서 희미한 단서가 발견되었다. 업무와 관련하여 만난 분이었던 것 같았다. 남편이 진급시험을 보려고 준비하다가 과로사 하였다는 말이 생각났다. 남편이 벌어다주는 월급으로 생활하였는데 이젠 생활비를 보태주는 사람이 없어 힘이 들더군요. 저런 어떡하죠! 그럼 제가 도와드릴 수 있는 길이 있다면 최선을 다해보겠습니다. 지금 제가 처리하려는 업무는 엄격한 규정과 윤리 도덕을 요구하고 있습니다만 인간적으로 최선을 다 해볼테니 절대로 그 이상을 요구하시면 안 됩니다. 그렇게만 해 주시면 고맙겠습니다. 거기까지만 기억이 났다. 업무상 그런 일은 일상적이고, 한 두 번이 아니었으니 사소한 부분으로 인식되어 기억에서 지워져, 사라져버리고만 일이었다. 그것이 따뜻한 위로였다면 그 말에 자리양보로 감사를 표하는 보답이었나? 세월이 지나도 고마웠던 기억에 식사라도 보답할 일이 생긴다면 사고 싶었었나? 그렇다면 전화로라도 지난번 일 잘 처리해주셔서 감사하다는 말 한마디면 족했을 일이었다. 그런데 나는 아무런 연락처도 남겨주지 않았던 것으로 기억되었다. 이글을 쓰는 지금쯤은 돌아가셨을지도 모르는 그 할머니는 다시 만나지는 못하였다.

중국 버스여행에서는 학생이 나에게 자리를 양보하고, 영국 지하철에서는 백인 여성이 자리를 양보할 정도가 된 지금, 그녀는 처음이고, 마지막이 된 만남을 통하여 감사의 표시로 자리를 양보하여 본인의 마음속 부담을 털어버렸으나, 나는 한 시간 가량 걸리는 퇴근길에 바늘방석을 깔아준 할머니로 기억되었다.

단원 토론

문제 1. 통합적인 철학과 이념의 개념적 요소는? 공동체별로 살펴봅시다.

문제 2. 효 · 충 · 예의 이질성과 동질성을 말해봅시다.

문제 3. 인간은 관념적으로 어떠한 존재로 살아가는지를 토론해봅시다.

Ⅷ. 현대 인성

현대 인성의 정의

현대 인성의 정의 역시 현대 효학에서 개념적으로 정의된 현대 효의 정의와 질적으로 동일하다. 1차적 인성의 형성 과정이 바로 부자지간의 효에서 비롯되었기 때문이다. 부모공경에서 비롯된 현대 효 개념의 정의 역시 "생각과 말과 행위가 어긋나지 않아야 한다."라고 보았다. 현대 인성의 정의 역시 이것과 동일하다. 이것을 알고리즘으로 표시하면 아래와 같다.

현대 인성의 정의 = Σ인간t올바른(생각i + 말j + 행위k)

t = 태어나서 죽을 때까지의 시간

i = 올바른 생각의 발생횟수

j = 올바른 말의 발생횟수

k = 올바른 행위의 발생횟수

인간은 태어나서 죽을 때까지 올바른 인성을 지니려면 '올바른 생각과 올바른 말과 올바른 행위'를 가정, 사회, 국가 공동체가 그 목적 달성을 위하여 절대적으로 요구하고 있음을 알 수 있다. 인간은 누구를 막론하고 올바른 길로 걸어갔다가 올바른 길로 되돌아 나올 때 가정, 사회, 국가 공동체로부터 도움을 받을 수가 있다. 가족의 일원이 되었을 때, 성장하여 가장이 되었을 때 역시 가족을 부양하고 성공을 지속하려면, 보이는 곳에서는 물론이고, 보이지 않는 곳에서도 올바른 생각과 말과 행위가 지속되어야 성공을 보장 받을 수가 있음을 명심하여야 한다.

사회에 진출하여도 역시 사회 구성원이 되어 가장 낮은 밑바닥에서부터 가장 높은 곳에 이르기까지 성공을 보장하고, 성공을 지속하려면, 보이는 곳에서는 물론이고, 보이지 않는 곳에서도 마찬가지로 올바른 생각과 말과 행위가 지속되어야 성공을 보장받을 수가 있음을 재삼 명심하여야 한다.

이 세상은 호락호락, 쥐락펴락 그냥 넘어가는 소홀한 공간이 아니다. 가정에서도, 사회에서도, 국가에서도 각각의 공동체의 목적 달성을 위해서 그 공동체가 요구하는 올바른 생각과 말과 행위를 벗어나서는 아니 된다. 이것이 바로 시대가 요구하는 올바른 인성의 전형(典型, paradigm)이다.

따라서 현대 인성의 정의에 따르면 부모를 공경하지 않는 사람은 절대로 올바른 인성을 형성하는 데 어려움을 겪을 수 있는 점을 보여주고 있다. 인성 형성의 첫 과정은 부모공경이라는 최상위 덕목에서 비롯된다는 것을 유념하여야 한다. 앞에서 언급한 현대 효의 정의를 자세히 살펴보기 바란다.

현대 인성의 정의에서 중요한 요소인 생각+말+행위는 자기 자신의 성공의 도구일 뿐만 아니라 인간관계를 매개하고 소통하며, 사회적 목적 달성을 위한 공통의 목적을 공유할 수 있는 유일한 도구라는 점이다. 반면에 전통적 가치관에서 전형적인 인성의 구성요소는 충 · 효 · 예로서 이는 올바른 가정관이나, 사회관, 국가관의 목적 달성에 필요한 공통적 도구이다. 어긋나지 않고 올바른 생각+말+행위나 충+효+예는 모두 질적으로나, 위상적으로 등가성을 지닌다고 볼 수 있다. 왜냐하면 어긋나지 않고 올바른 생각+말+행위의 삼위일체에는 충+효+예가 이미 내재되어 작동하고 있으며, 충+효+예의 삼위일체에는 이미 어긋나지 않고 올바른 생각+말+행위가 내재되어 작동하고 있기 때문이다.

현대 인성의 형성 구조

현대 인성이 형성되어가는 구조 역시 위상학적으로 현대 효의 구조와 동일하다. 원만한 인성이 형성되려면 부모와 자식 간에 원만한 물적, 재정적, 인적 자원의 교환과 교류 즉, 은혜와 보은의 상호작용을 필요로 한다. 부모는 자식을 위하여 성장 단계별로 의식주의 물질적 자원과 교육에 필요한 재정적 자원, 그리고 온갖 빨래, 밥하기, 청소 등의 용역과 따뜻한 위로와 정서적 안정을 위한 인적 자원의 투입을 필요로 한다.

여기서 부모가 자식에게 제공하는 의식주의 자원이 부족하거나 성장, 발전하는 데 투입해야할 금전 등의 충분한 지원이 없다면 자식의 인성 형성에 지대한 영향을 미칠 수가 있다. 이런 경우 자식의 인성이 삐뚤어지지 않고 성장하여 세계적인 스타가 되는 경우가 있다. 이를테면 평생 가난에 찌들어 제대로 된 지원을 베풀어주지 못하고 안타까워하는 부모에게 집을 마련해드리고자 수련과 연마를 거듭하여 세계에 우뚝 섬으로써 자기 꿈을 실현하는 운동선수들의 경우가 대표적인 보은의 사례이다. 앞에서 현대 효의 구조에서 자세히 언급하였으므로 이를 자세하게 살펴보기 바란다.

인성의 형성 자원 = 물적 자원(의, 식, 주 등) + 재정 자원(금전 등) + 인적 자원(정신적, 육체적 지원 등)

1차적 인성 형성 구조 = Σ부모t(물적 자원i + 재정적 자원j + 인적 자원k)

t = 생애기간(태어나서 죽을 때까지의 시간)

i = 생존 기간 동안의 부모가 자식에게 제공해준 의식주 등의 투입횟수

j = 생존 기간 동안의 부모가 자식에게 제공해준 금전 등의 투입횟수

k = 생존 기간 동안의 부모가 자식에게 제공해준 육체적, 정신적, 정서적, 심리적, 감정적 용역의 투입횟수

2차적 인성 형성 구조 = Σ자녀t(물적 자원i + 재정적 자원j + 인적 자원k)

t = 생애기간(태어나서 죽을 때까지의 시간)

i = 자식이 부모에게 제공해준 의식주 등의 투입횟수

j = 자식이 부모에게 제공해준 금전 등의 투입횟수

k = 자식이 부모에게 제공해준 육체적, 정신적, 정서적, 감정적, 심리적 용역의 투입횟수

원초적 인성 형성 구조 모델 = Σ부모 · 자식t(물적 자원i + 재정적 자원j + 인적 자원k),

t = 생애기간(태어나서 죽을 때까지의 시간)

i = 생존 기간 동안 부자지간의 상호간에 제공해준 의식주 등 물질적 요소의 투입횟수

j = 생존 기간 동안 부자지간의 상호간에 제공해준 금전 등의 투입횟수

k = 생존 기간 동안 부자지간의 상호간에 제공해준 육체적, 정신적, 정서적, 감정적 용역의 투입횟수

인성이란 ①하늘의 명령으로, ②원초적으로 이 세상에 태어날 때 ③인간의 두뇌에 단 한번 깔아주어 ④인간의 두뇌를 활성화시키면서, 작동시켜주는 ⑤인간의 영역을 벗어나(초월한)서 ⑥인간의 이지력으로는 이해조차도 절대 불가능한 ⑦초고난도의 ⑧총체적인 알고리즘 체계이다. 다만 ⑨최초에 깔아준 알고리즘은 고정적인 것이 아니라⑩ 인간의 내부적인 욕망에 의하여, 또는 ⑪외부적인 환경 변화 즉, 가정, 사회, 국가에 의하여 ⑫아주 쉽게 변형되기 때문에 ⑬아주 엄격한 철학과 이념을 통하여 수련하여 ⑭철저하게 관리되어야 한다는 점이 필자의 주장이다.

이러한 상황을 고려할 때 원만한 인격의 형성 구조가 간단하지 않다는 점이다. 부모가 성장 단계별로 끊임없이 적절한 수준의 물적 자원, 재정적 자원, 인적 자원을 투입하면서 보살펴 주어야 정상적인 인성의 형성이 가능하고, 자녀 스스로가 끊임없는 수련을 통하여 능동적으로 노력할 경우에만 비로소 원하는 만큼 성숙해진다는 점이다.

현대 인성의 특성

현대 인성의 특징 역시 가정과 국가 관계, 효와 충의 관계를 다루는 현대 효의 특성과 위상학적으로 동일하다. 올바른 가정관과 국가관, 사회관을 필요로 한다. 이러한 특성은 현대 효의 특성에서 자세하게 언급되어 있다.

현대 인성의 1차적 특성은 올바른 가정관에서 비롯되며, 나아가 인성의 근본적 형성 과정은 올바른 가정관에 뿌리를 박고 자라나게 된다. 올바른 가정관은 하늘의 변화에 따라 자식이 땅의 이득을 취하여 부모공경의 도리로서 땅의 이득을 통하여 자식이 부모를 부양하는 것이라고 볼 수 있다.

현대 인성의 2차적 특성은 올바른 국가관의 형성에 있다. ①내 부모를 섬기듯이 국가와 국민을 섬길 줄 아는 올바른 인성을 지니고 있는가이다. ②나아가 국가가 위태로울 경우에는 내 몸을 돌보지 아니하고 몸과 마음을 던질 수 있는가이다.

또한 현대 인성의 3차적 특성은 부모와 자식이 국가 공동체와 어떤 상관관계를 지니고 있는가이다. 최고 통치자는 부모와 자식 중에서 선출된다.

현대 인성의 특성에서, 올바른 가정관은 하늘의 변화에 따라 자식이 땅의 이득을 취하여 부모공경의 도리로서 땅의 이득을 통하여 자식이 부모를 부양하는 것이라고 볼 수 있기 때문에 이러한 자식의 인성을 합성해보면 올바른 가정관과 국가관 사이이의 관계를 살펴볼 수 있다. Σ(子)는 Σ(사람n+두뇌자원n+권리n)를 대입함으로서 알고리즘 식이 다음과 같이 전개된다.[363] 여기

363) 법제처: 데한민국 헌법 제1조 ①대한민국은 민주공화국이다. ②대한민국의 주권은 국

서 n은 대한민국 국민의 수이다. 그리고 Σ(子)n를 국민의 수만큼의 숫자로 보자.

총합의 인성 = Σ土n +Σ丿n + Σ子n(Σ사람n + Σ두뇌자원n + Σ권리n)

Σ土n = 국민이 소유한 모든 토지의 총합은 국토이다.

Σ丿n = 국민이 취득한 모든 이득의 총합은 GNP이다.

Σ사람n = 대한민국 국적자를 총합하면 국민이 된다.

Σ두뇌자원n = 국민의 모든 두뇌자원을 총합하면 지적소유 재산권인 국가경쟁력이 된다.

Σ권리n = 국민의 모든 권리를 총합하면 국가의 주권이 된다.

이를 제3알고리즘에 의한 현대 인성 특성으로 표현하면 다음과 같다

총합의 인성 = Σ土n(국토)+Σ丿n(총소득)+Σ사람n(국민)
+Σ두뇌자원n +Σ권리n(주권)
= 국토 + 총소득 + 국민 + 두뇌자원 + 주권
= (국토 + 주권 + 국민) + (총소득 + 두뇌자원)
= 대한민국(충) + 국가를 구동시키는 원동력(총소득 + 두뇌자원)

상기 식은 대한민국의 올바른 인성의 가정관을 총합해보면 올바른 국가관이 나온다고 볼 수 있다.

민에게 있고, 모든 권력은 국민으로부터 나온다.

여기서 올바른 인성의 선출직 통치자는 국가를 통치자의 마음대로 통치해서는 아니 되고 국민이 요구하는 뜻에 따라서 올바른 생각과 말과 행위로 통치해야 하며, 5종류의 개별적 통치 대상물의 목적과 성격, 조건에 따라 올바른 생각과 말과 행위로 지도력을 발휘할 수 있는 사람을 지도자로 임명하여야 한다.

어긋난 인성의 국가 최고 통치자가 선출되고, 통치 대상물에 임명된 최고 지도자가 흐트러지고, 생각과 말과 행위가 어긋나면 국민은 물론 국가의 생산성과 사기 저하와 그리고 소득창출과 소득 재분배에 왜곡이 일어나며 그 후유증이 장기간 지속되게 된다. 마찬가지로 현대 인성의 특성 역시 현대 효의 특성과 동일하므로 이를 주의 깊게 살펴보기 바란다.

현대 인성의 완성

현대 인성의 완성 역시 현대 효의 완성과 동일하다. 제1 단계 인성의 완성은 태어나서 30세까지 학이시습, 수신을 하여 사회 진출을 위한 기초를 확보하는 일이다. 제2단계는 사회참여, 재능 제공, 소득창출을 실현하는 일이다. 그래야만 자기의 인성을 올바르게 구현할 수 있게 된다. 제3 단계 인성은 그동안 가족과 사회, 국가를 위하여 희생된 삶에서 벗어나 자기 삶을 구현하고, 재능이나 재력의 일부를 기부하고, 아름답게 자기 삶을 마무리하는 것이다.

단계별 인성완성 모델을 수식으로 표현하면 다음과 같다.

제1단계 인성완성

모델 = Σ 인간n,t(학이i+시습j+수신k)

t = 태어나서 죽을 때까지의 시간

i = 생애기간 동안 학이(學而)의 발생 량

j = 생애기간 동안 시습(時習)의 발생 량

k = 생애기간 동안 수신(修身)의 발생 량

제2단계 인성완성

모델=Σ 인간n,t(사회참여i+창의재능j+소득창출k)

n = 공동체에서 구성원 수

t = 태어나서 죽을 때까지의 시간

i = 생애기간 동안 사회참여의 발생량

j = 생애기간 동안 창의재능의 발생량

k = 생애기간 동안 소득창출의 발생량

제3단계 인성완성

모델=Σ 인간n,t(자기 삶i+재능/재력기부j+아름다운 마무리k)

n = 공동체에서 구성원 수

t = 태어나서 죽을 때까지의 시간

i = 생애기간 동안 자기 삶 추구의 발생량

j = 생애기간 동안 재능이나 재력 환원의 발생량

k = 마지막 생애의 행복한 마감, 누구나 k=1 이다.

인성의 형성은 한순간에 완성되는 것이 아니라 단계별로 수많은 수련을 통하여 완성되는 것이다. 인성은 자기 삶을 완성하고, 가정, 사회, 국가 공동체가 추구하는 목적 달성을 위하여 우호적일 때 그 사람은 긍정적 인성의 소유자라는 평판을 얻게 된다.

현대 인성과 현대 효학과의 위상성

인성 역시 부자지간의 관계에서 효를 중심으로 1차적 인성이 완성되고, 2차적 인성은 비혈연적 관계인 사회 공동체에서 예를 중심으로 형성되며, 3차적 인성은 나와 국가 공동체와의 관계인 충에서 끝나는 것이므로 그 근본은 전통적 효에서 변환된 현대 효의 정의, 효의 구조, 효의 특성, 효의 완성, 효의 위상성과 인성의 정의, 구조, 특성, 완성, 위상성과 동일하다. 그 이유는 인성의 형성과정이 효의 형성과정과 동일하기 때문이다. 충(忠)과 예(禮) 역시 효(孝)를 먹고 자라며, 인성 역시 효를 먹고 성장, 발전해나가기 때문이다. 일단 이들 중 어느 하나가 성장, 발전하면 삼위일체의 관계를 유지하며 뗄 수 없는 밀접한 관계를 유지하게 된다. 이를 도표로 표시하면 아래와 같다.

인성의 기본적 구도

인성	라플라스 변환과 알고리즘을 이용한 실체화	비고
①기본적 인성 개념정의	기본적 개념 정의 = 생각과 말과 행위가 어긋나지 않음	위상성 동질성
	제1알고리즘 = Σ인간t(생각i+말j+행위k)	

<table>
<tr><td rowspan="2">②기본적
인성
구조</td><td>기본적 구조 = 효, 충, 예가 실현되려면
공히 물적, 재정적, 인적 자원의
부자지간, 세대간 상호교환을 요함</td><td rowspan="2">관계적
동질성</td></tr>
<tr><td>제2알고리즘
= Σ 인간t(물적 자원i+재정적
자원j+인적 자원k)</td></tr>
<tr><td rowspan="2">③기본적
인성
특성</td><td>기본적 특성 = 가정과 국가와의 생존과
번영의 관계로서 그 관계가 역동적임</td><td rowspan="2">유기적
동질성</td></tr>
<tr><td>제3알고리즘
= 국토+주권+국민+총소득
+두뇌자원(지적재산권)</td></tr>
<tr><td rowspan="3">④기본적
인성
자기완성</td><td>제4알고리즘(제1단계완성:준비단계)
= Σ 인간n(학이i+시습j+수신k)</td><td rowspan="3">단계적
동질성</td></tr>
<tr><td>제4알고리즘(제2단계완성:실천단계)
= Σ 인간n(사회참여/진출i+창의재능
제공j+소득창출k)</td></tr>
<tr><td>제4알고리즘(제3단계완성:마감단계)
= Σ 인간n(자기 삶
구현i+재능/재력기부j+아름다운
마무리k)</td></tr>
<tr><td rowspan="2">⑤기본적
인성
위상성</td><td>국민=Σ가정=Σ사회=국가, 공동체간
등가성</td><td rowspan="2">총체적
동질성</td></tr>
<tr><td>제5알고리즘: Σ효=Σ예=Σ충,
Σ가정=Σ사회=국가
최적화된 상태에서 공동체간 상대적
가치의 총량은 동일</td></tr>
</table>

사례1 : 신사의 나라 영국의 명물허전

| 영국 지하철의 노인과 경찰 |

2018년 여름에 영국과 유럽을 약 2달간 여행할 기회를 얻었다. 물론 가족끼리의 여행이다. 내 스스로가 가이드이고 관광객인 셈이다. 런던을 방문하면 반드시 들려야 할 곳이 런던타워이다. 영국이 여왕을 왜 소중히 여기고, 국민들은 여왕을 통하여 어떻게 자부심과 긍지를 느끼는지를 잘 보여준다. 유아원의 어린이에서부터 학생, 성인 남녀에 이르기까지 수많은 관광객이 찾아온다. 입장료 역시 장난 아니게 고액이다. 런던 타워 내부 코스를 관람하고 잘 정비된 외부를 돌면서 여왕이 소유한 공원도 내려다본 다음 템즈강으로 내려와 그리니치로 향하는 유람선을 탔다. 이곳은 시인과 문학인들이 사는 곳이고, 운하와 만나는 지류이고, 부자들이 사는 동네이며, 유명한 건축가가 디자인한 건축물이며 등등을 소개하였다. 그리니치에서 늦은 점심을 먹고 천문대로 향하였다. 천문대 견학에 약 4시간가량 소요되었다.

천문대에서 내려와 런던 시내로 들어가는 2층 버스를 올라탔다. 그런데 문제는 지금부터였다. 런던시내에 있는 패딩턴 지하철역에서 만나기로 되어있었는데 버스가 어디로 향하는지 도대체 알 수가 없었다. 그래서 자리에서 일어나 젊은이에게 '혹시 스마트 폰 사용할 줄 아세요?'를 물었더니 모른다고 하였다. 그 대신 그 뒷 자석의 노인이 말을 거들어 주었다. '패딩턴 스테이션을 찾아가려면 여기서 쥬빌리 라인을 타고 베이커리 역으로 가서 갈아타야 한다.'는 것이었다. '그럼 지하철역에서 가장 가까운 버스 정류장은 어디입니까?', '여기서 내려야 합니다. 바로 이 버스 정류장 아래에 캐나다 워터 스테이션이 있습니다.' '선생님도 여기서 내립니까?' '예, 집이 이 근처에 있습니다.' 그는 갑자기 벌떡 자리에서 일어나 나를 따라 내렸다. 그리고 우리를 지하철로 안내하였다. '저기서 표를 구매하고 저기 아래로 내려가는 에스컬레이터 보이지요? 오른쪽을 타시고 내려가세요.' '감사합니다. 선생님, 이 고마움 어떻게 말해야할지 모르겠습니다. 영어로 충분히 다 표현해드리지 못하는 점 유감입니다. 감사합니다. 혹시 명함이라도 한국에 가서 이메일로 감사의 말 드리겠습니다.' '아 명함은 없습니다. 브렉시트로 영국이 고통 받을 때 이렇게 찾아주시니 감사합니다.' 그는 지식인임이 분명하였다. '감사합니다.'를 한국식으로 고개 숙여 다시 절하였다. 지금 생각해보니 그는 그곳에 집이 있는 사람이 아니었다. 버스 속에 탄 다른 사람을 인식하여 그렇게 말했을 뿐이며 나를 안내해주려고 일부러 내린 분이 분명하였다. 지금도 생각할 때마다 나에게는 고마운 분이다.

영국 지하철에서 표사는 것도 문제였다. 거기에는 2명의 경찰이 서 있었다. '경관님'하고 극존칭을 사용하였다. '나는 한국에서 온 방문객입니다. 영국 지하철은 처음입니다. 패딩턴 스테이션까지 가는 가족 표를 구하려고 합니다.' 그는 나를 위아래로 서 너 번 살펴보더니, 그리고 아내와 손자와 손녀도 쳐다보았다. 그리고 나를 데리고 자동판매기로 갔다. 아마도 어린이와 노인 우대로 할인해준 듯하였다. 가격이 무척 저렴하였다.

| UK 공원에서 만난 백인 아줌마의 엉덩이춤 |

공원을 거닐던 중 갑자기 길이 없어져 버렸다. 난감하였다. 공

원을 한 바퀴 돈 다음 일행과 대로변에서 만나기로 하였는데 길이 막혀 만날 장소로 이동하려면 왔던 길을 한참동안 되돌아 가야할 형국이었다. 이때 백인 여성이 마침 길을 걸어가고 있었다. 나는 정중하게

"죄송합니다. 이 공원은 초행이라 길을 잃었습니다. 저쪽으로 나가는 길을 어떻게 발견할 수 있을까요?"

"저기 대문 보이지요? 그 쪽으로 나가면 됩니다."

"그 대문이 여러 개인데 어느 쪽인가요?"

"오 그럼 내가 직접 안내해드리겠습니다."

이윽고 대로변이 나왔다. 우리 부부 내외는 헤어지는 순간

"당신의 친절함을 오랫동안 기억하겠습니다."

그 녀는 갑자기 '와우!' 하면서 엉덩이춤을 추었다. 그것을 바라본 백인들이 매우 의아한 눈초리로 점잔하지 못한 그녀에게 눈총을 보내고 있었다. 이것을 인식한 듯 황급히 돌아서는 그녀에게 '감사합니다. 여사님'으로 답해주었다.

사례2: 스위스 산악지대의 2 농부 내외

대한민국의 위상이 스위스 산악지대의 산골에까지 미치고 있다니 놀라운 경험이었다. 인터라켄 호수 구경을 마치고 리기산 정상으로 가는 길을 찾고 있던 중 내비게이션이 끊겨 산등성이의 막다른 길에 도달하였다. 거기에는 2개의 농가가 있었고, 이들은 작업 중이었다. 우리는 차에서 내려 길을 묻기로 하였다. 차를 돌리는 사이에 차에서 내려 다가갔다. '여보세요? 우리는 한국에서 온 관광객입니다. 강남스타일의 나라 아시죠?' 그들은 말 춤을 추

면서 관심을 보여주었다. 그러더니 그 사람들은 영어에 서투른 듯 이웃 집 아저씨를 불렀다. 이웃 집 아저씨는 제법 영어를 할 줄 알았다. '우리는 리기산으로 가는 길을 찾고 있는 데 길을 잃었습니다.' 그들에게 지도를 보여주었다. '우리가 서있는 곳은 여기, 이곳입니다. 이 아래로 내려 가다보면 2개의 갈림길이 나옵니다.' 그 때 '왼쪽 길로 내려가세요.' 정말 고마운 사람들이었다. 우리는 한국에 돌아가, 낯선 외국인이 우리에게 길을 물으면 더욱더 친절하게 길을 안내해주어야겠다고 다짐하였다.

단원 토론

문제 1. 인간을 하드웨어와 소프트웨어로 나누면 어떻게 이원화 되나요?

문제 2. 인간의 정신과 신체는 어디에서 왔으며 궁극적으로 어디에서 비롯되었나요?

문제 3. 인성을 정의(definition)해 봅시다.

문제 4. 현대 인성의 정의, 구조, 특성, 완성, 위상성을 토론해 봅시다.

문제 5. 현대 공동체 사회와 인성의 밀접성과 인성의 근본사상을 말해 봅시다.

문제 6. 인성과 인격이 무엇인지 토론해 봅시다.

문제 7. 인성은 생명존중, 인간의 존엄성 그리고 공동체 사회와 어떻게 연계되어 있습니까?

IX. 현대 평가모형에 의한 사례분석

알고리즘에 의해 변환된 ①현대 효의 정의, ②현대 효의 구조, ③현대 효의 특성, ④현대 효의 완성, ⑤현대 효의 등가성 모델을 적용한 평가모형에 여러 가지의 효 사례를 선정하고 정형(定型)의 평가 틀을 갖추어 평가지수를 산정하여 나름대로 현대 효학의 5가지 모델에 대한 합리적 타당성 여부를 시도해 보았다.

우선 시도하기에 앞서 평가모형 당시의 시대상과 오늘날의 시대상황은 그 정도를 비교할 수 없을 정도로 격차가 상당하였다. 이를테면 중국 정부가 권장하는 중국의 신 24효는 맹자 24효의 시대상과는 전혀 다른 건강검진, 노령보험, 전화, 경로우대카드, 인터넷 사용법, 사진, 영화관람 등의 효행 권유 항목이 등장하는데 이러한 항목의 비교는 당시에는 상상하지 못할 항목이다.

오늘날 실천해야하는 효행 방법의 틀로 과거 사례를 분석하는 작업은 그 만큼 그 자체에 오류를 개입시키는 상황을 불러올 수 있다. 본 변환모델의 평가모형을 부록1에 제시해 놓았으므로 참고하기 바란다.

효는 심오하고, 광범위하며, 복잡한 개념과 윤리가 개입된 고도의 정신문화이다. 이러한 점을 참고하여 우리사회에 전통적으로 내려오는 몇 가지의 사례를 들어 본 저술에서 정립된 새로운 알고리즘의 효 모델에 따라 효가 어떻게 수렴하여 계량화 내지 양자화(量子化: quantification)되고 오늘날의 문화와 문명의 사조에 알맞게 수치화되는지를 계산모형으로 제시하고자 한다. 본 책자에서 제시된 것은 하나의 예시로서 만족한 것이지, 본 책자의 핵심적 사항이 아닌 점을 상기하여 주기 바란다.

여기에 적용된 사례는

① 충무공 '이순신'의 평가지수,

② 효녀 '심청'이의 평가지수,

③ '손순' 매아의 평가지수,

④ '향득' 사지의 평가지수,

⑤ 의좋은 '이성만, 이순' 형제의 평가지수 산정모형을 예로 들었다. 여기에 제시된 사례는 필자가 전개한 알고리즘의 효 영역을 기준으로 평가모형이 어떤 접근방식으로 수렴이 가능한지를 검증해보려고 작성한 구체적인 효행지수 산정모형이다.

적용대상의 분석모형 및 종합모형의 틀(대학면접, 입사시험 등)에 따라 다양하게 다른 기준의 평가 항목을 설정할 수 있음을 미리 말해두고자 한다.

지수 적용 시 가중산술 평균치를 산정하고, 평가 항목별로는 효자는 0＜효자≦1, 불효자는 -1≦불효자＜0의 수렴 값 범위 안에서 필자가 사례의 내용을 종합분석하고 종합평점으로 점수를 주고 지수를 산정하였다. 그리고 알고리즘의 효를 적용하고 비교 기준을 통합적으로 정하고 평가모형의 항목별로 각각의 사례에 부합한 점수를 적용하였다.

효자의 경우 사례는 가중 산술 평균치는 수렴된 아래 값을 갖는다.

초급단계 : 0＜사례≦0.3, 초급 하=0.1, 초급 중=0.2,
초급 상=0.3

중간단계 : 0.4≦사례≦0.6, 중급 하=0.4, 중=0.5, 상=0.6

고급단계 : 0.7≦사례≦1.0, 상급 하=0.7, 중=0.8, 상=0.9

불효자의 경우 가중 산술 평균치는 사례는 수렴된 아래 값을 갖는다.

낮은 단계의 불효 : -0.3＜사례＜ 0,

악성 단계의 불효 : -0.6≦사례≦ -0.4,

최악의 불효 단계 : -1≦사례≦ -0.7

앞서 평가모형의 가중산술 평가지수를 아래와 같이 제시하였다.

효행지수 평가모형 = Σ인간(생각i)×1/i×1/3+Σ인간(말j) × 1/j × 1/3 + Σ인간(행위k) × 1/k × 1/3

여기서 1/3 = 가중치, i,j,k = 각각의 발생량(i,j,k =1 ~ n)

본 평가 사례의 적용을 위하여 위식을 다음과 같이 변형하여 사용하고자 한다.

평가지수 = Σ(신체보존i) · 1/e · 1/t

+Σ(제1모델j)·1/e·1/t+Σ(제2모델k)·1/e·1/t

+Σ(제3모델m)·1/e×1/t+Σ(제4모델n)·1/e·1/t

+Σ(제5모델o)·1/e·1/t

평가항목 지수 : 여기서는 항목별록 각기 다른 값을 갖는다.

i=①+②+③+④+⑤ m=①+②+③+④+⑤

j=①+②+③+④+⑤ m=①+②+③+④+⑤

k=①+②+③+④+⑤ o=①+②+③+④+⑤

평가영역 지수 = i+j+k+m+n+o=6, 여기서는 공통영역 지수값을 갖는다.

e= 항목 가중치 지수 = 5(여기서는 공통 값임, 항목수의 증감에 따라 변동)

t= 영역 가중치 지수 = 6(동일 모형에서는 언제나 공통 값임)

1. 충무공 '이순신'의 평가지수

충무공 '이순신'은 세계가 인정하는 전략가이며 전술가이다. 어느 시대를 막론하고 세계전사에서 두 번 다시 존재할 수 없는 23전 23승을 일구어낸 조선이 낳은 위대한 영웅이며 뛰어난 장수이다. 만약 조선의 왕이 그의 전략과 전술을 꿰뚫어보고 처벌대신 장비와 병사를 제공하여 역으로 일본과 중국을 정벌하라고 했더라면 최소한 일본의 몇 개 섬과 산동 반도는 한국의 영토가 되었을 것이라고 필자는 판단하고 있다.[364] 그의 효심, 효언, 효행

364) 이순신 지음, 이은상 역, 『난중일기』(서울, 지식공작소, 2014), 『난중일기』에서 빛나

은 타인의 추종을 불허하고, 그의 애민, 애국정신은 하늘에 도달하고도 남는다.

그의 독특한 전쟁수행능력은 시대를 통틀어, 시대를 초월하여 타인의 추종을 불허하고 있다. 그는 자기완성을 단 한 번도 외치지 않았음에도 백성이 그를 따르고 우러러 보았다. 모친이 돌아가셨다는 전갈을 받았을 때 전란 중에 상을 치르지 못하는 신세를 한탄하면서 그는 발을 동동 구르며 하늘을 향해 통곡하였다. 다만, 시대를 잘 타고 나지 못하여 죄인의 신분으로 전장에 임하면서도 세계전쟁사에서 유례를 찾아볼 수 없을 전술로서 필자가 분석한 바로는 ①적이 이길 수 없는 방법으로, ②적이 이길 수 없는 장소에서, ③적이 이길 수 없는 시간에 전투를 수행한 유일한 장수이다. 이러한 전법은 대우주(大宇宙, the great unverse)의 작동 원리로써 충의 원리를 적용한 전법이었다.

진정한 장수로서 자기의 죽음을 맞이할 장소와 시간과 방법을 터득한 유일한 장수이며, 시대적 영웅이기도하다. 효를 행하는데 가장 어려운 사친, 사군, 입신의 영역에서는 만점을 받았으나, 공동체간 위상성에서는 좋은 점수를 받기가 어려운 시대적 상황에서 살았기 때문에 만점이라는 고득점은 불가하였다. 역사상 이

는 事親(어머니와 자식에 대한 애틋한 정)/事君(왕의 근황을 들을 때마다의 통곡, 백성들의 생명존중)/立身(왜군에 의해 흐트러진 사회에 대한 고뇌와 분노 등)의 정신과 위기에서 빛나는 정신전력 항상 등이 난중일기에 잘 나타나 있다. 그의 사친/사군/입신의 정신은 항상 필자의 마음속 깊이 품게 만들어주었다. 지금도 누구 못지않게 그의 전쟁 수행방식, 통솔학, 지도자학, 전술무기학 등에 관심을 갖고 있다. 필자는 초등학교 시절 '이순신'전을 읽고 소설의 마지막 순간 조선 최고의 장수가 전사했을 때 어린 마음이었지만, 한 동안 정신을 잃고 길거리를 헤매면서 돌아다닌 적이 있다.

러한 평가점수를 받는 사람은 극히 드물 것이다.

충무공 '이순신'의 평가지수, 평가항목.

평가항목 가중치=1/5, 재해석 부분 가중치=1/6

영역	재해석	평가항목	점수	비고
신체 보존	① 생명 존종, 존엄성, 공동체 정신	①생명의 소중함을 일깨워준다.	1.0	백성의 목숨까지
		②성장에 따라 발전할 권리를 가정/사회/국가가 이를 인정하였다.	0.8	무관급제 관직박탈
		③오늘날의 사회적 윤리 기준으로도 적당하다.	1.0	최상급
		④인격적으로 보호받을 권리를 인정한 내용이다.	0.8	전사
		⑤부지불식간의 무수한 인간관계를 필요로 한다.	1.0	23전 23승
사친	② 제1 모델 (부모 공경)	①생각과 말과 행위가 부모님의 뜻에 어긋나지 않는다.	1.0	100% 인정
		②생각과 말과 행위가 사회적으로 공유하거나 매개하기에 적당하다.	1.0	100% 인정

		③생각과 말과 행위가 효자로서의 정체성을 드러낸다.	1.0	100% 인정
		④생각과 말과 행위가 성장 단계별로 사회적 귀감이 된다.	1.0	100% 인정
		⑤효를 실천하는 데 생각과 말과 행위를 최상의 도구로 이용하였다.	1.0	100% 인정
	③ 제2 모델 (은혜, 보은)	① 부모가 자식이 성장하는 데 필요한 의/식/주 등의 물적 자원을 제공하였다.	0.8	상당한 도움줌
		②부모가 자식이 성장하는 데 필요한 금전 등의 재정적 자원을 투입하였다.	0.8	상당한 도움줌
		③부모가 자식이 성장하는 데 필요한 빨래, 교육, 자녀 돌보기 등의 인적자원을 제공하였다.	0.8	상당한 도움줌
		④자녀가 자식으로서의 인간적 도리로서 이를 되돌려 드리려는 노력을 하였다.	1.0	아낌 없이 제공
		⑤부자지간에 또는 세대 간에 투입되는 효자원의 종류가 무엇인지를 분명하게 보여준다.	1.0	모범 사례
사군	④ 제3 모델 (가정, 국가) (효,충)	①국가를 내 부모처럼 섬긴다.	1.0	대표 사례
		②가정공동체와 국가 공동체의 밀접성을 다룬다.	1.0	대표 사례

<table>
<tr><td rowspan="3"></td><td rowspan="3"></td><td>③국민이 국가의 주인임을 다룬다.</td><td>1.0</td><td>대표 사례</td></tr>
<tr><td>④국민의 노동생산성이 국부의 원천임을 알린다.</td><td>0.8</td><td>전쟁,국민이 싸워줌</td></tr>
<tr><td>⑤국력의 요소와 리더십의 대상을 분명히 밝힌다.</td><td>1.0</td><td>대표 사례</td></tr>
<tr><td rowspan="5">입신</td><td rowspan="5">⑤ 제4 모델 (준비 단계 실천 단계 마감 단계)</td><td>①학이+시습+수신의 준비 단계를 거친다.</td><td>1.0</td><td>대표 사례</td></tr>
<tr><td>②사회참여+재능제공+소득창출의 실천단계를 통하여 사회참여를 실천한다.</td><td>1.0</td><td>대표 사례</td></tr>
<tr><td>③자기 삶 구현 + 재능/재력 기부 + 웰 다잉의 마감단계를 실천한다.</td><td>1.0</td><td>죽을 장소/방법/시간 결정</td></tr>
<tr><td>④효의 완성을 통하여 자기치유를 실천한다.</td><td>1.0</td><td>대표 사례</td></tr>
<tr><td>⑤효의 완성을 통하여 부모님을 명예롭게 해드린다.</td><td>1.0</td><td>대표 사례</td></tr>
<tr><td>공동체간 위상</td><td>⑥ 제5 모델 (사친,</td><td>①사친/사군/입신을 통합적으로 실천하였다.</td><td>1.0</td><td>대표 사례</td></tr>
</table>

<table>
<tr><td rowspan="4">성</td><td rowspan="4">사군, 입신)

(가정, 국가, 사회)

(효, 충, 예)</td><td>② 효/충/예를 실천하고 매개할 충분한 공동체가 있었다.</td><td>1.0</td><td>시대가 요구함</td></tr>
<tr><td>③가정/사회/국가가 통합적으로 균형발전을 이루어 공동체로의 진출이 무난하였다.</td><td>0.3</td><td>일부 과학 기술 발달</td></tr>
<tr><td>④수많은 사람들과 협력적 관계사회로 성숙하였다.</td><td>0.7</td><td>전쟁, 단결 요구</td></tr>
<tr><td>⑤인간관계의 전달 도구인 생각과 말과 행위/부자지간,세대 간의 은혜와 보은의 자원/땅의 이득을 통한 양구체의 효 등이 도시화 된 공간에서 실현 가능해졌다.</td><td>0.1</td><td>전쟁으로 황폐해짐</td></tr>
<tr><td>총계</td><td>5개대 항목 6개소 항목</td><td>30개 소항목</td><td>0.9</td><td></td></tr>
</table>

평가지수 = ①(1 + 0.8 + 1 + 0.8 + 1) · 1/5 · 1/6 + ②(1 + 1 + 1 + 1 + 1) · 1/5 · 1/6 + ③ (0.8 + 0.8 + 0.8 + 1 + 1) · 1/5 · 1/6 + ④ (1 + 1 + 1 + 0.8 + 1) · 1/5 · 1/6 + ⑤ (1 + 1 + 1 + 1 + 1) · 1/5 · 1/6 + ⑥ (1 + 1 + 0.3 + 0.7 + 0.1) · 1/5 · 1/6 = 0.9

지수평가 = 알고리즘으로 변환된 신 모델의 효에서 충무공 '이순신'은 사친, 사군, 입신이라는 효에서 거의 완벽한 점수를 받았으나 그 당시의 사회상이 낙후되어 ⑥번 항목에서 일부 좋은 평점이 불가능하였다. 신 모델에서도 충무공 '이순신'은 여전히 훌륭한 최상위 단계의 최상급 효자(모친이 돌아가셨다는 말을 들었을 때 발을 동동 구르며 통곡하였다)이다. 이 정도의 평점은 전무후무할 것으로 판단된다.

2. 효녀 '심청'이의 평가지수

효녀 '심청'[365]이는 당시는 물론이고, 오늘날에도 효행 사례의 대명사처럼 인용되고 있으나, '심청'이와 같이 효를 실천하는 수단과 방법은 단지 목적달성을 위한 무모한 효로서 오늘날의 사회적 잣대로 바라볼 때는 임당수에 빠져 죽음을 택하는 자살과 자기 몸값으로 금전적 비용을 확보하여 부모님의 눈을 뜨게 하려는 인신매매, 죽었다가 다시 살아나는 부활이라는 매우 비도덕적이고 비윤리적인 요소를 포함하는 내용을 내재하고 있다는 점이 오늘날 효 교육상의 사례로 채택하는데 어려움을 겪는 난제이다. 당시에는 사회적 조류가 죽음을 불사하고서라도, 몸을 팔아서라도, 죽었다가 다시 살아나서도 효를 행하여야 한다는 사회적 풍조가 용인되고 있었다 하더라도 오늘날은 이와 같은 효행을 위한 방법으로 생명의 희생과 도를 넘는 비윤리적 인신매매와 같은 효행 방법을 요구하고 있지 않는다는 점이다.

효녀 '심청'이의 평가지수, 평가항목 가중치 = 1/5, 재해석 가중치 = 1/6

---

365) 심청전 소설 내용 참조

영역	재해석	평가항목	점수	비고
신체 보존	① 생명존중, 존엄성, 공동체 정신	①생명의 소중함을 일깨워준다.	-1.0	익사 자살
		②성장에 따라 발전할 권리를 가정/사회/ 국가가 이를 인정하였다.	-0.9	처녀인신 매매풍토
		③오늘날의 사회적 윤리 기준으로도 적당하다.	-0.8	매우 부적절
		④인격적으로 보호받을 권리를 인정한 내용이다.	-0.9	매우 부적절
		⑤부지불식간의 무수한 인간관계를 필요로 한다.	0.7	국가간 무역성행
사친	② 제1모델 (부모 공경)	①생각과 말과 행위가 부모님의 뜻에 어긋나지 않는다.	-1.0	매우 어긋남, 자살/매매
		②생각과 말과 행위가 사회적으로 공유하거나 매개하기에 적당하다.	-1.0	매우 부적절
		③생각과 말과 행위가 효자로서의 정체성을 드러낸다.	1.0	분명히 효녀임
		④생각과 말과 행위가 성장 단계별로 사회적 귀감이 된다.	-1.0	전혀아님
		⑤효를 실천하는 데 생각과 말과 행위를 최상의 도구로 이용하였다.	-1.0	생명존중, 존엄성, 입신에 반함

	③ 제2모델 (은혜, 보은)	①부모가 자식이 성장하는 데 필요한 의/식/주 등의 물적 자원을 제공하였다.	-0.9	불가능한 수준
		②부모가 자식이 성장하는 데 필요한 금전 등의 재정적 자원을 투입하였다.	-0.9	불가능한 수준
		③부모가 자식이 성장하는 데 필요한 빨래, 교육, 자녀 돌보기 등의 인적자원을 제공하였다.	-0.9	불가능한 수준
		④자녀가 자식으로서의 인간적 도리로서 이를 되돌려 드리려는 노력을 하였다.	1.0	목숨희생 불사
		⑤부자지간에 또는 세대 간에 투입되는 효자원의 종류가 무엇인지를 분명하게 보여준다.	1.0	효자원교환, 모범사례
사군	④ 제3모델 (가정, 국가) (효,충)	①국가를 내 부모처럼 섬긴다.	0.1	노력전무
		②가정 공동체와 국가 공동체의 밀접성을 다룬다.	0.6	왕비가됨 잔치베품
		③국민이 국가의 주인임을 다룬다.	0.3	왕권사회 조금인정
		④국민의 노동생산성이 국부의 원천임을 알린다.	0.1	제도미비
		⑤국력의 요소와 리더십의 대상을 분명히 밝힌다.	0.1	백성의 몰인식
입신	⑤ 제4모델 (준비단계, 실천단계,	①학이+시습+수신의 준비 단계를 거친다.	-1.0	전혀아님

	마감단계)	②사회참여+재능제공+소득창출의 실천단계를 통하여 사회참여를 실천한다.	-1.0	전혀아님
		③자기 삶 구현 + 재능/재력 기부 + 웰 다잉의 마감단계를 실천한다.	-1.0	전혀아님
		④효의 완성을 통하여 자기치유를 실천한다.	1.0	사례가 그러함
		⑤효의 완성을 통하여 부모님을 명예롭게 해드린다.	1.0	사례가 그러함
공동체간 위상성	⑥ 제5모델 (사친, 사군, 입신) (가정, 국가, 사회) (효,충,예)	①사친/사군/입신을 통합적으로 실천하였다.	0.2	미성숙 사회
		② 효/충/예를 실천하고 매개할 충분한 공동체가 있었다.	0.3	미성숙 사회
		③가정/사회/국가가 통합적으로 균형발전을 이루어 공동체로의 진출이 무난하였다.	0.2	미성숙 사회
		④수많은 사람들과 협력적 관계사회로 성숙하였다.	0.2	미성숙 사회
		⑤인간관계의 전달 도구인 생각과 말과 행위/부자지간, 세대 간의 은혜와 보은의 자원/땅의 이득을 통한 양구체의 효 등이 도시화 된 공간에서 실현 가능해졌다.	0.2	미성숙 사회
총계	5개 대항목 6개 소항목	30개 소항목	-0.18	

평가지수 = ① (-1 − 0.9 − 0.8 − 0.9 + 0.7) · 1/5 · 1/6 + ②(- 1 − 1 + 1 − 1 − 1) · 1/5 · 1/6 + ③ (-0.9 − 0.9 − 0.9 + 1 + 1) · 1/5 · 1/6 + ④ (0.1 + 0.6 + 0.3 + 0.1 + 0.1) · 1/5 · 1/6 + ⑤(-1 - 1 - 1 + 1 + 1) · 1/5 · 1/6 + ⑥ (0.2 + 0.3 + 0.2 + 0.2 + 0.2) · 1/5 · 1/6 = -0.18

지수평가 = 효녀 '심청'이는 당시에 권장할 만한 효 모델로서 사회적 유행의 주류를 이루며, 극단적인 선택을 할 정도로 대단한 효자이었다. 그러나 오늘날의 윤리로는 목적달성을 위하여 불감훼손의 효 윤리에서 생명존중에 어긋나는 자살이라는 반윤리적인 살인(자살) 방법으로 효를 실천하였으며, 인간의 존엄성에 어긋나는 인신매매라는 반인륜적 수단을 통하여 개안수술 비용을 마련하고자 재정적 금전을 확보함으로서 윤리적 덕목에 어긋나는 효를 실천하였다.

이러한 사례를 도입하여 효를 가르친다는 것은 오늘날의 효 윤리에서는 허용되지 않음은 물론이고 법률적으로도 수용할 수 없는 명백한 실정법상 범죄행위이다. 이런 의미에서 오늘날의 '심청'이는 효 교육 사례에서 상당한 주의를 요하는 불효적인 인물이라고 판단된다. 그리고 인류 역사상 부활한 사람은 단 한 사람뿐이나, 동양에서는 '심청'이가 유일한 인물이다. 당시에는 권장되던 전형적이고 모범적 사례가 현대적 모델의 평가모형에서는 그 방법이 비윤리적이고, 비도덕적이며, 부적절한 불효자 사례로 드러나고 이다.

3. '손순' 매아(孫順埋兒)의 평가지수

'손순'은[366] 신라 홍덕왕 때의 인물이다. 부친이 돌아가시자 처자를 거느리면서 노모를 모시고 살아가게 되었다. 가난한 살림에 노모에게 드리는 음식을 매번 손자가 빼앗아 먹으니 노모가 항상 굶주리게 되어 손순은 이를 항상 민망하게 여기게 되었다. 그리하여 굶주리는 노모를 위한 궁여지책으로 노모는 한번 가면 다시는 못 오나 자식은 다시 낳을 수 있으니 아이를 땅에 묻어 어머님의 굶주림을 덜어드리고자 아내와 함께 의논하여 취산(醉山) 북쪽 들녘으로 갔다. 아들을 묻기 위하여 땅을 파는 데 석종(石鐘)이 나왔다. 이를 기이하게 여겨 다시 아들과 함께 석종을 가지고 집에 돌아와 종을 대들보에 매달아 두드렸더니 그 소리가 궁궐에까지 들리게 되었다. 마침 홍덕왕이 예사롭지 않은 이 종소리를 듣고 자세한 내역을 알게 되니 해마다 벼 50석을 주어 그 효심을 칭송케 하였다.

오늘날의 윤리로는 아무리 부모를 위한 훌륭한 효행이라 하여도 가장 무력하고 방어능력이 전무할 뿐만 아니라 절대적 나약자인 어린자식을 생매장하려는 효는 반인륜적, 비도덕적인 범죄행위이다. 오늘날의 효 교육은 자기완성을 위한 30년간의 준비단계, 다음 30년간의 실천단계, 다음 30년간의 마감단계를 통하여 효를 실천하는 것이 가정, 사회, 국가 공동체가 요구하는 진정한 통합적 철학이고 윤리이다.

당시에는 자식의 희생을 무릅쓰고라도 행하려는 훌륭한 사회적 전형물이 오늘날에는 효를 실천하는 방법으로서 윤리적으로나, 도덕적으로 현대사회에서는 통용될 수 없다는 점이 신개념의 효 모델에서는 매우 애석하게 드러나고 있다. 이는 시대가 변하

366) 삼국사기 〈효선편〉 참조

여 효를 실천하는 방법상의 변환을 요구하고 있다는 실증적인 증거사례이기도 하다.

'손순'매아의 평가지수

평가항목 가중치=1/5, 재해석 부분 가중치=1/6

영역	재해석	평가항목	점수	비고
신체보존	① 생명존중, 존엄성, 공동체 정신	①생명의 소중함을 일깨워준다.	-1.0	생매장
		②성장에 따라 발전할 권리를 가정/사회/ 국가가 이를 인정하였다.	-0.9	비도덕적
		③오늘날의 사회적 윤리 기준으로도 적당하다.	-0.9	비윤리적
		④인격적으로 보호받을 권리를 인정한 내용이다.	-0.9	전혀아님
		⑤부지불식간의 무수한 인간관계를 필요로 한다.	1.0	가정과 국가연계
사친	② 제1모델 (부모 공경)	①생각과 말과 행위가 부모님의 뜻에 어긋나지 않는다.	-1.0	무지몽매
		②생각과 말과 행위가 사회적으로 공유하거나 매개하기에 적당하다.	-1.0	매우 부적절
		③생각과 말과 행위가 효자로서의 정체성을 드러낸다.	1.0	사례가 그러함
		④생각과 말과 행위가 성장 단계별로 사회적 귀감이 된다.	-1.0	전혀아님

		⑤효를 실천하는 데 생각과 말과 행위를 최상의 도구로 이용하였다.	-1.0	전혀아님
	③ 제2모델 (은혜, 보은)	①부모가 자식이 성장하는 데 필요한 의/식/주 등의 물적 자원을 제공하였다.	-1.0	사례 성격상 전혀아님
		②부모가 자식이 성장하는 데 필요한 금전 등의 재정적 자원을 투입하였다.	-1.0	사례 성격상 전혀아님
		③부모가 자식이 성장하는 데 필요한 빨래, 교육, 자녀 돌보기 등의 인적자원을 제공하였다.	0.3	기본적 양만큼 제공
		④자녀가 자식으로서의 인간적 도리로서 이를 되돌려 드리려는 노력을 하였다.	1.0	사례가 그러함
		⑤부자지간에 또는 세대 간에 투입되는 효자원의 종류가 무엇인지를 분명하게 보여준다.	0.6	어느정도 엿보임
사군	④ 제3모델 (가정, 국가) (효,충)	①국가를 내 부모처럼 섬긴다.	0.2	사례가 국가연계
		②가정 공동체와 국가 공동체의 밀접성을 다룬다.	0.9	사례가 국가연계
		③국민이 국가의 주인임을 다룬다.	0.3	어느정도 보상인정
		④국민의 노동생산성이 국부의 원천임을 알린다.	0.2	미숙사회
		⑤국력의 요소와 리더십의 대상을 분명히 밝힌다.	0.3	미숙사회

입신	⑤ 제4모델 (준비단계 실천단계 마감단계)	①학이+시습+수신의 준비 단계를 거친다.	-1.0	전혀아님
입신	⑤ 제4모델 (준비단계 실천단계 마감단계)	②사회참여+재능제공+소득창출의 실천단계를 통하여 사회참여를 실천한다.	-1.0	전혀아님
입신	⑤ 제4모델 (준비단계 실천단계 마감단계)	③자기 삶 구현 + 재능/재력 기부 + 웰 다잉의 마감단계를 실천한다.	-1.0	전혀아님
입신	⑤ 제4모델 (준비단계 실천단계 마감단계)	④효의 완성을 통하여 자기치유를 실천한다.	0.8	죽음불사 사례가 그러함
입신	⑤ 제4모델 (준비단계 실천단계 마감단계)	⑤효의 완성을 통하여 부모님을 명예롭게 해드린다.	0.8	죽음불사 사례가 그러함
공동체간 위상성	⑥ 제5모델 (사친, 사군, 입신) (가정, 국가, 사회) (효,충,예)	①사친/사군/입신을 통합적으로 실천하였다.	0.1	전혀아님
공동체간 위상성	⑥ 제5모델 (사친, 사군, 입신) (가정, 국가, 사회) (효,충,예)	② 효/충/예를 실천하고 매개할 충분한 공동체가 있었다.	0.1	전혀아님
공동체간 위상성	⑥ 제5모델 (사친, 사군, 입신) (가정, 국가, 사회) (효,충,예)	③가정/사회/국가가 통합적으로 균형발전을 이루어 공동체로의 진출이 무난하였다.	0.1	전혀아님
공동체간 위상성	⑥ 제5모델 (사친, 사군, 입신) (가정, 국가, 사회) (효,충,예)	④수많은 사람들과 협력적 관계사회로 성숙하였다.	0.1	전혀아님
공동체간 위상성	⑥ 제5모델 (사친, 사군, 입신) (가정, 국가, 사회) (효,충,예)	⑤인간관계의 전달 도구인 생각과 말과 행위/부자지간,세대 간의 은혜와 보은의 자원/땅의 이득을 통한 양구체의 효 등이 도시화 된 공간에서 실현 가능해졌다.	0.1	전혀아님

총계	5개대항목 6개소항목	30개 소항목	-0.16	

평가지수 = ①(-1 - 0.9 - 0.9 - 0.9 + 1) · 1/5 · 1/6 + ②(- 1 - 1 + 1 - 1 - 1) · 1/5 · 1/6 + ③(- 1 - 1 + 0.3 + 1 + 0.6) · 1/5 · 1/6 + ④(0.2 + 0.9 + 0.3 + 0.2 + 0.3) · 1/5 · 1/6 + ⑤(- 1 - 1 - 1 + 0.8 + 0.8) · 1/5 · 1/6 + ⑥(0.1 + 0.1 + 0.1 + 0.1 + 0.1) · 1/5 · 1/6 = -0.16

지수평가 = 아무리 효를 실현할 목적이라 할지라도 살아 있는 상태로 자식을 땅에 매몰한다는 것은 당시에는 자식을 희생시켜서라도 효를 권장할 만한 시대적 풍조가 존재하였다 하더라도, 오늘날에는 매우 위험한 생각이면서, 사회적으로 엄청난 파장을 불러올 수 있는 사안(事案, developing story)이다.

어떠한 논리로도 윤리의 최상위 덕목인 인간의 생명을 훼손하는 효행, 인간의 존엄성을 교란하는 효행은 어떠한 명목으로도 정당화되지 못한다. 오늘날의 관점에서 본다면 '손순' 매아의 효 사례는 부자지간에 있어서는 안 될 패륜의 극단적인 모습으로 매우 부적절하면서 위험한 행동 요소를 지니고 있다. 당시에 권장되던 효행 사례가 오늘날의 효 윤리 모델에서는 반인륜적 불효사례이다.

4. '향득'사지의 평가지수

신라 경덕왕 때의 일이다. 큰 흉년이 들어 백성이 굶주리고 또한 역병이 돌았다. '향득'의 부모 역시 병이 들고 굶주려 죽게 되었다. 이 때 '향득'은 넓적다리 살을 베어 드렸고 이 사실이 관아에 알려지게 되어 경덕왕이 조 500석을 상으로 주었다.

효를 실천하기 위하여 자기 넓적다리의 살을 베어 부모에게 드린다는 것(割股)은 결과적으로 인육을 먹이는 비도덕적, 반인륜적 행위이다. 이는 절대로 시도되어서는 아니 될 효행실천 방법의 유형이다.[367] 만약에 이러한 효 교육으로 인하여 오늘날 실제로 이러한 유형의 사건이 발생한다면, 변호사와 상의해본 바로는, 실제로 민, 형사상의 문제를 피하기 어렵게 될 수 있다고 한다.

'향득'사지[368]의 평가지수

평가항목 가중치=1/5, 재해석 부분 가중치=1/6

영역	재해석	평가항목	점수	비고
신체보존	① 생명존중, 존엄성, 공동체 정신	①생명의 소중함을 일깨워준다.	-1.0	인육제공
		②성장에 따라 발전할 권리를 가정/사회/ 국가가 이를 인정하였다.	-1.0	사회가 극히 미성숙
		③오늘날의 사회적 윤리 기준으로도 적당하다.	-1.0	전혀아님
		④인격적으로 보호받을 권리를 인정한 내용이다.	-1.0	전혀아님

367) 연구자 주, 2차 세계대전에서 모스크바가 함락되어 도시에 보급품이 장기간 차단되자 굶주린 일부 시민이 인육을 먹었고, 그 후유증으로 상당수가 미쳐버렸다는 기록물을 TV 채널에서 본적이 있다.

368) 삼국유사 제5권 제9-03 향득사지 참고

		⑤부지불식간의 무수한 인간관계를 필요로 한다.	0.2	일부인정
사친	② 제1모델 (부모 공경)	①생각과 말과 행위가 부모님의 뜻에 어긋나지 않는다.	-1.0	전혀아님
		②생각과 말과 행위가 사회적으로 공유하거나 매개하기에 적당하다.	-1.0	전혀아님
		③생각과 말과 행위가 효자로서의 정체성을 드러낸다.	1.0	사례가 그러함
		④생각과 말과 행위가 성장 단계별로 사회적 귀감이 된다.	-1.0	전혀아님
		⑤효를 실천하는 데 생각과 말과 행위를 최상의 도구로 이용하였다.	-1.0	전혀아님
	③ 제2모델 (은혜, 보은)	①부모가 자식이 성장하는 데 필요한 의/식/주 등의 물적 자원을 제공하였다.	0.3	기본량 제공
		②부모가 자식이 성장하는 데 필요한 금전 등의 재정적 자원을 투입하였다.	0.2	기본량 제공
		③부모가 자식이 성장하는 데 필요한 빨래, 교육, 자녀 돌보기 등의 인적자원을 제공하였다.	0.3	기본량 제공
		④자녀가 자식으로서의 인간적 도리로서 이를 되돌려 드리려는 노력을 하였다.	1.0	사례가 그러함

		⑤부자지간에 또는 세대 간에 투입되는 효자원의 종류가 무엇인지를 분명하게 보여준다.	0.6	사례가 어느정도 인정함
사군	④ 제3모델 (가정, 국가) (효,충)	①국가를 내 부모처럼 섬긴다.	0.2	미성숙
		②가정 공동체와 국가 공동체의 밀접성을 다룬다.	0.9	효복으로 인정
		③국민이 국가의 주인임을 다룬다.	0.2	왕권주권
		④국민의 노동생산성이 국부의 원천임을 알린다.	0.2	미성숙 사회
		⑤국력의 요소와 리더십의 대상을 분명히 밝힌다.	0.2	미성숙 사회
입신	⑤ 제4모델 (준비단계 실천단계 마감단계)	①학이+시습+수신의 준비 단계를 거친다.	-1.0	전혀아님
		②사회참여+재능제공+소득창출의 실천단계를 통하여 사회참여를 실천한다.	-1.0	전혀아님
		③자기 삶 구현 + 재능/재력 기부 + 웰 다잉의 마감단계를 실천한다.	-1.0	전혀아님
		④효의 완성을 통하여 자기치유를 실천한다.	0.9	사례가 그러함
		⑤효의 완성을 통하여 부모님을 명예롭게 해드린다.	0.9	사례가 그러함

공동체간 위상성	⑥ 제5모델 (사친, 사군, 입신) (가정, 국가, 사회) (효,충,예)	①사친/사군/입신을 통합적으로 실천하였다.	0.2	미성숙 사회
		② 효/충/예를 실천하고 매개할 충분한 공동체가 있었다.	0.2	미성숙 사회
		③가정/사회/국가가 통합적으로 균형발전을 이루어 공동체로의 진출이 무난하였다.	0.2	미성숙 사회
		④수많은 사람들과 협력적 관계사회로 성숙하였다.	0.2	미성숙 사회
		⑤인간관계의 전달 도구인 생각과 말과 행위/부자지간,세대 간의 은혜와 보은의 자원/땅의 이득을 통한 양구체의 효 등이 도시화 된 공간에서 실현 가능해졌다.	0.1	거의 미성숙 사회
총계	5개 대항목 6개 소항목	30개 소항목	-0.1	

평가지수 = ①(- 1 - 1 - 1 - 1 + 0.2) · 1/5 · 1/6 + ②(- 1 - 1 + 1 - 1 − 1) · 1/5 · 1/6 + ③(0.3 + 0.2 + 0.3 + 1 + 0.6) · 1/5 · 1/6 + ④(0.2 + 0.9 + 0.2 + 0.2 + 0.2) · 1/5 · 1/6 + ⑤(- 1 − 1 − 1 + 0.9 + 0.9) · 1/5 · 1/6 + ⑥(0.2 + 0.2 + 0.2 + 0.2 + 0.1) · 1/5 · 1/6 = - 0.1

지수평가=효의 완성은 기본적으로 사회에 진출하기 위한 준비

단계로서 30년이라는 1세대 기간 동안 부모 밑에서 부모가 제공하는 물적, 인적, 재정적 자원의 공급을 받으면서 긴 시간동안 학이 + 시습 + 수신이라는 과정이 필요하다.

그 다음은 30년간은 사회 참여 + 창의재능 제공 + 소득창출이라는 효의 실천단계가 필요하다. 이 기간 동안에 사회적으로 성숙된 의료체계에 의존하거나, 직접 의사가 되어 환자를 치료하는 행위가 가정, 사회, 국가 공동체가 요구하는 진정한 효의 실천방법이다.

본 평가모형에서는 신체보존 사상에 어긋나는 비도덕적. 비윤리적 방법으로서 자기 허벅지 살을 베어(割股) 부모에게 자식의 인육을 먹이는 효는 교육되어서는 아니 됨을 보여준다. 인육을 제공하는 효행 취지는 당시의 사회적 풍조로는 효자처럼 보였으나 개량, 개선된 평가모델로 살펴보면 엄연히 도덕적으로나 윤리적으로 수용할 수 없는 불효자이다.

5. 의좋은 '이성만, 이순' 형제의 평가지수

옛날 어느 시골에 의좋은 형제가 벼농사를 짓고 있었다. 추수기가 되어 형제는 벼를 베어 형은 동쪽에, 동생은 서쪽에 낟가리를 쌓았다. 그리하여 형제는 똑같이 쌓은 벼 더미를 나누어 가지기로 하였다. 형과 동생은 스스로 각각 서로의 처지를 생각하여 형은 동생의 어려움을, 동생은 형의 어려움을 생각하여 밤이 되자 서로 몰래 낟가리의 벼를 날라 형은 동생의 낟가리에게, 동생은 형의 낟가리에 벼를 쌓았다. 날이 새자 동생과 형은 들에 나가 낟가리를 바라보았다. 분명히 날라놓은 만큼의 차이가 보이지 않고 전날과 낟가리는 변하지 않았다. 분명히 차이가 났어야했다. 그것 이상하다.

그러던 어느 날 형과 동생은 어둠 속에서 벼를 지게에 지고 나르는 서로를 바라보게 되었다. 아니 형님, 이 밤중에 웬일로 볏짐을 지고 계십니까? 의좋은 '이성만'과 '이순' 형제[369]의 효는 당시에도 모범적인 효이었으며, 오늘날에도 윤리적으로나 법률적으로도 손색이 없는 좋은 효 교육 사례이다. 다만 아쉬운 점이 있다면 단순한 형제간 우애의 반복보다도 사회적으로 입지(입신의 효)를 높이고, 국민과 국가를 섬기는 사군의 효(충)에 데 좀 더 경쟁적이었다면 더욱더 훌륭한 사례가 될 것으로 판단된다. 다시 말하여 사회적 성공을 위하여 준비단계, 실천단계, 마감단계를 거쳐 조금 더 공동체가 요구하는 유익한 사회적, 국가적 경쟁이 되었더라면 더 훌륭한 사례가 되지 않나 판단된다.

'이성만'과 '이순' 형제의 평가지수

평가항목 가중치=1/5, 재해석 부분 가중치=1/6

영역	재해석	평가항목	점수	비고
신체 보존	① 생명 존중, 존엄성, 공동체 정신	①생명의 소중함을 일깨워준다.	0.8	베고품의 두려움인정
		②성장에 따라 발전할 권리를 가정/사회/ 국가가 이를 인정하였다.	0.2	입신의 노력부족
		③오늘날의 사회적 윤리 기준으로도 적당하다.	0.6	양보와 우애미덕

369) 고려 말 충남 예산군 대흥마을 형제의 우애 참고

		④인격적으로 보호받을 권리를 인정한 내용이다.	0.5	형제간에 인정
		⑤부지불식간의 무수한 인간관계를 필요로 한다.	0.3	단순관계
사친	② 제1모델 (부모 공경)	①생각과 말과 행위가 부모님의 뜻에 어긋나지 않는다.	1.0	상당한 효교육사례
		②생각과 말과 행위가 사회적으로 공유하거나 매개하기에 적당하다.	1.0	상당한 권장사례
		③생각과 말과 행위가 효자로서의 정체성을 드러낸다.	1.0	상당한 권장사례
		④생각과 말과 행위가 성장 단계별로 사회적 귀감이 된다.	0.6	상당한 윤리수준
		⑤효를 실천하는 데 생각과 말과 행위를 최상의 도구로 이용하였다.	1.0	매우 그러하다
	③ 제2모델 (은혜, 보은)	①부모가 자식이 성장하는 데 필요한 의/식/주 등의 물적 자원을 제공하였다.	0.2	충분하지 않음
		②부모가 자식이 성장하는 데 필요한 금전 등의 재정적 자원을 투입하였다.	0.2	충분하지 않음
		③부모가 자식이 성장하는 데 필요한 빨래, 교육, 자녀 돌보기 등의 인적자원을 제공하였다.	0.2	충분하지 않음
		④자녀가 자식으로서의 인간적 도리로서 이를 되돌려 드리려는 노력을 하였다.	0.2	충분하지 않음

		⑤부자지간에 또는 세대 간에 투입되는 효자원의 종류가 무엇인지를 분명하게 보여준다.	0.6	일부인정
사군	④ 제3모델 (가정, 국가) (효,충)	①국가를 내 부모처럼 섬긴다.	0.3	관계성 부족
		②가정 공동체와 국가 공동체의 밀접성을 다룬다.	0.1	관계성 거의없음
		③국민이 국가의 주인임을 다룬다.	0.1	가정공동체 로 한정
		④국민의 노동생산성이 국부의 원천임을 알린다.	0.6	1차산업 절대적
		⑤국력의 요소와 리더십의 대상을 분명히 밝힌다.	0.3	밀접성 부족
입신	⑤ 제4모델 (준비 단계 실천 단계 마감 단계)	①학이+시습+수신의 준비 단계를 거친다.	0.1	전혀아님
		②사회참여+재능제공+소득창출의 실천단계를 통하여 사회참여를 실천한다.	0.2	소득창출 일부인정
		③자기 삶 구현 + 재능/재력 기부 + 웰 다잉의 마감단계를 실천한다.	0.1	전혀아님
		④효의 완성을 통하여 자기치유를 실천한다.	0.3	미흡한 수준
		⑤효의 완성을 통하여 부모님을 명예롭게 해드린다.	0.5	중간단계

<table>
<tr><td rowspan="5">공동체간
위상성</td><td rowspan="5">⑥
제5모델
(사친,
사군,
입신)
(가정,
국가,
사회)
(효,충,
예)</td><td>①사친/사군/입신을 통합적으로 실천하였다.</td><td>0.2</td><td>미성숙
사회</td></tr>
<tr><td>② 효/충/예를 실천하고 매개할 충분한 공동체가 있었다.</td><td>0.2</td><td>미성숙
사회</td></tr>
<tr><td>③가정/사회/국가가 통합적으로 균형발전을 이루어 공동체로의 진출이 무난하였다.</td><td>0.2</td><td>미성숙
사회</td></tr>
<tr><td>④수많은 사람들과 협력적 관계사회로 성숙하였다.</td><td>0.2</td><td>미성숙
사회</td></tr>
<tr><td>⑤인간관계의 전달 도구인 생각과 말과 행위/부자지간,세대 간의 은혜와 보은의 자원/땅의 이득을 통한 양구체의 효 등이 도시화 된 공간에서 실현 가능해졌다.</td><td>0.1</td><td>거의
안됨</td></tr>
<tr><td>총계</td><td>5개
대항목
6개
소항목</td><td>30개 소항목</td><td>0.4</td><td></td></tr>
</table>

평가지수 = ①(0.8 + 0.2 + 0.6 + 0.5 + 0.3) · 1/5 · 1/6 + ②(1 + 1 + 1 + 0.6 + 1) · 1/5 · 1/6 + ③(0.2 + 0.2 + 0.2 + 0.2 + 0.6) · 1/5 · 1/6 + ④(0.3 + 0.1 + 0.1 + 0.6 + 0.3) · 1/5 · 1/6 + ⑤(0.1 + 0.2 + 0.1 + 0.3 + 0.5) · 1/5 · 1/6 + ⑥(0.2 + 0.2 + 0.2 + 0.2 + 0.1) · 1/5 · 1/6 = 0.4

지수평가=본 사례는 초급단계:(0〈사례≦0.3, 중간단계:0.4≦

사례≦0.6, 고급단계:0.7≦사례≦1.0의 효 교육 사례 중 중간단계의 사례로서 과거와 현재 그리고 미래에도 가정공동체의 우애와 공경의 모습부분에서 가치와 이해관계가 배제되어 갈등과 대립을 유발하지 않는 모범적 경우로서 적용 가능한 훌륭한 효 교육용 스토리텔링 사례이다.

사례 종합분석

평가지수를 종합적으로 분석하다보니 나름대로 합리성이 발견된다.

충무공 '이순신'의 평가지수는 0.9로서 사친, 사군, 입신이 통합적으로 실천되어 공동체의 목적달성에 부합하였으므로 최상위 평점을 받았다고 판단된다.

'이성만'과 '이순'의 의좋은 형제의 평가지수는 0.4이다. 이는 결국 가정 공동체라는 미소 공간의 영역에서 형제끼리 공경과 우애의 실현이라는 모습으로 효가 실현되어 사군, 입신의 평점이 저조하여 고득점이 나오지 못하였다.

그러나 '심청'이는 윤리적으로 자살, 인신매매, 부활 등의 비윤리성이 너무 많아 평가지수가 -0.18이 나왔다.

'손순' 매아의 효 사례는 오늘날에는 어린 자식의 생매장이라는 비윤리적, 반인륜적 내용으로 사회적 파장을 불러올 수 있으므로 -0.16이 산출되었다.

'향득'사지는 불감훼손에 위배되는 할고단지라는 인육제공의 비윤리성으로 -0.1이 산정되었다.

각각의 사례가 과거에는 사회적 풍조가 용인된 본보기였으나 현대 기준으로는 저강도, 고강도, 악성 윤리여부에 따라 합리적인 지수로 결정되었다고 판단된다. 오늘날의 입장에서 판단할 경우 과거에는 극단적인 선택을 취하여서라도 그러한 일부 사례의 소재를 다룬 점을 고려한다면 과학기술의 발달, 산업화, 도시화 이전의 공동체에서는 윤리성과 도덕성보다도 효를 강조하고 효복사상을 도입하기위해서 사례의 소재가 사회적으로 어느 정도 비윤리성과 비도덕성이 용인되었음을 보여준다.

사례 종합분석표

구분	사례내용	평점	실천영역 범위	비고
사례1	충무공 '이순신'	+0.9	사친, 사군, 입신	가정, 국가, 사회적 효의 가치실천
사례2	효녀 '심청'	-0.18	가정 공동체가 주제, 일부 국가, 사회 개입	자살, 인신매매, 부활의 비윤리성을 통한 효복사상 고취
사례3	'손순' 매아	-0.16	가정공동체가 주제, 일부 국가개입	자식의 생매장의 비윤리성을 무릅쓴 효복사상 고취
사례4	'향득' 사지	-0.1	가정공동체가 주제, 일부 국가개입	할고의 비도덕적 인육제공을 통한 효복사상 고취

사례5	'이성만, 이순' 형제	+0.4	가정공동체가 주 실천 무대임	형제간의 우애와 공경의 실천(가정공동체로 끝남)
총계	5사례분석	+0.9 ~-0.18	사친~입신	

단원토론

문제 1. 신체보존 사상이란 무엇입니까?

문제 2. 현재 효 사상에서 입신이란 무엇을 말합니까?

문제 3. 사군의 현대적 효 사상을 말해봅시다.

문제 4. 폭력과 자살방지 교육을 위해서는 어떠한 현대 효 사상의 철학과 이념의 도입이 필요한지 토론해봅시다.

문제 5. 효 본보기가 과거와 현대에는 어떠한 위상 차이가 있나요?

X. 결론

본 저술에서 필자가 갖는 여러 가지 의문은 독자들이 과연 정신문화적 성격이 매우 강한 효를 과학적 사고를 빌려 수학적 논리공식으로 다룰 수 있는가의 문제이다. 사친, 사군, 입신의 효는 과거와 현재, 그리고 미래에 있어서도 질적 내용의 동질성은 변하지 않는 불변의 통시성을 지니고 있다. 그러므로 그러한 사친, 사군, 입신이라는 질적 내용은 그대로 두면서, 효의 실천 방법만이 바뀔 수 있다는 것뿐이다.

현대문명은 과거와는 달리 바야흐로 알고리즘으로 작동하는 시대에 진입하고 있다. 현재는 매우 한정되고 특수한 분야의 전문가만이 전용하는 알고리즘을 효학에 도입함으로서 필자는 현대 효학 분야에 새로운 지평을 열어 주리라고 믿는다. 인간을 구동시키는 언어 체계와는 달리 기계를 구동시키는 기계어의 일종인 알고리즘은 기존의 방식과는 전혀 다른 방법과 이론을 제공해 주어야만 성립하는 수학적 논리공식내지 수학적 연산규칙의 세계를 말한다. 효에도 알고리즘이 필요한 시대가 되었다.

과학은 학문으로서 명확한 의미 위에 기초하는 것이며 효를 학문으로 인식하려면 체계화된 논리를 보여주어야 한다. 앞서 학문의 정의를 명료한 사고와 정확한 의미위에 기초하는 것으로, 체계화된 논리라고 밝혔다. 불감훼손의 신체보존 사상을 시작으로 정신문화로서 양지의 효 영역에 놓인 사친, 사군, 입신과 양구체의 효인 '땅의 이득'을 알고리즘으로 해석하였고, 여기에 맞춰 나름대로 효학의 개념을 정의하였다.

이를테면 전통적으로 작동하는 시계는 태엽에 의하여 움직이는 기계적 장치이다. 에너지원은 태엽이고, 구동장치는 수많은 톱니바퀴이다. 그러나 라플라스 변환개념으로 작동하는 전자시계는 태엽이나 톱니가 전혀 들어 있지 않다. 기계식과는 전혀 다른 수학적 논리체계인 알고리즘으로 작동한다. 태엽대신 전자발진(電子發振, electronic oscillation)으로 태엽을 대신하고, 톱니대신 클록 펄스 분주기(clock pulse divider)를 사용한다. 그리고 초침을 움직이는 데에도 알고리즘으로 움직이는 링 카운터(ring counter)를 사용한다. 전자시계는 일반적으로 1백만 초(11일 14시간)에 오차를 보여주는 시계로서 태엽과 톱니로 움직이는 기계식과는 전혀 새로운 개념의 시계로서 정밀도는 태엽시계와는 비교가 되지 않을 정도로 정확하다. 나아가 원자시계는 1억에서 10억 초(3.2년에서 약 32년)에 오차를 보여주는 시계로서 그 정밀도는 또 다시 전자시계와는 비교가 되지 않는다. 그렇다면 이것이 우리 일상생활에서 어떤 의미를 갖는가?

전통적 효 개념도 톱니와 태엽이 아닌 알고리즘으로 해석하여 고도로 발전된 현대 문화와 문명에 맞도록 재해석 해주어야 할 시대를 맞이한 것이다. 전통적 태엽시계 입장에서 본다면 알고리즘으로 작동하는 전자시계나 원자시계가 잘못된 것이 아니라 인간에게 새로운 문화와 문명의 지평을 열어준다는 점이다. 태엽시계는 태엽시계대로 장점이 있고, 전자시계나 원자시계는 나름대로 사용 목적이나, 성격, 조건에 따라 그 유용성이 다른 것이다. 마찬가지로 전통적 효 개념도 그 자체로도 중요하지만, 새롭게 도입된 알고리즘의 효도 나름대로 사용 목적이나, 성격, 조건에 따라 그 유용성이 다른 것이다.

전통적 효 개념을 전통적 태엽시계와 같이 유추하여 인식하면 타당할 것으로 판단된다. 그렇다고 해서 전통적 효와 알고리즘의 효는 양자 모두 효의 질적 내용에서는 불변한 것이고 그 실천방법만이 다른 것이다. 이는 시간의 초 단위를 얼마나 쪼개어 사용할 것인지에 따라, 아울러 그 정밀도에 따라 태엽시계, 전자시계, 원자시계 등을 사용하듯이 선택의 문제로 보면 될 것이다. 그 점을 인정한다고 한다면 전통적 효 개념을 알고리즘으로 변환한 신모델의 효 역시 마찬가지로 받아들이면 족하다고 판단된다.

과학의 힘을 빌려 수학적 논리공식으로 해석한다고 하여 효의 본질이 변한 것이 아니라 실천방법만이 변한 것이므로 문제되지 않는다. 이를테면 기계공학자의 경우, 불감훼손의 신체보존의 사상, 사친, 사군, 입신의 효, 땅의 이득 등을 전혀 다른 시스템으로 구축할 수 있고, 양자역학을 전공한 사람은 전혀 다른 또 다른 세상으로 효를 설명해 볼 수 있으리라 판단된다. 그들이 체계화된 논리로서 명료한 사고와 정확한 의미위에 기초하는 것이라면 또 다른 효 세상을 만나 볼 수 있으므로 효에 과학적, 논리적 재해석의 기회를 더욱 더 제공하여야 할 것이다.

앞에서 기술한 바와 같이 구체적으로 말해서, 오늘날 현대인의 문명에 맞춰 문화적 욕구를 만족시키기 위하여 과학적, 공학적 이론을 도입하고 수학적 체계로는 라플라스 변환(Laplace transforms)과 퓨리어 급수(Four series) 개념을 이용한 알고리즘을 도입하여, 나름대로 개인의 실천 효 윤리인 사친, 사군, 입신을 재해석하였다. 그 결과 사친, 사군, 입신의 질적 내용을 해치지 아니하고, 본래적 의미를 그 모습, 그대로 등가성을 유지하려고 하였다. 사회적 구조의 변화로 인한 실천 방법상의 시대적 차이로서 전통적 효의 사친, 사군, 입신을 근거로 알고리즘으로 변환된 현대 효 모델의 ①정의, ②구조, ③특성, ④단계별 자기완성 ⑤충, 효, 예의 상대적 가치 산정 모델 등을 재정립하여 효 개념을 새롭게 발견하려고 필자는 노력하였다.

어떤 점에서 논리공식 자체가 너무 간단해보이고 있어 예외적인 요소를 찾아내 망라하려고 노력하였으나 아직은 스스로 찾아내지 못한 점, 알고리즘으로 시도한 논리공식이 아직은 실증적 평가분석과 이론화 과정이 처음으로 도입된 낯선 환경에서 이 분야에서 다양한 학문적 뒷받침이 미흡하다는 점은 아쉬운 숙제라고 하겠다.

고도로 현대화된 과학기술의 발달과 산업화로 인하여 국가를 초월한 무한 경쟁시대에 진입하였다하더라도 현대문명에 맞는 효의 질적인 동일성을 유지하면서 다만 전혀 새로운 실천 방법상의 알고리즘으로 작동하는 효의 실천원리를 새롭게 발견해냄으로서 시대적 수요와 공급은 물론이고 또한 가정, 사회, 국가 공동체를 움직이게 하는 새로운 문화적 에너지로서 시대적 사명에 부합하게 하려고 하였다.

문화와 문명이 고도화 될수록 인간은 더욱더 무수한 사람들과 상호 협력적, 보완적 인간관계를 필요로 한다.[370] 인간은 타인이 만들어 놓은 수많은 문화와 문명의 이기나 도구들을 이용하고 도움을 받아 생존하면서 가정, 사회, 국가, 세계 공동체를 삶의 터전이나 자기완성의 공간으로 활용하여 성장, 발전하고, 생존하면서 번영해야하기 때문이다.

오늘날에는 국가나 개인이나 모두 도덕적 질서보다는 이해관계가 행동을 결정짓는 중요한 요인이 되고 있다. 국가는 국가의 이익을 실현시키는 데 필요한 국력을 보유함에 따라 국가 간의 도덕적 질서는 더더욱 경시되는 시대에 살고 있다.[371] 이러한 시대에 반만년의 전통성을 지닌 효를 알고리즘을 통하여 등가 변환된 전혀 새로운 방식의 현대 효 모델은 무한 이익추구의 무한 경쟁시대에 부합한 올바른 윤리를 제시해줄 수 있는 실천방법의 원천적 해결자로서 새로운 방향의 틀을 제시해줄 것이라고 필자는 확신하고 있다.

효는 현대사회에서도 공동체를 구동시켜주는 통합적 철학과

---

370) Adam. Smith 저, 김수행 역, 『국부론』[상] (서울, 비봉출판사, 2010), 18쪽. 문명사회에서 살아가는 사람은 언제나 무수한 사람들의 협력과 도움을 필요로 하지만 그는 평생 동안 몇 사람의 친구만을 만들 수 있을 뿐이다.

371) Hans Morgenthau 저, 이호재, 엄태암 역, 『국가 간의 정치』1 (경기도, 김영사, 2014), 95쪽. 현실주의는 권력으로 정의되는 이해관계라는 중심개념이 보편 타당한 객관적인 카테고리라고 가정하지만 그 개념의 의미가 고정 불변적이라고는 보지 않는다. 고대 그리스의 경험을 토대로 "이해관계의 일치야말로 국가든 개인이든 서로를 묶어 96쪽. 주는 가장 확실한 끈"투키디데스의 지적은 19세기 "국가 간의 연대를 유지해주는 유일한 끈은 이해관계의 충돌이 존재하지 않는 것"이라는 솔즈베리 말로 이어지고 있다. 조지 워싱턴: "인간 본성에 대하여 인류의 대다수는 이해관계가 행동을 지배하는 원칙이며, 모든 사람은 어느 정도 그 영향을 받고 있다." 97쪽. 20세기 막스 베버: 물질적이든 관념적이든 관념이 아니라 이해관계가 인간의 행동을 지배한다.

이념을 제공해주는 문화자원이다. 전통적 실천 효 윤리를 알고리즘으로 변환시켜 줌으로서 과거 5천년을 자리매김한 우리의 고유한 전통적 효 문화가 다음 5천년 동안에도 새롭게 정립된 알고리즘의 효에 의거 가정, 사회, 국가를 구동시키는 대한민국의 고유한 덕목으로서 유네스코 문화유산에도 등록되어 인류 공동체 윤리로도 자리 잡기를 개인적으로도 갈구하는 바이다.

> 본 글이 전통적 효행의 실천방법인 사친, 사군, 입신이라는 최고의 가치덕목을 알고리즘으로 변환하여 몇 가지 효 모델을 제시하고, 또한 사례분석을 통하여 본 모델의 적정성 여부를 평가하면서, 시대에 부합하는 새로운 알고리즘의 효 개념을 제시하고자 필자는 온갖 정성을 기울였다. 본 저술의 미흡한 부분은 후학들이 이를 더욱더 완성시켜주기를 바라는 마음 또한 간절하다.

사례1 : 국가와 국민, 그리고 유민

국가란 무엇인가?

국민이란 무엇인가?

국가와 국민은 어떤 관계인가? 그리고 유민이란 누구를 말하는가?

국가란 무엇인가? 오늘날의 국가 개념의 구성요소는 명백한 국경선을 가진 국토, 상주하는 인구, 하나의 인격체로서 이를 대변할 수 있는 정부가 있어야 하며, 국가관계를 맺을 수 있는 주권을 갖춘 정부가 존재할 때 이를 현대적 의미의 국가 개념으로 보고 있다. 그러나 필자가 기술하는 국가 개념에는 여기에 2가의 요소가 추가되고 있다. 소득창출능력과 국민의 지적 재산권 확보를 위한 두뇌개발능력을 들고 있다. 이는 앞에서 상술하였다. 오늘날의 현대국가 개념에는 기존의 국토, 국민, 주권 외에도 국가를 작동시키고 운영하는 데 필수적인 막대한 소득창출능력, 두뇌자원개발능력이 추가되어야 무난하게 작동하는 난해하고 복잡하며, 광범위한 개념요소로 구성되어 있다. 5개의 개념요소에는 1개만이 자원의 총량이 결정된 하드웨어적 개념이나 나머지 4개의 요소는 얼마든지 가변 하는 소프트웨어적 개념요소로 구성되어 있어 얼마든지 확장, 변경이 가능하며, 그 자원의 총량이 무한하게 확장될 수도 있고 무한하게 축소될 수도 있다.

어떻게 이를 개발하느냐에 따라 가정, 사회, 국가가 무한히 성장과 발전을 계속할 수 있다. 그것은 국민의 의지와 지도자의 의지가 일치하느냐의 여부에 달여 있다. 국가의 지속적인 성장과 생존에는 자력으로 국가를 방어할 수 있는 능력을 보유할 때 국가 유지가 가능하다. 제2차 세계대전 때 구소련이 핀란드를 50만 명으로 침공하여 백기를 들거라는 모든 사람들의 예상을 빗나가게 만들어 세계를 경악시켰다. 하지만 핀란드 정부는 도망가지 아니하고 국민 총동원령을 발표하고 국가 의지에 부합된 국민들이 맞서 싸워 10만 명으로 이들을 물리쳤다. 그들의 처절한 항거 정신은 세계 전투 역사에 빛나고 있다. 이것이 국가 수호의 의지이다.

국민이란 무엇인가? 국가를 구성하는 가장 중요한 요소는 국민이다. 국민의 의지가 강할 때만이 국가가 유지되기 때문이다. 가장 최근에 일어난 월남의 패망, 동독의 패망이 그것이다. 국가 유지를 위한 국민의 의지가 사라질 때 국가 역시 사라지게 된다. 동독은 전쟁을 치루지 않고 통일되어 피의 숙청이 없었으나 월남은 전쟁으로 통일되어 피의 숙청으로 1백 만 명 이상의 월남인이 처형되는 수모를 겪었다고 한다. 우리의 역사는 고구려, 발해 등 만주에서 우리의 역사가 사라져버렸다. 압록강, 두만강에서 시작하여 몽골을 거쳐 바이칼 호수까지 구소련 연방이었던 나라를 거치면서 여행을 하는 동안 우리와 똑같은 사람들이 수없이 흩어져 살고 있었으며 심지어 바이칼 호수가 모래밭에서 족구 하는 우리에게 다가와 당신네들이 고려인이냐고 묻는 사람도 있었다.

유태인들은 2000년이 넘도록 유랑생활을 하면서도 민족의 정체성을 잃지 않아 오늘날의 이스라엘을 건국하였다. 그러나 고구려가 멸망한지 약 1400년, 발해가 멸망한지 약 1100년이 흘렀지만 우리 민족은 재건하지 못하고 철저하게 현지화 되어 민족의 정체성을 상실해버리고 말았다. 이제는 더 이상 우리와 같은 민족이라고 할 수 없는 지경에 이르고 만 것이다. 우리와 똑같은 민족이면서도 정치, 경제, 사회, 문화가 현지화 되어 더 이상 우리와 같은 민족으로써 인격체나 정체성이 없는 이상 그들의 후손이 약 1억 5천만 명이상으로 추정되는 엄청난 국가적 자원이 될 수 있었음에도 동일 민족으로써 아무 의미가 없게 된 것이다. 그들은 처음에는 유민이 되어 방랑하다가 오늘날과 같이 전혀 다른 풍토에 흩어져 자기도 모르게 태에나 이방인이 아닌 이방인 같은 신분으로 살아가는 신세가 된 것이다.

국가와 국민은 어떤 관계인가?

만주를 여행하다보면 13인의 철혈 광복단의 의로운 무덤이 있다. 지금으로부터 약 100년 전 쓰러져가는 조국을 지키기 위하여 3.1일 만세 운동이 있었던 13일 후 만주에서 독립운동이 일어났으며 독립군의 무장비용을 마련하기 위하여 죽음을 불 보듯 뻔히 알면서도 13인의 장정이 일본이 운영하는 만주의 은행을 털어 15만 엔을 마련하였다. 이비용은 약 5,000명을 무장할 수 있는 규모라고 한다. 이것은 국가와 국민의 관계를 한마디로 대변해주는 관계라고 판단된다. 이러한 의지와 각오 없이는 국가는 지켜지지 않는다. 국가를 위하여 내 몸과 마을 모두 던질 때 이것이 진정한 충(忠)임을 명심해야한다.

유민이란 무엇인가? 국가가 붕괴되면 수많은 유민이 발생한다. 백제, 신라가 붕괴 됐을 때에도 수많은 유민이 발생하여 일본으로, 중국으로 이동하였다. 이들은 누가 보호해줄 수 있었던가? 이들이 생존하는 방법은 결국 현지화 되는 수밖에 없었을 것이다. 현지의 언어와, 풍습을 받아들이고, 정치, 경제에 물들어 서서히 그 정체성을 소멸해갔을 것이다. 20세기 초 열강에 대한제국 역시 국가가 붕괴되어 주권이 상실되는 수모를 겪으면서 최근세사에서도 수많은 유민이 발생하였다. 이들은 러시아, 중국, 미국, 일본 등으로 흩어졌지만 다행이도 우리의 언어를 사용하고, 우리의 풍습을 간직하고 있으며, 우리 민족의 정체성을 지니고 있어 이들을 어떻게 활용 하느냐에 국가가 보유하는 소중한 해외자원의 일부로 연장될 수도 있을 것이다.

현재 한반도에는 전혀 다른 언어만 4종류가 존재하고 있다. 한국의 표의문자(Korean Ideograms)와 표음문자(Korean Phonetic letters)가 있으며, 제주도에는 현지 통역 없이는 이해하기 어려운 제주지방언어(JeJu Island Dialects)가 존재하고 있다. 또한 북한에는 외래어의 표기가 도입되지 않아 완전 한글화된 전혀 새로운 형태의 언어도 존재하고 있다. 동일 민족이지만 통역 없이는 완전히 그 뜻을 쉽게 이해하기 어려운 4개의 언어가 한반도에 통용되고 있다.

우리는 우물 안 개구리 식으로 생각할 때는 모르고 있지만, 중국인들이 토론한 바에 의하면 세계에서 가장 위험한 직업은 한국의 대통령직이라 한다. 대통령직이 끝나면 그 결과는 참담하기 때문이다. 그렇다면, 세계에서 가장 강한 권력을 지닌 조직이나 기관은 대한민국의 국민이라고 한다. 그럼에도 불구하고 우리는 그러한 장점과 강점을 살리지 못하고 있다.

고구려와 발해의 국민이 국가를 복원하지 못하고 유민이 된 후 현지화 되면서 우리 민족성을 모두 상실하면서 나오는 후유증은 너무나 크다. 우리가 사용하는 한자어(漢字語)가 그것이다. 동일한 한자어를 중국이라는 동일 국가 내에서 약 6개의 언어로 분화되어 발음하고 있다. 자기네 나라의 문자가 아니기 때문에 동이족 문자를 도입하여 중국의 고대 6개 지역적 권역에서 동일한 문자를 자기네들 마음대로 발음하여 통역없이는 상호 호환이 안 되는 상황이다. 동일국가에서 동일문자를 두고 6개의 발음이 공존하는 형국이 지금까지 계속되고 있다. 오늘날은 간자체로 전락하여 지역 간에도 동일문자의 간자체가 일부는 다르게 사용하고 있다. 우리가 사용하는 한자어는 그 고유한 발음이 시대를 통틀어 변하지 않았으며, 지역마다 발음을 달리 하지도 않는다. 동이족인 고구려가 멸망하면서 우리의 고유한 동이족 문자인 한자어(漢字語: 한국 표의문자, Korean Ideograms)가 더욱 더 중국 글자로 전락하고 만 것이다. 한편으로 남북이 정치적으로 한글 전용화를 부르짖으면서 한자어는 우리의 고유문자에서 더욱더 멀어져버렸다. 우리 정치, 경제, 사회, 문화의 근본은 한자어를 토대로 세워져 있다. 우리 문화와 문명의 소통과 표현은 한자어와 한글 표음문자로 구성되어 있다. 그렇다면 이조 5백년의 역사와 최근세까지의 모든 기록물과 우리의 이름이 한자어(漢字語)로 표기되어 있는 데 이것이 중국 글자를 차용하여 기록한 것이 아닌 점은 분명하다. 이런 점에서 본다면 한자어는 동이족의 글이 분명하다. 그렇다면 중국인이 사용하는 한자어, 일본인이 사용하는 가라가나와 히라가나 모두 우리 민족이 전해준 문자이다. 우리는 자부심을 갖기에 충분한 민족이다.

효경에 보면 효로써 부모를 섬기듯이 국가를 섬기는 것이 충이라하였다(故以孝事君則忠). 국가는 내 부모보다 더 소중한 존재이다. 그러므로 국가는 부모로써 자기 자식 돌보듯이 국민의 생명과 재산권을 지켜주어야 한다. 이것이 국가와 국민과의 관계이다. 이를 지켜내지 못하면 국가는 소멸되고 국민은 유민이 되어 피지배자의 속민으로 현지화지어 사라지게 된다. 이제 우리는 진정한 국민으로 돌아가 가정, 사회, 국가의 성장과 발전, 생존과 번영에 필요한 내 자신 스스로의 이념과 철학이 무엇인지 진심으로 깨닫고 실천하는 길밖에 없음을 명심해야할 것이다.

사례 목록

참고문헌

| 원전 |

『고문효경(古文孝經)』, 『논어(論語)』, 『도덕경(道德經)』, 『명심보감(明心寶鑑)』, 『맹자(孟子)』, 『성경(NKJV), (NIV)』, 『예기(禮記)』, 『충경(忠經)』

| 단행본 |

강영실, 고명석, 김경선, 박상하, 백선복, 성윤숙, 안진, 양철호, 양훈, 이장희, 최용, 『사회문제론(Social Problems)』(서울, 대왕사, 2006)

강인애. 『우리시대의 구성주의』, 서울: 도서출판 문음사. 2003.

권연옥, 『인간관계론』, 서울: 학문사, 2004.

김남선. 『평생교육방법론』, 서울: 도서출판두남, 2007.

김덕균, 『역주 고문효경』, 서울: 도서출판문사철, 2008.
『통쾌한 동양학』, 서울: ㈜글항아리, 2011.

김봉열, 박한규. 이태원. 최갑석, 『전자공학요론』 I , II 서울: 탑출판사, 1977.

김상돈, 이철주, 김영성, 송인호, 윤일병, 권녕대, 지창열, 박홍수, 정중현, 안세희,『현대 대학물리학』, 서울: 물리교재편찬, 1972.

김상복, 『한영해설성경』, 서울: (유)성서원, 2011.

김석진, 『대산 천자문 강의』, 서울: 도서출판 동방문화, 2012.

김시우, 『성경적 효 입문』, 서울: 도서출판다사랑, 2008.

김영권, 『충忠. 효孝. 대학大學』, 서울: 도서출판 수서원, 2013.

김영열, 조성욱, 김창석, 『전기회로이론』, 서울: 이공도서출판사, 1972.

김영화. 신원식. 임성옥, 『현장에서 본 사회문제』(경기도, 양서원, 2013)

김인수, 『수학의 세계』, 서울: (주)도서출판 북스힐, 2012.

김종두, 『효패러다임의 현대적 해석』, 서울: 명문당, 2016.
『효의 패러다임과 현대적 개념』, 서울: 명문당, 2014.
『새로운 패러다임의 효 교육』, 서울: 명문당, 2012.

『효와 소통의 현대적 리더십』, 서울: 명문당, 2013.

김준호, 『민법강의 -이론과 사례』, 서울: 법문사, 2002.

김진우, 『언어와 뇌』, 서울: 한국문화사, 2011년.

김진화, 『평생교육프로그램개발론』, 경기도: 교육과학사, 2011.

김충섭, 『동영상으로 보는 우주의 발견』, 서울: ㈜도서출판 북스힐, 2005.

김태길, 『윤리학』, 서울: (주)박영사, 2009.

김호용, 『공동번역 성서』, 서울: 성덕인쇄사, 1990.

김희수, 『인간자원개발의 이론과 실제』, 서울: 도서출판 원미사, 2001.

남정걸, 『평생교육경영학』, 경기도: 교육과학사, 2008.

대한민국재향군인회, 『孝HYO』, 서울: 향군안보대학출판부, 2008.

박경희 역, 『노자 도덕경』, 서울: 도서출판 청도관, 2001.

박규태, 『디지털 공학』, 서울: 문운당, 1978.

박상섭, 『국가 · 주권』, 서울: 도서출판 소화, 2009.

박상현, 『뇌를 자극하는 알고리즘』, 서울: 한빛미디어(주), 2010.

박철호, 『효학의 이론과 실천』, 경기도: 한국학술정보㈜, 2010.

박호성, 『공동체론』, 경기도, 효형출판, 2009.

배병삼, 『논어, 사람의 길을 열다』, 경기도: 사계절출판사, 2005.

배승영, 『C언어 기초다지기』, 서울: 웅보출판사, 2002.

배을규, 『인적자원개발론』, 서울: 학이시습, 2010년.

성규탁, 『현대 한국인의 효』 - 전통의 지속과 표현의 변화 - 경기도: 집문당, 2005.
『한국인의 효』 - 시대의 변화와 실천의 유형 - 경기도: 한국학술정보(주), 2010.
『한국인의 효』 - 새 시대의 어른존경- 경기도: 한국학술정보(주), 2010.
『한국인의 효』 - 따로 사는 자녀와 실천- 경기도: 한국학술정보(주), 2010.
『한국인의 효』 - 보살핌을 주고받는 세대관계 - 경기도: 한국학술정보(주), 2010.

성백효 역주, 『논어』, 서울: (사)전통문화연구회. 2012. 역주,

『맹자집주』, 서울: (사)전통문화연구회. 2012. 역주,
『현토완역 명심보감』 서울: (사)전통문화연구회. 2011.

송명호, 문지운, 『예기집설대전 1권』, 서울: 도서출판 높은 밭, 2002.

오원균, 『현대의 K-HYO는 칭찬이다』, 대전: 애드라인, 2012.

오인탁, 주선애, 정웅섭, 은준관, 김재은, 『기독교 교육사』, 서울: 한들출판사, 2007.

오헌석, 『인적자원개발 트렌드』, 서울: 학지사, 2010년.

우석영, 『낱말의 우주』, 서울: 궁리출판, 2011

유성은, 오원균, 『효행은 행복의 마중물』, 서울: 비즈프레스, 2011.

이영근, 『전자공학의 기초』, 서울: 광림사, 1976.

유영주, 김순옥, 김경신, 『가족관계학』, 경기도: ㈜교문사, 2010.

이강환, 『우주의 끝을 찾아서』, 서울: (주)현암사, 2014.

이길상, 문병렬, 김완규, 유영홍, 이진택, 최찬유, 강익균, 『일반화학』, 서울: 광림사, 1972.

이수대, 『우주와 인간』, 서울: ㈜도서출판 북스힐, 2011.

이순신 지음, 이은상 역, 『난중일기, 서울: 지식공작소, 2014.

이용필외 8인 공저, 『시스템科學과 國家政策』, 서울: 도서출판 신우, 1997.

이용해, 『문화심리와 언어의식-한중문화비교론』, 서울: 도서출판역락, 2006.

이정화, 최봉수, 정해두, 한두희, 『기초일반물리학』, 서울: OK Press. 2004.

전승구, 라명원, 김정정, 박용관, 정수복, 서상수, 『전기기계』, 서울: 학헌사, 1976.

전유봉, 오정환, 남상욱, 『미적분학』, 서울: 연세대학교 수학과 연구실, 1972.

정익주, 『TNS320C500 DSP를 이용한 실시간 디지털 신호처리』, 경기도: 생능출판사, 2007

정태현 역주, 『효경대의』, 서울:(사)전통문화연구회. 1996.

최성규, 『효운동하는 목사 최성규의 고집』, 서울:두란노서원, 2011.
『효HYO 3통 7행』, 서울: 도서출판성산서원, 2009.
『효신학 개론』, 서울: 도서출판성산서원, 2010.

『효성경』, 인천: 인천순복음교회 30주년기념 성경편찬위원회, 2013.
『효와 나눔 활성화를 위한 국민계몽운동』, 서울: 화신문화㈜, 2010.
『효사랑 행복나눔』, 서울: 도서출판성산서원, 2015.

최완식 역, 『주역』, 경기도: 혜원출판사, 1998)

최은영 역, 『부모은중경』, 서울:(주)홍익출판사, 1999.
불설대보부모은중경(부모은중경 한국본/중국 돈황본과는 다름)

최재천, 주일우, 『지식의 통섭』, 서울: 삼성인쇄(주), 2013.

한국교육평가인증원, 장원교육연구소, 『214자 한자부수』, 서울: (주)장원교육, 2012. 장원교육연구소, 『국가공인한자급수1급』, 서울: ㈜장원교육, 2012. 장원교육연구소, 『국가공인한자한문지도사 1급』, 서울:(주)장원교육, 2012.

한국감정원, 『법원감정평가실무』, 서울: 한국감정원부동산연구소, 2005년.

한림대학교 고령사회연구소, 『고령사회의 이해』, 서울: 도서출판소화. 2010.

한숭희, 『평생교육론』, 서울: ㈜학지사, 2011.

한만춘, 『제어공학』, 서울: 연세대학교 제어공학 연구실, 1978.

홍민표, 『언어행동문화의 한일비교』, 서울: 한일문화사, 2010.

존 서머빌. 다까하시 오사무 저, 조일민 역, 『사회를 어떻게 볼 것인가』, 서울: 도서출판 중원문화, 1988.

청수준지, 삼원의남 저, 김영권, 이수연 역, 『Micro wave Engineering』, 『마이크로파 공학』, 서울: 한신문화사, 1977.

Adam Smith 저, 김수행 역, 『국부론』[상], 서울: 비봉출판사, 2010.

Adam Smith 저, 김수행 역, 『국부론』[하], 서울: 비봉출판사, 2010.

Andrew Carnegie 저, 박별 역, 『철강왕 카네기 자서전』, 서울: 나래북 · 예림북, 2014.

Arthur Breiser, Concepts of Modern Physics USA: Mc Graw Hill, 2003.

Arthur Jay Kinghoffer 저, 이용주 역, 『지도와 권력』, 경기도: (주)알마, 2007.

Carol 저, 김영태 역, 『현대물리학, 시간과 우주의 비밀에 답하다』, 서울: 다른세상. 2012.

Charles Landry, The Creative City, 임상오 역, 『창조도시』, 서울: 도서출판해남, 2008.

Charles Zastrow and Karen K. Kirst-Ashman 저, 김규수, 김인숙, 박미은, 박정위, 설진화, 우국희, 홍선미 역, 『인간행동과 사회 환경』, 서울: 나눔의집, 2006.

Cuntnell & Johnson 저, 일반물리학교재편찬연구회, 『일반물리학』, 서울:(주)도서출판 북스힐, 2008.

Erwin. Kreyszig 저, 김형진, 김희택, 유화원, 이진, 정인환 역, 『최신공업수학, 개정7판, 상,하』, 서울: 범한서적㈜, 1993.

Fritjof Capra, The Web of Life, 김용정, 김동광 역, 『생명의 그물』, 서울: 범양사출 판부, 2004.

Geprge T. heineman, Gary Pollice, Stanley Selkow 저, 전경원 역, 『사전처럼 바로 찾아 쓰는 알고리즘』, 서울: 한빛미디어, 2010.

Gibson Winter 저, 현영학, 손승희 역, 『사회윤리의 기초』, 서울: 대한기독교출판사, 1979.

Hans Morgenthau 저, 이호재, 엄태암 역, 『국가 간의 정치』1, 경기도:김영사, 2014.

Hans Morgenthau 저, 이호재, 엄태암 역, 『국가 간의 정치』2, 경기도:김영사, 2014

Jaber F. Gubrium, James A. Holstein 저, 최연실. 조은숙. 성미애, 『가족이란 무엇인가?-사회구성주의적 관점에서 본 가족담론-』(서울, 도서출판 하우, 2005)

James, the Unuverse Next Door, 김헌수 역, 『기독교 세계관과 현대사상』, 서울: 한국기독학생회출판부, 2007.

James Davision hunter 저, 배덕만 역, 『기독교는 세상을 어떻게 변화시키는가』, 서울: 새물결플러스, 2014.

Joas, Hans 저, 신진욱 역, 『행위의 창조성』, 서울: 도서출판 한울. 2003.

Jerry W. Gilley, Steven A. Eggland & Ann Maycunich Gilley 저, 장원섭역, 『인간자원개발론』, 서울: 학지사, 2007.

Kate Millett 저, 김전유 역, 『성(性) 정치학』, 서울: 도서출판 이후, 2009.

Leon M. Lederman, Christopher T. Hill 저, 안기연 역, 『대칭과 아름다운우주』, 서울: 도서출판 승산, 2013.

Machael J. Sansel, Why Morality, 안진환, 이수경 역, 『왜 도덕인가?』, 서울: 한국경제신문. 2011.

Max Weber 저, 박성환 역, 『경제와 사회-공동체들』, 경기도: (주)나남, 2009.

Nicholas C. Burbules, Dialogue in Teaching, 강선보, 고미숙 역, 『대화와 교육 이론과 실천』, 경기도: 과학교육사, 2011

Paul Ricoeur 저, 윤철호 역, 『해석학과 인문사회과학 언어, 행동 그리고 해석에 관한 논고』, 서울: 서광사, 2003년.

Pyotr Alekseyevich Kropotkin, Mutual Aide 저, 김영범 역, 『만물은 서로 돕는다』, 서울: 도서출판 르네상스, 2012.

Raymond Chang 저, 일반화학교재연구회, 『일반화학』, 경기도: 자유아카데미, 2008.

Steven Johnson, Emergence, 김한영 역, 『이머전스』, 서울: 김영사, 2010.

Stuart Diamond, Getting More, 김태훈 역, 『어떻게 원하는 것을 얻는가』, 서울:"8.0", 2013.

William Stallings 저, 이원준, 안상현, 최웅철 역, 『컴퓨터네트워킹 인터넷프로토콜 및 기술』, 서울: 아이티씨, 2004.

YoungMe Moon, Different, 박세연 역, 『디퍼런트』, 경기도: ㈜살림출판사남, 2011.

American Bible Society, Good News Bible Korea: Korean Bible Society,2006.

Amnon Yariv, Introduction to Optical Electronics USA: Holt, Renehartand Winston, Inc. 1972.

Daniel D. McCracken, 「A Guide to Fortran IV Programming」, (USA,John Willy & Sons, Inc, 1965.

David F. Stout, Handbook of Operational Amplifier Circuit Design USA: McGraw-Hill Book Company, 1976.

Dennis G.Zill, Michael R, Cullen, Advanced Engineering Mathematics USA: PWS Publishing Company, 1992.

Donald P. Leach, Experiments in Digital Principles USA: McGraw-Hill Book Company, 1976

Edward C. Jordan, Keith G. Balmain, Electromagnetic Waves and Radiating Systems USA: Prentice Hall, Inc, 1968.

Franklin F. Cuo. Network Analysis and Synthesis, (USA, John Willy &Sons, Inc, 1966

H. A. Atwater, Introduction to Microwave Theory USA: McGraw-HillBook Company, 1962.

Jacob Millman, Christos C. Halkias, Integrated Electronics : Analog and Digital Circuits and Syatems USA: McGraw-Hill Book Company, 1972.

Jacob Milman, Herbert Taub, Pulse, Digital and Switching WaveformsUSA: McGraw-Hill Book Company, 1965.

James F. Gibbons, Semiconductor Electronics USA: McGraw-Hill BookCompany, 1966.

James Killgallion, Gerard webber, Leonard Ziegmann, Life in Christ USA: ACTA Foundation, 1976.

John Allison, Electronic Engineering Materials and Devices USA: McGraw-Hill Book Company, 1971.

Markus J. Ashwanden, Physics of Solar corona UK: Praxix Publishing,2005.

M. E. Van Valkenburg, Network Analysis USA: Prentice Hall, Inc. 1964.

Keith I. Thomassen, Introduction to Microwave Fields and Circuits USA: Prentice Hall, Inc. 1971.

M. Morris Mano, Computer System Architecture USA: Prentice Hall, Inc. 1976.

Moshe lieber, The Fifth Commandment Israel: Mesorah Publications, Ltd, 2000.

Paul Lorrain, Dale R. Corson, Electomagnetic Fields and Waves Japan:Toppan Company, Limited, 1970.

Philip Franklin, Methods of Advanced Calculus USA: McGraw-Hill Book

Company, 1944.

Robert R. Powell, Enjoy Your Parents USA: Abingdon Press, 1962.

the United States Conference of Catholic Bishops, the New American Bible Seoul: Pauline, 2014.

W. David Gregg, Analogy and Digital Communication USA: John Willy& Sons, Inc, 1977.

| 논문 |

대전광역시효지도사협회, 제1회『국제효학술세미나 발표자료』대전: 대전광역시효지도사협회, 2010.

대전일보사, 충남대학교공자아카데미,『한중동반전략 및 유교문화 : 한중수교 20주년기념심포지엄 발표자료』대전일보사: 충남대학교공자아카데미, 2012.

박희원,「켄 윌버의 통합이론에 의한『효경』분석」,『효학연구』제20호, 2014.
「『소학』의 효행 분석을 통한 '효행 코치' 모향에 관한 연구 분석」, 성산효대학원대학교 박사학위논문, 2015.

성산효대학원대학교 성산학술연구원,『성산논총』제6 · 7집 인천, 성산학술연구원. 2005/6.『성산논총』제8집 인천: 성산학술연구원. 2007.『성산논총』제9집 인천: 성산학술연구원. 2008.

성산효대학원대학교. 중국제남시유학고등연구원,『한중양국의 효사상과 종교문화』인천: 성산효대학원대학교, 2011.

유명덕,「이승만의 효 사상에 관한 연구」성산효대학원대학교 박사학위논문, 2014.

한국정신문화연구원,『효사상과 미래사회』경기도: 한국정신문화연구원, 1995.

한국효학회,『효행장려지원법과 국가현안과제』서울: 한국효행단체연합회, 2009.

알고리즘으로 작동하는

효학과 인성

| 저자 | 박일기 효학박사

발 행 일 | 2019년 8월 20일
지 은 이 | 박일기
발 행 인 | 李憲錫
발 행 처 | 오늘의문학사
출판등록 | 제55호(1993년 6월 23일)
주 소 | 대전광역시 동구 대전로867번길 52(한밭오피스텔 401호)
전화번호 | (042)624-2980
팩시밀리 | (042)628-2983
전자우편 | hs2980@hanmail.net
카 페 | cafe.daum.net/gljang(문학사랑 글짱들)
| cafe.daum.net/art-i-ma(아트매거진)

공 급 처 | 한국출판협동조합
주문전화 | (070)7119-1752
팩시밀리 | (031)944-8234~6

ISBN 979-11-6493-012-8
값 28,000원

ⓒ박일기, 2019

* 이 책은 교보문고에서 eBook(전자책)으로 제작하여 판매합니다.
* 잘못 제작된 책은 바꾸어 드립니다.

* 이 도서의 국립중앙도서관 출판예정도서목록(CIP)은 서지정보유통지원시스템 홈페이지(http://seoji.nl.go.kr)와 국가자료종합목록 구축시스템(http://kolis-net.nl.go.kr)에서 이용하실 수 있습니다. (CIP제어번호 : CIP2019030790)